DR. GÜNTER WEISSMANN

Ausländergesetz

SAMMLUNG GUTTENTAG

260

Ausländergesetz

Kommentar

von

Dr. Günter Weißmann
Regierungsdirektor
beim Polizeipräsidenten in Berlin

BERLIN 1966

WALTER DE GRUYTER & CO.
vormals G. J. Göschen'sche Verlagshandlung — J. Guttentag, Verlagsbuchhandlung — Georg Reimer — Karl J. Trübner — Veit & Comp.

Archiv-Nr. 29 60 661
Satz und Druck: Thormann & Goetsch, Berlin 44

Vorwort

Das Ausländergesetz löst die Ausländerpolizeiverordnung vom 22. August 1938 ab. Es gestaltet das Aufenthaltsrecht für Ausländer neu und stellt es auf eine rechtlich solide Grundlage. Die Durchführung wird aber nicht nur von dem Gesetz, sondern von den Verordnungen, Nebengesetzen und von einer Vielzahl von Richtlinien und Einzelanweisungen bestimmt. Diese hat der Bearbeiter nicht immer bereit. Sein spezielles Wissen muß er sich selbst erst in der Praxis aneignen, weil die ausländerrechtliche Behandlung der Fremden in den Verwaltungsschulen nicht gelehrt wird. Und befaßte er sich mit den Bestimmungen, dann scheiterte manchmal ein Erfolg an der Vielfalt und Kompliziertheit der Rechtsmaterie. Es wurde deshalb als ein Mangel empfunden, daß es keine Gesamtdarstellung des Ausländerrechts gab, obwohl über zwei Millionen Menschen in der Bundesrepublik den ausländerrechtlichen Regelungen unterstehen. Die Literatur und die Rechtsprechung haben sich nur mit Einzelproblemen und Einzelfällen befaßt.

Diesem Mangel will der vorliegende Kommentar abzuhelfen versuchen. Dabei galt es, eine Kommentierung nicht nur auf die Deutung des Gesetzestextes zu beschränken, sondern eine Synthese zu finden zwischen den verschiedenen ausländerrechtlichen Gesetzen, den Verwaltungsanweisungen und den gerichtlichen Entscheidungen, soweit sie für das neue Gesetz Bedeutung haben. Dementsprechend sind auch die im Anhang abgedruckten Gesetzestexte ausgewählt. Es ist der Wunsch, mit diesem Buch ein umfassendes Werk zu schaffen, das jeden Bearbeiter bei den Ausländerbehörden in die Lage versetzt, ohne weiteres Nachschlagen in anderen Texten seine Frage beantwortet zu finden. Für alle, auch außerhalb der eigentlichen Behördenarbeit stehenden Interessierten, insbesondere für Verwaltungsgerichte und Rechtsanwälte, soll der vorliegende Kommentar die Möglichkeit bieten, sich einen Einblick in die gesamten ausländerrechtlichen Probleme zu verschaffen und Zweifelsfragen zu klären.

Bei der Abfassung der vorliegenden Ausgabe standen die Verwaltungsvorschriften zum Ausländergesetz noch nicht zur Verfügung, so daß sich Überschneidungen ergeben können.

Berlin, im Oktober 1965 — Günter Weißmann

Inhalt

Siebenter Abschnitt

Übergangs- und Schlußvorschriften

Abkürzungen

a. A.	anderer Ansicht
Abk.	Abkürzung
Abl.	Amtsblatt
Abs.	Absatz
AE	Aufenthaltserlaubnis
AG	Amtsgericht
AllKomm	Alliierte Kommandatura Berlin
Anm.	Anmerkung
APVO	Ausländerpolizeiverordnung
Art.	Artikel
AsylVO	Asylverordnung
Aufl.	Auflage
AuslG	Ausländergesetz
AV	Aufenthaltsverbot
AVV	Allgemeine Verwaltungsvorschriften
BAnz.	Bundesanzeiger
BArbBl.	Bundesarbeitsblatt
BAVAV	Bundesanstalt für Arbeitsvermittlung und Arbeitslosenversicherung
BayObLG	Bayerisches Oberstes Landesgericht
BayObLGZ	Entscheidungssammlung des Bayerischen Obersten Landesgerichts in Zivilsachen
BayVerwBl	Bayerisches Verwaltungsblatt
BayVGH	Bayerischer Verwaltungsgerichtshof
Bd.	Band
Bek.	Bekanntmachung
Beschl.	Beschluß
BGB	Bürgerliches Gesetzbuch
BGBl.	Bundesgesetzblatt
BGG	Bonner Grundgesetz
BGH	Bundesgerichtshof
BGHZ	Entscheidungssammlung des Bundesgerichtshofs in Zivilsachen
BK	Bonner Kommentar
BK/L	Letter (Schreiben) der Berliner Kommandantur
BMI	Bundesminister des Innern
BR	Bundesrat
BRD	Bundesrepublik Deutschland
BSozG	Bundessozialgericht

Abkürzungen

BT	Bundestag
BVBl.	Bundesverwaltungsblatt
BVerfG	Bundesverfassungsgericht
BVerfGE	Entscheidungssammlung des Bundesverfassungsgerichts
BVerwG	Bundesverwaltungsgericht
BVerwGE	Entscheidungssammlung des Bundesverwaltungsgerichts
BVFG	Gesetz über die Angelegenheiten der Vertriebenen und Flüchtlinge
DAG	Deutsches Auslieferungsgesetz
DBl.	Dienstblatt
DÖV	Die Öffentliche Verwaltung
Drucks.	Drucksache
DV	Durchführungsverordnung
DVAuslG	Durchführungsverordnung zum AuslG
DVBl.	Deutsches Verwaltungsblatt
EGKS	Vertrag über die Gründung der Europäischen Gemeinschaft für Kohle und Stahl
EWG	Europäische Wirtschaftsgemeinschaft
Entw.	Entwurf
FreihEntzG	Freiheitsentziehungsgesetz
GBl.	Gesetzblatt der SBZ
GebVAuslG	Gebührenverordnung zum AuslG
GenfKon	Genfer Flüchtlingskonvention
GewArch.	Gewerbearchiv
GewO	Gewerbeordnung
GG	Grundgesetz
GMBl.	Gemeinsames Ministerialblatt
GS	Preußische Gesetzsammlung
GVBl.	Gesetz- und Verordnungsblatt für Berlin
HAG	Gesetz über die Rechtsstellung heimatloser Ausländer
HHG	Häftlingshilfegesetz
InnAussch.	Innenausschuß
IRO	Internationale Flüchtlingsorganisation
JR	Juristische Rundschau
JZ	Juristen-Zeitung
Kap.	Kapitel
KG	Kammergericht (Berlin)
Komm.	Kommission
LG	Landgericht
MDR	Monatsschrift für Deutsches Recht
Mi. Bl. i. V.	Preußisches Ministerialbatt der inneren Verwaltung
MRK	Genfer Menschenrechtskonvention
NdsRpfl.	Niedersächsische Rechtspflege

NJW	Neue Juristische Wochenschrift
Nr.	Nummer
OECD	Organisation für wirtschaftliche Zusammenarbeit und Entwicklung
OLG	Oberlandesgericht
OVG	Oberverwaltungsgericht
OVGE	Entscheidungssammlung der Oberverwaltungsgerichte
OWiG	Gesetz über Ordnungswidrigkeiten
PaßVO	Paßverordnung
PG, PaßG	Paßgesetz
RegEntw.	Regierungsentwurf
Rdschr.	Rundschreiben
RGBl.	Reichsgesetzblatt
RV	Reichsverfassung
s.	siehe
SBZ	Sowjetische Besatzungszone
StenBer	Stenografischer Bericht
StGB	Strafgesetzbuch
StPO	Strafprozeßordnung
StrafRegVO	Strafregisterverordnung
U, Urt	Urteil
UN	Vereinte Nationen
VerwAkt	Verwaltungsakt
VerwArch	Verwaltungsarchiv
VerwR, VR	Verwaltungsrecht
VG	Verwaltungsgericht
VGH	Verwaltungsgerichtshof
vgl.	vergleiche
VO	Verordnung
VOBl.	Verordnungsblatt
VR	Verwaltungsrecht
VwGO	Verwaltungsgerichtsordnung

III. Wortlaut des Gesetzes

AUSLÄNDERGESETZ

(AuslG)

Vom 28. April 1965 (BGBl. I S. 353)
Sammlung des Bundesrechts, Bundesgesetzbl. III 2600—1[1])

Der Bundestag hat mit Zustimmung des Bundesrates das folgende Gesetz beschlossen:

Erster Abschnitt

Einreise und Aufenthalt

§ 1

Allgemeine Voraussetzungen

(1) Ausländer können nach Maßgabe dieses Gesetzes in den Geltungsbereich dieses Gesetzes einreisen und sich darin aufhalten.

(2) Ausländer ist jeder, der nicht Deutscher im Sinne des Artikels 116 Abs. 1 des Grundgesetzes ist.

§ 2

Aufenthaltserlaubnis

(1) Ausländer, die in den Geltungsbereich dieses Gesetzes einreisen und sich darin aufhalten wollen, bedürfen einer Aufenthaltserlaubnis. Die Aufenthaltserlaubnis darf erteilt werden, wenn die Anwesenheit des Ausländers Belange der Bundesrepublik Deutschland nicht beeinträchtigt.

(2) Keiner Aufenthaltserlaubnis bedürfen Ausländer, die

1. das 16. Lebensjahr noch nicht vollendet haben,
2. die Rechtsstellung nach dem Gesetz über die Rechtsstellung heimatloser Ausländer im Bundesgebiet vom 25. April 1951 (Bundesgesetzbl. I S. 269) besitzen oder
3. nach zwischenstaatlichen Vereinbarungen hiervon befreit sind.

(3) Der Bundesminister des Innern kann zur Erleichterung des Aufenthalts von Ausländern durch Rechtsverordnung bestimmen, daß auch andere Ausländer keiner Aufenthaltserlaubnis bedürfen.

---

[1]) Hebt auf Bundesgesetzbl. III 26-1 und 26-2; betrifft Bundesgesetzbl. III 210-1.

(4) Der Bundesminister des Innern kann durch Rechtsverordnung bestimmen, daß Ausländer, die keiner Aufenthaltserlaubnis bedürfen, ihren Aufenthalt anzuzeigen haben.

§ 3

Ausweispflicht

(1) Ausländer, die in den Geltungsbereich dieses Gesetzes einreisen, sich darin aufhalten oder aus ihm ausreisen wollen, müssen sich durch einen Paß ausweisen. Der Bundesminister des Innern kann in besonderen Einzelfällen Ausnahmen zulassen. Bestehen Zweifel über die Person oder die Staatsangehörigkeit des Ausländers, so können erkennungsdienstliche Maßnahmen auch gegen den Willen des Ausländers durchgeführt werden.

(2) Der Bundesminister des Innern kann durch Rechtsverordnung

1. Ausländer, deren Rückübernahme gesichert ist, vom Paßzwang befreien,
2. andere amtliche Ausweise als Paßersatz einführen oder zulassen.

§ 4

Fremdenpaß

(1) Ausländern, die sich nicht durch einen Paß oder Paßersatz ausweisen können, kann ein Fremdenpaß ausgestellt werden.

(2) Der Fremdenpaß kann dem Inhaber entzogen werden, wenn die Voraussetzungen, die zu der Ausstellung geführt haben, weggefallen sind.

§ 5

Aufenthaltserlaubnis

(1) Die Aufenthaltserlaubnis (§ 2 Abs. 1) kann vor der Einreise oder nach der Einreise erteilt werden.

(2) Der Bundesminister des Innern bestimmt, wenn die Belange der Bundesrepublik Deutschland es erfordern, durch Rechtsverordnung, daß die Aufenthaltserlaubnis vor der Einreise oder vor der Einreise in der Form des Sichtvermerks eingeholt werden muß.

(3) Ein Durchreisesichtvermerk kann, auch wenn die Voraussetzungen für einen Aufenthalt nicht vorliegen, erteilt werden, sofern die fristgerechte Ausreise gesichert ist und die Durchreise Belange der Bundesrepublik Deutschland nicht beeinträchtigt.

(4) Eine Aufenhaltserlaubnis kann vor der Einreise für ungültig erklärt werden.

§ 6

Politische Betätigung

(1) Ausländer genießen alle Grundrechte, soweit sie nicht nach dem Grundgesetz für die Bundesrepublik Deutschland Deutschen vorbehalten sind.

(2) Die politische Betätigung von Ausländern kann eingeschränkt oder untersagt werden, wenn die Abwehr von Störungen der öffentlichen Sicherheit oder Ordnung oder von Beeinträchtigungen der politischen Willensbildung in der Bundesrepublik Deutschland oder sonstige erhebliche Belange der Bundesrepublik Deutschland es erfordern.

(3) Die politische Betätigung von Ausländern ist unerlaubt, wenn sie
1. mit dem Völkerrecht nicht vereinbar ist,
2. die freiheitliche demokratische Grundordnung der Bundesrepublik Deutschland gefährdet oder
3. bestimmt ist, Parteien, andere Vereinigungen, Einrichtungen oder Bestrebungen außerhalb des Geltungsbereichs dieses Gesetzes zu fördern, die mit Verfassungsgrundsätzen der freiheitlichen demokratischen Grundordnung nicht vereinbar sind.

§ 7

Geltungsbereich und Geltungsdauer

(1) Die Aufenthaltserlaubnis gilt für den Geltungsbereich dieses Gesetzes. Sie kann räumlich beschränkt werden.

(2) Die Aufenthaltserlaubnis wird befristet oder unbefristet erteilt. Eine befristete Aufenthaltserlaubnis kann verlängert werden.

(3) Die Aufenthaltserlaubnis kann mit Bedingungen und Auflagen versehen werden.

(4) Die Aufenthaltserlaubnis kann nachträglich räumlich und zeitlich beschränkt sowie mit Bedingungen und Auflagen versehen werden.

(5) Der Aufenthalt eines Ausländers, der keiner Aufenthaltserlaubnis bedarf (§ 2 Abs. 2 und 3, § 49 Abs. 2), kann nach den Absätzen 1, 3 und 4 beschränkt werden. § 12 des Gesetzes über die Rechtsstellung heimatloser Ausländer im Bundesgebiet bleibt unberührt.

§ 8

Aufenthaltsberechtigung

(1) Ausländern, die sich seit mindestens fünf Jahren rechtmäßig im Geltungsbereich dieses Gesetzes aufhalten und sich in das wirtschaftliche und soziale Leben in der Bundesrepublik Deutschland eingefügt haben, kann die Erlaubnis zum Aufenthalt als Aufenthaltsberechtigung erteilt werden.

(2) Die Aufenthaltsberechtigung ist räumlich und zeitlich unbeschränkt und kann nicht mit Bedingungen versehen werden. Auflagen sind zulässig; sie können auch nachträglich auferlegt werden.

§ 9

Beendigung der Aufenthaltserlaubnis,
der Aufenthaltsberechtigung und der Befreiung

(1) Die Aufenthaltserlaubnis (§ 5) und die Aufenthaltsberechtigung (§ 8) erlöschen, wenn der Ausländer
1. keinen gültigen Paß oder Paßersatz mehr besitzt,
2. seine Staatsangehörigkeit wechselt oder verliert,
3. das Bundesgebiet aus einem seiner Natur nach nicht vorübergehenden Grunde verläßt oder
4. ausgewiesen wird (§ 10).

Nummer 2 ist auf Asylberechtigte (§ 28) mit der Maßgabe anzuwenden, daß an die Stelle der Staatsangehörigkeit die Anerkennung als Asylberechtigter tritt.

(2) Die Befreiung (§ 2 Abs. 2 und 3) entfällt, wenn der Ausländer ausgewiesen (§ 10) oder abgeschoben (§ 13) wird. Diese Wirkung der Ausweisung und der Abschiebung kann befristet werden. Die Frist kann durch die Behörde, die den Ausländer ausgewiesen oder abgeschoben hat, nachträglich verlängert oder verkürzt werden.

§ 10

Ausweisung

(1) Ein Ausländer kann ausgewiesen werden, wenn

1. er die freiheitliche demokratische Grundordnung oder die Sicherheit der Bundesrepublik Deutschland gefährdet,
2. er wegen eines Verbrechens oder Vergehens oder wegen einer Tat verurteilt worden ist, die im Geltungsbereich dieses Gesetzes ein Verbrechen oder Vergehen wäre,
3. gegen ihn eine mit Freiheitsentziehung verbundene Maßregel der Sicherung und Besserung, die Unterbringung in einer Arbeitseinrichtung oder Heil- oder Pflegeanstalt angeordnet oder Fürsorgeerziehung in einem Heim durchgeführt wird,
4. er gegen eine Vorschrift des Steuerrechts einschließlich des Zollrechts und des Monopolrechts oder des Außenwirtschaftsrechts oder gegen Einfuhr-, Ausfuhr-, Durchfuhr- oder Verbringungsverbote oder -beschränkungen verstößt,
5. er gegen eine Vorschrift über die Ausübung eines Berufs oder Gewerbes oder einer unselbständigen Erwerbstätigkeit verstößt,
6. er gegen eine Vorschrift des Aufenthaltsrechts verstößt,
7. er gegenüber einer amtlichen Stelle zum Zwecke der Täuschung unrichtige Angaben über seine Person, seine Gesundheit, seine Familie, seine Staatsangehörigkeit, seinen Beruf oder seine wirtschaftlichen Verhältnisse macht oder die Angaben verweigert,
8. er bettelt, der Erwerbsunzucht nachgeht oder als Landstreicher oder Landfahrer umherzieht,
9. er die öffentliche Gesundheit oder Sittlichkeit gefährdet,
10. er den Lebensunterhalt für sich und seine unterhaltsberechtigten Angehörigen nicht ohne Inanspruchnahme der Sozialhilfe bestreiten kann oder bestreitet oder
11. seine Anwesenheit erhebliche Belange der Bundesrepublik Deutschland aus anderen Gründen beeinträchtigt.

(2) In den Fällen des Absatzes 1 Nrn. 4 und 9 dürfen den mit der Ausführung dieses Gesetzes betrauten Behörden die erforderlichen Auskünfte erteilt werden.

§ 11

Einschränkungen der Ausweisung

(1) Ausländer, die eine Aufenthaltsberechtigung besitzen, können nur ausgewiesen werden, wenn die Voraussetzungen des § 10 Abs. 1 Nr. 1 oder 2 vorliegen oder die übrigen in § 10 Abs. 1 aufgeführten Gründe besonders schwer wiegen.

(2) Ausländer, die als politisch Verfolgte Asylrecht genießen, heimatlose Ausländer und ausländische Flüchtlinge können, wenn sie sich rechtmäßig im Geltungsbereich dieses Gesetzes aufhalten, nur aus schwerwiegenden Gründen der öffentlichen Sicherheit oder Ordnung ausgewiesen werden.

III. Gesetzestext

§ 12

Pflicht zur Ausreise

(1) Ein Ausländer, der weder eine Aufenthaltserlaubnis (§ 5) oder eine Aufenthaltsberechtigung (§ 8) besitzt noch von dem Erfordernis der Aufenthaltserlaubnis befreit ist (§ 2 Abs. 2 bis 4, § 49 Abs. 2), hat den Geltungsbereich dieses Gesetzes unverzüglich zu verlassen. Das gleiche gilt für einen Ausländer, der ausgewiesen worden ist (§ 10).

(2) Wird die Aufenthaltserlaubnis oder die Befreiung auf bestimmte Teile des Geltungsbereichs dieses Gesetzes beschränkt, so hat der Ausländer das Gebiet, für das die Erlaubnis oder die Befreiung nicht gilt, unverzüglich zu verlassen.

§ 13

Abschiebung

(1) Ein Ausländer, der den Geltungsbereich dieses Gesetzes zu verlassen hat, ist abzuschieben, wenn seine freiwillige Ausreise nicht gesichert oder aus Gründen der öffentlichen Sicherheit oder Ordnung eine Überwachung der Ausreise erforderlich erscheint.

(2) Die Abschiebung soll schriftlich angedroht werden. Hierbei soll eine Frist bestimmt werden, innerhalb der der Ausländer auszureisen hat. Wird ein Ausländer ausgewiesen, so soll die Androhung mit der Ausweisung verbunden werden. Von der Androhung und der Fristsetzung kann nur abgesehen werden, wenn dies durch besondere Gründe gerechtfertigt ist.

§ 14

Einschränkungen der Abschiebung

(1) Ein Ausländer darf nicht in einen Staat abgeschoben werden, in dem sein Leben oder seine Freiheit wegen seiner Rasse, Religion, Staatsangehörigkeit, seiner Zugehörigkeit zu einer bestimmten sozialen Gruppe oder wegen seiner politischen Überzeugung bedroht ist. Dies gilt nicht für einen Ausländer, der aus schwerwiegenden Gründen als eine Gefahr für die Sicherheit anzusehen ist, oder der eine Gefahr für die Allgemeinheit bedeutet, weil er wegen eines besonders schweren Verbrechens rechtskräftig verurteilt wurde (Artikel 33 Abs. 2 des Abkommens über Rechtsstellung der Flüchtlinge vom 28. Juli 1951, Bundesgesetzbl. 1953 II S. 559).

(2) Bei diesen Ausländern kann nicht davon abgesehen werden, die Abschiebung anzudrohen und eine angemessene Frist zu setzen. Ist die Abschiebung eines Ausländers in bestimmte Staaten nicht zulässig, so sind diese Staaten in der Androhung der Abschiebung zu bezeichnen.

§ 15

Ausschluß der Erteilung einer Aufenthaltserlaubnis

(1) Einem Ausländer, der ausgewiesen oder abgeschoben worden ist, darf keine Aufenthaltserlaubnis erteilt werden. Diese Wirkung der Ausweisung und der Abschiebung kann befristet werden. Die Frist kann durch die Behörde, die den Ausländer ausgewiesen oder abgeschoben hat, nachträglich verlängert oder verkürzt werden.

(2) Einem Ausländer, der ausgewiesen oder abgeschoben worden ist, kann ausnahmsweise erlaubt werden, das Gebiet des Geltungsbereichs dieses Gesetzes kurzfristig zu betreten, wenn zwingende Gründe seine Anwesenheit erfordern oder die Versagung der Erlaubnis eine unbillige Härte bedeuten würde. Reiseweg und Aufenthaltsort sind vorzuschreiben.

(3) Einem Ausländer, der ausgewiesen oder dessen Abschiebung angeordnet worden ist, und der die Anerkennung als Asylberechtigter beantragt hat (§ 28), kann für die Dauer des Anerkennungsverfahrens eine auf den Bezirk der Ausländerbehörde beschränkte Aufenthaltserlaubnis erteilt werden, wenn die Anwesenheit des Ausländers im Sammellager für Ausländer nach der Entscheidung des Leiters des Bundesamtes für die Anerkennung ausländischer Flüchtlinge nicht erforderlich ist.

§ 16

Abschiebungshaft

(1) Ein Ausländer ist zur Vorbereitung der Ausweisung in Haft zu nehmen, wenn über die Ausweisung nicht sofort entschieden werden kann und die Abschiebung ohne die Inhaftnahme wesentlich erschwert oder vereitelt würde. Die Dauer der Haft soll sechs Wochen nicht überschreiten.

(2) Ein Ausländer ist in Abschiebungshaft zu nehmen, wenn die Haft zur Sicherung der Abschiebung erforderlich ist. Die Abschiebungshaft kann bis zu sechs Monaten angeordnet und bis zur Gesamtdauer von einem Jahr verlängert werden.

§ 17

Duldung

(1) Die Abschiebung eines Ausländers kann zeitweise ausgesetzt werden (Duldung). Die Vorschriften des § 7 Abs. 1, 3 und 4 finden entsprechende Anwendung. Die Duldung ist zu widerrufen, wenn die Gründe, die der Abschiebung entgegenstehen, entfallen.

(2) Der Bundesminister des Innern oder die von ihm durch Rechtsverordnung bestimmte Bundesoberbehörde kann Ausländer, die geduldet werden, nach Anhören der Länder und auf Grund des vom Bundesrat festgestellten Schlüssels für die Verteilung von ausländischen Flüchtlingen auf die Länder verteilen.

§ 18

Zurückweisung und Zurückschiebung

(1) Ein Ausländer, der ausgewiesen oder abgeschoben worden ist, ist zurückzuweisen, wenn er innerhalb der Frist des § 9 Abs. 2 und des § 15 Abs. 1 einreist. Ein Ausländer, bei dem die Voraussetzungen für eine Ausweisung vorliegen (§ 10), kann bei der Einreise zurückgewiesen werden.

(2) Ein Ausländer, der unerlaubt eingereist ist, kann innerhalb von sieben Tagen nach dem Grenzübertritt zurückgeschoben werden.

(3) § 14 Abs. 1 und § 16 finden auf die Zurückweisung und Zurückschiebung entsprechende Anwendung.

(4) Wird ein Ausländer, der mit einem Luft-, See- oder Landfahrzeug einreisen will, zurückgewiesen, so hat ihn der Beförderungsunternehmer unverzüglich außer Landes zu bringen.

III. Gesetzestext

§ 19
Ausreise

(1) Ausländer können frei ausreisen.

(2) Einem Ausländer kann die Ausreise untersagt werden, wenn er
1. die Sicherung der Bundesrepublik Deutschland gefährdet,
2. sich einer Strafverfolgung oder Strafvollstreckung, der Anordnung oder der Vollstreckung einer mit Freiheitsentziehung verbundenen Maßregel der Sicherung und Besserung oder der Ahndung einer Ordnungswidrigkeit entziehen will,
3. gegen eine Vorschrift des Steuerrechts einschließlich des Zollrechts und des Monopolrechts oder des Außenwirtschaftsrechts oder gegen Einfuhr-, Ausfuhr-, Durchfuhr- oder Verbringungsverbote oder -beschränkungen verstößt,
4. sich einer Unterhaltspflicht entziehen will,
5. sich einer öffentlichen Dienstleistungspflicht entziehen will.

Das Ausreiseverbot ist aufzuheben, sobald die Gründe entfallen.

Zweiter Abschnitt

Verfahren

§ 20
Zuständigkeit

(1) Über die Aufenthaltserlaubnis und die Aufenthaltsberechtigung sowie die Ausstellung von Fremdenpässen und Ausweisen als Paßersatz entscheidet die Ausländerbehörde, in deren Bezirk sich der Ausländer gewöhnlich aufhält. Fehlt ein gewöhnlicher Aufenthalt, so ist die Ausländerbehörde zuständig, in deren Bezirk zuerst die Erteilung oder Verlängerung einer Aufenthaltserlaubnis, eines Fremdenpasses oder eines Ausweises als Paßersatz notwendig wird. Der Bundesminister des Innern kann durch Rechtsverordnung die Ausstellung von Ausweisen als Paßersatz anderen Behörden übertragen.

(2) Über Maßnahmen gegen einen Ausländer entscheidet die Ausländerbehörde, in deren Bezirk sich die Notwendigkeit zum Einschreiten gegen den Ausländer ergibt. Besitzt ein Ausländer eine Aufenthaltserlaubnis oder Aufenthaltsberechtigung, so soll die Ausländerbehörde sich mit der Behörde, in deren Bezirk sich der Ausländer gewöhnlich aufhält, vorher ins Benehmen setzen; entsprechend ist zu verfahren, wenn ein Fremdenpaß oder ein Ausweis als Paßersatz entzogen werden soll. Über die Duldung entscheidet die Ausländerbehörde, die die Abschiebung angeordnet hat.

(3) Ausländerbehörden sind die Behörden der inneren Verwaltung auf der Kreisebene; die Landesregierungen können in besonderen Fällen im Benehmen mit dem Bundesminister des Innern die Behörden kreisangehöriger Gemeinden zu Ausländerbehörden bestimmen.

(4) Im Ausland sind für Paß- und Sichtvermerksangelegenheiten die vom Auswärtigen Amt ermächtigten Auslandsvertretungen zuständig. Die mit der Paßnachschau beauftragten Behörden können Ausnahmesichtvermerke erteilen, soweit sie hierzu ermächtigt sind.

(5) Die Zurückweisung und die Überstellung an der Grenze obliegen den mit der Paßnachschau beauftragten Behörden.

(6) Für die Zurückschiebung sind die mit der Sicherung der Grenzen beauftragten Behörden und die Polizei der Länder zuständig.

(7) Für das Ausreiseverbot sind die Ausländerbehörden und die mit der Paßnachschau beauftragten Behörden zuständig.

§ 21

Antrag auf Aufenthaltserlaubnis

(1) Reist ein Ausländer mit Aufenthaltserlaubnis ein, hat er unverzüglich nach der Einreise der Ausländerbehörde seinen Aufenthalt anzuzeigen; das gleiche gilt, wenn ein Ausländer anzeigepflichtig ist (§ 2 Abs. 4). Reist ein Ausländer, der einer Aufenthaltserlaubnis bedarf, ohne eine solche ein, hat er unverzüglich nach der Einreise die Aufenthaltserlaubnis zu beantragen.

(2) Für den Antrag auf Aufenthaltserlaubnis und für die Aufenthaltsanzeige sind die vom Bundesminister des Innern vorgeschriebenen Formblätter zu verwenden. Der Ausländer hat die für die Entscheidung über die Aufenthaltserlaubnis erforderlichen Auskünfte zu geben und auf Verlangen der Behörde persönlich zu erscheinen.

(3) Beantragt ein Ausländer nach der Einreise die Aufenthaltserlaubnis, so gilt sein Aufenthalt bis zur Entscheidung der Ausländerbehörde vorläufig als erlaubt. Widerspruch und Anfechtungsklage haben keine aufschiebende Wirkung. Das gleiche gilt, wenn der Ausländer die Verlängerung der Aufenthaltserlaubnis beantragt.

§ 22

Übernahmeerklärung

Ausländer können, wenn völkerrechtliche, politische oder menschliche Gründe es erfordern, auf Grund einer Übernahmeerklärung des Bundesministers des Innern oder der von ihm bestimmten Stelle in den Geltungsbereich dieses Gesetzes übernommen werden.

§ 23

Schriftform

(1) Die Verfügung, durch die ein Fremdenpaß oder Paßersatz, eine Aufenthaltserlaubnis oder -berechtigung versagt, räumlich oder zeitlich beschränkt oder mit Bedingungen oder Auflagen versehen wird, sowie die Ausweisung und die Duldung bedürfen der Schriftform. Das gleiche gilt, wenn der Aufenthalt eines Ausländers, der keiner Aufenthaltserlaubnis bedarf, nach § 7 Abs. 5 beschränkt wird.

(2) Die Versagung einer Aufenthaltserlaubnis vor der Einreise bedarf keiner Begründung und Rechtsbehelfsbelehrung.

§ 24

Kosten

(1) Der Bundesminister des Innern kann durch Rechtsverordnung Gebühren für die Erteilung oder Verlängerung von Fremdenpässen und Paßersatzpapieren sowie der Aufenthaltserlaubnis und der Aufenthaltsberechtigung festsetzen und die Erstattung von Auslagen regeln.

(2) Die Kosten, die durch die Abschiebung, Zurückschiebung oder Zurückweisung entstehen, hat der Ausländer zu tragen. Im Falle des § 18 Abs. 4 haftet auch der Beförderungsunternehmer für die Kosten der Zurückweisung.

§ 25

Weisungsbefugnis

(1) Die Bundesregierung kann Einzelweisungen zur Ausführung dieses Gesetzes und der hierzu erlassenen Rechtsverordnung erteilen, wenn

1. die innere oder äußere Sicherheit oder sonstige erhebliche Belange der Bundesrepublik Deutschland es erfordern,
2. es für Vergeltungsmaßnahmen erforderlich ist,
3. durch Maßnahmen von Ausländerbehörden eines Landes erhebliche Belange eines anderen Landes beeinträchtigt werden oder
4. eine Ausländerbehörde eine der in § 26 Abs. 1 Nr. 1 bis 4 bezeichneten Entscheidungen treffen will.

(2) Die Durchführung von Einzelweisungen im Land Berlin bedarf der Zustimmung des Senats von Berlin.

§ 26

Mitwirkungserfordernis

(1) Entscheidungen der Ausländerbehörden, durch die

1. ausländischen Flüchtlingen oder Staatenlosen über die in ihrem Reiseausweis eingetragene Berechtigung zur Rückkehr in einen anderen Staat hinaus eine Aufenthaltserlaubnis erteilt wird,
2. eine Aufenthaltserlaubnis unter Ausschluß des eigenen Zuständigkeitsbereichs erteilt wird,
3. Ausländer nach § 14 Abs. 1 Satz 2 abgeschoben werden sollen oder
4. ein in § 49 Abs. 2 genannter Ausländer ausgewiesen wird,

ergehen im Benehmen mit dem Bundesminister des Innern oder der von ihm bestimmten Stelle.

(2) Der Bundesminister des Innern kann, um die Mitwirkung anderer beteiligter Behörden zu sichern, durch Rechtsverordnung bestimmen, in welchen Fällen

1. die Erteilung eines Sichtvermerks der Zustimmung der Ausländerbehörde oder
2. die Verlängerung der Aufenthaltserlaubnis, die als Sichtvermerk erteilt worden ist, des Benehmens mit dem Bundesminister des Innern oder der von ihm bestimmten Stelle bedarf.

Dritter Abschnitt

Mehrfache Staatsangehörigkeit

§ 27

Anzeigepflicht für Deutsche mit mehrfacher Staatsangehörigkeit

Deutsche, die zugleich eine fremde Staatsangehörigkeit besitzen, haben der von der Landesregierung bestimmten Behörde, in deren Bezirk sie ihren gewöhnlichen Aufenthalt haben, ihre fremde Staatsangehörigkeit anzuzeigen. Für minderjährige Kinder ist der gesetzliche Vertreter anzeigepflichtig.

Vierter Abschnitt

Asylrecht

§ 28

Personenkreis

Als Asylberechtigte werden auf Antrag anerkannt:

1. Flüchtlinge im Sinne von Artikel 1 des Abkommens über die Rechtsstellung der Flüchtlinge,
2. sonstige Ausländer, die politisch Verfolgte nach Artikel 16 Abs. 2 Satz 2 des Grundgesetzes sind,

sofern sie nicht bereits in einem anderen Land Anerkennung nach dem Abkommen über die Rechtsstellung der Flüchtlinge oder anderweitig Schutz vor Verfolgung gefunden haben.

§ 29

Anerkennungsverfahren

(1) Über den Antrag auf Anerkennung als Asylberechtigter wird in einem besonderen Anerkennungsverfahren vor dem Bundesamt für die Anerkennung ausländischer Flüchtlinge (Bundesamt) entschieden.

(2) Der Leiter des Bundesamts hat für die ordnungsmäßige Durchführung des Anerkennungsverfahrens zu sorgen und den Sachverhalt durch eine Vorprüfung zu klären. Er wird vom Bundesminister des Innern bestellt.

(3) Der Bundesminister des Innern regelt durch Rechtsverordnung ohne Zustimmung des Bundesrates das Verfahren vor dem Bundesamt, soweit es nicht im Gesetz geregelt ist.

§ 30

Anerkennungs- und Widerspruchsausschüsse

(1) Über den Antrag auf Anerkennung entscheidet ein Anerkennungsausschuß Über den Widerspruch gegen Entscheidungen des Anerkennungsausschusses entscheidet ein Widerspruchsausschuß. Die Ausschüsse entscheiden in der Besetzung von einem Vorsitzenden und zwei Beisitzern. Vorsitzende von Widerspruchsausschüssen müssen die Befähigung zum Richteramt oder zum höheren Verwaltungsdienst besitzen.

(2) Der Bundesminister des Innern beruft und entläßt die Vorsitzenden und die Beisitzer der Ausschüsse. Die Hälfte der Beisitzer wird vom Bundesrat benannt.

§ 31

Anwesenheit des Antragstellers während des Verfahrens

Für die Dauer des Anerkennungsverfahrens ist die Anwesenheit des Antragstellers erforderlich. Wenn der Sachverhalt ausreichend geklärt oder der Antragsteller infolge erheblicher körperlicher Behinderung oder aus sonstigen zwingenden Gründen an dem Erscheinen verhindert ist, kann für die Vorprüfung und für die Verhandlung von der Anwesenheit des Antragstellers abgesehen werden.

§ 32
Sitzungen der Ausschüsse

(1) Die Ausschüsse verhandeln in nichtöffentlicher Sitzung.

(2) Personen, die sich als Vertreter des Bundes, der Länder, des Hohen Flüchtlingskommissars der Vereinten Nationen oder des Sonderbevollmächtigten für Flüchtlingsfragen beim Europarat ausweisen, sind zur Teilnahme an den Sitzungen berechtigt. Anderen Personen kann die Teilnahme gestattet werden.

§ 33
Verfahren vor dem Anerkennungsausschuß

(1) Der Anerkennungsausschuß klärt den Sachverhalt und erhebt die hierfür erforderlichen Beweise.

(2) Der Ausschuß entscheidet mit Stimmenmehrheit.

(3) Die Entscheidung ergeht schriftlich. Sie ist mit einer Begründung und einer Rechtsbehelfsbelehrung zu versehen und dem Anttragsteller zuzustellen.

§ 34
Verfahren vor dem Widerspruchsausschuß

(1) Der Widerspruch gegen Entscheidungen des Anerkennungsausschusses ist innerhalb eines Monats nach der Zustellung der Entscheidung beim Bundesamt zu erheben.

(2) Für das Verfahren vor dem Widerspruchsausschuß findet § 33 entsprechende Anwendung.

(3) Die Anfechtung von Entscheidungen des Widerspruchsausschusses vor den Verwaltungsgerichten bestimmt sich nach der Verwaltungsgerichtsordnung.

§ 35
Bundesbeauftragter für Asylangelegenheiten

(1) Bei dem Bundesamt wird ein Bundesbeauftragter für Asylangelegenheiten bestellt.

(2) Der Bundesbeauftragte für Asylangelegenheiten kann sich an den Anerkennungsverfahren vor dem Bundesamt und vor den Verwaltungsgerichten beteiligen. Ihm ist Gelegenheit zur Äußerung zu geben. Er kann gegen Entscheidungen des Anerkennungsausschusses Widerspruch und gegen Entscheidungen des Widerspruchsausschusses Klage beim Verwaltungsgericht erheben.

(3) Der Bundesbeauftragte für Asylangelegenheiten wird vom Bundesminister des Innern berufen und entlassen. Er muß die Befähigung zum Richteramt oder zum höheren Verwaltungsdienst besitzen.

(4) Der Bundesbeauftragte für Asylangelegenheiten ist an Weisungen des Bundesministers des Innern gebunden, der das Benehmen mit dem Minister des Innern des Landes herstellt, in dem sich der Ausländer aufhält oder dem er zugeteilt werden soll.

§ 36

Wiederaufnahme

(1) Auf Antrag eines Abgewiesenen ist durch den Leiter des Bundesamtes eine erneute Verhandlung vor dem Widerspruchsausschuß einzuleiten, wenn von dem Abgewiesenen neue Tatsachen oder Beweismittel beigebracht werden, deren Berücksichtigung im Anerkennungs- oder Widerspruchsverfahren zu einer dem Antragsteller günstigeren Entscheidung geführt hätte.

(2) Der Antrag kann nur auf solche Tatsachen und Beweismittel gestützt werden, die im Anerkennungs- oder Widerspruchsverfahren nicht bekannt waren oder ohne Verschulden des Antragstellers nicht geltend gemacht werden konnten.

§ 37

Widerruf

(1) Die Anerkennung als Asylberechtigter kann widerrufen werden, wenn die Voraussetzungen für eine Anerkennung nicht mehr vorliegen. Sie ist zu widerrufen, wenn die Anerkennung auf Grund unrichtiger Angaben oder infolge Verschweigens wesentlicher Tatsachen erteilt worden ist.

(2) Das Verfahren ist von dem Leiter des Bundesamtes einzuleiten. Über den Widerruf entscheidet der Anerkennungsausschuß. Die Vorschriften der §§ 30 und 31 finden entsprechende Anwendung.

§ 38

Meldepflicht

(1) Ausländer, die die Anerkennung als Asylberechtigter begehren, haben sich unverzüglich bei der mit der Sicherung der Grenze beauftragten Behörde oder der nächsten Ausländerbehörde zu melden. Sie sind an das Bundesamt weiterzuleiten.

(2) Bei Ausländern, die sich nach den §§ 1 bis 9 erlaubt im Geltungsbereich dieses Gesetzes aufhalten und die Anerkennung als Asylberechtigter begehren, ist die Meldung dem Bundesamt zuzuleiten.

§ 39

Bestimmung der Lager

Die Bundesregierung bestimmt im Benehmen mit der zuständigen Landesregierung die Sammellager für Ausländer.

§ 40

Aufenthalt im Lager

(1) Ausländern, die aus einem Land, in dem sie politisch verfolgt werden, in den Geltungsbereich dieses Gesetzes einreisen und die Anerkennung als Asylberechtigter begehren, wird der Aufenthalt im Geltungsbereich dieses Gesetzes unter Beschränkung auf den Bezirk des Lagers bis zur Entscheidung über den Antrag auf Anerkennung gestattet.

(2) Ausländern, die aus einem anderen Land als dem, in dem sie politisch verfolgt werden, in den Geltungsbereich dieses Gesetzes einreisen und die Anerkennung als Asylberechtigter begehren, kann, wenn ihre Anwesenheit nach § 31 erforderlich ist, der Leiter des Bundesamtes den Aufenthalt im Geltungsbereich dieses Gesetzes unter Beschränkung auf den Bezirk des Lagers bis zur Entscheidung über einen Widerspruch gestatten.

(3) Eine Aufenthaltserlaubnis oder eine Befreiung wird durch die Absätze 1 und 2 nicht berührt.

§ 41
Verbindungsaufnahme mit dem Hohen Flüchtlingskommissar der Vereinten Nationen

Ausländern, denen der Aufenthalt im Sammellager gestattet wird, ist Gelegenheit zu geben, mit dem Hohen Flüchtlingskommissar der Vereinten Nationen Verbindung aufzunehmen.

§ 42
Verteilung

(1) Ausländer, die als Asylberechtigte anerkannt worden sind, werden durch einen Beauftragten der Bundesregierung nach Anhörung der Länder auf Grund eines Schlüssels, der vom Bundesrat festgestellt wird und die Verhältnisse der Länder berücksichtigt, auf die Länder verteilt.

(2) Die Bundesregierung kann Einzelweisungen erteilen, wenn sich bei der Verteilung der Asylberechtigten Schwierigkeiten ergeben, die durch die obersten Landesbehörden nicht beseitigt werden können. Die Durchführung von Einzelweisungen im Land Berlin bedarf der Zustimmung des Senats von Berlin.

§ 43
Aufenthaltserlaubnis

Asylberechtigten Ausländern ist nach ihrer Verteilung auf die Länder von der Ausländerbehörde des Aufenthaltsortes, dem der Ausländer von der Landesregierung zugewiesen worden ist, eine Aufenthaltserlaubnis zu erteilen.

§ 44
Rechtsstellung

(1) Ausländer, die nach § 28 Nr. 1 anerkannt worden sind, genießen im Geltungsbereich dieses Gesetzes die Rechtsstellung nach dem Abkommen über die Rechtsstellung der Flüchtlinge.

(2) Für Ausländer, die nach § 28 Nr. 2 anerkannt worden sind, gelten die Vorschriften der Artikel 2 bis 26 und 29 bis 33 des Abkommens über die Rechtsstellung der Flüchtlinge entsprechend.

(3) Ausländer, die nach § 28 Nr. 2 anerkannt worden sind, erhalten einen Fremdenpaß.

(4) Die Absätze 1 und 2 gelten nicht, soweit die Rechtsstellung der nach § 28 anerkannten Ausländer in anderen Vorschriften dieses Gesetzes günstiger geregelt wird.

§ 45

Verbindlichkeit der Entscheidungen

Die Entscheidung im Anerkennungsverfahren ist in allen Angelegenheiten verbindlich, in denen die Anerkennung rechtserheblich ist. Dies gilt nicht für das Auslieferungsverfahren.

§ 46

Heimatlose Ausländer

Die §§ 28 bis 45 gelten nicht für Ausländer, deren Rechtsstellung durch das Gesetz über die Rechtsstellung heimatloser Ausländer im Bundesgebiet geregelt ist.

Fünfter Abschnitt

Straf- und Bußgeldvorschriften

§ 47

Straftaten

(1) Mit Gefängnis bis zu einem Jahr und mit Geldstrafe oder mit einer dieser Strafen wird ein Ausländer bestraft, der

1. in den Geltungsbereich dieses Gesetzes einreist, ohne den erforderlichen Paß, Paßersatz (§ 3) oder eine erforderliche Aufenthaltserlaubnis (§ 5 Abs. 2 oder 3) zu besitzen,
2. sich im Geltungsbereich dieses Gesetzes aufhält, ohne den erforderlichen Paß, Paßersatz (§ 3) oder eine erforderliche Aufenthaltserlaubnis (§ 5 Abs. 1), Aufenthaltsberechtigung (§ 8) oder Duldung (§ 17 Abs. 1) zu besitzen,
3. sich den erkennungsdienstlichen Maßnahmen zur Feststellung der Person oder der Staatsangehörigkeit (§ 3 Abs. 1 Satz 3) entzieht,
4. eine Zuwiderhandlung gegen eine auf Grund des § 6 Abs. 2 erlassene vollziehbare Verfügung beharrlich wiederholt,
5. Bedingungen, Auflagen oder Beschränkungen der Aufenthaltserlaubnis (§ 7 Abs. 1, 3 und 4), der Befreiung (§ 7 Abs. 5), der Duldung (§ 17 Abs. 1) oder Auflagen der Aufenthaltsberechtigung (§ 8 Abs. 2) oder einer Anordnung der Ausländerbehörde über Reiseweg und Aufenthaltsort (§ 15 Abs. 2 Satz 2) zuwiderhandelt,
6. unrichtige oder unvollständige Angaben macht oder benutzt, um für sich oder einen anderen Urkunden für die Einreise oder den Aufenthalt im Geltungsbereich dieses Gesetzes zu beschaffen, oder der eine so beschaffte Urkunde wissentlich zur Täuschung im Rechtsverkehr gebraucht.

(2) Der Versuch ist in den Fällen des Absatzes 1 Nr. 5 strafbar.

(3) Handelt der Täter in den Fällen des Absatzes 1 Nr. 2 oder 5 fahrlässig, so ist die Strafe Geldstrafe oder Gefängnis bis zu einem Jahr.

(4) Artikel 31 Abs. 1 des Abkommens über die Rechtsstellung der Flüchtlinge bleibt unberührt.

§ 48

Ordnungswidrigkeiten

(1) Ordnungswidrig handelt ein Ausländer, der
1. unbefugt die Grenze des Geltungsbereichs dieses Gesetzes außerhalb der zugelassenen Grenzübergänge oder der festgesetzten Verkehrsstunden überschreitet,
2. sich einer Paß- oder Ausweisnachschau entzieht,
3. den öffentlich bekanntgemachten Anordnungen zur Überwachung des Grenzverkehrs zuwiderhandelt,
4. den Auflagen zuwiderhandelt, die ihm bei der Einreise erteilt worden sind,
5. einer auf Grund des § 6 Abs. 2 erlassenen vollziehbaren Verfügung zuwiderhandelt oder
6. vorsätzlich oder fahrlässig seinen Aufenthalt nicht unverzüglich anzeigt (§ 21 Abs. 1).

(2) Ordnungswidrig handelt auch ein Ausländer, der bei der Einreise in den Geltungsbereich dieses Gesetzes den erforderlichen Paß, Paßersatz (§ 3) oder eine erforderliche Aufenthaltserlaubnis (§ 5 Abs. 2 oder 3)
1. vorsätzlich oder fahrlässig nicht mit sich führt oder
2. nicht auf Verlangen eines zuständigen Beamten zur Prüfung aushändigt.

(3) Ordnungswidrig handelt ferner, wer vorsätzlich oder fahrlässig
1. als Deutscher, der zugleich eine fremde Staatsangehörigkeit besitzt, oder
2. als gesetzlicher Vertreter eines deutschen minderjährigen Kindes, das zugleich eine fremde Staatsangehörigkeit besitzt,

die fremde Staatsangehörigkeit der zuständigen Behörde nicht anzeigt.

(4) Die Ordnungswidrigkeit kann, wenn sie vorsätzlich begangen ist, mit einer Geldbuße bis zu 5000 Deutsche Mark, wenn sie fahrlässig begangen ist, mit einer Geldbuße bis zu 2000 Deutsche Mark geahndet werden.

(5) Artikel 31 Abs. 1 des Abkommens über die Rechtsstellung der Flüchtlinge bleibt unberührt.

(6) Verwaltungsbehörde im Sinne des Gesetzes über Ordnungswidrigkeiten ist der Bundesminister des Innern oder die von ihm durch Rechtsverordnung bestimmte Verwaltungsbehörde, soweit dieses Gesetz von Bundesbehörden ausgeführt wird.

Sechster Abschnitt

Sonderregelungen

§ 49

Besondere Befreiungen

(1) Dieses Gesetz findet keine Anwendung auf Ausländer,
1. die nicht der deutschen Gerichtsbarkeit unterliegen,
2. die als Konsuln im Geltungsbereich dieses Gesetzes tätig sind oder
3. für die in zwischenstaatlichen Vereinbarungen die Anwendung dieses Gesetzes ausgeschlossen ist.

(2) Keiner Aufenthaltserlaubnis bedürfen Ausländer, die als
1. Geschäftspersonal einer konsularischen Vertretung im Geltungsbereich dieses Gesetzes tätig sind,

2. Familienmitglieder von Konsuln oder des Geschäftspersonals einer konsularischen oder diplomatischen Vertretung mit ihnen in häuslicher Gemeinschaft leben oder
3. Bedienstete von Konsuln oder des Geschäftspersonals einer konsularischen Vertretung mit ihnen in häuslicher Gemeinschaft leben oder in den Diensträumen der konsularischen Vertretung wohnen,

wenn Gegenseitigkeit besteht und die Vertretung diese Person der für den Sitz der Vertretung zuständigen Ausländerbehörde benennt.

Siebenter Abschnitt

Übergangs- und Schlußvorschriften

§ 50

Einschränkung von Grundrechten

(1) Die Grundrechte der körperlichen Unversehrtheit (Artikel 2 Abs. 2 Satz 1 des Grundgesetzes), der Freiheit der Person (Artikel 2 Abs. 2 Satz 2 des Grundgesetzes) werden nach Maßgabe dieses Gesetzes eingeschränkt.

(2) Das Verfahren bei Freiheitsentziehungen (§§ 16 und 18) richtet sich nach dem Gesetz über das gerichtliche Verfahren bei Freiheitsentziehungen vom 29. Juni 1956 (Bundesgesetzbl. I S. 599), zuletzt geändert durch das Familienrechtsänderungsgesetz vom 11. August 1961 (Bundesgesetzbl. I S. 1221).

§ 51

Allgemeine Verwaltungsvorschriften

Der Bundesminister des Innern erläßt mit Zustimmung des Bundesrates allgemeine Verwaltungsvorschriften zu diesem Gesetz und den auf Grund dieses Gesetzes erlassenen Rechtsverordnungen.

§ 52

Aufenthaltsverbote nach der Ausländerpolizeiverordnung

Aufenthaltsverbote nach der Ausländerpolizeiverordnung gelten als Ausweisungen.

§ 53

Berlin-Klausel

Dieses Gesetz gilt nach Maßgabe des § 13 Abs. 1 des Dritten Überleitungsgesetzes vom 4. Januar 1952 (Bundesgesetzbl. I S. 1) auch im Land Berlin. Rechtsverordnungen, die auf Grund dieses Gesetzes erlassen werden, gelten im Land Berlin nach § 14 des Dritten Überleitungsgesetzes.

§ 54

Stadtstaaten-Klausel

Die Senate der Länder Berlin, Bremen und Hamburg werden ermächtigt, die Vorschriften dieses Gesetzes über die Zuständigkeit von Behörden (§ 20 Abs. 3) dem besonderen Verwaltungsaufbau ihrer Länder anzupassen.

§ 55

Inkrafttreten

(1) Dieses Gesetz tritt vorbehaltlich des Satzes 2 am 1. Oktober 1965 in Kraft. § 2 Abs. 3 und 4, § 3 Abs. 2, § 5 Abs. 2, § 20 Abs. 1 Satz 3, § 24 Abs. 1, § 26 Abs. 2, § 29 Abs. 3 und 9, § 48 Abs. 6 sowie die Ermächtigungen in § 17 Abs. 2, § 20 Abs. 3 zweiter Halbsatz und § 27 treten am Tage nach der Verkündung des Gesetzes in Kraft.

(2) Das Gesetz über das Paß-, Ausländerpolizei- und das Meldewesen sowie über das Ausweiswesen vom 11. Mai 1937 (Reichsgesetzbl. I S. 589), die Ausländerpolizeiverordnung vom 22. August 1938 (Reichsgesetzbl. I S. 1053)[2]) und die Verordnung über die Anerkennung und die Verteilung von ausländischen Flüchtlingen (Asylverordnung) vom 6. Januar 1953 (Bundesgesetzbl. I S. 3)[3]) werden aufgehoben. Das Gesetz über das Paßwesen vom 4. März 1952 (Bundesgesetzbl. I S. 290)[4]), zuletzt geändert am 30. August 1960 (Bundesgesetzbl. I S. 721), ist auf Ausländer nicht mehr anzuwenden. § 14 Abs. 1 Satz 2 findet auf heimatlose Ausländer mit der Maßgabe Anwendung, daß die Tatbestände des Artikels 33 Abs. 2 des Abkommens über die Rechtsstellung der Flüchtlinge nach Inkrafttreten dieses Gesetzes eingetreten sind.

(3) Abweichende Bestimmungen in völkerrechtlichen Verträgen bleiben unberührt.

(4) Bis zum Erlaß neuer Vorschriften gelten die Verordnungen über Reiseausweise als Paßersatz und über die Befreiung vom Paß- und Sichtvermerkszwang (Paßverordnung) in der Fassung vom 15. Februar 1964 (Bundesgesetzbl. I S. 126), die Verordnung über Gebühren für die Ausfertigung von Pässen, sonstigen Reisepapieren und Sichtvermerken (Paßgebührenverordnung) in der Fassung vom 15. Februar 1964 (Bundesgesetzbl. I S. 130) für Ausländer weiter.

---

[2]) Bundesgesetzbl. III 26-1.
[3]) Bundesgesetzbl. III 26-2.
[4]) Bundesgesetzbl. III 210-1.

IV. Historische Entwicklung des Ausländerrechts

Übersicht

1. Zuständigkeit

Seit dem Zusammenschluß der deutschen Länder zum Deutschen Reich lag die Gesetzgebung über Ausländerangelegenheiten stets beim Reich. Die Frage der Zuwanderung und Niederlassung von Ausländern im Gesamtgebiet Deutschlands war eine zentrale Angelegenheit. Die Reichsregierung hatte sich vorbehalten, die Zuwanderung und Niederlassung, außerdem die Ausweisung von Ausländern zu bestimmen. Bereits hierin zeigte sich, daß der Aufenthalt von Fremden von allgemeiner und die Gemeinschaft berührender Bedeutung war.

a) Die Verfassung des Deutschen Reiches von 1871 bestimmte in Artikel 4: Der Beaufsichtigung seitens des Reiches und der Gesetzgebung desselben unterliegen die nachstehenden Angelegenheiten: 1. Die Bestimmungen über Paßwesen und Fremdenpolizei.

Die Reichsgesetzgebung hat bis 1934 nicht davon Gebrauch gemacht, ein einheitliches Ausländerrecht zu schaffen.

b) Die Reichsverfassung von 1919 geht den gleichen Weg. In Artikel 7 Nr. 4 ist bestimmt: Das Reich hat die Gesetzgebung über das Paßwesen und die Fremdenpolizei.

c) Bonner Grundgesetz von 1949. Nach dem Grundgesetz gehört das Aufenthalts- und Niederlassungsrecht der Ausländer nicht mehr zur ausschließlichen Gesetzgebung des Bundes, sondern ist gemäß Art. 74 Nr. 4 GG Gegenstand der konkurrierenden Gesetzgebung.

Der Bundesgesetzgeber hat durch das Ausländergesetz die Ausländerangelegenheiten neu gestaltet und den heutigen Verhältnissen angepaßt.

d) Die Verfassung der sowjetischen Besatzungszone vom 7. 10. 1949 sieht in Art. 112 ebenfalls vor, daß der zentrale Gesetzgeber das Recht der ausschließlichen Gesetzgebung hat über die Auslieferung und das Paß- und Fremdenrecht. Ein besonderes Gesetz ist nicht erlassen worden.

2. *Reichsrecht bis 1919*

Die Vorstellung, daß in früherer Zeit Ausländer nicht einreisen und sich hier nicht aufhalten durften oder einer besonders strengen Kontrolle unterworfen waren, ist unrichtig. Das Gesetz über das Paßwesen des Norddeutschen Bundes vom 12. 10. 1867 (RGBl. 1867 S. 33), das als Reichsrecht weitergalt, bestimmt im § 2 ausdrücklich, daß von Ausländern weder beim Eintritt noch beim Austritt über die Grenze des Bundesgebietes noch während ihres Aufenthaltes oder bei ihren Einreisen ein Reisepapier gefordert werden sollte. Sie waren jedoch nach der weiteren Bestimmung des § 3 verpflichtet, sich auf amtliches Erfordern über ihre Person genügend auszuweisen. Eine Visierung des Passes fand nach § 5 nicht statt. Danach konnte jeder Ausländer nach Deutschland einreisen und sich hier aufhalten, ohne im Besitz eines gültigen Passes zu sein. Den Ausländern war auch der Aufenthalt im Reichsgebiet gestattet. Dies war ein Zustand, wie er jedenfalls im EWG-Raum mit den notwendigen Anpassungen angestrebt wird.

Zur Frage der Ausweisung hat der damalige Reichsgesetzgeber nur generell im Strafgesetzbuch Bestimmungen erlassen. Nach § 39 StGB war die höhere Landespolizeibehörde bei Polizeiaufsicht befugt, den Ausländer aus dem Bundesgebiet zu verweisen. Auch bei Verstoß gegen gewerbliches Glücksspiel (§ 284 StGB), bei Verurteilung mit gemeinnütziger Arbeit — Arbeitshaus — (§ 362 StGB) und nach Ergänzung des § 362 StGB (RGBl. 1900 S. 303) wegen Bettelei, konnte ein Ausländer des Bundes verwiesen werden. Hier war es das Strafgericht, das die Überweisung an die Landespolizeibehörde verfügte und damit die Befugnis gab, einen Ausländer des Bundes zu verweisen. Nach § 361 StGB war eine Haftstrafe vorgesehen, wenn ein Ausländer ohne Erlaubnis zurückkehrte, nachdem er des Bundesgebietes oder des Gebietes eines Bundesstaates verwiesen worden war.

3. *Fremdenrecht bis 1932*

Nach dem 1. Weltkrieg ist eine große Anzahl von Ausländern in das Gebiet des Deutschen Reiches eingewandert. Unter den deutschen Staaten war besonders Preußen betroffen, das den Zustrom aus den östlichen Gebieten in höherem Maße zu spüren hatte. Besondere Rückschlüsse läßt die große Anzahl von Erlassen der preußischen Innenminister zu. Innerhalb kurzer Zeit (vom 1. 1. 1919 bis 17. 8. 1921) wurden acht Erlasse herausgegeben.

Sie beschäftigen sich sämtlich mit der Zulässigkeit der Ausweisung lästiger Ausländer. Zur einheitlichen Durchführung hat der preußische Innenminister in einem weiteren Erlaß vom 21. 10. 1921 (MiBl. i. V. S. 372) die Grundsätze für die Ausweisung zusammengefaßt. Der leitende Gedanke war, daß lästige Ausländer aus dem preußischen Staatsgebiet ausgewiesen werden sollten. Die dauernde Notlage des Staates, insbesondere die damals vorhandenen Ernährungsschwierigkeiten, die Wohnungsnot und die Lage des Arbeitsmarktes, zwangen dazu, die Genehmigung zum Aufenthalt in Preußen auf solche Ausländer zu beschränken, deren Zuwanderung und Aufenthalt im Inlande als erwünscht angesehen werden konnte oder wenigstens dem Gemeinwohl dienenden Interessen nicht widersprach. Die Landesgrenzen sollten insbesondere gegen die Zuwanderung neuer Ausländer gesperrt bleiben. Die bereits Eingewanderten, die sich der Erlaubnis zum Verbleiben im Inlande unwürdig erwiesen hatten, sollten im Wege des Zwanges zur Auswanderung gebracht, d. h. ausgewiesen werden. Gründe, die zur Ausweisung führen sollten, waren insbesondere Verstöße gegen Strafbestimmungen, Verstöße gegen wirtschaftliche Bestimmungen und gegen die Meldepolizeiverordnung. Grundsätzlich sollte dann gegen Ausländer vorgegangen werden, wenn sie keiner nutzbringenden Beschäftigung nachgegangen sind und nicht über ausreichende Mittel zur Bestreitung eines notdürftigen Unterhalts verfügten. Eine Ausweisung war ausgeschlossen, wenn ein Ausländer vor dem 1. 4. 1914 im Staatsgebiet ansässig war oder wenn ein Ausländer deutscher Abstammung war. Es war vorgesehen, die Ausländer in jeweils geschaffene Sammellager unterzubringen und von dort aus abzuschieben. Aber auch die Zurückstellung der Ausweisung für eine Bewährungsfrist bis zur Höchstdauer von einem Jahr war vorgesehen. Besonders im Hinblick auf Art. 116 Abs. 1 GG mutet es als modern an, daß auch deutschstämmige Ausländer nicht ausgewiesen werden konnten, denen infolge der politischen Verhältnisse die Rückkehr in die Heimat verwehrt worden war, soweit sie nicht wegen strafbarer Handlungen verurteilt waren oder sich durch staatsfeindliche politische Betätigung besonders lästig gemacht hatten.

Die weiteren Ausweisungsbestimmungen unterschieden zwischen den Verweisungen aus dem Reichsgebiet und den Verweisungen aus Preußen. Die Verweisung eines Ausländers aus dem Reichsgebiet war nur auf Grund reichsrechtlicher Vorschriften zulässig, z. B. § 39 Nr. 2, § 361 Nr. 2 und § 362 StGB, außerdem bei Verstoß gegen das Gesetz gegen das Glücksspiel vom 23. 12. 1919 (RGBl. I S. 2145), gegen die Verordnung des Reichspräsidenten über die Bestrafung von Zuwiderhandlungen gegen die Paßvorschriften vom 6. 4. 1923 (RGBl. I S. 249), gegen § 2 der Preistreibereiverordnung vom 13. 7. 1923 (RGBl. I S. 700), gegen § 7 wegen Ausfuhr lebenswichtiger Gegenstände vom 13. 7. 1923 (RGBl. I S. 705), gegen § 33 der Verordnung über Handelsbeschränkungen vom 13. 7. 1923 (RGBl. I S. 706) und gegen § 19 der Verordnung über den Verkehr mit Vieh und Fleisch vom 13. 7. 1923 (RGBl. I S. 719). Damit erschöpfen sich die reichsrechtlichen Vorschriften.

Aus privatrechtlichen Gründen konnte in Preußen die Verweisung nicht ausgesprochen werden. Solche Maßnahmen durften nur aus Gründen durchgeführt werden, die auf dem Gebiet des öffentlichen Rechts lagen. Sie dienten zusätzlich zu den reichsrechtlichen Vorschriften dazu, den Staat von solchen Ausländern zu befreien, die sich gegen die Strafgesetze vergangen haben oder sonst eine Gefahr für die innere oder äußere Ruhe, Sicherheit und Ordnung des Staates bildeten. Wie auf dem Gebiete der Strafverfolgung wurde auch auf dem Gebiete der Ausweisung dem Zeitablauf ein gewisser Einfluß zugestanden. Hatte sich ein Ausländer eine Reihe von Jahren dem Rechtszustand des Gaststaates angepaßt, hier festen Fuß gefaßt und war zu erwarten, daß er sich ihm weiter einfügen werde, so war die Tatsache allein, daß er früher einmal unbefugt zugewandert war, kein Ausweisungsgrund mehr.

Die Anordnung der Ausweisung war in keinem Falle obligatorisch, sondern stand im pflichtmäßigen Ermessen der zuständigen Polizeibehörde. Grundsätzlich sollte die Ausweisung bei einer Bestrafung wegen Verstoßes gegen Strafvorschriften oder Zuwiderhandlungen, bei staatsfeindlicher politischer Betätigung, bei unbefugtem Überschreiten der Landesgrenzen, bei Wohnungslosigkeit oder bei nicht gesicherter wirtschaftlicher Existenz ausgesprochen werden. Im allgemeinen unzulässig war es, einen Ausländer auszuweisen, wenn er mindestens vier Jahre in Preußen seinen Wohnsitz hatte, sich hier eine gesicherte wirtschaftliche Existenz geschaffen und sich weder gegen die öffentliche Ordnung und Sicherheit vergangen noch sonst die innere oder äußere Ruhe des Staates beeinträchtigt hatte.

Neu war in diesen Fällen, daß die Ausweisungsverfügung dem Ausgewiesenen ordnungsmäßig und unverzüglich zugestellt werden mußte. Hierbei war eine angemessene Frist zur freiwilligen Ausreise festzusetzen. Die Fristen waren trotzdem nicht sehr groß. Bei Auflösung eines gewerblichen, kaufmännischen oder landwirtschaftlichen Betriebes konnte sie bis zur Dauer von drei Monaten gewährt werden. Eine Aussetzung der Ausweisung war vorgesehen. Die vorgesetzte Behörde konnte eine Bewährungsfrist gewähren. Besonders festgelegt war, daß die Einlegung einer Beschwerde — hier handelt es sich lediglich um eine Dientsaufsichtsbeschwerde, nicht um eine Rechtsbeschwerde — gegen eine Ausweisungsverfügung grundsätzlich aufschiebende Wirkung hatte.

Die preußische Polizeiverordnung über die Behandlung von Ausländern vom 27. 4. 1932 (Ausländerpolizeiverordnung GS. 1932 S. 179) mutet als modernes Gesetz an. Es regelt den Aufenthalt, die Aufenthaltserlaubnis und die Ausweisung aus dem preußischen Staatsgebiet. Zum erstenmal ist die Rede davon, daß jeder über 15 Jahre alte Ausländer einer Aufenthaltserlaubnis bedarf. Voraussetzung war, daß er sich länger als sechs Monate ununterbrochen aufhalten wollte oder tatsächlich aufgehalten hat. Auch die besondere Aufenthaltserlaubnis für Arbeitnehmer oder für sonstige Gewerbetreibende war aufgenommen worden. Betont war, daß ein Ausländer keinen Anspruch auf eine Aufenthaltserlaubnis hat. Ausweisungen fanden insbesondere wegen Verurteilungen wegen eines Verbrechens oder Vergehens statt. Außerdem war eine Ausweisung vorgesehen, wenn der Ausländer in einer Heil-, Pflege- oder Entziehungsanstalt oder in einem Arbeitshaus untergebracht war, wenn er sich staatsfeindlich gegen das Reich oder ein deutsches Land betätigt oder wenn er als Bettler oder Landstreicher umherzog. Zuständig für das Aufenthaltsverbot oder die Wegweisung waren die Ortspolizeibehörden, für Verweisungen die Landespolizeibehörden. Als Rechtsmittel war die Beschwerde vorgesehen.

Mit der Polizeiverordnung über die Behandlung der Ausländer war zum erstenmal von der bisherigen Form der Erlasse vom Ministerium an die nachgeordneten Behörden abgesehen worden. Es wurde eine Verordnung auf Grund eines Gesetzes erlassen, die allgemeine Gültigkeit hatte und auf die sich nicht nur die Behörde stützen, sondern auch der Ausländer berufen konnte, auch wenn zu der damaligen Zeit ein Verwaltungsstreitverfahren noch nicht vorgesehen war. Die Möglichkeit, gegen Verfügungen, die den Ausländer in seinen Rechten beschränkt, vorzugehen, war durch die Beschwerde möglich. Diese erste Ausländerpolizeiverordnung noch im preußischen Rahmen war letzten Endes Vorbild für die weiteren ausländerpolizeilichen Bestimmungen und hat ohne Zweifel ihre Wirkung bis zu der heutigen Zeit beibehalten. Viele Bestimmungen und Gesichtspunkte des neuen Ausländergesetzes gehen zurück auf diese Ausländerpolizeiverordnung von 1932.

4. *Reichsrecht ab 1934*

Für das ganze Reichsgebiet wurde durch das Gesetz über die Reichsverweisung vom 23. 3. 1934 (RGBl. S. 213) die Grundlage geschaffen und das Verfahren für die Verweisung eines Ausländers aus dem Reichsgebiet neu gestaltet und einheitlich in Kraft gesetzt. Es wurde bestimmt, daß eine Verweisung aus dem Gebiet eines Landes nicht mehr stattfindet, sondern daß bei Verweisungen das gesamte deutsche Reichsgebiet betroffen ist. Als Verweisungsgründe wurden die Tatbestände genommen, die bisher in der Ausländerpolizeiverordnung von 1932 erwähnt worden sind. Insgesamt waren elf Fälle vorgesehen, in denen Reichsverweisungen ausgesprochen werden konnten. Von einer Verweisung sollte in der Regel abgesehen werden gegen Ausländer, die das 15. Lebensjahr noch nicht vollendet hatten, wenn Ausländer sich nach einer Strafvollstreckung bereits fünf Jahre im Inlande aufgehalten hatten und sie nicht wieder verurteilt worden sind oder wenn in weniger schweren Fällen der Ausländer sich zwei Jahre lang unbeanstandet im Inlande aufgehalten hat. Die Verweisungsvoraussetzungen, die bisher im Strafgesetzbuch oder in anderen Reichsgesetzen festgelegt waren, wurden im neuen Gesetz über die Reichsverweisung aufgenommen.

5. *Die Ausländerpolizeiverordnung von 1938*

Die APVO vom 22. 8. 1938 (RGBl. I S. 1053) knüpfte an die Ausländerpolizeiverordnung von 1932 an. Sie regelte das Verfahren über die Erteilung der Aufenthaltserlaubnis, über die Ausweisung und Abschiebung von Ausländern für das gesamte Reichsgebiet. Sie war wiederum nur eine Verordnung, beruhte aber auf dem Gesetz über das Paß-, das Ausländerpolizei- und das Meldewesen sowie über das Ausweiswesen vom 11. 5. 1937 (RGBl. I S. 589), nach dem der Reichsminister des Innern auf den genannten Gebieten Verordnungen erlassen konnte. Die APVO ist 27 Jahre in Kraft gewesen, ist nach Schaffung der Bundesrepublik Deutschland nach Art. 74 Nr. 4 GG in Verbindung mit Art. 23 und 125 GG Bundesrecht geworden und hat in diesem Teil Deutschlands im wesentlichen ihre Gültigkeit behalten. Lediglich einige Bestimmungen sind durch Verfassung und andere Gesetze abgeändert worden. Trotzdem hat die APVO in ihrem Inhalt eine erhebliche Änderung erfahren durch Rechtsverordnungen, die der Bundesminister des Innern gem. § 3 des Paßgesetzes durchführen konnte, und durch die Gesetze und Vereinbarungen innerhalb der EWG-Staaten. Diese Bestimmungen betreffen insbesondere die Einreise und die Paß- und Ausweispflicht von Ausländern. Die APVO bestimmte für das gesamte Gebiet, daß der Aufenthalt von Ausländern von einer Aufenthaltserlaubnis abhängig war. Insgesamt konnte sich ein Ausländer drei Monate ohne Aufenthaltserlaubnis aufhalten. Wollte er jedoch arbeiten, einen Gewerbebetrieb eröffnen oder ein Marktgewerbe führen, so war hierfür von vornherein die Aufenthaltserlaubnis notwendig. Nach dem Paßgesetz war der Ausländer verpflichtet, sich zur Überschreitung der Grenzen einen Einreisesichtvermerk zu beschaffen, wenn er einer Erwerbstätigkeit nachgehen wollte. Voraussetzung für die Erteilung des Sichtvermerks war, daß die Ausländerbehörde der Erteilung des Sichtvermerks zustimmte. Der Ausländer mußte daher in seinem Heimatlande einen Antrag stellen. Damit war eine Kontrolle über die Einreise von Ausländern gegeben, so daß die Behörde die Einreise von den örtlichen Gegebenheiten abhängig machen konnte. Um den Ausländer an seine Arbeitsstelle und an den Zweck seines Aufenthaltes zu binden, war es möglich, die Aufenthaltserlaubnis mit Bedingungen und Auflagen zu versehen. Insgesamt durfte einem Ausländer nur die Aufenthaltserlaubnis gegeben werden, wenn er nach dem Zweck seines Aufenthaltes und nach seiner Persönlichkeit die Gewähr dafür bot, daß er der ihm gewährten Gastfreundschaft würdig war. Lagen die Voraussetzungen nicht vor, dann war die Aufenthaltserlaubnis zu versagen oder ein Aufenthaltsverbot zu erlassen. Im allgemeinen sollte ein Aufenthaltsverbot erlassen werden, wenn die Voraussetzungen einer Aufenthaltserlaubnis nicht vorlagen. Die Ausländerbehörde hatte weiterhin die Möglichkeit, ein Aufenthaltsverbot zu erlassen, wenn die gesetzlichen Voraussetzungen vorlagen. Auch hier war der Erlaß des Aufenthaltsverbotes nicht obligatorisch, sondern stand im pflichtmäßigen Ermessen der Behörde. Reiste der Ausländer nicht freiwillig aus, so war die Abschiebung durchzuführen. Zur Sicherung der Abschiebung konnte er in Abschiebungshaft genommen werden. Im Hinblick auf Art. 104 GG ist es nach Inkrafttreten des Grundgesetzes zu Schwierigkeiten gekommen, weil diese Freiheitsentziehung nur auf einer Verordnung beruht und nach dem GG eine Freiheitsentziehung nur auf Grund eines Gesetzes vorgenommen werden konnte. Der § 7 APVO wurde daher in dem Freiheitsentziehungsgesetz zu einer gesetzlichen Bestimmung erhoben, auf Grund der die Inhaftnahme vorgenommen werden konnte. Aus dem gleichen Grunde entstanden Schwierigkeiten für die Bestrafung durch ein Urteil, das auf Freiheitsentziehung erkannte. Diese Auffassung, die sich noch nicht bei allen Gerichten durchgesetzt hatte, ist nunmehr ohne Rechtsbedeutung, nachdem das neue Ausländergesetz die Bestrafung mit einer Freiheitsstrafe erneut bestätigt.

Die APVO ist insbesondere hinsichtlich des Ermessens bei Erteilung von Aufenthaltserlaubnissen und hinsichtlich des Erlasses von Aufenthaltsverboten eingeschränkt worden. Bestimmte Ausländergruppen haben eine besondere Rechtsstellung erhalten. Ihnen ist ein Asylrecht gewährt worden. Hierzu gehören die heimatlosen Ausländer, die anerkannten ausländischen Flüchtlinge und die politisch Verfolgten. Auch die Genfer Konvention für Menschenrechte schränkt die Ermessensfreiheit ein. Durch die Verträge der EWG ist eine Neuregelung des Aufenthaltsrechts der Ausländer durchgeführt worden.

6. *Rechtslage in der SBZ*

Die Zonenbehörden haben zur Regelung des Aufenthalts von Ausländern eine „Verordnung über den Aufenthalt von Ausländern im Gebiet der Deutschen Demokratischen Republik" vom 16. 12. 1956 (GBl. I Nr. 1/1957 S. 1) herausgegeben. Die Notwendigkeit wurde damit begründet, daß die Erweiterungen der politischen, wirtschaftlichen und kulturellen Beziehungen zur Folge haben, daß die Zahl der Ausländer, die im Gebiet der SBZ Aufenthalt nehmen wollen, zunimmt. Die Verordnung erstreckt sich auf alle Personen, die die deutsche Staatsangehörigkeit nicht besitzen, also auch auf Staatenlose. Die Regelung des Aufenthaltes ist von politischen Gründen und Zweckmäßigkeiten bestimmt. Das kommt schon darin zum Ausdruck, daß der Aufenthalt in der SBZ in erster Linie den Ausländern erlaubt ist, die für die in der Verfassung von 1949 niedergelegten Grundsätze eingetreten sind und deshalb im Auslande verfolgt werden. Wenn auch der Wortlaut der Verfassung noch halbwegs demokratische Ansätze enthält, sind diese jedoch nach kommunistischen Grundsätzen auszulegen. Das bedeutet, daß in erster Linie Ausländer, die kommunistische Ideen im Auslande verfochten haben, sich in der SBZ aufhalten dürfen. Für sie ist auch bestimmt, daß sie weder ausgeliefert noch ausgewiesen werden dürfen. Erst in zweiter Linie kann der Aufenthalt Ausländern auch „aus anderen Gründen" gestattet werden. Die Ausländer stehen den Inländern dann gleich, wenn sie eine Aufenthaltsberechtigung haben. Sie sind aber verpflichtet, die Grundsätze der Verfassung der SBZ zu achten und die sozialistische Gesetzlichkeit einzuhalten. Die Ausländer erhalten eine Aufenthaltsberechtigung und können sich damit — solange sie gilt — in jedem Ort der SBZ beliebig lange aufhalten, wenn keine örtliche und zeitliche Begrenzung des Aufenthaltes eingetragen ist. Haben sie eine Aufenthaltsberechtigung, dann sind sie auch wie Inländer verpflichtet, zur Ausreise eine Erlaubnis zu beantragen. Versäumen sie dies, so erlischt die Aufenthaltsberechtigung auch bei nur vorübergehendem Verlassen der SBZ. Die Aufenthaltsberechtigung wird in den meisten Fällen auch nur zeitlich befristet gegeben. Erlischt sie und wird sie nicht mehr verlängert oder für ungültig erklärt, dann ist der Ausländer verpflichtet, das Gebiet der SBZ sofort zu verlassen. Das gleiche gilt, wenn er wegen eines Vergehens oder Verbrechens bestraft ist oder gegen Devisenbestimmungen, Melde- und Ausweisbestimmungen verstoßen hat. Auch eine Erstreckung auf Ehegatten und minderjährige Kinder ist vorgesehen, wenn für diese auch die Voraussetzungen für eine Ungültigkeitserklärung der Aufenthaltsberechtigung nicht vorliegen. Zuständig für die Erteilung und Verlängerung und für die Ungültigkeitserklärung sind die Organe der Volkspolizei. Gegen ihre Entscheidungen, die den Ausländern bekanntzugeben sind, ist innerhalb von zwei Wochen nach Bekanntgabe die Beschwerde an das sowjetzonale Innenministerium gegeben. Es handelt sich nur um eine Dienstaufsichtsbeschwerde. Sie hat keine aufschiebende Wirkung. Ein Verwaltungsstreitverfahren ist nicht vorgesehen.

7. *Ausländergesetz von 1965*

a) *Entwicklung des Gesetzes*

Die Schaffung eines neuen Ausländergesetzes, das die APVO von 1938 ablöste, ist erst verhältnismäßig spät in Angriff genommen worden. Die APVO ist zwar in der Rechtsprechung als weitergeltendes Bundesrecht angesehen worden, jedoch hemmte die Tatsache, daß sie im Jahre 1938 geschaffen worden ist, das Bewußtsein absoluter Gültigkeit. Bei der Neugestaltung spielte eine entscheidende Rolle, daß die Behandlung von Ausländern in der Bundesrepublik weitreichende auswärtige, menschliche und wirtschaftliche Folgen haben konnte. Es ist deshalb ein erster Entwurf im März 1960 herausgegeben und den Ländern zugeleitet worden. Der zweite Entwurf vom 10. 10. 1961 berücksichtigt schon eine Fülle von Anregungen, die die Länder zu der Neugestaltung des Ausländerrechts gegeben hatten. Bereits im Juni 1962 folgte der dritte und im September des gleichen Jahres der vierte Entwurf. Dieser wurde dem Bundesrat zugeleitet, der zu ihm in seiner 249. Sitzung am 26. 10. 1962 Stellung genommen hat (BR Drucks. 306/62).

b) Inhalt und Motive des Gesetzes

Die Bundesregierung hat am 28. 12. 1962 im Deutschen Bundestag den Entwurf des Gesetzes über den Aufenthalt der Ausländer (Ausländergesetz) — BT-Drucks. IV/868 — eingebracht. Die amtliche Begründung des Gesetzes geht von folgendem aus:

aa) Gegenstand des Gesetzes. Die Beziehungen zwischen den Völkern bringen einen im Lauf der Zeit immer stärker werdenden Verkehr und damit ein ständiges Anwachsen der Zahl der Ausländer mit sich, die sich in anderen Staaten aufhalten. Angesichts der Zahl der Ausländer im Bundesgebiet und der Dauer ihres Aufenthalts ist die Bundesrepublik Deutschland vor die Notwendigkeit gestellt, ihr Fremdenrecht dieser Lage anzupassen. Die Vorschriften über das Aufenthalts- und Niederlassungsrecht der Ausländer im Bundesgebiet sind zur Zeit in der Ausländerpolizeiverordnung (APVO) vom 22. August 1938 (Reichsgesetzbl. I S. 1053) enthalten. Diese ist nach Artikel 123 und 125 des Grundrechtes Bundesrecht geworden. Sie entspricht nicht mehr den Erfordernissen, die heute an die Regelung des Aufenthalts- und Niederlassungsrechts der Ausländer gestellt werden und geht von einem unitarischen Staatsaufbau aus.

Die Zuständigkeit des Bundes, dieses Rechtsgebiet zu regeln, ergibt sich aus Artikel 74 Nr. 4 des Grundgesetzes.

bb) Grundgedanken und Schranken des Fremdenrechts. Für die Behandlung der fremden Staatsangehörigen sind im allgemeinen zwei Überlegungen maßgebend: Der Staat, seine Einrichtungen und seine Rechtsordnung sind für die eigenen Staatsangehörigen geschaffen; ihnen sind daher insbesondere die politischen Rechte (z. B. Wahlrecht, Versammlungsrecht) vorbehalten. Sie haben ein uneingeschränktes Recht, sich im Gebiet ihres Heimatstaates aufzuhalten (vgl. Artikel 11, 16 Abs. 2 Satz 1 GG).

Fremde Staatsangehörige und Staatenlose stehen zu dem Aufenthaltsstaat nicht in einem Treue- und Rechtsverhältnis mit eigenen Rechten und Pflichten. Ihnen gegenüber handelt der Staat nach Zweckmäßigkeitserwägungen, die nach politischen Zielen ausgerichtet sind. Als Mitglied der Völkergemeinschaft kann sich ein Staat jedoch insbesondere im Zeitalter der internationalen Freizügigkeit und der engen menschlichen Beziehungen zum Ausland weder diesem gegenüber abschließen und grundsätzlich fremden Staatsangehörigen den Aufenthalt in seinem Gebiet verwehren, noch die Ausländer lediglich nach Belieben behandeln.

Es muß daher eine Synthese gefunden werden zwischen den nationalen Interessen des Staates, einschließlich dem Bestreben, eine möglichst günstige Behandlung für seine Staatsangehörigen im Ausland auf der Grundlage der Gegenseitigkeit zu erreichen und den Forderungen, die die Völkergemeinschaft und der zwischenstaatliche Verkehr stellen.

Eine gesetzliche Regelung des Aufenthalts von Ausländern, die sich von diesen Überlegungen leiten läßt, muß den Grundsätzen Rechnung tragen, die sich im Völkerrecht für die Behandlung der fremden Staatsangehörigen gebildet haben.

Nach dem Grundsatz der Territorialhoheit unterliegen Staatsangehörige, die sich in einem fremden Staatsgebiet aufhalten, der Hoheitsgewalt dieses Staates. Diese Hoheitsgewalt gilt nicht unbeschränkt; sie ist durch das Völkerrecht begrenzt. Vorschriften, die die Rechtsstellung der Ausländer regeln, müssen sich im Rahmen des völkerrechtlichen Mindeststandards der zivilisierten Staaten für die Behandlung der Ausländer halten. Hiernach ist insbesondere eine willkürliche Behandlung nicht gestattet. Durch den Aufenthalt eines Staatsangehörigen in einem fremden Staatsgebiet wird das staatsbürgerliche Rechte- und Pflichtenverhältnis, das den fremden Staatsangehörigen auch im Ausland mit seinem Heimatstaat verbindet, nicht aufgelöst. Der Aufenthaltsstaat kann daher einem fremden Staatsangehörigen keine Verpflichtungen auferlegen, die die Personalhoheit des Heimatstaates verletzen; andererseits kann auch der Heimatstaat seinen Staatsangehörigen, die sich in einem fremden Staatsgebiet aufhalten, keine Anordnungen geben, die mit den Gesetzen und Vorschriften des Aufenthaltsstaates nicht vereinbar sind.

Bei der Regelung des Aufenthalts der Ausländer ist weiter das vertragliche Völkerrecht zu berücksichtigen, soweit in ihm Vorschriften für die Behandlung der fremden Staatsangehörigen enthalten sind. In diesem Zusammenhang ist die Allgemeine Menschenrechtserklärung der Vereinten Nationen vom 10. Dezember 1948 zu erwähnen, obwohl es sich hierbei um ein rechtlich nicht verpflichtendes Übereinkommen handelt. Die Allgemeine Erklärung der Menschenrechte gibt insbesondere in den Artikeln 9 (Verbot der willkürlichen Ausweisung), 13 (Recht auf Bewegungsfreiheit innerhalb des Aufenthaltsstaates) und 14 (Asylrecht) wichtige Hinweise für die Regelung des Aufenthalts- und Niederlassungsrechts der Ausländer. Die Europäische Konvention zum Schutze der Menschenrechte und Grundfreiheiten vom 4. November 1950 (Bundesgesetzbl. 1952 II S. 685 und 1954 II S. 14), die gemäß Artikel 2 des Bundesgesetzes vom 7. August 1952 in der Bundesrepublik mit Gesetzeskraft veröffentlicht wurde, gewährt auch den Ausländern außerhalb des politischen Bereichs allgemeine Persönlichkeits- und Freiheitsrechte. Besondere Bedeutung kommt neben den bilateralen Niederlassungs-, Freundschafts- und Handelsverträgen dem Europäischen Niederlassungsabkommen vom 13. Dezember 1955 (Gesetz vom 30. September 1959 — Bundesgesetzbl. II S. 997) zu. Es ist das erste multilaterale Abkommen auf dem Gebiete des Aufenthalts- und Niederlassungsrechts. Eine seiner wesentlichen Aufgaben besteht darin, das Fremdenrecht der Mitgliedstaaten des Europarats einander anzugleichen.

Auf dem Sondergebiet des ausländischen Flüchtlingsrechts und des Rechts der Staatenlosen sind das Abkommen über die Rechtsstellung der Flüchtlinge vom 28. Juli 1951 (Gesetz vom 1. September 1953 — Bundesgesetzbl. II S. 559) und der UNO-Entwurf des Abkommens über die Rechtsstellung der Staatenlosen vom 28. September 1954 zu beachten. Bei der Neugestaltung des Fremdenrechts muß schließlich das supranationale Recht der Europäischen Gemeinschaften berücksichtigt werden. Auf Grund der Verträge von Rom vom 25. März 1957 (Bundesgesetzbl. II S. 753), die die Freizügigkeit für die Staatsangehörigen der Mitgliedstaaten der Gemeinschaften zum Ziele haben, setzen die Organe der Gemeinschaften eigens, z. T. unmittelbar in den Mitgliedstaaten geltendes Recht für den Aufenthalt und die Niederlassung.

Das Grundgesetz, das über Artikel 25 die allgemeinen Regeln des Völkerrechts in das Bundesrecht einbezieht, stellt ebensowenig wie das Völkerrecht die Ausländer auf dem Gebiet des Aufenthalts- und Niederlassungsrechts den eigenen Staatsangehörigen gleich. Eine Anzahl wichtiger Grundrechte gewährt das Grundgesetz nur den „Deutschen" (z. B. Artikel 8, 9 Abs. 1, Artikel 12 Abs. 1, Artikel 33 Abs. 1). So hat es auch die Freizügigkeit (Artikel 11) und damit „das Recht, an jedem Ort der Bundesrepublik Aufenthalt zu nehmen und zu diesem Zweck in die Bundesrepublik einzureisen" (vgl. BVerfGE 2, 273), nur den Deutschen, nicht jedoch Ausländern, zuerkannt. Fremde Staatsangehörige können sich auch nicht etwa darauf berufen, daß diese Verfassungsbestimmung durch das Recht auf freie Entfaltung der Persönlichkeit (Artikel 2 GG) oder durch den Gleichheitsgrundsatz (Artikel 3 GG) erweitert wurde (BVerwGE 3, 130 u. 235). Der Gesetzentwurf hält sich also in Übereinstimmung mit dem Völkerrecht und dem Grundgesetz, wenn er, ausgehend von der Zulässigkeit der unterschiedlichen Behandlung von fremden und eigenen Staatsangehörigen, Ausländern keinen Anspruch auf Einreise und Aufenthalt im Bundesgebiet gibt. Die Regelung des Aufenthalts der Ausländer im Bundesgebiet stellt daher ein Spiegelbild der politischen Beziehungen der Bundesrepublik Deutschland zu anderen Staaten und zur Völkergemeinschaft dar. Ausländer dürfen daher grundsätzlich nur mit Erlaubnis einreisen und sich im Bundesgebiet aufhalten.

cc) Ziele des Gesetzes. Die Bundesregierung verfolgt eine liberale und weltoffene Fremdenpolitik, die die Einreise und den Aufenthalt von Ausländern erleichtert. Diese Politik läßt sich jedoch nur dann vertreten, wenn die Möglichkeit besteht, die staatlichen Belange fremden Staatsangehörigen gegenüber durchzusetzen, sie muß insbesondere die eigenen Staatsangehörigen wirksam vor Beeinträchtigungen schützen können, die bei einer liberalen Fremdenpolitik naturgemäß stärker auftreten als bei Sichtvermerkszwang und strenger Grenzkontrolle.

Bei der Durchführung dieser Politik kann jedoch das Auseinanderfallen der heutigen Welt in zwei entgegengesetzte politische Systeme nicht übersehen werden. Während dem einen Teil die Vergünstigungen einer liberalen Haltung zugute kommen, muß der Staat Abwehrmaßnahmen gegenüber Angehörigen von Staaten treffen können, von denen Gefahren drohen. Das setzt voraus, daß er genügende Kontroll- und Eingriffsmöglichkeiten gegenüber solchen Ausländern besitzt, die den Staat gefährden. Eine solche doppelte Aufgabenstellung für den Entwurf führt zu einer unterschiedlichen Behandlung der Ausländer, je nach ihrer Einstellung und ihrer Haltung gegenüber der Bundesrepublik Deutschland.

dd) Inhalt des Gesetzes. In der Reichsverfassung von 1871 (Artikel 4 Nr. 1) und in der Reichsverfassung von 1919 (Artikel 7 Nr. 4) war das Aufenthalts- und Niederlassungsrecht der Ausländer als Fremdenpolizeirecht bezeichnet. Nach den Wandlungen des Polizeibegriffs und der veränderten Auffassung über das Wesen dieses Rechtsgebietes trifft der Ausdruck „Fremdenpolizei" nicht mehr zu. Da der Aufenthalt der fremden Staatsangehörigen im Bundesgebiet die Voraussetzung auch für eine wirtschaftliche oder berufliche Betätigung bildet, muß die gesetzliche Regelung über den Bereich des Polizeilichen hinausgehen.

Der Entwurf faßt die bisher in dem Gesetz über das Paßwesen vom 4. März 1952 in der Fassung vom 24. Mai 1956 (Bundesgesetzbl. I S. 435) und der Ausländerpolizeiverordnung getrennten Vorschriften über die Einreise und den Aufenthalt zusammen. Einreise und Aufenthalt stellen einen einheitlichen Lebensvorgang dar. Die Einreise ist lediglich der Beginn des Aufenthalts und ohne diesen nicht denkbar. Die Regelung des einheitlichen Lebenssachverhalts in einem Gesetz dient sowohl der Klarheit für den Ausländer als auch der Verwaltungsvereinfachung.

In Übereinstimmung mit der internationalen Rechtsauffassung und der bisherigen Regelung geht der Entwurf davon aus, daß Ausländer nur mit Erlaubnis einreisen und sich im Bundesgebiet aufhalten dürfen. Bisher benötigte der Ausländer für die Einreise und den Aufenthalt grundsätzlich einen Sichtvermerk und eine Aufenthaltserlaubnis. Da Einreise und Aufenthalt nunmehr als einheitlicher Sachverhalt angesehen werden, ist hierfür nach dem Entwurf auch nur eine Erlaubnis vorgesehen, die Aufenthaltserlaubnis. Je nach den sachlichen Erfordernissen ist die Erlaubnis nach näherer Bestimmung einer Rechtsverordnung vor oder unverzüglich nach der Einreise einzuholen.

Die liberale Fremdenpolitik der Bundesrepublik Deutschland führt jedoch dazu, auf das allgemeine Erfordernis der Aufenthaltserlaubnis weitgehend zu verzichten, vorausgesetzt, daß die politischen Gegebenheiten, insbesondere die Beziehungen zu den betreffenden Staaten es zulassen. Rechtssystematisch sind für die Einführung der Befreiung von dem Erfordernis der Aufenthaltserlaubnis mehrere Möglichkeiten denkbar. Zunächst könnten sämtliche Befreiungstatbestände in den Entwurf aufgenommen werden. Eine erschöpfende Aufzählung im Gesetz würde voraussetzen, daß der Umfang der Befreiungen voll zu übersehen wäre. Das ist jedoch zur Zeit z. B. im Hinblick darauf, daß die Liberalisierungsmaßnahmen im Rahmen der europäischen Wirtschaftsgemeinschaft stufenweise eingeführt werden sollen, nicht der Fall. Es muß daher eine Regelung angestrebt werden, die die Notwendigkeit einer jeweiligen Änderung des Gesetzes vermeidet und in elastischer Weise die Einführung von Befreiungen in einem erleichterten Verfahren gestattet. Dieses Ziel läßt sich durch die Aufnahme einer Ermächtigung erreichen, Befreiungen durch Rechtsverordnung zu bestimmen. Die Möglichkeit, im Gesetz den Grundsatz der Befreiung auszusprechen und die Bundesregierung zu ermächtigen, die Ausnahmen hiervon durch Rechtsverordnung zu bestimmen, scheidet aus. Eine solche Regelung könnte als eine diskriminierende Behandlung mißverstanden werden. Bei der Befreiung handelt es sich jedoch um eine Vergünstigung, die in diesem Ausmaß in anderen europäischen Staaten nicht besteht und fremden Staatsangehörigen eine über die allgemeine Ausländerbehandlung hinausgehende bevorzugte Behandlung gewährt. Die Bundesregierung schlägt daher vor, nur die Befreiungstatbestände, bei denen voraussichtlich mit Änderungen nicht zu rechnen ist, in das Gesetz selbst aufzunehmen. Die Befreiungen dagegen, bei denen insbesondere Fragen der Sicherheit und der praktischen Überwachung der fremden Staatsangehörigen durch die Ausländerbehörden der Länder eine entscheidende Bedeutung haben können, sollen der Regelung durch Rechtsverordnung mit Zustimmung des Bundesrates überlassen bleiben. Dieses Verfahren bietet gleichzeitig die Handhabe, der jeweiligen politischen Entwicklung schnell Rechnung zu tragen, die sich in den Verträgen von Rom und den übernationalen Zusammenschlüssen abzeichnet.

Der Entwurf sieht dementsprechend gesetzliche Befreiungen und eine Ermächtigung des Bundesministers des Innern vor, durch Rechtsverordnung weitere Befreiungen einzuführen. Die Bundesregierung beabsichtigt, Ausländer, die nach bisherigem Recht, z. B. als Touristen keiner Einreise- und Aufenthaltserlaubnis bedürfen, auch in Zukunft von der Erlaubnispflicht freizustellen. Die Ermächtigung soll weiter dazu dienen, nach dem bisherigen Recht bestehende Zweifel auszuräumen, welche Ausländer sich ohne Erlaubnis im Bundesgebiet aufhalten dürfen. Darüber hinaus wird es möglich, Ausländer, die nach bisherigem Recht einer Aufenthaltserlaubnis bedürfen, von dieser Erfordernis zu befreien und auch die bisherige Höchstdauer eines erlaubnisfreien Aufenthaltes in bestimmten Fällen über drei Monate auszudehnen. Diese Ermächtigung zur Befreiung von dem Erfordernis der Aufenthaltserlaubnis soll allein durch die Erfordernisse der öffentlichen Sicherheit und Ordnung begrenzt werden.

Der erwähnten Einstellung der Bundesrepublik entspricht es, die Rechtsstellung derjenigen Ausländer zu stärken, die bereits durch längeren Aufenthalt im Bundesgebiet verwurzelt sind. Der Gesetzentwurf führt daher als neues Rechtsinstitut die Aufenthaltsberechtigung ein. Sie gibt dem Ausländer weitgehend einen Anspruch auf dauernden Aufenthalt im Bundesgebiet und bildet in vielen Fällen die Voraussetzung für langfristige wirtschaftliche Planungen. Einem Grundsatz des Europäischen Niederlassungsabkommens entsprechend, sichert die Aufenthaltsberechtigung den Ausländer gleichzeitig weitgehend vor der Ausweisung.

Die großzügige Zulassung von Ausländern zum Bundesgebiet fordert ein wirksames Mittel zur Entfernung solcher Ausländer, die die Belange der Allgemeinheit beeinträchtigen. In den im Gesetzentwurf abschließend aufgeführten Fällen können Ausländer ausgewiesen werden.

Es entspricht dem Gedanken der Rechtsklarheit und Rechtssicherheit, die in mehreren Gesetzen verstreuten Vorschriften, die die Ausweisung bestimmter Ausländergruppen von besonderen Voraussetzungen abhängig machen oder einschränken, in einem Gesetz zusammenzufassen. In dem Entwurf wurden daher die Vorschriften über die Ausweisung von ausländischen Flüchtlingen übernommen. In Anlehnung an die Ausweisungsbestimmungen nach dem Abkommen über die Rechtsstellung der Flüchtlinge und die Grundgedanken der in Vorbereitung befindlichen Asylerklärungen der Menschenrechtskommission der Vereinten Nationen und des Europarates wurden erstmalig in dem Entwurf Schutzvorschriften für politisch Verfolgte, die Asylrecht genießen, aufgenommen.

In der Vergangenheit war die Rechtsstellung derjenigen Ausländer, die sich nicht im Bundesgebiet aufhalten durften, deren Abschiebung aber z. B. aus politischen oder menschlichen Gründen nicht vollzogen wurde, nicht geregelt. Um den Aufenthalt solcher Ausländer bis zu ihrer Abschiebung zu legalisieren und ihnen die Möglichkeit zu geben, ihren Lebensunterhalt durch Arbeit zu verdienen, wird im Entwurf das Institut der Duldung eingeführt. Eine unangemessene Belastung einzelner Länder, die sich dadurch ergeben könnte, soll erforderlichenfalls durch eine Verteilung dieser Ausländer vermieden werden.

Das Gesetz wird von Bundes- und Länderbehörden ausgeführt. Zur Wahrung der Belange des Bundes, insbesondere der auswärtigen Angelegenheiten, bei der Ausführung des Gesetzes in landeseigener Verwaltung und zur Vermeidung von Entscheidungen von Ausländerbehörden eines Landes, die sich nachteilig auf andere Länder auswirken, sind Weisungs- und Mitwirkungsrechte des Bundes vorgesehen.

c) Änderungen im Gesetzgebungsverfahren

Die Gesetzgebungsorgane, insbesondere der Innenausschuß des Bundestages, haben das Ziel verfolgt, die gesetzlichen Vorschriften an die geänderten politischen und rechtlichen Verhältnisse anzupassen und das Ausländerrecht weitgehend in einem einzigen Gesetz zusammenzufassen. Das hilft dem Ausländer, der alle ihn betreffenden Vorschriften an einer Stelle finden kann, und erleichtert zugleich die Verwaltungstätigkeit. Die Bestimmungen für

Ausländer, die bisher in der APVO und für die Einreise in dem Paßgesetz zu finden waren und in der Paßverordnung näher ausgestaltet worden sind, wurden in das Ausländergesetz einbezogen.

Das Bestreben nach möglichster Zusammenfassung des Ausländerrechts in einem Gesetz hat den Innenausschuß des Bundestages dazu veranlaßt, einen vierten Abschnitt über das Asylrecht (§§ 28 bis 46) aufzunehmen und die bisherige Asylverordnung vom 6. 1. 1953 (BGBl. I S. 3) einzuarbeiten. Sachlich sehr bedeutsam und deshalb besonders hervorzuheben ist die vom Innenausschuß vorgenommene Einbeziehung der politisch Verfolgten im Sinne von Art. 16 Abs. 2 S. 2 GG, die nicht unter den Flüchtlingsbegriff des Genfer Abkommens fallen und nicht in das Anerkennungs- und Verteilungsverfahren der ausländischen Flüchtlinge einbezogen waren. Sie sind nunmehr bis auf eine Ausnahme den ausländischen Flüchtlingen gleichgestellt. Aus Gründen der Menschlichkeit wurde den politisch Verfolgten in der Bundesrepublik eine Rechtsstellung gewährt, wie sie bislang nur den ausländischen Flüchtlingen zustand. Für diese Regelung gibt es in den Gesetzen anderer Staaten bislang keine Parallele.

Nach Zusammenfassung aller ausländerrechtlichen Vorschriften in einem Gesetz wurde auch die Bezeichnung „Gesetz über den Aufenthalt der Ausländer", wie sie von der Bundesregierung vorgeschlagen war, geändert und die Bezeichnung „Ausländergesetz" gewählt.

V. Erläuterungen zum Ausländergesetz

§ 1

Allgemeine Voraussetzungen

(1) Ausländer können nach Maßgabe dieses Gesetzes in den Geltungsbereich dieses Gesetzes einreisen und sich darin aufhalten.

(2) Ausländer ist jeder, der nicht Deutscher im Sinne des Artikels 116 Abs. 1 des Grundgesetzes ist.

Übersicht

1. Entwicklung
2. Liberalisierung
3. Sicherheitsinteressen
4. Ausländer
5. Deutsche Staatsangehörige
6. Deutsche ohne deutsche Staatangehörigkeit
7. Zweifel an der deutschen Staatsangehörigkeit

1. Entwicklung

Das AuslG war in den ersten Entwürfen mit „Fremdengesetz" bezeichnet. Diese Bezeichnung ist später fallen gelassen worden. Einmal kann sie zu Irrtümern Anlaß geben. Auch ein deutscher Ortsfremder, der in einen anderen Ort zuzieht, wird sprachlich häufig als „Fremder" bezeichnet. Auf ihn finden die Bestimmungen des Ausländergesetzes keine Anwendung. Erfaßt werden ausschließlich die Personen, die nicht Deutsche im Sinne des Art. 116 Abs. 1 GG sind; nur diesen Personenkreis bezeichnet man mit Ausländer. Der Regierungsentwurf sah die Bezeichnung „Gesetz über den Aufenthalt der Ausländer" vor; eine Änderung ist vom Innenausschuß auf Grund der Stellungnahme des Bundesrates vom 26. 10. 1962 durchgeführt worden, weil in der Praxis immer vom Ausländergesetz die Rede sein wird. Außerdem enthält das Gesetz nicht nur Vorschriften über den Aufenthalt der Ausländer.

2. Liberalisierung

a) Die Bestimmungen des AuslG regeln die Einreise und den Aufenthalt der Ausländer in der BRD. Sie erscheinen, der Natur der Ausländerregelung entsprechend, im allgemeinen mehr abwehrend als fördernd. Der InnAussch des BT hat sich deshalb entschlossen, den § 1 einzuführen und an die Spitze zu stellen, um die geübte *liberale Fremdenpolitik* aufzuzeigen, die besonders für das Ausland, in dem das AuslG besondere Beachtung finden wird, von Bedeutung ist. Das AuslG soll hierdurch eine freundlichere Fassung erhalten und nicht den Eindruck vermitteln, als ob es ausländerfeindlich ist. Außerdem soll die Freizügigkeit innerhalb der Staaten der EWG verdeutlicht werden. § 1 gibt auch den Grundton an, daß die BRD weiteren Liberalisierungen auf Gegenseitigkeit mehr aufgeschlossen als ablehnend gegenübersteht. Ein Teil der späteren Neueinführungen in das Gesetz beruht auf diesen Überlegungen. Die BRD kann und will sich als Mitglied der Völkergemeinschaft gegenüber anderen Ländern, insbesondere gegenüber den Staaten der freien Welt nicht abschließen. Als Mitglied der EWG ist sie verpflichtet, den Staatsangehörigen der EWG Freizügigkeit zu gewähren.

Das AuslG hat zwei Gesichtspunkte zu verwirklichen. Einerseits soll es nicht nur die allgemeinen Normen des Völkerrechts in nationales Recht übernehmen, sondern auch vertragliches Völkerrecht, wie z. B. die Konvention zum Schutze der Menschenrechte und Grundfreiheiten vom 4. 11. 1950 und das vereinbarte und inzwischen in Kraft getretene Europäische Niederlassungsabkommen vom 13. 9. 1955, ebenso die Freizügigkeitsregeln der Römischen Verträge; darin bekennt sich die BRD zu einer liberalen, weltoffenen Ausländerpolitik. Andererseits erfordert vor allem die Tatsache der Teilung der Welt in zwei entgegengesetzte Machtblöcke und einen weiteren Machtblock, der sich neutral bezeichnet, eine ausreichende Möglichkeit zu Kontrollen und Eingriffen gegenüber Ausländern, die den Staat gefährden oder die, um mit dem Gesetzestext zu sprechen, Belange der BRD beeinträchtigen.

Der endgültige Gesetzestext ist Ausdruck der Einstellung, die im § 1 angegeben ist. Der InnAussch des BT hat den Entwurf noch liberaler gestaltet, als vom RegEntw vorgesehen war. Er hat ein deutsches Ausländerrecht geschaffen, das weit großzügiger ist als das vergleichbare westlicher Staaten. Das kann zwar in Einzelfällen zu Schwierigkeiten führen, wenn es um den Aufenthalt lästiger Ausländer geht. Diese müssen aber aus politischen Gründen in Kauf genommen werden.

b) § 1 AuslG ist keine selbständige materielle Bestimmung; sie ist an die Maßgabe des Gesetzes gebunden. Nicht § 1, sondern die jeweiligen Regelungen der einzelnen Paragraphen entscheiden über Ablehnung oder Erteilung der AE oder über ausländerpolizeiliche Maßnahmen. § 1 ist der Grundsatz, nach dem die weiteren Bestimmungen geregelt sind. Er ist keine Auslegungsregel für die §§ 2 bis 46 AuslG, weil diese Bestimmungen bereits nach dem Grundsatz der weltoffenen Fremdenpolitik der BRD geschaffen sind. An eine weitere Liberalisierung dieser Bestimmungen ist nicht gedacht, soweit nicht vertragliche internationale oder gegenseitige Abmachungen das Ausländerrecht beeinflussen.

3. Sicherheitsinteressen

Der Grundsatz der Liberalisierung des Ein-, Ausreise- und Aufenthaltsrechts der Ausländer hat seine Grenzen in der *Sicherheit der Bundesrepublik* oder eines ihrer Länder. Auch das AuslG hat der Frage, in welcher Weise die notwendige Kontrolle über die anwesenden Ausländer ausgeübt werden soll, besondere Bedeutung zugemessen. Die Notwendigkeit der AE für jeden längeren Aufenthalt von nicht privilegierten Ausländern (vgl. § 2 AuslG in Verbindung mit §§ 1—5 DVAuslG), das Erfordernis der Aufenthaltsanzeige (§ 2 Abs. 4 AuslG), die Verpflichtung des Ausländers zum Besitze eines Passes oder amtlichen Ausweises (§ 3 AuslG und §§ 3, 4 DVAuslG) und die Meldegesetze der Länder geben den Ausländerbehörden eine Möglichkeit, sich einen Überblick über die Zahl und die Person der anwesenden Ausländer zu verschaffen. Die Ausweisungs- und Abschiebungsregelungen geben die Möglichkeit, sich lästiger Ausländer zu erwehren.

4. Ausländer

ist jeder, der nicht Deutscher nach Art. 116 GG ist. Danach ist Ausländer, wer eine fremde Staatsangehörigkeit besitzt oder wer staatenlos ist. Hierzu gehören auch nichtdeutsche Personen, deren Staatsangehörigkeit nicht geklärt ist. Auch Flüchtlinge nach der Genf. Konv. und Asylberechtigte sind Ausländer. Die Anwendung dieser Vorschriften setzt voraus, daß es sich nicht um Deutsche handelt. Auf alle Ausländer sind die Bestimmungen des AuslG anzuwenden. Ausländer sind auch ehemals deutsche Staatsangehörige, die die deutsche Staatsangehörigkeit durch Erwerb einer fremden Staatsangehörigkeit, durch Entlassung aus der deutschen Staatsangehörigkeit oder bei Frauen durch Eheschließung mit einem Ausländer vor dem 1. 4. 1953 verloren haben.

Ausländer ist auch ein Kind, dessen elterlicher Gewalthaber, dem das Sorgerecht für die Person des Kindes zusteht, mit seiner Einbürgerung in einen ausländischen Staatsverband sein Kind mit eingebürgert haben wollte. Es kommt hierbei nicht darauf an, ob nach ausländischem Recht eine solche Willensbetätigung des elterlichen Gewalthabers rechtliche Bedeutung hat (vgl. *BVerwG* Beschl. v. 27. 6. 1956 I B 200.55). In dem zum Ausdruck gebrachten Willen auf Einbürgerung des Kindes liegt ein Antrag, der den Verlust der deutschen Staatsangehörigkeit zur Folge hat.

5. Deutsche Staatsangehörige

Die deutsche Staatsangehörigkeit wird durch Geburt erworben; sie leitet sich vom Vater ab. Ohne Rücksicht auf die Staatsangehörigkeit der Mutter erwirbt ein eheliches Kind die deutsche Staatsangehörigkeit, wenn der Vater Deutscher ist. Das uneheliche Kind erwirbt die deutsche Staatsangehörigkeit von seiner deutschen Mutter.

Ein eheliches Kind erwirbt mit der Geburt die deutsche Staatsangehörigkeit auch dann, wenn zwar der Vater staatenlos, die Mutter aber deutsche

Staatsangehörige ist (*BVerwG* U. v. 21. 12. 1962 I C 115.61). Dieser Rechtsprechung folgend hat der Bundesgesetzgeber den § 4 des Reichs- und Staatsangehörigkeitsgesetzes geändert (Gesetz v. 19. 12. 1963 BGBl. I S. 982) und bestimmt, daß das eheliche Kind einer Deutschen die Staatsangehörigkeit der Mutter erwirbt, wenn es sonst staatenlos sein würde. Der Kreis der Kinder, die die deutsche Staatsangehörigkeit erwerben, ist damit gegenüber der Rechtsprechung erweitert worden. Erfaßt werden nicht nur Kinder, deren Vater staatenlos ist, sondern auch Kinder aus sog. hinkenden Ehen. Das sind Ehen, in denen der ausländische Vater zwar eine fremde Staatsangehörigkeit besitzt, die Ehe und damit die Staatsangehörigkeit des Kindes aber vom Heimatstaat des Vaters nicht anerkannt wird, weil die Ehe nicht nach den Erfordernissen des Heimatrechts, sondern nur nach deutschem Recht geschlossen worden ist. (Hinsichtlich der ehelichen Abstammung vgl. *BGH* in MDR 1965, 469.)

Mit der Adoption eines Deutschen durch ausländische Eltern verliert das Kind nicht die deutsche Staatsangehörigkeit. Umgekehrt erwirbt ein Ausländer, der sich von deutschen Eheleuten adoptieren läßt, hierdurch allein noch nicht die deutsche Staatsangehörigkeit. Er unterliegt voll dem Ausländergesetz.

6. Deutsche ohne deutsche Staatsangehörigkeit

Der Grundgesetzgeber verleiht die Rechtsstellung von *Deutschen im Sinne des Art. 116 GG* nicht schon den Vertriebenen und Flüchtlingen deutscher Volkszugehörigkeit und deren Abkömmlingen und Ehegatten allgemein. Volksdeutsche sind damit an sich Ausländer. Sie erhalten die Rechtsstellung nach Art. 116 GG nur, wenn sie in Deutschland Aufnahme gefunden haben (*BVerwGE* 8, 340). Aufnahme wird im allgemeinen durch Erteilung der AE gewährt. Wird die AE abgelehnt, erwerben die volksdeutschen Flüchtlinge und Vertriebenen nicht die Rechtsstellung eines Deutschen. Haben sie jedoch Aufnahme gefunden, dann bilden sie einen Teil des deutschen Staatsvolkes und haben Anspruch auf einen deutschen Reisepaß, einen Personalausweis und auf alle Rechte, verbunden mit allen Pflichten, die auch ein deutscher Staatsangehöriger hat. Sie sind also nicht mehr Ausländer und das AuslG findet auf sie keine Anwendung.

Deutscher ohne deutsche Staatsangehörigkeit ist ein Flüchtling oder Vertriebener dann nicht, wenn er vor dem Inkrafttreten des GG Deutschland wieder verlassen hat. Wer nach der Aufnahme in Deutschland wieder ausgewandert ist, erwirbt durch erneute Rückkehr nicht die Stellung eines Deutschen ohne deutsche Staatsangehörigkeit (vgl. *BayObLG* in DÖV 1959, 32).

7. Zweifel an der deutschen Staatsangehörigkeit

Die erteilte gesetzliche Ermächtigung zur Anwendung des Ausländergesetzes setzt voraus, daß die Frage, ob der Betroffene nicht Deutscher ist, zweifelsfrei geklärt ist. Sollten am Ende der Prüfung vielleicht Gesichtspunkte für die deutsche Staatsangehörigkeit sprechen, sie aber nicht bis zur letzten Gewißheit aufzuklären sein, und am Ende des Verfahrens doch noch zweifelhaft sein, ob er nicht Deutscher im Sinne des GG ist, dann muß das, was nicht aufklärbar ist, zu Lasten der Behörde gehen (*BVerwG* I C 105.60 Urt. v. 30. 8. 1962).

§ 2

Aufenthaltserlaubnis

(1) Ausländer, die in den Geltungsbereich dieses Gesetzes einreisen und sich darin aufhalten wollen, bedürfen einer Aufenthaltserlaubnis. Die Aufenthaltserlaubnis darf erteilt werden, wenn die Anwesenheit des Ausländers Belange der Bundesrepublik Deutschland nicht beeinträchtigt.

(2) Keiner Aufenthaltserlaubnis bedürfen Ausländer, die

1. das 16. Lebensjahr noch nicht vollendet haben,

2. die Rechtsstellung nach dem Gesetz über die Rechtsstellung heimatloser Ausländer im Bundesgebiet vom 25. April 1951 (Bundesgesetzbl. I S. 269) besitzen oder

3. nach zwischenstaatlichen Vereinbarungen hiervon befreit sind.

(3) Der Bundesminister des Innern kann zur Erleichterung des Aufenthalts von Ausländern durch Rechtsverordnung bestimmen, daß auch andere Ausländer keiner Aufenthaltserlaubnis bedürfen.

(4) Der Bundesminister des Innern kann durch Rechtsverordnung bestimmen, daß Ausländer, die keiner Aufenthaltserlaubnis bedürfen, ihren Aufenthalt anzuzeigen haben.

Übersicht

1. Entwicklung

In den ersten Entwürfen war gesagt, daß der Ausländer sich in der BRD aufhalten könne. Erst an späterer Stelle war bestimmt, daß für den Aufenthalt eine AE erforderlich ist. Die jetzige Fassung des § 2 läßt zweifelsfrei erkennen, daß der Aufenthalt unmittelbar an eine AE gebunden ist. Durch die Formulierung des § 2 ist klargestellt, daß die BRD kein Einwanderungsland ist und daß darum die privaten Interessen des Ausländers, seinen Wohnsitz und seine Arbeit in Deutschland zu nehmen, zurücktreten müssen und nur die staatlichen Interessen an seiner Anwesenheit ausschlaggebend sind.

Die Ausschußberatungen lassen keinen Zweifel darüber, daß ein Ausländer einen Rechtsanspruch auf Aufenthalt in der BRD nicht zugebilligt erhalten sollte. Der Gesetzestext ist so gewählt worden, daß auch kein vermeintliches Recht hergeleitet werden kann.

Die ersten Entwürfe hatten sich mehr an den Text der APVO angelehnt, daß sich ein Ausländer dann im Geltungsbereich des Gesetzes aufhalten und niederlassen kann, wenn er nach seiner Persönlichkeit und dem Zweck seines Aufenthalts der Gastfreundschaft würdig ist und die Anwesenheit die Belange der BRD nicht beeinträchtigt. Die Frage der sog. Würdigkeit ist in dem endgültigen Text nicht ausdrücklich zum Ausdruck gekommen. Sie muß aber geprüft und berücksichtigt werden.

2. Befreiung von der AE

Zu dem *Erfordernis einer AE* für jeden Aufenthalt in Deutschland hat der Gesetzgeber bereits in § 2 Abs. 2 Ausnahmen gemacht. Insbesondere für den Personenkreis in Nr. 1 und 2 ist daher niemals eine AE notwendig, auch wenn diese Ausländer etwa eine Erwerbstätigkeit ausüben oder länger als drei Monate im Gebiet der BRD bleiben. Für sie findet § 5 keine Anwendung, so daß sie auch vor der Einreise keine AE als Sichtvermerk einholen müssen.

Darüber hinaus ist auch eine Anzahl von Befreiungen entsprechend der Ermächtigung des § 2 Abs. 3 in der DVAuslG ausgesprochen worden.

a) Gemäß *§ 1 Abs. 1 DVAuslG* sind insbesondere die Ausländer von der AE befreit, die nur kurze Zeit auf dem Wege der Durchreise sich in der BRD aufhalten. Ihnen will man insoweit entgegenkommen, als sie nicht die Formvorschriften des Aufenthaltes erfüllen müssen. Eine Sonderstellung innerhalb der Befreiungstatbestände nehmen die ausländischen Abgeordneten der Beratenden Versammlung des Europarates und die Mitglieder des Europäischen Parlaments ein. Sie sind hinsichtlich der Freizügigkeit und des Aufenthaltes den deutschen Staatsangehörigen gleichgestellt. Ihr Aufenthalt bedarf auch unter Berücksichtigung der Tatsache, daß sie sich längere Zeit in der BRD aufhalten, keiner AE. Eine Ausnahme ist außerdem in Abs. 1 Nr. 10 gemacht worden. Ohne Rücksicht auf die Staatsangehörigkeit und ohne Rücksicht auf Paß-, Visum- oder AE-Zwang vor der Einreise können Ausländer unbeschränkt einreisen, wenn sie bei Unglücks- oder Katastrophenfällen Hilfe leisten oder in Anspruch nehmen wollen. Die übrigen Tatbestände, die zur Befreiung von der AE führen, betreffen vorwiegend Fluglinien- und Schifffahrtpersonal, dessen Aufenthalt nur zeitlich begrenzt ist.

b) In § 1 Abs. 2 DVAuslG sind grundsätzlich alle ausländischen Staatsangehörigen, mit deren Heimatstaaten die BRD diplomatische Beziehungen unterhält und deren Staatsangehörige keine Rückkehrerlaubnis benötigen, für einen *Besuchs- oder Touristenaufenthalt,* der nicht länger als drei Monate beträgt, von der AE befreit. Die Staaten, bei denen diese Voraussetzungen vorliegen, sind in einer Anlage zur DVAuslG aufgeführt. Die gleiche Stellung haben auch auf Grund des Europäischen Übereinkommens über die Aufhebung des Sichtvermerkszwangs für Flüchtlinge vom 20. 4. 1959 (BGBl. II 1961 S. 1097) die Inhaber von Londoner und Genfer Reiseausweisen (Abs. 3 Nr. 3). Die Befreiung gilt zeitlich beschränkt für zwei Monate auch für eine vorübergehende Erwerbstätigkeit im Rahmen von künstlerischen, wissenschaftlichen oder sportlichen Darbietungen (Abs. 2 Nr. 3). Für die Staatsangehörigen der EWG-Staaten gilt die Befreiung sogar für eine Arbeitsaufnahme, wenn die Dauer des Aufenthaltes drei Monate nicht übersteigt, und erstreckt sich auch auf Ehegatten und minderjährige Kinder (Abs. 4 Nr. 1 und 2).

c) Heimatlose Ausländer haben nicht erst auf Grund einer AE, sondern kraft Gesetzes das Recht zum Aufenthalt in der BRD, solange es ihnen nicht auf Grund des § 10 in Verbindung mit § 23 HAG entzogen ist (*BVerwGE 3, 77 und BVerwG* I B 196.55 Beschl. v. 25. 4. 1956). Ist jemand heimatloser Ausländer, so kommt es nicht mehr darauf an, ob er auch die Voraussetzungen eines Asylberechtigten erfüllt. Die Rechte des heimatlosen Ausländers gehen auch gemäß § 2 Abs. 2 weiter als die der Asylberechtigten (§ 28 Nr. 1 und 2).

Die AE für heimatlose Ausländer, die im Paß oder im Genfer Reiseausweis eingetragen wird, lautet:

Aufenthaltserlaubnis

Der Inhaber des Passes — Reiseausweises — ist heimatloser Ausländer nach dem Gesetz über die Rechtsstellung heimatloser Ausländer und zum Aufenthalt im Gebiete der Bundesrepublik Deutschland und des Landes Berlin berechtigt.

d) Von der Möglichkeit, Ausländer zur Abgabe einer *Aufenthaltsanzeige* zu veranlassen, ist in der DVAuslG nur beschränkt Gebrauch gemacht worden. Gemäß § 2 DVAuslG haben nur die Ausländer, die in der Rheinschiffahrt tätig sind und die weiteren Voraussetzungen nach § 1 Abs. 1 Nr. 9 erfüllen, die Aufenthaltsanzeige abzugeben. Von den Ausländern, die nach § 1 Abs. 2 DVAuslG von der AE befreit sind, ist nur der Personenkreis unter Nr. 3 und 4 anzeigepflichtig. Es handelt sich hier um diejenigen Ausländer, die im Geltungsbereich des AuslG künstlerisch, wissenschaftlich oder sportlich auftreten wollen, und um Inhaber von Seefahrtsbüchern, die von den Behörden der BRD ausgestellt sind. Von § 1 Abs. 4 DVAuslG sind lediglich die Staatsangehörigen der EWG-Staaten, die nicht länger als drei Monate arbeiten wollen, und ihre Familienangehörigen, soweit ihr Aufenthalt drei Monate nicht übersteigt, zur Abgabe einer Aufenthaltsanzeige verpflichtet. Es ist hierbei davon ausgegangen, daß nur diejenigen eine Aufenthaltsanzeige ausfüllen, die mit den Behörden in näheren Kontakt kommen müssen, weil ihr Aufenthalt möglicherweise öffentliche Interessen berührt. Über die Erstattung der Aufenthaltsanzeige und die Behörde, die für die Entgegennahme zuständig ist, sind nähere Erläuterungen in § 2 Abs. 2 DVAuslG aufgeführt.

Die Aufenthaltsanzeige wird nicht formlos, sondern durch Ausfüllen und Übergeben des Formblattes der Aufenthaltsanzeige für Ausländer auf dem gemäß § 21 Abs. 2 vom BMI ausgegebenen Formular erstattet. Eine bestimmte Frist ist nicht gesetzt worden. Der Anzeigepflicht ist aber nach § 2 Abs. 1 unverzüglich nachzukommen. Da in der Mehrzahl der Fälle auch eine Anmeldung bei der Meldebehörde innerhalb einer Woche erforderlich wird, kann davon ausgegangen werden, daß hier eine Erstattung der Aufenthaltsanzeige bis höchstens sieben Tage nach der Einreise noch fristgerecht ist. Dies gilt nicht für die Fälle des § 2 Abs. 2 DVAuslG.

3. Kein Rechtsanspruch

a) Allgemein. Ausländer haben *kein Recht zum Aufenthalt und keinen Rechtsanspruch* auf Erteilung der AE. § 1 APVO hat dies in seinem Wortlaut nicht zweifelsfrei erkennen lassen, so daß die Gerichte diese selbstverständliche Anwendung haben bestätigen müssen (u. a. *BVerwGE* 3, 235; *VGH Stuttgart* in DÖV 1956, 381). Daß kein Rechtsanspruch besteht, sondern die Entscheidung im Ermessen der Behörde liegt, ist nach dem Gesetzeswortlaut nicht zweifelhaft. Danach d a r f die AE erteilt werden. Aus diesem Dürfen geht nicht nur hervor, daß ein Recht zum Aufenthalt nicht besteht, sondern daß die Entscheidung über die AE im Ermessen der Behörde liegt. Auch § 7 Abs. 4 bestätigt diese Auffassung. Nach dieser Vorschrift kann die Behörde, ohne daß ihr hierzu Beschränkungen auferlegt werden, die bereits erteilte AE räumlich oder zeitlich begrenzen. Das GG gibt für Ausländer nicht ein Recht zum Aufenthalt und Wohnsitz in der BRD (abgesehen von heimatlosen Ausländern § 2, und Asylberechtigten § 43). Auch der Gleichheitsgrundsatz des Art. 3 GG gebietet nicht eine gleiche Behandlung von Ausländern und Inländern. Er verbietet nicht, zwischen beiden Gruppen sachliche Unterschiede zu machen. Das Grundrecht der Freizügigkeit steht gemäß Art. 11 GG nur den Deutschen zu. Haben Ausländer schon kein Recht auf Freizügigkeit innerhalb der BRD, dann kann es auch keine Freizügigkeit bei der Einreise in die BRD geben. Allgemeine Regeln des Völkerrechts, die nach Art. 25 GG Bestandteil des Bundesrechts geworden wären, gibt es hinsichtlich des Aufenthaltsrechts von Ausländern in der BRD nicht. Es besteht kein völkerrechtlicher Rechtssatz, wonach der Ausländer ohne weiteres dieselben Aufenthalts- und Niederlassungsrechte hat wie ein Inländer.

b) Der Umstand, daß jemand Inhaber eines Ausweises A für *Vertriebene und Flüchtlinge* (Heimatvertriebener) nach dem Gesetz über die Angelegenheiten der Vertriebenen und Flüchtlinge (Bundesvertriebenengesetz v. 19. 5. 1953, BGBl. I S. 201 in der Fassung der Bekanntmachung v. 29. 6. 1961, BGBl. I S. 813, zuletzt geändert durch das 5. Änderungsgesetz v. 3. 8. 1964, BGBl. I S. 571) ist, ist auch für die Erteilung der AE von Bedeutung und kann nicht unberücksichtigt bleiben. Mit der Ausstellung des Vertriebenenausweises A ist anerkannt worden, daß es sich bei dem betreffenden Ausländer um einen deutschen Volkszugehörigen handelt, der aus seiner früheren Heimat wegen seiner Zugehörigkeit zum deutschen Volkstum vertrieben worden ist. Hieraus folgt zwar nicht ein Rechtsanspruch auf Erteilung der AE. Die AE sollte in diesem Falle jedoch nicht ohne zwingenden Grund versagt werden. Die Erteilung der AE kommt jedoch erst dann in Betracht, wenn der Vertriebenenausweis ausgestellt worden ist. Solange der Antrag läuft, sollte die Entscheidung über die beantragte AE zunächst ausgesetzt werden. Die Möglichkeit, die AE aus den Gründen des § 10 zu versagen oder eine Ausweisung zu verfügen, bleibt unberührt.

4. Gesetzliche Voraussetzungen der AE

Eine AE ist nur dann erforderlich, wenn Ausländer in die BRD *einreisen und* sich hier *aufhalten* wollen. Die bloße Durchreise fällt nicht unter § 2, sondern ist in § 5 Abs. 3 geregelt. Hier brauchen die Voraussetzungen einer AE nicht vorzuliegen. Der Durchreisesichtvermerk kann gegeben werden, wenn Belange der BRD nicht berührt werden und die Ausreise gesichert ist.

§ 2 stellt Voraussetzungen für die Erteilung der AE auf und schränkt damit das vom Gesetz gegebene Ermessen der Behörde ein. Die AE ist davon abhängig, daß der Ausländer Belange der BRD nicht beeinträchtigt. Das Ermessen braucht bejahendenfalls nicht mehr ausgeübt zu werden. In diesen Fällen darf die Ausländerbehörde eine AE nicht erteilen; es ist ein absolutes Verbot. Die gesetzliche Bestimmung hat ihren Ursprung letztlich in dem allgemeinen Auftrag an die Behörden, jeden Schaden und jede Beeinträchtigung der Interessen von dem von ihnen verwalteten Staatswesen und von der Öffentlichkeit fernzuhalten. Die Wahrung dieser Interessen ist eine selbstverständliche Grenze des Handelns und der Entscheidung.

Auch ohne Rücksicht auf die gesetzliche Bestimmung wird die Ausländerbehörde ihr Ermessen im Zweifel trotzdem ausüben. Denn der Begriff Belange der BRD ist ein unbestimmter Rechtsbegriff, der von den Verwaltungsgerichten in vollem Umfange nachgeprüft werden kann. Das Ermessen dagegen gibt einen Raum für weitere Erwägungen. Selbst wenn nach verwaltungsgerichtlicher Feststellung Belange der BRD nicht beeinträchtigt werden, kann es durchaus möglich sein, daß das Ermessen sich im Rahmen hält, wenn aus diesen Überlegungen eine AE abgelehnt wird.

5. *Belange der BRD*

a) Allgemein. Das AuslG stellt in den Vordergrund die öffentlichen Interessen — *Belange der BRD* —, die der Ausländer nicht beeinträchtigen darf. Der Begriff ist sehr weit gewählt und umfaßt alle Wirkungen politischer, wirtschaftlicher und sozialer Art, wenn sie der Bevölkerung und dem Staatswesen zum Nachteil gereichen können. (*Forsthoff, Lehrb. des VerwR,* 1. Bd. 8. Aufl. 1961 S. 78, spricht von den verpflichtenden Werten). Die Nachteile brauchen nicht einzutreten, es genügt schon, daß die Anwesenheit ungünstige Auswirkung hat oder befürchten läßt. Die öffentlichen Belange können auch so weit gehen, daß die AE nicht mehr gegeben wird, weil sich zu viele Ausländer in der BRD befinden. Belange brauchen nicht erst tatsächlich beeinträchtigt zu werden, es genügt schon eine konkrete Gefahr. Sie stehen in Frage, wenn etwa erheblich vorbestrafte oder asoziale Ausländer nach Deutschland kommen und hier ihren Aufenthalt nehmen wollen. Die Gefahr ihrer Rückfälligkeit stellt bereits eine Gefahr dar, der durch AE-Versagung zu begegnen ist.

Belange der BRD sind auch Belange der Länder. Die Länder sind dergestalt Teile der BRD, daß die öffentlichen Interessen im Bund und in den Ländern identisch sind. Es gilt der Grundsatz, daß, wenn Belange eines Teiles der BRD berührt werden, auch Belange der Gesamtheit, sowohl der übrigen Länder als auch der BRD betroffen sind.

b) Belange der BRD sind dann beeinträchtigt, wenn der Ausländer die *verfassungsmäßige Ordnung* angreift oder stört. Unter verfassungsmäßiger Ordnung ist die dem Wechsel der Zeit unterworfene jeweils gültige Rechtsordnung des Gemeinwesens zu verstehen (*Bonner Komm.* Art. 2 GG Anm. II 1 b); der Begriff ist nicht etwa auf die Verfassungsnormen formellen Charakters beschränkt (zum Begriff *Schmitt* in DÖV 1965, 433). Alle Bestimmungen, die das verfassungsmäßige Funktionieren der Staatsgewalt und der Staatsorgane garantieren, sowie alle Normen, die die unmittelbare Sicherung der staatlichen Existenz garantieren, gehören hierzu. Eine Beeinträchtigung würde auch dann vorhanden sein, wenn die freiheitliche Entwicklung in der BRD gehemmt oder gestört werden könnte, insbesondere wenn durch einen Mißbrauch der hier gewährten Freiheiten die freiheitliche Entwicklung gefährdet wird (*BVerwGE* 3, 171). Im allgemeinen ist die Erteilung der AE ausgeschlossen, wenn das Recht der staatlichen Gemeinschaft auf Schutz ihrer lebenswichtigen Belange eine Anwesenheit des Ausländers ausschließt (zu diesem Gesichtspunkt *BVerwGE* 6, 173). Es braucht nicht nur eine Störung vorzuliegen oder zu erwarten sein, es genügt eine Beeinträchtigung.

c) Ein weiteres Regulativ ist die *öffentliche Sicherheit und Ordnung* und das öffentliche Interesse. Es läßt sich sagen, daß in allen Fällen, in denen die Polizei eingreifen würde und eingreifen könnte oder eingreifen müßte, eine Gefährdung der öffentlichen Sicherheit und Ordnung vorliegt, die das Fernhalten eines Ausländers, soweit er diese beeinträchtigen würde, geboten erscheinen läßt (zur Sicherheit und Ordnung *Drews-Wacke, Allgemeines Polizeirecht* 7. Aufl. 1961 S. 59 bis 80). Belange der BRD und damit die deutsche öffentliche Ordnung werden berührt, wenn der Ausländer sich nicht einzufügen versteht. Unter öffentlicher Ordnung ist die Summe dessen zu verstehen, was zu einem gedeihlichen Zusammenleben der Bevölkerung gehört. Insbesondere eine sittlich einwandfreie Haltung, die Rücksichtnahme auf politische, religiöse und weltanschauliche Gefühle, Treu und Glauben im Verkehr, kurz ein allgemein menschliches Verhalten. Liegen Gründe nach § 10 vor, ist eine Störung der öffentlichen Ordnung gegeben.

Der Sinn dieser weitgehenden gesetzlichen Regelung besteht in der Wahrung öffentlicher Belange, indem auch dem ungehinderten Zuzug nicht deutscher Personen und deren unbeschränktem Aufenthalt ein Riegel vorgeschoben werden soll. Daraus folgt, daß eine AE nur dann erteilt werden kann, wenn der Zuzug des Ausländers im öffentlichen Interesse erwünscht, zumindest aber vertretbar erscheint (*VG Berlin* I A 270.57 U. v. 11. 10. 1957 und I A 12.58 U. v. 4. 3. 1958). Liegen vor Erteilung der AE die gesetzlichen Voraussetzungen zum Erlaß einer Ausweisung vor, dann wird die Behörde, will sie im Sinne des Gesetzes handeln, diese Tatsache stets dann zum Anlaß ihres Einschreitens nehmen, wenn an dem weiteren Verbleib des Ausländers kein öffentliches Interesse besteht.

Die Bestimmung des § 2 Abs. 1 setzt nur eine objektive Gefährdung der Belange der Bundesrepublik voraus. Auf ein Verschulden kommt es nicht an (*OVG Münster* in MDR 1955, 762 und *VG Berlin* I A 655.56 U. v. 1. 2. 1957). Es kommt auch nicht darauf an, daß ein Ausländer immer und nicht nur gelegentlich Belange der BRD gefährdet.

d) Nichtbeachtung der Gesetze. Belange der BRD sind besonders dann beeinträchtigt, wenn *gesetzliche Bestimmungen,* insbesondere solche, die das Aufenthalts- und Einreiserecht betreffen, bewußt nicht beachtet werden. Eine AE kann nicht an Ausländer gegeben werden, die ohne AE eingereist sind, obwohl diese nach § 5 in Verbindung mit der DVAuslG vorgeschrieben ist. Auch eine kurzfristige AE, damit sie sich die Rückreisekosten verdienen können, ist nicht möglich und auch nicht zweckmäßig. Denn ein solcher erlaubter kurzfristiger Aufenthalt erschwert erheblich ausländerpolizeiliche Maßnahmen. Außerdem hat die Praxis gezeigt, daß nur in wenigen Fällen tatsächlich Reisekosten gespart worden sind. Die Versagung der AE oder die sofortige Ausweisung sind hier geboten.

Ausländer, die für eine Arbeitsaufnahme eine AE im Auslande einholen müssen oder eine Legitimationskarte benötigen, versuchen, die deutschen Vorschriften dadurch zu umgehen, daß sie bei den Grenzkontrollen angeben, sich im Bundesgebiet nur besuchsweise als Tourist aufhalten zu wollen. Die Grenzdienststellen sind angewiesen worden, die Reiseausweise dieser Ausländer, bei denen der Verdacht besteht, daß sie in der BRD als Arbeitnehmer tätig werden wollen, mit einem Paßkontrollstempelabdruck und dem Zusatz „Tourist“ zu versehen. Der Zusatz wird entweder mit einem Handstempel oder durch handschriftliche Eintragung vorgenommen. Ausländer, deren Pässe mit diesem Stempel versehen sind, berühren Belange der BRD, wenn sie trotz ihrer Auskunft bei der Einreise eine Erwerbstätigkeit aufnehmen wollen.

Zu den Aufenthaltsbestimmungen gehören auch die besonders im § 3 aufgestellten Paßvorschriften. Wird eine AE trotz fehlenden Passes erteilt, so ist dieses Verhalten fehlerhaft und entspricht nicht dem § 2 in Verbindung mit § 3. Der Ausländer hat sich dann vielleicht nicht unerlaubt aufgehalten. Die Behörde ist aber nicht verpflichtet, nach Ablauf der AE diese zu verlängern; denn sie ist nicht gehalten, einen etwa fehlerhaften Verwaltungsakt zu wiederholen oder ein als fehlerhaft erkanntes Dulden für alle Zeiten aufrechtzuerhalten (*OVG Berlin* I B 9.56 U. v. 1. 2. 1957 und *VG Berlin* I A 396.57 U. v. 11. 2. 1958). Hierzu gehört auch, daß eine AE nicht erteilt werden kann, wenn keine Rückkehrerlaubnis vorliegt, soweit vom Heimatlande eine solche gefordert wird.

Um den Umfang der zu berücksichtigenden Belange zu erkennen, wird man nicht davon absehen können, auf die öffentliche Meinung einzugehen, wenn sie sachliche Gesichtspunkte enthält. Der Begriff der Belange umfaßt auch die Einhaltung der arbeitsrechtlichen Bestimmungen. Vertragsbrüchige Arbeitnehmer erhalten keine AE. In den meisten Fällen wird Grund vorhanden sein, die Ausweisung zu verfügen.

6. Gesundheit

Die Bedeutung der gesundheitlichen Voraussetzungen als Belange der BRD ist vom AuslG hervorgehoben. Die AE kann nur erteilt werden, wenn der Ausländer die *öffentliche Gesundheit* nicht gefährdet. Jeder Ausländer muß sich daher vor Erteilung der AE einer ärztlichen Untersuchung unterziehen. Ärztliche Zeugnisse aus dem Ausland werden nicht anerkannt, auch und gerade wenn sie für einen Fremdausländer im benachbarten Auslande ausgestellt worden sind. Da die AE in den Fällen des § 5 DVAuslG vor der Einreise erteilt wird, ist hier die ärztliche Untersuchung im Auslande zu fordern. Die deutschen Vertretungen haben dafür zu sorgen, daß die Untersuchung in dem Umfange des Bundes-Seuchengesetzes durchgeführt wird.

Im Inlande ist die Untersuchung ebenfalls vor der Erteilung der AE vorzunehmen. Es wird festgestellt, ob der Ausländer an einer meldepflichtigen übertragbaren Krankheit im Sinne des § 3 Abs. 1 und 2 des Bundes-Seuchengesetzes v. 18. 7. 1961 (BGBl. I S. 1012) leidet oder Ausscheider von Erregern nach § 3 Abs. 4 ist. Vorgeschrieben ist neben der ärztlichen Untersuchung eine Röntgenaufnahme. Die Gesundheitsbehörden sind angewiesen, jede Form der TBC als Ablehnungsgrund anzusehen, auch wenn sie augenscheinlich ausgeheilt ist. Die Belastung der klimatischen Umstellung, Änderung der Lebens- und Ernährungsweise, die geänderte Arbeitsintensität machen eine strenge Handhabung notwendig. — Sprachliche Schwierigkeiten können umgangen werden, wenn zurückgegriffen wird auf eine Zusammenstellung der häufigsten Redewendungen, die in englischer, französischer, italienischer, spanischer und griechischer Sprache übersetzt worden sind (veröffentlicht in Heft 18 der „Ärztlichen Mitteilungen" vom 26. 5. 1961 S. 1049).

Von der gesundheitlichen Untersuchung sind keine Ausländer ausgeschlossen. Sie ist notwendig für außereuropäische und europäische Ausländer. Auch Angehörige der EWG sind nicht ausgenommen. Die nach Art. 47 der VO Nr. 15 des Rates der EWG aufzustellende Liste erfaßt alle nach dem Bundes-Seuchengesetz meldepflichtigen übertragbaren Krankheiten. Die VO läßt viel strengere Anforderungen an den Gesundheitszustand zu als in der BRD bisher gefordert worden sind.

Der Ausländer erhält über das Ergebnis der ärztlichen Untersuchung eine „Ärztliche Bescheinigung zur Erlangung der Aufenthaltserlaubnis". Die Kosten der Untersuchung sind von ihm zu tragen.

Von der ärztlichen Untersuchung können ausgenommen werden:

1. Ausländer, die sich bereits längere Zeit in der BRD befinden und eine AE erhalten haben.
2. Ausländer, die von den deutschen Anwerbekommissionen im Ausland vermittelt worden sind und mit einer Legitimationskarte eingereist sind. In diesen Fällen ist eine Untersuchung bereits im Auslande von deutschen Ärzten durchgeführt worden.

   Um auszuschließen, daß Ausländer einreisen, die von den Anwerbekommissionen aus gesundheitlichen Gründen zurückgewiesen sind, sind sie in einer Zentralkartei von der Bundesanstalt für Arbeitsvermittlung und Arbeitslosenversicherung erfaßt. Eine Rückfrage bei dieser Behörde klärt, ob ein Ausländer bereits aus gesundheitlichen Gründen von einer Anwerbekommission abgelehnt worden war.

3. Grenzarbeitnehmer.

Die Ausnahmen liegen im Ermessen der Behörde. Die Untersuchungen können vorgenommen werden, wenn der Verdacht auf eine ansteckende Krankheit besteht.

Bei Vorliegen einer Krankheit nach dem Bundes-Seuchengesetz darf die AE nicht erteilt werden; sie ist zu versagen. Denn die Gefährdung der öffentlichen Gesundheit beeinträchtigt Belange der BRD.

Das Vorhandensein von anderen, nicht im Bundes-Seuchengesetz aufgeführten Krankheiten kann ebenfalls zur Ablehnung der AE führen, aber aus anderen Überlegungen. Geisteskrankheit kann die öffentliche Sicherheit und Ordnung gefährden und damit auch Belange der BRD. Bei nicht gemeingefährlicher Geisteskrankheit oder anderen nicht ansteckenden erheblichen und andauernden Krankheiten wird die AE meist aus Ermessensgründen zu versagen sein. Bei längerer Krankheit kann die AE versagt werden, weil der Zweck des Aufenthaltes, nämlich Arbeitnehmertätigkeit und damit Hilfe für die deutsche Wirtschaft und Industrie, nicht mehr vorliegt.

Die Forderung der ärztlichen Untersuchung ist keine Bedingung oder Auflage im Sinne des § 7, sondern Voraussetzung für die Erteilung der AE. Die Auskunft über das Ergebnis der ärztlichen Untersuchung kann an die Ausländerbehörde, also an die Stelle gegeben werden, die über die AE entscheidet. Der Arzt ist von seiner ärztlichen Schweigepflicht kraft besonderer gesetzlicher Bestimmung befreit (§ 10 Abs. 2).

7. Ermessen

a) Ausübung. Das Ermessen sollte in jedem Falle ausgeübt werden. Gesetzliche Voraussetzung ist dies nicht, wenn Belange der BRD berührt werden. Das Ermessen ist pflichtgebunden, innerhalb der Ermessensgrenzen aber frei (*VG Berlin* I A 66.57 U. v. 30. 8. 1957). Die Grenzen sind Willkür und Belieben, subjektive Erwägungen und solche ohne sachlichen Zusammenhang (*Forsthoff, VerwR* a. a. O. S. 75, 85/86). Die Ermessensüberlegungen sind nicht zu jeder Zeit gleich. Sie unterliegen entsprechend den Veränderungen der Verhältnisse auch dem Wechsel der politischen Anschauungen (*OVG Münster*, OVGE 10, 295). Im Ermessen gibt es nicht nur eine richtige Entscheidung. Das ist gerade das Wesen einer Ermessensausübung. Mehrere Entscheidungen sind möglich: AE-Erteilung, AE-Versagung, AE-Erteilung mit Bedingungen, Auflagen oder räumlichen Beschränkungen. Selbst wenn der Nachweis geführt wird, daß noch andere Entscheidungen als die von der Behörde getroffene richtig sind, kann nicht die Rechtswidrigkeit einer Verfügung begründet werden (*OVG Berlin* I B 51.58 U. v 11. 3. 1959).

b) Umfang. Bei einem Vergleich mit anderen Rechtsgebieten läßt sich feststellen, daß das Ermessen bei der Erteilung der AE etwa ebenso *weit gefaßt* ist wie das auf dem Gebiete des Einbürgerungsrechts (*BVerwGE* 4, 298; 7, 237; im Ausländerrecht *BVerwG* in NJW 1956, 1046). Der Ausländerbehörde ist ein so weitgehender Raum für ihre Entscheidungen eingeräumt worden, damit die vielfältigen öffentlichen Interessen, die bei einem Aufenthalt von Ausländern von Bedeutung sein können, berücksichtigt werden (*VG Berlin* I A 30.57 U. v. 3. 5. 1957). Solche Interessen können sich aus Umständen ergeben, die außerhalb der Person des Ausländers, aber auch in der Person des Ausländers liegen. Zweifel über tatsächliche Umstände hat der Ausländer selbst aufzuklären. Nicht aufzuklärende übrigbleibende letzte Zweifel müssen zu seinen Lasten gehen (im Einbürgerungsverfahren sind die gleichen Überlegungen anzustellen, vgl. *BVerwG* I C 80.61 U. v. 17. 12. 1964). Es ist Sache des Ausländers, vorhandene Zweifel auszuräumen. Zu den wahrzunehmenden öffentlichen Interessen gehört insbesondere die Aufrechterhaltung der öffentlichen Ordnung. Hat ein Ausländer dagegen verstoßen, kann ein Aufenthalt versagt werden (*BVerwG* I B 173.60 Beschl. v. 5. 1. 1961).

Die Grenzen der Ausländerbehörde hinsichtlich ihres Ermessens sind zwar, wenn man die Rechtsverhältnisse mit der Zeit vor 1945 vergleicht, enger gezogen. Neue Grenzen des Ermessens ergeben sich vor allem aus den Grundrechten, soweit sie nicht auf Deutsche beschränkt sind, sondern für alle Menschen gelten. Weitere Grenzen des Ermessens können sich u. U. im Einzelfall aus der MRK ergeben. Im Rahmen dieser ist das Ermessen nicht beschränkt (*BVerwG* I C 31.55 U. v. 10. 4. 1956).

c) Jede Ermessensausübung und -entscheidung hat ihre Grenze in der Beachtung des *Gleichheitssatzes* des Art. 3 GG (*BVerwGE* 2, 163; *BVerwG* in DVBl. 1957, 650). Eine Verletzung liegt allerdings nur dann vor, wenn die Ermessensausübung im Einzelfall zum Nachteil des betroffenen Ausländers abweicht (*OVG Münster* in OVGE 10, 295). Auch kann nur dieselbe Behörde den Gleichheitssatz durch unterschiedliche Entscheidung verletzen. Wenn andere Behörden innerhalb der BRD anders verfahren, so kann kein Anspruch darauf bestehen, daß die für den Einzelfall zuständige Behörde sich der anderen Handhabung anschließt (*BVerwG* I C 47.59 und I C 48.59 Beschlüsse v. 28. 4. 1959).

Durch die Ermessensausübung und Erteilung einer AE durch eine andere Behörde ist die neue Behörde nicht gebunden. In den verschiedenen Bezirken der Ausländerbehörde können hinsichtlich der Ausübung des Ermessens verschiedenartige Erwägungen angestellt werden, auch wenn die Bestimmungen einheitliches Bundesrecht sind. Dies folgt aus Art. 83 GG, wonach den Ländern als Trägern der vollziehenden Gewalt die Ausführung eines Bundesgesetzes grundsätzlich als eigene Angelegenheit übertragen ist (*VGH Stuttgart* in Gew. Arch. 1960, 290). Nur wenn die gleiche Behörde bei gleichem Sachverhalt eine unterschiedliche Entscheidung trifft, ist der Gleichheitssatz verletzt und ein Ermessen wäre ermessenswidrig.

Ein Verstoß gegen die Gleichbehandlung liegt nicht vor, wenn eine AE mit der Begründung versagt wird, daß sich bestimmte Ausländergruppen erfahrungsgemäß auch noch nach Jahren nicht in die inländischen Lebensgewohnheiten eingelebt haben. Die Lebensverhältnisse in bestimmten ausländischen Staaten, aus denen der Ausländer kommt, und die Art und Weise, dort zu leben, sind z. T. so erheblich verschieden, daß für diese Ausländer eine Umstellung nicht möglich ist. Die Behörde hat bei der Erteilung der AE die Möglichkeit, unter den Ausländern auch gleicher Staatsangehörigkeit eine Auswahl zu treffen (*BVerwG* I C 49.59 und I C 50.59 Beschlüsse v. 28. 4. 1959).

d) Die Voraussetzung der APVO für die Erteilung der AE, daß der Ausländer nach seiner Persönlichkeit und nach dem Zweck seines Aufenthaltes der ihm gewährten Gastfreundschaft würdig sein muß, ist im Gesetzestext des AuslG nicht ausdrücklich mehr enthalten. Diese *persönliche Voraussetzung* ist jedoch nicht weggefallen oder unbedeutend geworden. Der Ausländer wird weiterhin als Gast angesehen, und es wird von ihm erwartet, daß er mit Offenheit den Behörden entgegentritt und sich gegenüber den Besonderheiten des ‚way of life' in Deutschland unauffällig benimmt. Ermessenserwägungen über die Persönlichkeit und den Aufenthaltszweck stehen weiterhin an erster Stelle. Einen Anhalt bieten wiederum die Tatbestände des § 10, die die Unwürdigkeit begründen können. Aber auch die häufig unrichtigen Angaben über die Vorbildung, Aufenthaltsdauer usw. können und werden zu einer Aufenthaltsversagung führen. Wer z. B. einreist, um eine Hochschule zu besuchen, aber noch nicht einmal die Hochschulreife besitzt, dem braucht auch hinsichtlich der weiteren Vorbringen nicht geglaubt zu werden. Wer sich nicht an die von ihm selbst abgegebenen Erklärungen hält, kann nicht als würdig im Sinne der Ermessensausübung des § 2 angesehen werden (*BVerwGE* 9, 83; *VG Berlin* II A 191.64 U. v. 5. 4. 1965). Die AE kann versagt werden, wenn sich ergibt, daß der Ausländer seinen eigentlichen Reisezweck nicht angegeben hat. Die Behörde hält sich mit dieser Begründung im Rahmen von sachlichen Überlegungen (*BVerwG* I C 47.59 und I C 48.59 Beschlüsse v. 28. 4. 1959).

e) Auch im Hinblick auf das *Arbeitsleben* wird eine Anpassung verlangt. Gelegenheitsarbeiten oder -beschäftigungen, die ein Ausländer vorübergehend zu leisten bereit ist, bieten keine hinreichende Gewähr für den Erfolg einer von fremder Hilfe unabhängigen Existenzgründung. Sie können nicht einer Lebensstellung gleichgeachtet werden (*VG Berlin* I A 270.57 U. v. 11. 10. 1957). Zu dem Bereich des Ermessens gehören auch Überlegungen, ob der Ausländer arbeitsfähig ist, ob er gesund ist oder mit einer längeren Erkrankung und mit nicht abzusehenden Unkosten zu rechnen ist, ob er sich wegen seines vorgeschrittenen Alters seinen Lebensunterhalt nicht mehr verdienen kann oder ob seine sonstige Versorgung nicht gesichert ist.

Ein Ausländer, der mit einer Legitimationskarte eingereist ist, kann mit seinem Antrag auf Erteilung der AE für Gewerbezwecke zurückgewiesen werden. Die Überlegung, daß die deutschen Gewerbetreibenden gegen einströmende Ausländer gesichert werden sollen, und die Begründung, daß dafür Sorge getragen werden muß, daß die im Auslande angeworbenen Arbeitskräfte dort eingesetzt werden, wo sie benötigt werden, ist sachgerecht. Eine ablehnende Entscheidung braucht auch nicht zu berücksichtigen, daß der Ausländer bereits Aufwendungen gemacht hat. Denn diese Aufwendungen sind in Erwartung eines evtl. ergehenden begünstigenden Verwaltungsaktes gemacht worden. Dies ist anders zu beurteilen, als wenn jemand im Vertrauen auf einen bereits erlassenen Verwaltungsakt Aufwendungen gemacht hat und nunmehr der Verwaltungsakt zurückgenommen oder widerrufen wird (*VG Berlin* II A 226.64 U. v. 14. 12. 1964).

f) Beendigung des Aufenthaltszweckes. Wird für einen Ausländer eine AE gegeben *zum Zwecke der Auswanderung*, dann kann die Verlängerung abgelehnt werden, wenn die in Gang gesetzte Auswanderung gescheitert ist. Es ist nicht ermessenswidrig, wenn die weitere Verlängerung abgelehnt wird, auch dann nicht, wenn der Ausländer eine Auswanderung in ein weiteres Land betreiben will und sich hierfür hat registrieren lassen (*VG Berlin* I A 688.56 U. v. 26. 4. 1957).

g) Bei der Ausübung des Ermessens kann sich die Behörde auch von *arbeits- und wirtschaftspolitischen Erwägungen* leiten lassen (*OVG Münster* in DÖV 1955, 90). Wenn bei der Entscheidung auch arbeitspolitische Ziele verfolgt werden, ist die Rechtmäßigkeit der Entscheidung nicht beeinträchtigt. Es stellt eine sachgerechte Ausübung des Ermessens dar, wenn die Behörde berücksichtigt, daß der deutsche Arbeitsmarkt zunächst für Arbeitskräfte derjenigen Länder offengehalten wird, die auf Grund vertraglicher Vereinbarungen mit der BRD, z. B. die Angehörigen der EWG-Staaten, in Deutschland bevorzugt arbeiten dürfen (*VG Berlin* II A 160.64 U. v. 19. 10. 1964). Auch die Erwägung, daß ein Ausländer keine Facharbeitskraft ist und daß Arbeitnehmern, die der OECD angehören, der Vorrang gegeben werden muß, ist sachgerecht (*VG Berlin* II A 185.64 U. v. 24. 5. 1965). Auch die Berücksichtigung, daß den deutschen Gewerbetreibenden der Betrieb gegen einströmende Ausländer gesichert werden soll, daß eine gewerbliche Tätigkeit einen längeren Aufenthalt bedingt, an dem vom deutschen Standpunkt aus kein Interesse besteht, ist nicht ermessensfehlerhaft. Ein Berufswechsel zwingt ebenfalls nicht dazu, einem Ausländer die für diesen Beruf erforderliche AE zu erteilen (*VG Berlin* II A 288.64 U. v. 15. 3. 1965).

Die Lage auf dem Arbeitsmarkt wird immer auch in der ausländerbehördlichen Entscheidung berücksichtigt werden. Voraussetzung für die Erteilung einer AE wird immer sein müssen, daß die Einreisevorschriften (§ 5 AuslG u. § 5 DVAuslG) beachtet sind und kein gesetzlicher- oder Ermessensgrund zur Versagung der AE führt. Die ausländerbehördlichen Gesichtspunkte gehen daher den Interessen des Arbeitsmarktes, die im übrigen schnell wechseln können, vor.

h) Schutz der Ehe und Familie. Einer deutschen Ehefrau ist bei ihrer *Eheschließung* bekannt, und es muß ihr mit allen Konsequenzen bewußt sein, daß sie einen Ausländer heiratet. Sie hat daher auch gewisse Nachteile der für sie entstandenen Situation nach deutschem und nach ausländischem Recht hinzunehmen. Daher kann sich ihr Ehemann und auch sie sich nicht darauf berufen, daß der Ehefrau bei einem Aufenthalt im Heimatlande des Mannes Schwierigkeiten begegnen, weil sie nach dem Heimatrecht des Mannes miteinander nicht verheiratet sind. Da die Ehefrau mit dem Aufenthalt ihres Ehemannes in seinem Heimatlande rechnen mußte, hatte sie sich auch mit der Notwendigkeit vertraut zu machen, eine Eheschließung in einer nach dem Heimatrecht des Mannes gültigen Form nachholen zu müssen (*VG Berlin* I a A 31.63 U. v. 16. 1. 1964). Die deutsche Auffassung geht dahin, daß der Ehemann den ehelichen Wohnsitz aussucht, daß er seine Arbeit und die Eheführung bestimmt und die Ehefrau sich ihm anpaßt. Ein derartiges Recht hat der ausländische Ehemann nur in seinem Heimatland. Einen Anspruch, die Ehe in Deutschland zu führen, hat er nicht. Er erwirkt durch die Eheschließung mit einer Deutschen auch unter Berücksichtigung des Art. 6 GG kein Recht auf Aufenthalt (vgl. auch § 10 Anm. 6). Das Ermessen der Behörde ist nicht eingeschränkt, es sei denn, daß der Bestand der Ehe gefährdet ist. Diese Feststellung wird sich nur ausnahmsweise in besonders gelagerten Fällen ergeben.

Die ausländische Ehefrau eines Deutschen kann durch Erklärung bei der Eheschließung die deutsche Staatsangehörigkeit erwerben. Auch später hat sie die Möglichkeit der Einbürgerung. Macht sie hiervon keinen Gebrauch, muß sie in Kauf nehmen, daß sie in der BRD weiter als Ausländerin behandelt wird. Sie muß die AE beantragen. Die Erteilung liegt im Ermessen der Behörde. Hierbei ist die Ehe zwar zu berücksichtigen, ein Antrag kann aber bei besonderen Umständen abgelehnt werden. Eine Aufenthaltsberechtigung und damit eine unbefristete AE kann sie jedoch erst unter den Voraussetzungen des § 8 erhalten. Bei einer geringeren Aufenthaltsdauer als fünf Jahre ist auch in diesem Falle die Aufenthaltsberechtigung unzulässig.

Wird einem Ausländer die AE versagt, so kann seiner ausländischen Ehefrau die AE ebenfalls versagt werden. Es liegt im Rahmen des Ermessens, ein ausländisches Ehepaar unter dem Gesichtspunkt der Familieneinheit gleich zu behandeln und im Ermessenswege eine Notwendigkeit und ein besonderes persönliches Interesse des anderen Ehepartners an einem Verbleiben in Deutschland nicht zuzuerkennen. Beeinträchtigt ein Ehepartner Belange der BRD und wird ihm aus diesem Grunde die AE versagt, so brauchen bei dem anderen Ehepartner diese Voraussetzungen nicht vorzuliegen, um die AE ablehnen zu können.

Überlegungen nach Art. 6 GG und Art. 8 MRK, die den Schutz der Familie betreffen, brauchen nicht angestellt zu werden, wenn es um die Zusammenführung eines Ehepaares mit den Eltern oder dem Elternteil eines Ehepartners geht (*VG Berlin* I A 719.56 U. v. 19. 3. 1957).

i) Die Behörde kann die AE abhängig machen von der *Hinterlegung einer Sicherheit.* Hiervon wird immer dann Gebrauch gemacht werden, wenn der Verdacht besteht, daß der Ausländer nicht zu dem angegebenen Zweck einreisen wird oder eingereist ist oder sich entgegen seinen Angaben hier ständig niederlassen wird. Regelmäßiger wird bei der Einreise von Staatenlosen hiervon Gebrauch gemacht werden. Die Höhe der Sicherheit wird mindestens die Rückreisekosten decken müssen. Darüber hinaus wird die Höhe auch danach bestimmt werden, daß der Verfall der Sicherheit einen empfindlichen Verlust für den Ausländer darstellt.

8. Studenten

a) Allgemein. Die AE kann ausländischen Studenten gegeben werden, wenn sie persönlich geeignet sind und die ausbildungsmäßigen Voraussetzungen haben. Die persönliche Qualifikation wird durch ein Führungszeugnis nachgewiesen. Die fachliche Qualifikation wird durch die Universitäten, Hoch- und Fachschulen geprüft. Voraussetzung für ein Studium ist der erfolgreiche Abschluß einer Schule, die unseren höheren Schulen mit Abitur entspricht. Außerdem muß der Bewerber hinreichend die deutsche Sprache beherrschen. Vor Erteilung der AE ist außerdem der Nachweis zu verlangen, daß der Lebensunterhalt und die Studienkosten sichergestellt sind oder der Bewerber ein Stipendium erhält. Der Besuch einer Sprachschule ist kein Studium.

Die AE wird erteilt, wenn der Ausländer nachgewiesen hat, daß er zum Studium zugelassen ist. Die Verlängerung der AE wird erst vorgenommen, wenn die Belegung zum neuen Semester nachgewiesen ist. Die AE wird stets mit der Auflage versehen, daß sie nur zum Studium berechtigt. Sie wird zweckmäßig nur von Semester zu Semester verlängert, um ein ordnungsmäßiges Studium prüfen zu können. Eine Arbeitsaufnahme nur während der Semesterferien kann zugelassen werden.

Ein Studium wird in Deutschland durchgeführt auf einer Universität, Hoch- oder Fachschule. Wer hierher kommt, um an einer Sprachschule die deutsche Sprache zu erlernen, oder wer hier die wirtschaftlichen, politischen, arbeitsmäßigen Bedingungen oder Land und Leute „studieren“ will, ist kein Student. Auch ein Kursus auf den Volkshochschulen ist kein Studium. Ein

Praktikum im o. a. Sinne ist stets Arbeitsaufnahme und unterliegt den Bestimmungen des § 5 in Verbindung mit der DVAuslG.

Ausländer, die in der BRD eine Erwerbstätigkeit aufzunehmen beabsichtigen, bedürfen nach § 5 DVAuslG einer AE in Form eines Sichtvermerks. Ausländer, die in der BRD lediglich ein Studium betreiben wollen, bedürfen für die Einreise keines Sichtvermerkes, soweit es sich um Staatsangehörige von Staaten handelt, mit denen die BRD diplomatische Beziehungen unterhält. Eine AE für Studienzwecke kann ohnehin nur dann erteilt werden, wenn der Ausländer die Sicherstellung der für die Bestreitung des Lebensunterhalts und der Ausbildung erforderlichen Mittel nachweisen kann. Diese AE berechtigt nicht zur Ausübung einer Tätigkeit. Ein Ausländer, der die für sein Studium und seinen Lebensunterhalt erforderlichen Mittel erst in der BRD durch Ausübung einer Erwerbstätigkeit verdienen will, benötigt zur Einreise in jedem Falle eine AE als Sichtvermerk und kann nicht, wenn er tatsächlich ohne diese eingereist ist, mit der Erteilung einer AE rechnen.

b) Studenten aus Entwicklungsländern bedürfen unter den Studenten einer besonderen Behandlung. Ihr Aufenthalt hat den Zweck, sie auszubilden, damit eine Intelligenz für das Heimatland geschaffen wird, in dem sie ihre theoretischen, technischen und praktischen Kenntnisse anwenden können. Es liegt daher im deutschen Interesse, daß diese Studenten nach Abschluß ihrer Ausbildung in ihr Heimatland zurückkehren. Ihnen wird grundsätzlich keine AE zum weiteren Aufenthalt, insbesondere zur Arbeitsaufnahme gegeben.

Zu den Entwicklungsländern sind alle selbständigen Staaten Asiens, außer Japan, Südamerikas und Afrikas, außer der Republik Südafrika, zu zählen. Zu den Entwicklungsländern gehören nicht die Ostblockstaaten und die ihnen angeschlossenen Länder. Es kann davon ausgegangen werden, daß alle ausländischen Studenten, die ein Stipendium erhalten, aus Entwicklungsstaaten kommen.

Nach Abschluß des Studiums kann nur dann eine AE gegeben werden, wenn die praktische Tätigkeit Bestandteil der Ausbildung ist. In den technischen Fächern wird die Ausbildung im allgemeinen mit der Diplomhauptprüfung abgeschlossen; anschließende praktische Ausbildung kann die AE bis zu einem weiteren Jahr rechtfertigen. In der Medizin kann die zweijährige Medizinalassistentenzeit, die nach der Bestallungsordnung Voraussetzung für die Ausübung des Arztberufes ist, zur Ausbildung gezählt werden. Die Promotion gehört im allgemeinen nicht zur Ausbildung. Eine AE kommt daher nur in Ausnahmefällen in Betracht und nur dann, wenn sie die Persönlichkeit des Ausländers und eine Stellungnahme der Universität oder Hochschule rechtfertigt.

Die Weiterbildung und die Promotion soll nur dann gestattet werden, wenn die Heimatbehörden oder ihre diplomatischen Vertretungen ausdrücklich zustimmen. Eine entscheidende Bedeutung kommt dieser Zustimmung jedoch nicht zu, wenn der weitere Aufenthalt nicht mehr Ausbildungszwecken dient, sondern zu einer Erwerbstätigkeit führt.

Zu der gleichen zeitlichen Beschränkung mit dem Ziel der Rückkehr in das Heimatland führen die AE von Studenten aus Entwicklungsländern, die ihr Studium und ihren Lebensunterhalt selbst bezahlen und nicht auf öffentliche Stipendien angewiesen sind.

Studenten aus Entwicklungsländern, die in einem Ostblockstaat oder in der SBZ ihr Studium abgebrochen haben und in die BRD gekommen sind, werden vom Deutschen Bundesstudentenring — Sozialamt — betreut. Bis zur Entscheidung, ob sie ihr Studium hier fortsetzen können, erhalten sie eine Bescheinigung, die zur Erteilung einer AE für eine unselbständige Arbeit berechtigt. Diese AE ist stets mit einer möglichst kurzen Befristung zu versehen und mit der Bedingung, daß sie endet, wenn die Betreuung durch den Bundesstudentenring ohne Vermittlung eines Studienplatzes entfällt. Wird die Förderung dieser Studenten durch den Bundesstudentenring abgelehnt, sollen sie nach Fühlungnahme mit ihren diplomatischen oder studentischen Vertretungen in ihr Heimatland zurückgeführt werden.

c) Vorpraktikum. Praktikanten können auch Studenten sein, die vor Zulassung zum Studium eine Praktikantenzeit ableisten müssen, deren Dauer sechs Monate bis zwei Jahre beträgt. Um keine Erwerbstätigkeit zuzulassen, wird die Praktikantentätigkeit nur dann erlaubt, wenn der Ausländer einen Praktikantenvertrag auf einem besonderen Formblatt vorlegt, der von der Industrie- und Handelskammer registriert ist. Es ist damit sichergestellt, daß es sich um einen Praktikantenplatz handelt, daß die Firma zur Ausbildung geeignet und daß die Zulassung zum Studium nach Abschluß der praktischen Ausbildung vorgemerkt ist. Die Ableistung eines vor Aufnahme des Studiums geforderten Praktikums kann als Teil des Studiums angesehen werden. Auch wenn die Einreisevorschriften nicht erfüllt sind, kann eine befristete AE mit der Bindung an das Praktikum gegeben werden. Folgende Voraussetzungen sind zu fordern:

1. Der Ausländer muß die Voraussetzungen zur Aufnahme des Studiums einschließlich ausreichender Sprachkenntnisse erfüllen,
2. er muß einen Praktikantenvertrag, der von der Industrie- und Handelskammer registriert ist, auf einem besonderen Formblatt vorlegen,
3. er muß nachweisen, daß er über ausreichende Mittel zur Durchführung des Studiums verfügt,
4. es dürfen keine sonstigen Ablehnungsgründe gegeben sein.

d) Praktikanten sind solche Personen, die durch eine praktische Tätigkeit in dem Industrie- oder Wirtschaftsbetrieb Kenntnisse erwerben wollen. *Informanten* wollen sich einen Einblick in die Arbeitsweise eines Betriebes verschaffen. *Lehrlinge* werden entsprechend einem Lehrvertrag ausgebildet. Für diese drei Gruppen gilt gleichermaßen, daß es sich um Arbeitnehmertätigkeit handelt. Die AE muß daher gemäß § 5 in Verbindung mit § 5 DVAuslG vor der Einreise als Sichtvermerk eingeholt werden. Sie wird mit der entsprechenden Auflage erteilt. Bei der Beurteilung muß davon ausgegangen werden, daß der Aufenthalt entsprechend dem Zweck nur zeitlich beschränkt ist und die Ausbildung sich nicht zu einer fortdauernden Erwerbstätigkeit entwickeln darf.

9. Fortbildung. Von Behörden und Institutionen sind verschiedentlich *Fortbildungsprogramme* für Ausländer entwickelt worden. Sie dienen vornehmlich dazu, Ausländer nach Deutschland zu bekommen, um außer dem beruflichen Kontakt die Weiterbildung zu betreiben. Unter dem Programm Partnerschaftshilfe für Entwicklungsländer werden auf dem Gebiete des Gesundheitswesens Ärzte, Apotheker, Hebammen und Krankenschwestern mit einem abgeschlossenen Hochschulstudium oder mit abgeschlossener Berufsausbildung einberufen, um sich in Deutschland fortzubilden. Die Fortbildung dauert ein Jahr. Eine derartige Tätigkeit ist Arbeitnehmertätigkeit. Sie dient zwar nicht ausschließlich Erwerbszwecken, sondern auch der Fortbildung. Dadurch, daß Erwerbstätigkeit mit dem Aufenthalt verbunden ist, sind die besonderen Voraussetzungen des § 5 DVAuslG zu beachten. Auch für die Fortbildung ist die Einholung der AE im Auslande in der Form des Sichtvermerks erforderlich.

10. Verlängerung der AE

a) Zweckbestimmung des Aufenthaltes. Die Verlängerung der AE stellt rechtlich eine Neuerteilung dar. Die Voraussetzungen des § 2 müssen im Falle der Verlängerung in dem gleichen Umfange vorliegen. Hat sich herausgestellt, daß die Anwesenheit des Ausländers Belange der BRD beeinträchtigt, ist die Verlängerung der AE zu versagen. Auch die Zweckbestimmung des Aufenthalts bestimmt die Verlängerung. Diente der Aufenthalt einem Besuch oder der Ausbildung, so ist eine Verlängerung der AE dann nicht mehr gegeben, wenn der Aufenthalt sich über die üblichen Zeiten erstrecken soll.

Wenn die AE abgelehnt wird, weil zu befürchten ist, daß der Ausländer versuchen will, so lange in der BRD zu bleiben, bis ihm die Rückkehr in seine Heimat oder bisherige Wahlheimat nicht mehr möglich ist, so daß dann die BRD gezwungen wäre, den Ausländer dauernd bei sich aufzunehmen, so ist dies nicht ermessensfehlerhaft (*BVerwG* I B 142.59 Beschl. v. 25. 11. 1960).

b) Die *Länge des Aufenthalts* eines Ausländers in Deutschland ist bei der Verlängerung der AE entweder positiv oder negativ zu berücksichtigen. Ausländer, die schon während des Krieges auf Grund eines Arbeitsvertrages nach Deutschland gekommen sind, haben damit zwar keinen Anspruch auf AE erworben und sind nicht berechtigt, ständig in Deutschland zu bleiben (*VG Berlin* I A 203.57 U. v. 10. 9. 1957). Eine Verlängerung der AE wird aber nur aus besonderen Gründen abgelehnt werden. Ist der Zweck des Aufenthaltes aber erreicht, spielt die Länge der bisherigen Aufenthaltszeit keine Rolle.

11. Umfang der Behördenprüfung

Die AE kann nur an Ausländer erteilt werden, die die *Voraussetzungen* des § 2 erfüllen und nach ihrer Persönlichkeit keine Bedenken gegen die Anwesenheit bestehen. Im allgemeinen wird folgende Voraussetzung zu fordern sein:

a) Paß, Paßersatz oder Ausweispapier auf seine Gültigkeit (§ 3).

b) Nachweis der Unbescholtenheit durch Vorlage eines Führungszeugnisses, aus dem hervorgeht, daß der Ausländer nicht vorbestraft oder Nachteiliges über ihn nicht bekannt ist. Wenn von dem Heimat- oder Aufenthaltsstaat Führungszeugnisse nicht ausgestellt werden, hat sich die Behörde durch Befragen soweit möglich Gewißheit über seine Vergangenheit zu beschaffen. Bei Staatsangehörigen aus Belgien, Luxemburg, der Schweiz und Österreich sollte bei den Strafregister- und Polizeibehörden zurückgefragt werden.

c) Rückfrage beim Ausländerzentralregister.

d) Einholen einer Auskunft aus dem Strafregister.

e) Durchsicht der Fahndungsunterlagen.

f) Nachweis, daß der Unterhalt gesichert ist.

g) Nachweis, daß ausreichender Wohnraum zur Verfügung steht.

h) Gesundheitsattest gem. Anm. 6.

i) Zusicherung der Arbeitserlaubnis, wenn der Ausländer als Arbeitnehmer tätig werden will.

k) Anforderung der Ausländerakte, wenn der Ausländer im Bereich einer anderen Ausländerbehörde zugezogen ist oder schon einmal in der BRD gewohnt hat.

Diese Prüfungen sind vor Erteilung der AE anzustellen, damit festgestellt werden kann, ob überhaupt die Voraussetzungen für eine AE-Erteilung vorliegen.

12. Persönliche Geltung der AE

Die AE gilt nur für die Person, für die sie im Paß erteilt worden ist. Türkische und jordanische Behörden tragen im Heimatpaß des Ehemannes auch die Familienangehörigen nach. Für diese gilt die AE nicht. Um Irrtümer auszuschließen, ist es erforderlich, in türkischen und jordanischen Pässen durch einen handschriftlichen Zusatz neben der AE klarzustellen, für wen sie gilt.

Eine AE, die von den Behörden der SBZ an Ausländer gegeben ist, gilt nicht für die BRD einschließlich Berlin (West).

13. Geltungsbereich der AE

Die AE ist gemäß § 7 im allgemeinen für den Geltungsbereich des AuslG zu geben. Folgende Formulierungen werden verwendet: Aufenthaltserlaubnis für die Bundesrepublik Deutschland einschließlich des Landes Berlin, für Deutschland, für die Bundesrepublik Deutschland, für das Bundesgebiet. In allen diesen Fällen ist der Geltungsbereich der AE deutlich gekennzeichnet, ohne daß es auf den Zusatz „einschließlich des Landes Berlin" ankommt (*BVerfG* in NJW 1957, 1273).

14. Versagung der AE

a) Jede Versagung der AE ist mit einer *Begründung* zu versehen (*BVerwGE* 3, 58). Die Versagung der AE muß zumindest in dem Umfange begründet werden, wie die Gerichte zu einer Nachprüfung berufen sind. Bei Nichtbegründung kann der Mangel durch den Beschwerdebescheid behoben werden, indem in ihm eine Begründung gegeben wird (vgl. auch *BVerwG* I C 99.58 U. v. 12. 5. 1959). Auch wenn ein Rechtsanspruch auf Aufenthalt für einen Ausländer nicht besteht, muß gesagt werden, welches die Gesichtspunkte sind, die zu einer Ablehnung führten. Nach § 23 ist hierfür die Schriftform vorgeschrieben.

Es ist zulässig, daß die Behörde die Ablehnung einer AE zunächst auf einen Grund stützt. Entfällt dieser Grund, dann kann sie die Ablehnung auch während eines Rechtsmittelverfahrens auf eine andere Begründung stützen und hierbei den Verwaltungsakt aufrechterhalten. Denn durch die neue Begründung wird kein neuer Verwaltungsakt geschaffen, sondern nur derselbe auf eine andere Grundlage gestellt (*BVerwGE* 1, 12 und *VG Berlin* II A 160.64 U. v. 19. 10. 1964). Das Nachschieben von Gründen ist auch bei Ermessensentscheidungen zulässig, wenn der Verwaltungsakt in seinem Ausspruch nicht geändert und die Rechtsverteidigung des Betroffenen nicht beeinträchtigt wird (*BVerwGE* 1, 12, 311; *BSozG* in NJW 60, 1125; *VG Berlin* II A 18.65 U. v. 5. 7. 1965).

b) Auch eine *Rechtsmittelbelehrung* ist dann zu geben, wenn die Rechtsmittelfrist von einem Monat in Gang gesetzt werden soll. Weder die gesetzlich angeordnete sofortige Vollziehung der Versagungsverfügung (§ 21 Abs. 3) noch der fehlende Rechtsanspruch beseitigen das Rechtsmittelverfahren (vgl. § 10 Anm. 11). Die Verwaltungsgerichte können den Verwaltungsakt der Versagung dahin überprüfen, ob die Grenzen des Ermessens eingehalten sind oder von dem Ermessen in einer dem Zweck der Ermächtigung nicht entsprechenden Weise Gebrauch gemacht worden ist (*BVerwGE* 7, 237). Da die Versagung der AE gemäß § 23 der Schriftform bedarf, wird auch die Rechtsmittelbelehrung schriftlich erteilt werden, wenn die AE-Versagung in einem besonderen Schreiben verfügt und nicht mit einem Stempel im Paß vermerkt wird.

c) Mit der Versagung der AE treten im Augenblick der Bekanntgabe die *Ausweisungswirkungen* ein. Der Ausländer muß gemäß § 12 das Bundesgebiet unverzüglich verlassen.

Ist die AE versagt und zugleich eine Ausweisung verfügt, so kommt dem ersten Teil der Verfügung neben der Ausweisung eine besondere Bedeutung nicht zu. Die Versagung steht und fällt mit der Ausweisung (vgl. *BVerwG* I C 23.56 U. v. 28. 6. 1956). Denn die Ausweisung beinhaltet zugleich eine Versagung der AE. Hieraus geht jedoch keine Identität der Ausweisung mit der AE-Versagung hervor. Beide Verfügungen können jede für sich allein oder gemeinsam erlassen werden. Im letzteren Falle muß jedoch ausdrücklich zu erkennen sein, daß die AE-Versagung auch dann Bestand haben soll, wenn die Ausweisung im Rechtsmittelverfahren nicht anerkannt wird. Dies wird erreicht durch eine hilfsweise Versagung der AE.

15. Europäisches Recht

a) Das *Europäische Niederlassungsabkommen* v. 13.12.1955 ist auch von der BRD übernommen worden (BGBl. II 1959 S. 997). Das Inkrafttreten war davon abhängig, daß mindestens fünf Ratifikationsurkunden hinterlegt worden sind und das Inkrafttreten im BGBl. bekanntgegeben wird. Diese Voraussetzungen waren bislang nicht erfüllt. Die Anwendung des Abkommens ist daher stets abgelehnt worden (vgl. *Meyer-Marsilius* in NJW 1961, 713, *OVG Münster* in NJW 1961, 1787 und in DÖV 1962, 622, *Franz* in DVBl. 1965, 457/460). Das Europäische Niederlassungsabkommen ist nunmehr mit Wirkung vom 23. Februar 1965 in Kraft getreten, nachdem die Bekanntmachung vom 30. Juli 1965 im BGBl. II S. 1099 veröffentlicht worden ist. Es gilt zunächst für folgende weitere Staaten: Belgien, Dänemark, Griechenland und Italien. Die Vorbehalte, die insbesondere von den übrigen Staaten gemacht worden sind, lassen keine große Wirkung des Abkommens auf die Niederlassungsfreiheit in den Unterzeichnerstaaten nach fast zehnjährigem Schlummerzustand erwarten.

Das Abkommen betrifft nur natürliche und nicht juristische Personen. Es hat zum Ziel, die Einreise und den Aufenthalt von Staatsangehörigen der Vertragsstaaten zunächst (§ 1) zum vorübergehenden Aufenthalt, dann aber auch zur längeren oder dauernden Niederlassung (§ 2) zu erleichtern. Die Erfordernisse, die aus Gründen der öffentlichen Sicherheit und Ordnung, der Gesundheit oder der Sittlichkeit bestehen, bleiben unberührt. Auch die wirtschaftlichen und sozialen Gesichtspunkte können weiterhin beachtet werden. Damit wird sich keine grundsätzliche Änderung der praktischen Handhabung nach Inkrafttreten des Abkommens ergeben, weil die Einreisebestimmungen unverändert bleiben. Es wirkt lediglich auf das Ermessen ein, das im Augenblick sowieso verhältnismäßig großzügig gehandhabt wird. Eine besondere Wirkung kann auch nicht erwartet werden, weil die vertragschließenden Staaten bereits in der EWG oder in der OECD (Organisation für wirtschaftliche Zusammenarbeit und Entwicklung) zusammengeschlossen sind und sich hier zu größeren Konzessionen entschlossen hatten.

b) Die *Niederlassungsverträge*, die die BRD mit anderen Staaten abgeschlossen hat (vgl. Aufstellung in § 10 Anm. 3 c), ändern die ausländerrechtlichen Bestimmungen nicht und sehen auch keine Änderung vor. Die Einreise- und Aufenthaltsvorschriften der §§ 2 und 5 AuslG in Verbindung mit der DVAuslG sind hinsichtlich der gesetzlichen Voraussetzungen uneingeschränkt anzuwenden. Sollte es auf Ermessensfragen ankommen, so ist auf die Verträge Rücksicht zu nehmen und die Aufenthaltnahme der Angehörigen der Vertragstaaten zu erleichtern.

c) Für Beamte und sonstige Bedienstete der *Euratom* ist keine AE für die Arbeitsaufnahme im Gebiete der Euratom-Gemeinschaft erforderlich (Protokoll über die Vorrechte und Befreiungen der Euratom, BGBl. II 1957, 1218, Kap. V, Art. 11). Dieser Personenkreis ist von der Meldepflicht nach dem AuslG befreit. Sie brauchen keine Aufenthaltsanzeige auszufüllen. Die AE ist zu erteilen, wenn nicht Gründe der Staatssicherheit oder der öffentlichen Ordnung entgegenstehen. Die Meldepflicht bleibt unberührt. Die Ehegatten und die Familienangehörigen unterliegen der gleichen Freizügigkeit wie die Beamten und sonstigen Bediensteten der Euratom. Das Hauspersonal, auch wenn es in häuslicher Gemeinschaft mit den bevollmächtigten Personen wohnt, ist von dieser Regelung nicht erfaßt.

d) EWG. Bei den Niederlassungsabkommen und -verträgen ist keine einschneidende Änderung der Praxis bei der Erteilung der AE vereinbart. Es ist lediglich abgesprochen, daß eine wohlwollende Beurteilung Platz greifen soll und man um Erleichterungen für den Aufenthalt bemüht sein will. Bei Angehörigen der *EWG-Staaten* ist eine grundsätzliche Änderung eingetreten (vgl. auch *Franz* in DVBl. 1965, 457 ff.; *Furler* in NJW 1965, 1401; *Junckerstorff* in MDR 1961, 13; *Meyer-Marsilius* in NJW 1960, 756 und 1961, 714; *Weißmann* in Die Polizei 1963, 230). Nach der EWG-VO Nr. 15 v. 16. 8. 1961 (BGBl. II S. 1610), der dazu ergangenen Richtlinie v. 16. 8. 1961 (BAnz Nr. 11 v. 17. 1. 1962), die inzwischen durch die EWG-VO Nr. 38 v. 25. 3. 1964 (Amtsblatt der Europäischen Gemeinschaft 1964, 965) und durch die EWG-Richtlinie vom 25. 3. 1964 (Amtsblatt der Europäischen Gemeinschaft 1964, 981) ersetzt worden sind, und den AVV zur APVO v. 17. 6. 1962 (GMBl. S. 267) ist die erste Entscheidung über das Verbleiben eines EWG-Ausländers auf die Arbeitsverwaltung übergegangen. Das Ermessen der Ausländerbehörden ist gebunden und von der Erteilung der Arbeitserlaubnis abhängig gemacht worden. Nach Nr. 2 Abs. 1 AVV ist den EWG-Arbeitnehmern die AE zu erteilen und bei Ablauf ihrer Gültigkeitsdauer zu erneuern, wenn eine Arbeitserlaubnis, deren Zusicherung oder eine vorläufige Arbeitserlaubnis erteilt und dies nachgewiesen ist. Die AE darf nur versagt, räumlich beschränkt sowie mit Bedingungen oder Auflagen versehen werden, wenn hierfür Gründe der öffentlichen Sicherheit oder Ordnung oder der öffentlichen Gesundheit vorliegen. Dabei ist der Begriff der öffentlichen Sicherheit oder Ordnung gem. § 4 Abs. 2 AVV nicht an die engen Voraussetzungen für ein Einschreiten der Behörden zur Aufrechterhaltung der öffentlichen Sicherheit oder Ordnung im deutschen Polizeirecht geknüpft, sondern wie in den anderen Mitgliedstaaten der EWG in dem weiten Sinne aufzufassen, in dem er im allgemeinen in den kontinentalen Ländern verstanden wird (vgl. auch Abschnitt III a des Protokolls des Europäischen Niederlassungsabkommens vom 13. 12. 1955). Unter diesen Begriff der öffentlichen Sicherheit und Ordnung fallen zumindest alle in § 10 genannten Tatbestände (*VG Berlin* I A 98.62 U. v. 26. 10. 1962).

Durch die AVV zur APVO ist keine Änderung des Gesetzes, sondern lediglich eine Selbstbindung des Ermessens eingetreten (*VG Berlin* I A 98.62 U. v. 26. 10. 1962). Einen Anspruch auf Erteilung einer AE unbefristet oder für Jahre hat auch der EWG-Ausländer nicht. Vielmehr ist die AE gem. Nr. 2 Abs. 2 Satz 1 nur dann entsprechend der Arbeitserlaubnis oder ihrer Zusicherung zu befristen, wenn diese für eine kürzere Zeit als ein Jahr erteilt oder zugesichert worden ist. Ob über die Zusicherung der Arbeitserlaubnis die AE gegeben werden soll, steht im Ermessen der Behörde.

Während die bisherigen EWG-Bestimmungen sich nur auf die Arbeitnehmer bezogen, hat der Rat der EWG die Aufhebung der Betätigungsbeschränkungen durch die Richtlinie betr. die Aufhebung der Reise- und Aufenthaltsbeschränkungen v. 25. 2. 1964 (Amtsblatt der Europäischen Gemeinschaften 1964 S. 845/64) auch für selbständige Tätigkeit gefordert. Nach Art. 10 der Richtlinie richtet sich das Verlangen an die Mitgliedstaaten und ist für die Ausländerbehörden noch nicht verbindlich (vgl. *Fuß* in DVBl. 1965, 378), solange keine Ermessensbindung entsprechend den AVV zur APVO für selbständige Tätigkeit angeordnet ist. Die Entwicklung, auch auf diesem Gebiete eine Lockerung eintreten zu lassen, kann aber bereits berücksichtigt werden.

Staatsangehörigen der EWG-Staaten ist dann, wenn sie mit einem Personalausweis in die BRD einreisen, die AE auf einem besonderen Formblatt zu erteilen. Das Formblatt ist durch Rundschreiben des BMI vom 31. 1. 1958 (GMBl. S. 72) vorgeschrieben. Die Ziff. 2 auf der Rückseite des Formblattes ist jedoch zu streichen.

e) Grenzarbeitnehmervertrag. Das Übereinkommen zwischen den Regierungen Belgiens, Frankreichs, Luxemburgs, der Niederlande, Groß-Britanniens über *Grenzarbeitnehmer und Gastarbeitnehmer* vom 17. 4. 1950 (BGBl. II 1960 S. 437, 440; Bekanntmachung vom 3. 5. 1961, BGBl. II 1961 S. 570), dem die BRD und Italien beigetreten sind, geht von wirtschaftlichen Erwägungen aus und will die arbeitsrechtliche Lage der Grenz- und Gastarbeitnehmer sichern. Außerdem soll der Grenzübertritt erleichtert werden. Sie erhalten eine Grenzarbeitnehmerkarte. Hierdurch erwerben sie jedoch kein Recht zum dauernden Aufenthalt in der BRD (*OVG Münster* in DVBl. 1964, 596).

f) Die Bundesregierung hat mit einigen Staaten *Anwerbeverträge* abgeschlossen, die ermöglichen, daß deutsche Kommissionen der Bundesanstalt für Arbeitsvermittlung und Arbeitslosenversicherung Arbeitskräfte in den Vertragstaaten für eine Arbeit in der BRD anwerben. Mit folgenden Staaten bestehen derartige Verträge: Griechenland v. 30. 3. 1960 (DBl. der BAVAV 1960 Nr. 26); Italien v. 16. 4. 1962 (BAnz. 1962 Nr. 200); Marokko v. 21. 5. 1963 (BArbBl. 1963, 601); Portugal v. 17. 3. 1964 (GMBl. S. 271); Spanien v. 29. 3. 1960 (DBl. der BAVAV 1960 Nr. 25); Türkei v. 30. 10. 1960 (GMBl. 1962, 10). Die Anwerbeverträge sind Arbeitsmaßnahmen, die aber auch gewisse Auswirkungen für die Ausländerbehörden haben. Die Prüfung der persönlichen, gesundheits- und arbeitsmäßigen Voraussetzungen wird von den Kommissionen vorgenommen. Bei einer Anwerbung reisen die Ausländer mit einer Legitimationskarte ein, die zugleich ein Nachweis ist, daß Bedenken gegen die Arbeitsaufnahme nicht bestehen. Die AE ist mit der Ausstellung der Legitimationskarte nicht erteilt; für sie sind die Ausländerbehörden zuständig. In der Vergangenheit ersetzte die Legitimationskarte den Einreisesichtvermerk. Nach § 5 Abs. 4 DVAuslG sind Inhaber von Legitimationskarten nicht verpflichtet, die AE als Sichtvermerk einzuholen. Sie kann auch im Inlande nach der Einreise beantragt werden.

Die Anwerbevereinbarungen sind differenziert. Marokkanische Arbeitnehmer dürfen nur im Bergbau eingesetzt werden. Die Beschränkung des Aufenthaltes von türkischen Arbeitnehmern auf zwei Jahre ist mit Wirkung vom 30. 9. 1964 aufgehoben worden.

Da bei der Auswahl der anzuwerbenden Arbeitskräfte die ausländischen Arbeitsverwaltungen mitwirken, ist die Werbung von Facharbeitskräften nicht möglich. Diese können nur auf dem Wege der AE-Erteilung über die deutschen diplomatischen Vertretungen in die BRD kommen. Es ist rechtlich zulässig, Staatsangehörige derjenigen Staaten, in denen die BRD Anwerbekommissionen unterhält, bei Anträgen auf AE an die deutschen Kommissionen zu verweisen. In den Fällen der Einreise von ungelernten Kräften oder wenn Bedenken bestehen, ob den gesundheitlichen Anforderungen genügt wird, bei ungenügender Beurteilungsmöglichkeit oder bei Annahme sonstiger in der Person des Ausländers liegender Gründe, ist dieses Verfahren angebracht. Da die Möglichkeit besteht, auch durch Erteilung der AE des im Auslande befindlichen Ausländers eine Hereinnahme zu erreichen, sind beide Wege der Einreise zulässig.

16. Diplomatische Vertreter

Auf die ausländischen diplomatischen Vertreter findet gemäß § 49 Abs. 1 das AuslG keine Anwendung. Ihre Familienangehörigen, das Geschäftspersonal und die Bediensteten bedürfen kraft Gesetzes keiner AE.

17. Ausländische Streitkräfte

Nach Art. 25 des Vertrages über Rechte und Pflichten ausländischer Streitkräfte und ihrer Mitglieder in der Bundesrepublik Deutschland vom 26. Mai 1952 in der Fassung vom 5. Mai 1955 (BGBl. II 1955, 346 f.) wird lediglich für die Mitglieder der Streitkräfte bestimmt, daß sie nicht den deutschen Vorschriften über Registrierung und Kontrolle von Ausländern unterliegen. Familienangehörige sind zwar berechtigt einzureisen, sie unterliegen aber wie alle übrigen Ausländer, die nicht Mitglieder der Stationierungsstreitkräfte sind, den Vorschriften des AuslG. Für Mitglieder einer Truppe der Nato-Streitkräfte ist ebenfalls die Einreise- und Paßkontrolle aufgehoben (vgl. Gesetz zum Nato-Truppenstatut v. 18. 8. 1961, BGBl. II 1961 S. 1183 ff., hier Zusatzvereinbarung Art. 5 u. 6 S. 1223/25). Auf Verlangen hat der Einheitsführer seinen Personalausweis vorzulegen. Die Vorschriften nach den Meldegesetzen werden nicht angewandt mit Ausnahme der Meldungen in Beherbergungsstätten.

18. Gebühren

Die Erteilung der AE ist gebührenpflichtig. Die Staffelung der Gebühren nach der GebVAuslG richtet sich nach der Dauer der AE. Für eine AE bis zu drei Monaten sind 10,— DM, bis zu einem Jahr 15,— DM, über ein Jahr 25,— DM und bei unbefristeter AE 30,— DM an Gebühren zu erheben. Sollte ein Ausländer die Gebühren nicht bezahlen können, wird die AE zu versagen sein. Möglicherweise liegt ein Ausweisungsgrund nach § 10 Nr. 10 vor. Die in § 5 GebV vorgesehene Ermäßigung oder der Erlaß von Gebühren wird daher nur in Betracht kommen, wenn der Ausländer ein Recht zum Aufenthalt hat (§ 43).

19. Strafbare Handlung

Der Aufenthalt ohne die erforderliche AE ist unter Strafe gestellt. Eine *Geld- und Gefängnisstrafe* bis zu einem Jahr oder eine der beiden Strafen ist angedroht (§ 47 Abs. 1 Nr. 2).

§ 3

Ausweispflicht

(1) Ausländer, die in den Geltungsbereich dieses Gesetzes einreisen, sich darin aufhalten oder aus ihm ausreisen wollen, müssen sich durch einen Paß ausweisen. Der Bundesminister des Innern kann in besonderen Einzelfällen Ausnahmen zulassen. Bestehen Zweifel über die Person oder die Staatsangehörigkeit des Ausländers, so können erkennungsdienstliche Maßnahmen auch gegen den Willen des Ausländers durchgeführt werden.

(2) Der Bundesminister des Innern kann durch Rechtsverordnung

1. Ausländer, deren Rückübernahme gesichert ist, vom Paßzwang befreien,
2. andere amtliche Ausweise als Paßersatz einführen oder zulassen.

Übersicht

1. Paßzwang

Durch das AuslG ist grundsätzlich der Paßzwang angeordnet worden. Jeder Ausländer, der in den Geltungsbereich des AuslG einreist, muß sich durch einen gültigen Paß ausweisen. Diese Vorschrift war im Interesse der öffentlichen Sicherheit und Ordnung notwendig. Der Paßzwang besteht nicht nur für die Einreise und den Aufenthalt in der BRD, sondern auch für die Ausreise. Als Legitimationspapier ist grundsätzlich der Paß als das international eingeführte Reisepapier gefordert. Von diesem Grundsatz sind entsprechend Abs. 2 eine Anzahl von Ausnahmen zugelassen worden, um den Reiseverkehr zu erleichtern. In § 3 DVAuslG sind diejenigen Ausländer aufgeführt, die vom Paßzwang befreit sind. Es sind die Personen, deren Rückübernahme gesichert ist.

2. Gültiger Paß

a) Ausländische amtliche Pässe sind Diplomatenpässe, Dienstpässe, Einzel- und Familienpässe. Darüber hinaus sind eine Anzahl von Paßersatzpapieren gemäß § 4 DVAuslG zugelassen worden. Hierzu gehören insbesondere Sammellisten, Kinderausweise, Reiseausweise für Flüchtlinge und Ausweise für den kleinen Grenz- und den Touristenverkehr. Personalausweise, die von den Staatsangehörigen der Länder zum Grenzübertritt ausreichen, mit denen die BRD Abkommen über die Aufhebung des Sichtvermerkszwanges abgeschlossen hat, sind Paßersatzpapiere, weil sie anstelle der Pässe zum Grenzübertritt berechtigen. Sie sind gemäß § 4 Abs. 1 Nr. 7 DVAuslG besonders als Paßersatzpapiere zugelassen worden. Diese Zulassung war notwendig, damit dem § 3 Rechnung getragen wird, in dem bestimmt ist, daß zum Grenzübertritt und zum Aufenthalt ausländische Paßpapiere notwendig sind. Paßersatzpapiere müssen die gleichen Angaben enthalten, die für ausländische Pässe vorgesehen sind. Eine Ausnahme kann vom BMI in dem Umfange gemacht werden, in dem Ausnahmen auch bei Pässen zulässig sind (vgl. Anm. b).

Ausländische Pässe sind bei der Einreise Grenzübertrittspapiere. Sie berechtigen den Inhaber, die deutschen Grenzen zu überschreiten, wenn er die materiellen Voraussetzungen hierfür erfüllt. Der Besitz verpflichtet aber nicht den Staat, die Einreise zuzulassen. Nichtanerkennung des Passes, Gründe, die in der Person des Ausländers liegen, allgemeine Gründe der Sicherheit und Ordnung, Nichtgewährung der Gegenseitigkeit können zur Abweisung oder Zurückweisung an der Grenze führen. Hält sich ein Ausländer im Inlande auf, stellt der Paß ausschließlich ein Legitimationspapier dar. Der Ausländer weist sich durch den Paß über seine Person und seine Staatsangehörigkeit aus.

b) Gültigkeit der Pässe. Ein Paß ist grundsätzlich nur dann *gültig* und anzuerkennen, wenn der ausstellende Staat ein Subjekt des Völkerrechts ist (Ausnahme s. unten Anm. 3). Diplomatische Beziehungen zu dem ausstellenden Staat sind für die Gültigkeit des ausländischen Passes nicht erforderlich. Damit können auch Pässe von Ostblockstaaten anerkannt, visiert oder mit einer AE versehen werden, wenn sie die unten aufgeführten weiteren Voraussetzungen erfüllen.

Pässe, die von den *Behörden der SBZ* ausgestellt worden sind, sind keine Pässe und dürfen als solche nicht anerkannt werden. Die SBZ ist kein Staat, sie ist kein Subjekt des Völkerrechts. Ihre Handlungen, wie die Ausstellung von Pässen, sind keine eigenständigen staatlichen Hoheitsakte. Rechtlich und völkerrechtlich kommt der Ausstellung ihrer Pässe keinerlei Wirkung zu. Abgesehen davon, daß die Inhaber meist Deutsche sind (mit Ausnahme der Inhaber von Fremdenpässen), dürfen derartige Papiere (auch die Fremdenpässe) niemals mit Sichtvermerken, Aufenthaltserlaubnissen oder anderen amtlichen Eintragungen versehen werden. Ein derartiger Verwaltungsakt, der von einer Behörde der Bundesrepublik vorgenommen wird, könnte leicht als Anerkennung der SBZ als deutscher Staat ausgelegt werden. Ein Paß der SBZ kann aber zur Legitimation des Inhabers auch in der BRD im Rahmen eines Personalausweises benutzt werden. Er dient aber nicht als Grenzübertrittspapier für die Ausreise in ein Ausland vom Bundesgebiet aus. Der Paßinhaber muß am Überschreiten der Grenze schon von den Grenzschutzstellen der BRD gehindert werden, wenn er in ein Ausland auch des Ostblocks gelangen will.

Ein ausländischer Paß muß folgenden Inhalt haben:

1. Namen und Vornamen,
2. Angabe über die Staatsangehörigkeit,
3. Geburtsort und Geburtsdatum,
4. Lichtbild und Unterschrift des Paßinhabers,
5. Bezeichnung der ausstellenden Behörde in oder mit ihrem Dienstsiegel und die Unterschrift eines ihrer Bediensteten,
6. die Feststellung der Gültigkeitsdauer und des Geltungsbereichs, der das Bundesgebiet einschließen muß.

Der BMI kann Ausnahmen von der Angabe über die Staatsangehörigkeit und von der Feststellung der Gültigkeitsdauer und des Geltungsbereiches des Passes zulassen. Diese Zulassung ist ausdrücklich im Paß des Ausländers zu vermerken. Fehlt eine der Voraussetzungen für die Gültigkeit des Passes und ist eine Zulassung in den Fällen, in denen Ausnahmen möglich sind, nicht gegeben, dann darf die Einreise des Ausländers nicht gestattet werden, auch nicht ausnahmsweise. Befindet sich ein Ausländer mit einem danach ungültigen Paß in der BRD, darf ihm keine AE erteilt werden. Ebenso sind die AE als Sichtvermerk, ein Durchreise- oder Ausnahmesichtvermerk ausgeschlossen.

Besondere Bedeutung kommt dem von dem ausländischen Staat vermerkten Geltungsbereich zu, der die Bundesrepublik einschließen muß. Im allgemeinen werden ausländische Pässe mit dem Geltungsbereich „für alle Länder" ausgestellt. Die Voraussetzung des Geltungsbereichs ist auch erfüllt, wenn er mit „Europa" oder „Bundesrepublik Deutschland" angegeben ist. In dem Geltungsbereich muß das gesamte Staatsgebiet bezeichnet werden. Geltungsbereiche einzelner Länder der BRD erfüllen die Voraussetzungen nicht. Ein ausländischer Paß kann daher in seinem Geltungsbereich nicht nur für Bayern, Nordrhein-Westfalen, Berlin oder für die „Bundesrepublik ausschließlich Berlin" gültig sein. Ein solcher Paß ist ungültig und darf ohne die besondere vom BMI zugelassene Ausnahme nicht visiert oder mit einer AE versehen werden. Ein solcher Paß ist nicht nur in den nicht genannten Ländern der BRD, sondern in allen Ländern der BRD nicht gültig.

Die Ostblockstaaten versuchen, ihrer sog. Dreistaatentheorie über die Gültigkeitsbereiche dadurch Wirkung zu verschaffen, daß sie Berlin meist mit dem Zusatz „West" als besonderes Staatsgebilde aufführen. Ausländische Pässe, die nur für Berlin gültig sind, dürfen nicht mit einem Visum oder einer AE versehen werden, es sei denn, daß der BMI im Benehmen mit dem Auswärtigen Amt generell oder speziell eine Ausnahme zuläßt, die dann in dem Paß zu vermerken ist.

c) Abgelaufene Pässe. Pässe, die in ihrer Gültigkeitsdauer *abgelaufen* sind, können unter gewissen Umständen noch zur Einreise berechtigen und als Ausweise benutzt werden. Voraussetzung hierfür ist jedoch, daß der Ausländer für seinen Aufenthalt von der Aufenthaltserlaubnis nach § 1 DVAuslG befreit ist und daß der Paß nicht länger als fünf Jahre ungültig ist. Weitere Voraussetzung ist, daß gegenüber seinem Heimatstaat der Paßzwang aufgehoben wurde. Dies gilt jedoch nur für belgische, französische, luxemburgische, monegassische, niederländische, österreichische und schweizerische Staatsangehörige.

3. Pässe von Exilregierungen

Pässe, die für Emigranten aus den osteuropäischen Satellitenstaaten durch diplomatische oder konsularische *Exilvertretungen* ausgestellt worden sind, können anerkannt werden. Voraussetzung ist, daß die Befugnis dieser Vertretungen zur Ausstellung eigener Pässe vom Aufenthaltsstaat anerkannt wird. Diese Anerkennung ist dann als gegeben anzusehen, wenn die Behörden des Aufenthaltslandes derartige Pässe mit einer Aufenthaltserlaubnis und ggf. mit einem Wiedereinreisesichtvermerk versehen haben. Ebenso können Pässe anerkannt werden, die zwar von einem osteuropäischen Satellitenstaat ausgestellt worden sind, dann aber durch die diplomatischen oder konsularischen Exilvertretungen verlängert wurden.

Die AE darf nur in Form eines Sichtvermerks, also nicht im Inlande gegeben werden; die Genehmigung des Auswärtigen Amtes ist vorher einzuholen. Ausnahmesichtvermerke sind für diese Pässe nicht zugelassen.

4. EWG

a) Aufhebung des Paßzwanges. Auch Staatsangehörige der *EWG-Staaten* unterliegen der Verpflichtung, sich in der BRD durch ein gültiges Legitimationspapier auszuweisen. Nach Art. 3 der Richtlinien zur VO Nr. 15 des Rats der EWG vom 16. 8. 1961 (BGBl. II S. 1610), die inzwischen durch die EWG-Richtlinie zur Aufhebung der Reise- und Aufenthaltsbeschränkungen v. 25. 3. 1964 (Amtsblatt der Europäischen Gemeinschaften 1964, 981) ersetzt worden ist, sind die Mitgliedsstaaten der EWG angehalten, den Staatsangehörigen der anderen Mitgliedsstaaten und deren Familienangehörigen die Einreise zu gestatten, wenn sie sich durch einen vom Heimatstaat ausgestellten gültigen amtlichen Personalausweis ausweisen. Dieser Richtlinie ist die BRD gefolgt und hat durch Änderung der damals gültigen Paßverordnung den Paßzwang für die Staatsangehörigen der EWG-Staaten aufgehoben und ab 1. 1. 1962 die Einreise auch ohne Paß gestattet. Die übrigen Staaten sind der Richtlinie inzwischen ebenfalls gefolgt, zuletzt Belgien, Luxemburg und die Niederlande, die ab 1. 10. 1964 die Einreise mit einem gültigen Personalausweis zulassen ohne Rücksicht auf die Dauer und den Zweck des beabsichtigten Aufenthaltes.

Staatsangehörige der EWG-Staaten benötigen für die Einreise und den Aufenthalt einen *vom Heimatstaat* ausgestellten gültigen amtlichen Personalausweis. Als solcher gilt nicht ein durch Zeitablauf ungültig gewordener Reisepaß. Ist ein gültiger amtlicher Personalausweis nicht vorhanden, muß ein gültiger Reisepaß vorgewiesen werden.

b) Belgien stellt für seine Staatsangehörigen im Inlande im allgemeinen die (grüne) „Carte d'Identité de Belge" aus. Wenn sich Belgier im Auslande aufhalten, wird ihnen die (rote) „Carte d'Identité et d'Immatriculation delivrée à un Ressortissant Belge" ausgestellt. Beide Ausweise sind amtliche Ausweise und berechtigen zum Aufenthalt in der BRD.

c) Die *französischen Auslandsvertretungen* stellen zwei Arten von Personalausweisen aus, die Carte d'Identité Consulaire und die Carte d'Identité

Nationale. Die Carte d'Identité Consulaire dient nur als Ausweis im französischen Inland und ist nicht als amtlicher Ausweis anzusehen. Sie berechtigt nicht dazu, sich in der BRD aufzuhalten oder niederzulassen.

Die französischen Behörden stellen für Ausländer ein *Sauf-Conduit* aus. Dies geschieht, wenn das Paßersatzpapier außerhalb von Frankreich ausgestellt wird, zur Rückkehr des Ausländers nach Frankreich. Meist handelt es sich hier um Personen, deren Reiseausweise in Verlust geraten sind, oder die aus einem anderen Grunde kein französisches Grenzübertrittspapier besitzen und deren Staatsangehörigkeit nicht ausreichend nachgewiesen werden kann.

Im Inlande Frankreichs werden solche Sauf-Conduits für Inhaber von Genfer oder Londoner Reiseausweisen ausgestellt, wenn die Flüchtlinge kurzfristig in ihr Herkunftsland einreisen wollen. Das Sauf-Conduit ist als Paßersatz anerkannt und berechtigt zur Einreise in die BRD in dem Umfange, in dem auch Londoner oder Genfer Reiseausweise zur Einreise in die BRD berechtigen.

5. *Ausweispflicht*

Der Ausländer hat sich rechtzeitig um die Verlängerung seines Heimatpasses zu kümmern. Wenn sich die Verlängerung des Passes verzögert und damit die AE oder die Aufenthaltsberechtigung auf Grund des § 9 Abs. 1 Nr. 1 erlischt, entsteht für ihn die zwangsläufige Folge aus § 12, nämlich er muß die BRD verlassen.

Der Ausländer ist *verpflichtet*, sich während der gesamten Aufenthaltszeit in der BRD durch einen gültigen Paß auszuweisen. Der bloße Besitz eines gültigen Passes genügt nicht. Diesem Erfordernis wird in der Regel nur dann genügt werden können, wenn der Paß immer mitgeführt wird. Ein Verstoß gegen § 3 liegt jedoch dann nicht vor, wenn der Paß binnen kürzester Frist herbeigeschafft werden kann, und zwar ohne nennenswerten Zeitaufwand und ohne Beeinträchtigung oder Gefährdung der Kontrollzwecke (vgl. *BayObLG* U. v. 23. 4. 1964 — RReg. 4 St 8/64 —).

6. *Erkennungsdienstliche Maßnahmen*

sind vorgesehen und gesetzlich zugelassen, auch gegen den Willen des Ausländers, wenn Zweifel über die Person und die Staatsangehörigkeit bestehen. Die Voraussetzung des Zweifels über die Person ist nicht eng auszulegen und betrifft nicht nur Zweifel über die Personalien. Die erkennungsdienstliche Behandlung kann auch dann vorgenommen werden, wenn etwa der Verdacht besteht, daß der Ausländer kriminalpolizeilich bereits in Erscheinung getreten ist.

Im allgemeinen wird die AE zu versagen sein, wenn schon Zweifel über die Person und die Staatsangehörigkeit bestehen. Es ist Angelegenheit des Ausländers, etwa bestehende Unklarheiten auszuräumen. Bei den erkennungsdienstlich zu behandelnden Ausländern wird es sich daher vorwiegend um solche Personen handeln, die ein Recht zum Aufenthalt in der BRD haben, insbesondere wenn es sich um Flüchtlinge handelt. Aber auch aus allgemein ausländerbehördlichen Gründen können erkennungsdienstliche Maßnahmen getroffen werden. Dies ist dann gegeben, wenn sich eine Anzahl von Ausländern mit gleicher Staatsangehörigkeit und mit gleichem Namen, möglicherweise auch mit gleichen Geburtsdaten, in einem Ausländerbereich aufhält. Die erkennungsdienstlichen Maßnahmen brauchen nicht erst im Verfolg einer Ausweisung getroffen zu werden, sondern können bereits vor Erteilung der AE angeordnet werden. Der Ausländer ist verpflichtet, für die Durchführung ein Paßbild zur Verfügung zu stellen oder sich fotografieren zu lassen und insbesondere seine Fingerabdrücke nehmen zu lassen.

§ 4

Fremdenpaß

(1) Ausländern, die sich nicht durch einen Paß oder Paßersatz ausweisen können, kann ein Fremdenpaß ausgestellt werden.

(2) Der Fremdenpaß kann dem Inhaber entzogen werden, wenn die Voraussetzungen, die zu der Ausstellung geführt haben, weggefallen sind.

Übersicht

1. Entwicklung

Die Ausstellung eines Fremdenpasses war in den Entwürfen zum AuslG von der Voraussetzung abhängig gemacht, daß sie im deutschen Interesse liegt. Von einer gesetzlichen Regelung ist letztlich abgesehen worden, weil es selbstverständlich ist, daß ein Hoheitsakt zugunsten eines Ausländers nur vorgenommen werden darf, wenn dies im öffentlichen deutschen Interesse liegt. Auch sollte das Ermessen der Behörde nicht eingeschränkt werden, um die Vielfalt der widerstreitenden Interessen und der Lebensverhältnisse, die zu einer Ausstellung des Fremdenpasses führen können, besser zu berücksichtigen. Durch die Gegenüberstellung der verschiedenen Meinungen ist aber geklärt, daß das deutsche Interesse überhaupt das — vielleicht einzige — Kriterium der Fremdenpaßausstellung ist.

2. Voraussetzung

Gesetzliche Voraussetzung für die Ausstellung eines Fremdenpasses ist, daß der Ausländer nicht im Besitze eines gültigen Heimatpasses oder Paßersatzpapiers ist. Besitzt der Ausländer einen gültigen Heimatpaß, so ist sein Antrag auf Ausstellung eines deutschen Fremdenpasses abzulehnen. Die Ausstellung darf nur sekundär erfolgen. Nicht schon die Tatsache, daß ein Ausländer mit einem deutschen Fremdenpaß mit weniger Schwierigkeiten in das Ausland reisen kann, während ihm die Reise mit einem Heimatpaß versagt oder erschwert ist, berechtigt zur Ausstellung. Bei dieser Begründung ist ein Antrag abzulehnen.

3. Pflicht zur Ausstellung

Eine Pflicht zur Ausstellung eines Fremdenpasses ergibt sich nur auf Grund gesetzlicher Vorschriften. Nach § 44 Abs. 3 erhalten die gemäß § 28 Nr. 2 anerkannten politisch Verfolgten nach Art. 16 Abs. 2 Satz 2 GG einen Fremdenpaß. In diesem Falle steht die Ausstellung des Fremdenpasses nicht im Ermessen der Behörde. Auch ein nach § 28 Nr. 1 anerkannter ausländischer Flüchtling kann einen Anspruch auf Ausstellung eines Fremdpasses haben. Ein solcher Fall liegt dann vor, wenn einem Ausländer nach § 19 Abs. 2 die Ausreise untersagt ist und aus diesem Grunde der Genfer Ausweis eingezogen wird. Um dem Erfordernis nach § 3 zu genügen, ist ein Fremdenpaß unter Beschränkung auf die BRD auszustellen.
Die im § 3 geregelte Ausweispflicht begründet nicht eine Pflicht zur Ausstellung eines Fremdenpasses, nur weil der Ausländer nicht im Besitz eines Passes oder ggf. Ausweises ist. Die Behörden sind nicht gehalten, Fremdenpässe nur auszustellen, damit der Ausländer dem Erfordernis des § 3 genügt.

Eine Pflicht zur Ausstellung eines Fremdenpasses kann sich aber aus den Grundrechten, insbesondere Art. 6 GG ergeben. Wird eine Ehe oder eine Familie in ihrem Bestande gefährdet, weil ein Ehepartner sich in Deutschland wegen Fehlens des Passes nicht aufhalten darf, so treten die Überlegungen unter § 10 Anm. 6 ein. Im allgemeinen ist dem anderen Ehepartner zuzumuten, dem ins Ausland gehenden Ehepartner zu folgen. Es lassen sich jedoch Fälle denken, in denen eine Weigerung, dem Ehepartner zu folgen, berechtigt sein kann und durch die Nichtausstellung eines Fremdenpasses und der damit verbundenen Trennung eine Beeinträchtigung der Ehe und Familie gemäß Art. 6 GG eintreten kann. Auch in einem solchen Falle müßte eine Pflicht zur Ausstellung des Fremdenpasses aus dem Gesichtspunkt gesehen werden, daß die Behörden auch positiv alle Voraussetzungen erfüllen müssen, um den Schutzbestimmungen des Art. 6 GG nachzukommen.

4. Ermessen

a) Deutsches Interesse. Die Ausstellung eines Fremdenpasses steht im Ermessen der Behörde. Sie ist davon abhängig, daß sie im deutschen Interesse liegt (*VG Berlin* I a A 10.63 U. v. 24. 9. 1963). Die Ausstellung an den Staatsangehörigen eines anderen Staates muß einen Ausnahmefall darstellen, da sie einen Eingriff in die Paßhoheit eines fremden Staates bedeutet. Denn die Paßausstellung an einen Staatsangehörigen gehört zur Personalhoheit des Heimatstaates, die der Aufenthaltsstaat nach allgemeinen völkerrechtlichen Grundsätzen zu achten hat. Damit können die diplomatischen Beziehungen zum Heimatstaat des Ausländers gestört werden. Der Gesichtspunkt, daß die Beziehungen nicht zu stören sind, verdient gegenüber den privaten Interessen des Ausländers den Vorrang. Aus der Tatsache, daß das Gesetz jegliche Bindungen vermeidet, geht hervor, daß es an der Behörde liegt, Umfang und Gewicht des staatlichen deutschen Interesses zu bestimmen. Dabei kann die Frage einer persönlichen Härte für den Ausländer nicht entscheidend sein (*VG Berlin* I a A 7.63 U. v. 25. 6. 1963). Es lassen sich nur vereinzelt Beispiele finden, wann ein positives deutsches Interesse für die Ausstellung eines Fremdenpasses und damit für die Anwesenheit des Ausländers vorliegt.

b) Beurteilungsumfang. Ein deutsches Interesse wird sich nicht schon dann begründen lassen, wenn ein Ausländer ohne Paß ist. Andererseits läßt sich die Feststellung, daß ein deutsches Interesse unabweisbar vorhanden ist, in den wenigsten Fällen treffen. Die Entscheidung wird daher in der Mitte der beiden Gesichtspunkte liegen. In der früher gültigen Regelung in den AVV zum PaßG vom 17. 8. 1952 (BAnz Nr. 164 vom 26. 8. 1952) war in § 27 die Bestimmung enthalten, daß Ausländern Fremdenpässe ausgestellt werden konnten, wenn sie einen gültigen, nach deutschem Recht anerkannten Paß oder Paßersatz nicht besaßen *und* ihnen die Beschaffung eines Nationalpasses nicht *oder* nicht innerhalb angemessener Frist möglich oder aus besonderen Gründen nicht zuzumuten war. Eine derartige Regelung ist in den AVV vom 28. 8. 1961 nicht aufgenommen worden. Trotzdem scheint dieser Gesichtspunkt weiterhin eine praktische Regel zu bieten, in welchen Fällen Fremdenpässe ausgestellt werden können, vorausgesetzt immer, daß die Ausstellung im deutschen Interesse liegt.

Es lassen sich sogar Fälle denken, daß zwar nicht die Paßausstellung, aber der mit der Paßausstellung verfolgte Zweck mit dem deutschen Interesse begründet wird. Dies liegt insbesondere dann vor, wenn ein Ausländer, der nicht im Besitze eines Heimatpasses ist, ausgewiesen worden ist oder dem die AE versagt wurde. Ein solcher Ausländer kann nicht ausreisen, weil er nach § 3 für die Ausreise einen gültigen Paß haben muß. Um die Voraussetzungen für die Ausreise zu schaffen, muß der Ausländer in den Besitz eines Paßpapiers kommen. Die Ausstellung eines Fremdenpasses ist daher auch in diesen Fällen gerechtfertigt. Eine Zurückhaltung bei Ausstellung von Fremdenpässen ist geboten, weil damit zumeist der Ausländer übernommen wird und auch zu späterer Zeit nicht mehr abgeschoben werden kann. In den Fällen der Duldung (§ 17) wird jedoch ein Fremdenpaß ausgestellt werden müssen, obwohl ein deutsches Interesse an der Anwesenheit des Ausländers nicht vorliegt.

c) Wehrdienstverweigerer. Die Ausstellung von Fremdenpässen an Ausländer, die sich der *Wehrpflicht* in ihrem Heimatlande entziehen wollen, beeinträchtigt das deutsche Interesse. Bei der Entscheidung sind die deutschen Belange, die Interessen des Heimatstaates und die persönlichen Verhältnisse des Paßbewerbers gegeneinander abzuwägen. Die Interessen des Heimatstaates sind besonders dann anzuerkennen, wenn sie auf der Erfüllung der Wehrdienstverpflichtung, aber auch auf der Rückkehr der hier ausgebildeten Spezialkräfte und Wissenschaftler beruhen. Dieses Interesse ist in erhöhtem Maße dann anzuerkennen, wenn die BRD diesen Staaten durch ein Verteidigungsbündnis verpflichtet ist oder freundschaftliche Beziehungen bestehen. Ein deutsches Interesse kann nicht allgemein damit begründet werden, daß ein Mangel an Arbeitskräften oder ein Mangel an qualifizierten Arbeitskräften mit der Vorbildung und Kenntnis des betroffenen Ausländers besteht (vgl. Rdschr. BMI v. 26. 8. 1963 — VI B 5 — 62 175 A — 1425/62). Auch die deutschen Ehefrauen müssen damit rechnen, daß ihre Ehemänner vom Heimatland zum Wehrdienst herangezogen werden. Ebenso wie die deutschen Ehepartner sich während des Wehrdienstes trennen müssen, ist dies auch in Ehen mit einem ausländischen Ehepartner eine natürliche Folge der staatsbürgerlichen Pflichten. Wollen die Ehepartner eine Trennung vermeiden, so ist der Ehefrau zuzumuten, ihrem Ehemann für die Zeit der Ableistung einer Wehrpflicht in das Heimatland zu folgen (*VG Berlin* I a A 31.63 U. v. 16. 1. 1964).

d) Einbürgerungsverfahren. Die Ausstellung eines Fremdenpasses kann auch dann verweigert werden, wenn der Ausländer einen *Einbürgerungsantrag* gestellt hat. Ein solcher Antrag begründet noch nicht das deutsche Interesse an der Ausstellung eines Fremdenpasses. Denn Einbürgerungsanträge werden erst nach einer geraumen Zeit entschieden. Ihr Erfolg ist vor Aushändigung der Einbürgerungsurkunde nicht zweifelsfrei zu erkennen, zumal der BMI mit seiner Zustimmung die letzte Entscheidung trifft (*VG Berlin* I a A 30.63 U. v. 13. 2. 1964 und II A 139.64 U. v. 8. 3. 1965).

5. *Rechtsmittel*

Gegen die Versagung der Paßausstellung ist der Widerspruch und die Klage im *Verwaltungsstreitverfahren* gegeben. Art. 19 Abs. 4 GG öffnet den Rechtsweg auch für ablehnende Verwaltungsakte, auf die der Ausländer keinen Rechtsanspruch hat. Im Rechtsmittelverfahren kann bei dem weitgehenden behördlichen Ermessen, das in seinem Umfange fast an einen Gnadenakt heranreicht, lediglich geprüft werden, ob das Ermessen überhaupt und sachgerecht ausgeübt und ob der Gleichheitsgrundsatz (Art. 3 GG) gewahrt worden ist (a. A. Schaffarczyk, Neues deutsches Paßrecht, 2. Aufl. 1956, § 7 Anm. 31 bis 35).

§ 5

Aufenthaltserlaubnis

(1) Die Aufenthaltserlaubnis (§ 2 Abs. 1) kann vor der Einreise oder nach der Einreise erteilt werden.

(2) Der Bundesminister des Innern bestimmt, wenn die Belange der Bundesrepublik Deutschland es erfordern, durch Rechtsverordnung, daß die Aufenthaltserlaubnis vor der Einreise oder nach der Einreise in der Form des Sichtvermerks eingeholt werden muß.

(3) Ein Durchreisesichtvermerk kann, auch wenn die Voraussetzungen für einen Aufenthalt nicht vorliegen, erteilt werden, sofern die fristgerechte Ausreise gesichert ist und die Durchreise Belange der Bundesrepublik Deutschland nicht beeinträchtigt.

(4) Eine Aufenthaltserlaubnis kann vor der Einreise für ungültig erklärt werden.

Übersicht

1. Entwicklung

Das AuslG schafft durch den § 5 den Einreisesichtvermerk in der bisherigen Form und mit dem bisherigen Inhalt ersatzlos ab. Bisher galt der Sichtvermerk nur zum Überschreiten der deutschen Grenzen; er stellte eine Erlaubnis dar, nach Deutschland zu dem angegebenen Zweck einzureisen. Er hatte nur paßrechtliche Bedeutung, war jedoch noch keine Entscheidung über den Aufenthalt. Ein Ausländer, der mit einem Sichtvermerk eingereist war, hatte legal die deutschen Grenzen überschritten, die Ausländerbehörde hatte jetzt jedoch zu prüfen, ob die Voraussetzungen für eine AE vorlagen, und ihm durch eine neue Entscheidung die AE zu erteilen. Der Sichtvermerk und die AE waren zwei getrennte Entscheidungen auf Grund verschiedener Rechtsüberlegungen, auch wenn sie in einem inneren Zusammenhang standen.

Entsprechend § 5 DVAuslG ist es weiterhin notwendig, daß die Ausländerbehörde vor der Einreise über den Aufenthalt befindet, indem sie die deutsche Auslandsvertretung ermächtigt, vor der Einreise in der Form des Sichtvermerks die AE zu erteilen. Er stellt die besondere Form der AE vor der Einreise dar. Ein solcher Sichtvermerk wird auch mit einer Frist versehen sein. Sie ist aber nicht eine Nutzungsfrist im Sinne der bisherigen Vorschriften, sondern die Befristung der ersten AE.

2. *Auswirkung auf Verträge*

Die BRD hat mit einer Anzahl von Staaten *Abkommen* über Erleichterungen oder Befreiungen vom Paß- und Sichtvermerkszwang abgeschlossen (vgl. Zusammenstellung von Heinevetter-Hinzen, Ausländerrecht S. 62 ff.). Soweit in diesen Abkommen die Erteilung von Sichtvermerken anders als die AE in Sichtvermerksform (§ 5 Abs. 1 DVAuslG) geregelt ist, gelten die Befreiungen auch für die AE, die vor der Einreise eingeholt werden müßte (§ 5 Abs. 2 DVAuslG). Diese Ausländer brauchen daher auch bei Einreise zur Arbeitsaufnahme ihre AE erst im Inlande zu beantragen.

Nach dem deutsch-amerikanischen Abkommen über die Aufhebung des Sichtvermerkszwanges (Rdschr. BMI v. 16. 1. 1953 GMBl. S. 575) sind Staatsbürger der USA, die als bona fide Nicht-Einwanderer nach Deutschland kommen, vom Sichtvermerkszwang, jetzt von der AE-Einholung vor der Einreise, befreit. Das Erfordernis, die AE vor der Einreise einzuholen, besteht aber dann, wenn nach Lage des Einzelfalles der Charakter des Reisenden als Einwanderer eindeutig ist. Eine Verlängerung der AE kann in diesen Fällen wohl nach Ablauf von fünf Jahren abgelehnt werden, weil sich nach so langer Zeit der Aufenthalt zu einer Einwanderung entwickelt.

3. *Regelung durch die DVAuslG*

§ 5 AuslG sieht vor, daß die AE vor oder nach der Einreise erteilt werden kann. Die AE vor der Einreise ist wiederum möglich durch Übersendung der AE an den Antragsteller oder durch *Erteilung der AE in der Form des Sichtvermerks*. Die DVAuslG regelt nur die Erteilung der AE vor der Einreise in Form des Sichtvermerks. Von der Möglichkeit der Übersendung der AE an den Antragsteller vor der Einreise wird kein Gebrauch gemacht. Diese Form der AE-Erteilung wäre jedoch zweckmäßig gewesen für Ausländer, die in Ländern wohnen, mit denen die BRD keine diplomatischen Beziehungen unterhält und keine Interessenvertretungen bestehen; außerdem für die SBZ. Ausländer, die eine AE in Form des Sichtvermerks benötigen und in der SBZ wohnen, können lediglich bei der Ausländerbehörde in Berlin (West) eine AE beantragen. Der Polizeipräsident in Berlin kann im Wege der Amtshilfe tätig werden und eine AE in Form des Sichtvermerks ausstellen, wenn die zuständige Ausländerbehörde zustimmt. Dies erscheint als die einzige Möglichkeit, den Einreisen aus der SBZ entsprechend dem § 5 AuslG in Verbindung mit § 5 DVAuslG gerecht zu werden.

Die DVAuslG regelt auch nicht ausdrücklich die Fälle, in denen die AE nach der Einreise erteilt wird. Im § 1 sind die Tatbestände aufgeführt, in denen Ausländer von der AE befreit sind. Im § 5 DVAuslG sind diejenigen Fälle geregelt, in denen der Ausländer vor der Einreise der AE in Form eines Sichtvermerks bedarf. In allen anderen Fällen also, in denen ein Ausländer nicht von der AE befreit ist und nicht die Sichtvermerks-AE benötigt, kann er die AE nach der Einreise beantragen.

Eine besondere Bedeutung nehmen die AE als Sichtvermerke nach § 5 DVAuslG ein. Entsprechend der Bestimmung der bisherigen PaßVO müssen Ausländer, die eine Erwerbstätigkeit in Deutschland ausüben wollen, und ohne Rücksicht auf den Aufenthaltszweck staatenlose Personen eine AE als Sichtvermerk einholen. Hier ist in jedem Falle die Zustimmung der Ausländerbehörde einzuholen, in deren Bezirk der Ausländer einreisen will. In den Fällen des § 5 Abs. 1 Nr. 2 und 4 ist die Zustimmung der Ausländerbehörde nur dann einzuholen, wenn der Aufenthalt nicht länger als einen Monat dauern soll.

Für die Einreise von Flüchtlingen gilt das Europäische Übereinkommen über die Aufhebung des Sichtvermerkszwanges für Flüchtlinge vom 20. 4. 1959 (BGBl. II 1961 S. 1097). Diesem Abkommen gehören inzwischen an: Belgien, BRD, Dänemark, Frankreich, Italien, Luxemburg, Niederlande, Norwegen, Schweden. Die Flüchtlinge sind hinsichtlich der Einholung der AE und der Befreiung von der AE den Staatsangehörigen der Staaten gleichgestellt, bei denen sie Aufnahme gefunden und die ihnen Flüchtlingsreiseausweise ausgestellt haben. Allerdings haben sie nicht die Rechtsstellung eines Staatsangehörigen der EWG, auch wenn sie in einem EWG-Staat als Flüchtling anerkannt worden sind. Außer dem Europäischen Abkommen ist ein zweiseitiges Abkommen zwischen der BRD und der Schweiz über die Abschaffung des Sichtvermerkszwangs für Flüchtlinge abgeschlossen worden (Abk. v. 4. 5. 1962 BGBl. II 1962, 23/30).

Die Regelung in § 5 DVAuslG und das Erfordernis einer AE im Auslande bei nicht nur vorübergehendem Aufenthalt zeigt, daß den Problemen, die die große Anzahl von Ausländern mit sich bringt, Rechnung getragen ist. Der wachsende Zustrom von Fremdarbeitern in die BRD fordert eine Kontrolle und Steuerung, die durch die AE als Sichtvermerk im Ausland überhaupt erst ermöglicht werden soll. Eine strikte Einhaltung des § 5 DVAuslG ist daher notwendig, damit die Behörden ihrer Überwachungspflicht nachkommen können (*OVG Münster* in MRD 1963, 871 und *VG Berlin* II A 145.64 U. v. 14. 9. 1964). Die deutschen Auslandsvertretungen, die einen Antrag auf AE entgegennehmen, können in den Fällen des § 5 Abs. 1 Nr. 1 und 3 DVAuslG in Verbindung mit Abs. 5 nicht ohne Rückfrage die AE ohne Sichtvermerk erteilen. Die Ausländerbehörde muß zustimmen. Das bedeutet, daß bei einer Ablehnung die Auslandsvertretung die AE als Sichtvermerk nicht erteilen darf. Sie kann aber von vornherein einen Antrag ablehnen oder trotz Zustimmung der Ausländerbehörde ablehnen, wenn ihr Tatsachen bekannt sind oder geworden sind, daß die Anwesenheit des Ausländers Belange der BRD beeinträchtigt. In den meisten Fällen wird die Auslandsvertretung bei nachträglichem Bekanntwerden von Ablehnungsgründen bei der Ausländerbehörde zurückfragen, ob die Zustimmung aufrechterhalten wird. Hierzu verpflichtet ist sie nicht, sie kann von sich aus die AE-Erteilung ablehnen.

4. Zustimmung der Ausländerbehörde

Die Zustimmung zu dem Einreiseantrag eines Ausländers wird gegenüber der deutschen Auslandsvertretung abgegeben. Sie ist ein interner Verwaltungsvorgang. Ein Ausländer, der sich in Deutschland befindet, hat keinen Rechtsanspruch darauf, daß ihm gegenüber die AE zugesichert wird oder ihm dahingehende Versprechungen gemacht werden. Die Ablehnung einer solchen Zusage ist kein selbständig anfechtbarer Verwaltungsakt, da im Verhältnis zu dem Ausländer, der die AE als Sichtvermerk möglicherweise im Inlande beantragt, die Entscheidungsbefugnis ausschließlich der deutschen Auslandsvertretung zusteht. Die Zusicherung zur Zustimmung einer AE als Sichtvermerk kann daher von der Ausländerbehörde nicht mit der Verpflichtungsklage erstritten werden (*BVerwGE* 16, 116 und *VG Berlin* II A 185.64, U. v. 24. 5. 1965).

5. Zuständigkeit

Die deutschen Auslandsvertretungen haben ausschließlich die sachliche Zuständigkeit zur Erteilung von AE als Sichtvermerk. Örtlich zuständig ist die Vertretung, in deren Bereich der Ausländer seinen dauernden Aufenthalt hat. Nur mit Ermächtigung der zuständigen Auslandsvertretung kann auch eine andere Vertretung die AE als Sichtvermerk erteilen.

6. Einreisen ohne AE

Mit Ausnahme der zwischenstaatlichen Vereinbarungen (§ 5 Abs. 2 DV-AuslG), der Staatsangehörigen der EWG-Staaten (Abs. 3) und der Inhaber von Legitimationskarten (Abs. 4) muß jeder Ausländer für die Ausübung einer Erwerbstätigkeit *vor der Einreise die AE in der Form des Sichtvermerks* einholen. Die bisherige Beurteilung ging davon aus (vgl. Anm. 1), daß der Ausländer einen Sichtvermerk haben mußte und die AE erst im Inlande bekam. Es gab keine AE im Auslande. Die bisherige Praxis hat dazu geführt, daß entweder in Ausnahmefällen, von manchen Ausländerbehörden allgemein, auf den Sichtvermerk kein entscheidendes Gewicht gelegt und allein an Hand des § 1 APVO geprüft wurde, ob der Ausländer der Gastfreundschaft würdig ist, auch wenn er ohne den Sichtvermerk eingereist war. Diese Überlegungen werden sich ändern müssen. Nach der gesetzlichen Regelung scheint es nicht mehr möglich zu sein, daß eine AE zur Arbeitsaufnahme auch im Inlande nach der Einreise ohne Sichtvermerks-AE gegeben wird. Für Erwerbstätigkeit kommt allein die Auslands-AE in Betracht, die Inlands-AE ist nicht vorgesehen. Die Auslands-AE erteilt jedoch die deutsche Vertretung und nicht die Ausländerbehörde. Die Zuständigkeit wäre umgangen, wenn die Ausländerbehörde sich in diesen Fällen zur Entscheidung für zuständig hielte. Auch eine Ermächtigung durch die zuständige Ausländervertretung kommt nicht in Betracht, weil diese nur von einer Auslandsvertretung gegeben werden könnte. Eine Ausländerbehörde ist aber keine deutsche Auslandsvertretung.

Nach § 5 Abs. 2 AuslG kann der BMI bestimmen, daß die AE vor der Einreise in der Form des Sichtvermerks eingeholt werden m u ß. Hiervon hat er gerade für die Erwerbstätigkeit Gebrauch gemacht. Diese Art der AE-Einholung ist durch § 5 Abs. 1 Nr. 1 DVAuslG bestimmt und nach dem Wortlaut zwingend vorgeschrieben. Ausnahmen sind weder gesetzlich zugelassen noch in § 5 DVAuslG vorgesehen. Diese Vorschrift ist erlassen worden und konnte nur erlassen werden, wenn Belange der BRD es erfordern. Eine AE im Inlande kommt daher nicht in Betracht, weil es sich nach § 5 Abs. 2 um eine Auslands-AE handeln m u ß, die wegen der Beeinträchtigung von Belangen der BRD angeordnet ist. Eine Einreise, die nicht der vorgeschriebenen Form entspricht, berührt daher auch Belange der BRD im Sinne von § 2 und muß abgelehnt werden. Ein Ermessensspielraum ist nicht gegeben.

Aber auch eine weitere Überlegung führt zu dem gleichen Ergebnis. Nach § 10 Abs. 1 Nr. 6 kann eine Ausweisung verfügt werden, wenn ein Ausländer gegen Vorschriften des Aufenthaltsrechts verstößt. Hierzu gehören auch die Bestimmungen im § 5 Abs. 2 in Verbindung mit der DVAuslG. Vertritt man die Auffassung, daß in allen Fällen, in denen eine Ausweisung nach § 10 verfügt werden kann, Belange der BRD beeinträchtigt werden, ist auf Grund der zwingenden Vorschrift des § 2 eine AE im Inlande nicht möglich. Ob dieses Ergebnis gewollt ist, mag dahinstehen. Aus den Gesetzesberatungen sowohl des BT als auch des BR und aus den Motiven zu § 5 DVAuslG geht dies nicht hervor. Das Ergebnis folgt jedoch durch Auslegung zwingender gesetzlicher Vorschrift. Die Auffassung, daß der Gesetz- und Verordnungsgeber nur eine Bindung des Ausländers, nicht aber der Behörde habe vorsehen wollen, geht weder aus dem Gesetzeswortlaut noch aus den Motiven hervor. Ein Gesetz bindet nicht nur den betroffenen Ausländer, sondern auch die Behörde, selbst wenn nur dem Ausländer Verpflichtungen auferlegt worden sind. Dieser Meinung von der Nichtbindung der Behörden in ihrem Ermessen und in der Anwendung gesetzlicher Vorschriften steht im übrigen auch folgende Überlegung entgegen: Es gab bisher Ausländerbehörden, die wahllos jedem Ausländer eine AE gegeben haben, der einen entsprechenden Antrag auch im Inlande gestellt hat, ohne Rücksicht darauf, ob der Ausländer im Besitze eines Sichtvermerks war. Daß diese Handlung auch nach früherem Recht nicht den Vorschriften entsprach, ist allgemein bekannt. Es besteht daher durchaus die Möglichkeit, daß der Gesetzgeber auch das Ermessen der Behörde einschränken und derartige Praktiken unterbinden wollte. Das Ermessen ist nicht nur durch § 5 AuslG in Verbindung mit § 5 DVAuslG, sondern bereits im § 2 eingeschränkt worden, weil danach eine AE nicht gegeben werden darf, wenn Belange der BRD beeinträchtigt werden.

Hierzu gehört insbesondere auch, wenn der Ausländer den Vermerk „Tourist“ in seinen Paß eingetragen erhalten hat. Das gleiche gilt, wenn Pässe einen Zurückweisungsvermerk tragen. Ausländer, die in der BRD eine Erwerbstätigkeit aufzunehmen beabsichtigen, bedürfen nach der DVAuslG einer AE in Form eines Sichtvermerks. Ausländer, die in der BRD lediglich ein Studium betreiben oder sich besuchsweise aufhalten wollen, bedürfen für die Einreise keiner AE im Auslande, soweit es sich um Staatsangehörige von Staaten handelt, die in der Anlage zur DVAuslG aufgeführt sind. Eine AE für Studienzwecke oder Besuchsaufenthalt kann ohnehin nur dann erteilt werden, wenn der Ausländer die Sicherstellung der für die Bestreitung des Lebensunterhalts und ggf. der Ausbildung erforderlichen Mittel nachweisen kann. Diese AE berechtigt nicht zur Ausübung einer Tätigkeit. Ein Ausländer, der die für sein Studium und seinen Lebensunterhalt erforderlichen Mittel erst in der BRD durch Ausübung einer Erwerbstätigkeit verdienen will, benötigt zur Einreise in jedem Falle eine AE als Sichtvermerk und kann nicht, wenn er tatsächlich ohne diese eingereist ist, mit der Erteilung einer AE rechnen. Eine AE im Inlande muß nach dem Vorstehenden abgelehnt werden.

Aus der AE in Form des Sichtvermerks wird hervorgehen, welche Behörde der AE-Erteilung zugestimmt hat. Die Auslandsvertretungen tragen daher den Sichtvermerk mit dem Zusatz ein: „Aufenthaltserlaubnis zugesichert (jetzt wohl „zugestimmt") vom Ausländeramt ...".

7. Einreisen aus Ostblockstaaten und Jugoslawien

Nach der DVAuslG unterliegen die Angehörigen von Ostblockstaaten und Jugoslawien in vollem Umfange dem Paß- und Sichtvermerks-AE-Zwang. Sie müssen für jeden Aufenthaltszweck die AE vor der Einreise beantragen. Es gelten folgende Bestimmungen:

A UdSSR

Geschäfts-, Besuchs-, Touristenreisen, Verwandtenbesuche:

Die AE ist ausschließlich bei der deutschen Botschaft in Moskau zu beantragen. Sie holt die Stellungnahme vom BMI ein. Die Zustimmung zur AE wird erforderlichenfalls vom BMI bei der zuständigen Ausländerbehörde angefordert. Eine unmittelbare Einholung der Zustimmung von den Ausländerbehörden ist nicht vorgesehen, ebenso eine direkte Zustimmung an die Botschaft.

B Rumänien

a) Geschäfts-, Besuchs- und Touristenreisen:

Die AE ist bei der Handelsvertretung der BRD in Bukarest zu beantragen.

b) Verwandtenbesuche:

Die AE ist von den in der BRD lebenden Verwandten bei der zuständigen Ausländerbehörde zu beantragen. Dem Antrag sind zwei Paßbilder des Einreisenden beizufügen. Die daraufhin auszustellende Lichtbildbescheinigung wird der Handelsvertretung der BRD in Bukarest zur Erteilung der AE als Sichtvermerk übersandt.

Die Vorschriften zu B a) und b) sind im Augenblick (1. 9. 1965) noch suspendiert. Ihr Inkrafttreten wird bekanntgegeben. Bis zur Bekanntgabe gelten die Bestimmungen wie unter C a) und b).

C Bulgarien, CSR, Polen und Ungarn:

a) Geschäfts-, Besuchs- und Touristenreisen:

Die AE wird bei dem für das entsprechende Land zuständigen Bureau de Circulation pour l'Allemagne in Sofia, Prag, Budapest und in Polen beim Permit Office in Warschau beantragt. Die Anträge werden dem BMI übersandt, der erforderlichenfalls die Zustimmung zur AE von der zuständigen Ausländerbehörde einholt.

b) Verwandtenbesuche für Bulgarien, CSR und Ungarn:

Die AE ist von den in der BRD lebenden Verwandten bei der zuständigen Ausländerbehörde zu beantragen. Dem Antrag sind zwei Paßbilder des Einreisenden beizufügen. Die daraufhin auszustellende Lichtbildbescheinigung wird der Französischen Botschaft in Bad Godesberg übersandt, die sie an das zuständige Bureau de Circulation pour l'Allemagne in Sofia, Prag und Budapest zur Erteilung der AE weiterleitet.

c) Verwandtenbesuche für Polen:

Die AE ist von den in der BRD lebenden Verwandten bei der zuständigen Ausländerbehörde zu beantragen. Dem Antrag sind zwei Paßbilder des Einreisenden beizufügen. Die daraufhin auszustellende Lichtbildbescheinigung wird dem Antragsteller übersandt, der diese an seine Verwandten in Polen weiterleitet. Der in Polen lebende Verwandte legt die Lichtbildbescheinigung beim Permit Office in Warschau zur Erteilung der AE vor.

D Jugoslawien:

a) Besuchseinreisen:

Die AE ist von den in der BRD lebenden Bekannten bei der zuständigen Ausländerbehörde zu beantragen. Die Zustimmung zur AE wird dem Antragsteller übersandt, der dieses Schreiben an den Einreisenden weiterleitet. Der Einreisende legt dieses Schreiben beim Konsulat der BRD in Zagreb oder bei der Ambassade de France, Service de protection des interets allemands, Belgrad, zur Erteilung der AE vor.

b) Alle übrigen Einreisen:

Die AE ist von den einreisenden Personen bei dem Konsulat der BRD in Zagreb oder bei der deutschen Interessenvertretung in Belgrad zu beantragen. Die Anträge werden der zuständigen Ausländerbehörde zur Zustimmung übersandt.

8. Wiedereinreise

Während der Gültigkeit einer AE kann ein Ausländer jederzeit *wieder in die BRD einreisen.* Aus Sicherheitsgründen ist es notwendig, die AE für die

Staatsangehörigen eng zu begrenzen, die Staaten angehören, mit denen die BRD nicht in einem freundschaftlichen Verhältnis steht. Kurze AE schließen Zweifel aus und haben den Vorteil, daß eine häufigere Kontrolle über die Anwesenheit des Ausländers stattfinden kann. Um eine bessere Kontrolle zu haben, kann auch eine befristete AE gegeben werden unter der Bedingung, daß sie nur für einen ununterbrochenen Aufenthalt im Bundesgebiet gilt oder daß sie beim Verlassen der BRD erlischt.

In jedem Falle ist auch bei eingetragener AE eine Wiedereinreise nicht gestattet, wenn der Ausländer die BRD aus einem seiner Natur nach nicht vorübergehenden Grunde verlassen hat. In diesem Falle ist der Einreisende zurückzuweisen und auf die Einreisevorschriften hinzuweisen. Das gleiche gilt bei Vorliegen der Tatbestände des § 9 Abs. 1 Nr. 1, 2 und 4.

9. Durchreisesichtvermerke

sind noch Sichtvermerke in der bisherigen Art. Sie dienen dem Überschreiten der Bundesgrenze und dem Durchfahren des Bundesgebietes und dürfen nur dann erteilt werden, wenn die Ausreise gesichert ist. Durchreisesichtvermerke zu dem Zweck, daß der Ausländer im Inlande versuchen soll, eine AE zu erlangen, sind unzulässig. In dem Sichtvermerk muß eine Reisefrist angegeben werden. Bei der Erteilung brauchen jedoch nicht die Voraussetzungen für eine AE gemäß § 2 vorzuliegen. Es brauchen z. B. nicht die persönlichen oder gesundheitlichen Voraussetzungen geprüft zu werden, jedenfalls nicht durch Vorlage eines ärztlichen Attestes. Werden aber Belange der BRD, die zu einer Versagung der AE führen müssen, beeinträchtigt, so ist auch die Erteilung eines Durchreisesichtvermerks unzulässig.

10. Widerruf

Die Bestimmung im § 5 Abs. 4, daß eine *AE vor der Einreise für ungültig erklärt* werden kann, wird keine große praktische Bedeutung erlangen. Im allgemeinen soll vor der Einreise geprüft werden, ob die Voraussetzungen für die Erteilung der AE vorliegen. Nur wenn nach der Erteilung der AE neue Gesichtspunkte bekannt werden, rechtfertigt sich ein Widerruf. Für den Widerruf einer AE, die in Form des Sichtvermerks gegeben ist, ist die deutsche Auslandsvertretung zuständig. Sie kann entweder aus eigener Initiative handeln, ohne Rückfrage bei der Ausländerbehörde, oder sie wird zum Handeln veranlaßt, indem die Ausländerbehörde ihre Zustimmung widerruft.

11. Begründung und Rechtsmittelbelehrung

Die Versagung einer AE, die vor der Einreise einzuholen ist, braucht *nicht begründet und nicht mit einer Rechtsmittelbelehrung* versehen zu werden. Es widerstrebt an sich, eine Klage gegen die Versagung einer AE in Form des Sichtvermerks für zulässig zu halten; denn ein Ausländer, der niemals in Deutschland war, sollte sich nicht auf den Art. 19 Abs. 4 GG berufen können, weil das GG nur innerhalb der BRD seine Auswirkungen hat. Er wird der Zulässigkeit einer Verwaltungsklage möglicherweise selbst kein Verständnis entgegenbringen, wenn ein derartiger Rechtsschutz ihm in seinem eigenen Heimatlande nicht gewährt wird. Das VG Köln hat aber auch in diesen Fällen die Zulässigkeit der Klage bejaht (*VG Köln* in DVBl. 1962, 606).

12. Gebühren

Für die Gebührenansätze gilt § 2 GebVAuslG. Die Gebühren können für die AE, die im Auslande gegeben wird, mit einem Zuschlag von höchstens 200 % festgesetzt werden, um Kaufkraftunterschiede auszugleichen. Eine Ermäßigung oder ein Erlaß ist nur im Rahmen des § 5 GebVAuslG möglich. Gebühren für Durchreisesichtvermerke sind in der GebVAuslG nicht ausdrücklich festgesetzt worden. Soweit man in den Durchreisesichtvermerken einen Ausnahmesichtvermerk im Sinne des § 20 Abs. 4 S. 1 sieht, würde die Gebühr 15,— DM betragen.

§ 6

Politische Betätigung

(1) Ausländer genießen alle Grundrechte, soweit sie nicht nach dem Grundgesetz für die Bundesrepublik Deutschland Deutschen vorbehalten sind.

(2) Die politische Betätigung von Ausländern kann eingeschränkt oder untersagt werden, wenn die Abwehr von Störungen der öffentlichen Sicherheit oder Ordnung oder von Beeinträchtigungen der politischen Willensbildung in der Bundesrepublik Deutschland oder sonstige erhebliche Belange der Bundesrepublik Deutschland es erfordern.

(3) Die politische Betätigung von Ausländern ist unerlaubt, wenn sie

1. mit dem Völkerrecht nicht vereinbar ist,

2. die freiheitliche demokratische Grundordnung der Bundesrepublik Deutschland gefährdet oder

3. bestimmt ist, Parteien, andere Vereinigungen, Einrichtungen oder Bestrebungen außerhalb des Geltungsbereichs dieses Gesetzes zu fördern, die mit Verfassungsgrundsätzen der freiheitlichen demokratischen Grundordnung nicht vereinbar sind.

Übersicht

1. Entwicklung und Bedeutung

Die Frage, ob eine politische Betätigung von Ausländern in der BRD gesetzlich geregelt und insbesondere, ob eine Einschränkung oder Untersagung einer solchen Tätigkeit normiert werden sollte, ist auf Anregung des Bundesrates vom InnAussch. des BT geprüft, bejaht und letztlich vom Gesetzgeber in dem Umfange des § 6 bestätigt worden.

Die Überlegungen zur Einführung gesetzlicher Vorschriften für die politische Betätigung sind in der BT-Drucks. IV/3012 S. 3 wie folgt begründet worden:

„Eine politische Betätigung von Ausländern kann für das Gastland schwerwiegende rechtliche und politische Probleme aufwerfen. Wird Ausländern in einem Gastland eine politische Betätigung gestattet, die sich gegen ihren Herkunftsstaat oder dessen Regierung richtet, so können hierdurch die Beziehungen zu diesem Staat empfindlich belastet werden. Sogar die Duldung einer in den Herkunftsstaat hineinwirkenden politischen Betätigung von Ausländern kann in schwerwiegenden Fällen eine völkerrechtliche Verantwortlichkeit des Gastlandes unter dem Gesichtspunkt der verbotenen Intervention erzeugen.

Die Problematik der politischen Betätigung von Ausländern beschränkt sich jedoch nicht auf den Bereich der auswärtigen Beziehungen. Im Gastland selbst kann sie zu Schwierigkeiten führen. Sie kann Unruhe und den Unwillen der einheimischen Bevölkerung erregen, die von dem ausländischen Gast Zurückhaltung erwartet und nicht bereit ist zu dulden, daß Ausländer sich in die inneren Angelegenheiten des Gastlandes einmischen oder dieses zum Austragungsort von politischen Spannungen und Streitigkeiten zu machen, die ihren Ursprung in anderen Ländern oder Gesellschaftssystemen haben. Erhebliche Interessen des Gastlandes können also dafür sprechen, Ausländern jede politische Betätigung zu untersagen, ohne daß hierdurch irgendwelche Rechte der Ausländer beeinträchtigt würden. Ein Recht auf politische Betätigung steht ihnen weder nach dem Völkerrecht noch auf Grund des Verfassungsrechts der Bundesrepublik Deutschland zu."

Eine Regelung, wie sie in § 6 vorgenommen worden ist, ist nach dem Völkerrecht und nach dem Grundgesetz zulässig. Ihr Umfang nutzt die nach dem Völkerrecht gegebene Befugnis, dem Ausländer eine politische Betätigung überhaupt zu untersagen, nicht aus. Ein Menschenrecht auf politische Betätigung besteht nicht. Das Asylrecht, das gemäß Art. 16 GG gewährt wird, beinhaltet nicht das Recht auf freie politische Betätigung in der BRD. Die BRD und ihre Länder waren nicht gehindert, diese Tätigkeit in ihrem Hoheitsgebiet zu regeln. Gegenüber anderen Staaten ist die BRD nicht grundsätzlich verpflichtet, eine solche Betätigung der in ihren Grenzen lebenden Ausländer zu unterbinden, doch könnte sich eine derartige Pflicht aus Staatsverträgen oder aus den Regeln der völkerrechtlichen Haftung des

Staates für Handlungen von Privatpersonen ergeben (*Kimminich* Arch. VR Bd. 10 1962, 132 ff.).

§ 6 gibt die deutsche Auffassung, die man in der BRD von einem Gast hinsichtlich einer politischen Betätigung hat, wieder, auch wenn andere Gesichtspunkte mitbestimmend waren: Wenn der Ausländer eine Änderung des politischen Zustandes in seinem Heimatland erreichen will, so sollte er dies nicht unter dem sicheren Schutze des Grundgesetzes zu erreichen versuchen, sondern sollte sich in seinem Heimatland hierfür selbst aktiv einsetzen. Oftmals wird von den Ausländern, die die Zustände in ihrem Heimatland von der BRD aus bekämpfen, vergessen, daß die Alternative zu dem augenblicklichen halbdemokratischen Status in ihrem Heimatlande nicht eine Demokratie und ein Rechtsstaat nach dem Vorbild der BRD sein muß, sondern daß sie möglicherweise ein vollständig totalitäres Regime sein kann. Das bedeutet, daß Ausländer durch eine berechtigte Kritik — gemessen an dem Grundgesetz der BRD — und einen Einsatz zur Änderung der staatlichen Verhältnisse auch ein radikales System fördern können.

Die Regelungen des § 6 verstoßen weder gegen die allgemeine Menschenrechtserklärung der UN vom 10. 12. 1948 noch gegen die MRK, die die Untersagung einer politischen Betätigung gemäß Art. 16 MRK ausdrücklich nicht einschränkt.

Art. 18 GG, nach dem ein Ausländer ebenso wie ein Deutscher Grundrechte verwirken kann, ist durch § 6 nicht berührt. Durch § 6 sind keine Grundrechte eingeschränkt; die Untersagung einer politischen Betätigung berührt kein dem Ausländer zustehendes Grundrecht und stellt keine Verwirkung eines Grundrechtes, über das nur das BVerfG entscheiden könnte, dar.

2. *Politische Betätigung und freie Meinungsäußerung*

Aus dem Grundrecht der *freien Meinungsäußerung* (Art. 5 GG) läßt sich kein unbeschränktes Recht auf *politische Betätigung* herleiten. Die Begriffe politische Betätigung und freie Meinungsäußerung decken sich nicht. Eine politische Betätigung ist mehr als eine Meinungsäußerung im Sinne des Art. 5 GG, die mit grundrechtlichem Schutz ausgestattet ist. Meinungsäußerung ist nur die Kundgabe und Weitergabe bestimmter Auffassungen, die auch politischen Inhalt haben und eine Kritik an politischen Verhältnissen enthalten können. Die politische Betätigung geht in ihren Zielen und Mitteln erheblich über die bloße Meinungsäußerung hinaus. Sie strebt die Verwirklichung bestimmter Auffassungen in Staat und Gesellschaft an. Daß ein Unterschied zwischen der Meinungsfreiheit und der politischen Betätigung besteht, geht auch aus der MRK hervor. In ihrem Art. 10 fordert sie die Gewährleistung der Meinungsfreiheit. In dem Art. 16 MRK wird eine Einschränkung oder Untersagung der politischen Betätigung als eines anderen Umstandes nicht beschränkt. Nur diese über die bloße Meinungsäußerung und Meinungsverbreitung hinausgehende Betätigung will § 6 Abs. 2 einschränken können.

Das Grundrecht der freien Meinungsäußerung ist nicht beschränkt. Formal geht dies aus § 50 in Verbindung mit Art. 19 Abs. 1 GG hervor. Nach Art. 19 muß die Einschränkung eines Grundrechts in dem Gesetz unter Angabe des Artikels genannt werden. Dies ist in § 50 nicht geschehen. Hier werden lediglich die Grundrechte der körperlichen Unversehrtheit und der Freiheit der Person nach Maßgabe des AuslG eingeschränkt. Art. 5 GG ist nicht genannt und ist deshalb durch § 6 nicht betroffen (gleicher Ansicht: Klinghardt in DVBl. 1965, 469). § 6 gibt nicht die Befugnis, im Rahmen der Einschränkung oder Versagung der politischen Betätigung von Ausländern auch die Freiheit der Meinungsäußerung einzuschränken.

Die Meinungsfreiheit ist ein Menschenrecht. Es wäre unzulässig, dieses Grundrecht nur für Ausländer einzuschränken und hierbei allein an die Ausländereigenschaft anzuknüpfen. In diesem Falle wäre § 6 ein unzulässiges Sondergesetz gegen die Meinungsfreiheit; denn das AuslG ist kein allgemeines Gesetz, das für alle gilt (vgl. Art. 5 Abs. 2 GG). Ausländer haben keinen Rechtsanspruch, sich im Bundesgebiet aufzuhalten. Halten sie sich hier auf — ohne Rücksicht darauf, ob sie eine AE erhalten haben oder von der AE befreit sind —, steht ihnen auch das Grundrecht des Art. 5 GG zu. Ein Aufenthalt darf nicht abhängig gemacht werden vom Verzicht auf Grundrechte einschließlich dem der freien Meinungsäußerung.

3. *Grundrechte für Ausländer*

Ausländern sind *alle Grundrechte* nach dem Grundgesetz gewährt, die nicht Deutschen vorbehalten sind. Dies ist im § 6 Abs. 1 noch einmal hervorgehoben und zum Bewußtsein gebracht worden. Aber nicht nur alle Grundrechte, die auf allgemeinen Menschenrechten beruhen und ein Teil der im Grundgesetz genannten Freiheitsrechte, die im Grundrechtsteil aufgeführt sind, stehen ihnen zu. Ausländer können sich auch auf die im IX. Abschnitt des GG festgelegten Rechtsgarantien, insbesondere auf Art. 103 und 104 berufen. Ein Grundrecht, und zwar das Asylrecht nach Art. 16 Abs. 2 S. 2 GG ist nur für Ausländer geschaffen worden; es steht ausschließlich Ausländern zu (vgl. auch § 28 Anm. 16).

Bei den nur Deutschen vorbehaltenen Grundrechten handelt es sich um die Versammlungsfreiheit (Art. 8 Abs. 1 GG), die Vereinsfreiheit (Art. 9 Abs. 1 GG), die Freizügigkeit (Art. 11 GG) und die Berufsfreiheit (Art. 12 Abs. 1 GG).

4. *Verbotene politische Betätigung*

Die politische Betätigung ist, auch wenn dies nicht ausdrücklich im § 6 ausgeführt ist, für Ausländer zulässig. Der Ausländer kann danach nicht nur auf Grund der Meinungsfreiheit Meinungen äußern und verbreiten, sondern sich auch in bestimmter politischer Zweckrichtung betätigen. Diese Betätigung hat ihre absoluten Grenzen, die im § 6 Abs. 3 aufgeführt sind. Unter diesen Umständen ist eine politische Betätigung verboten; unter den Voraussetzungen des Abs. 2 kann sie eingeschränkt oder untersagt werden.

Eine *politische Betätigung ist* auch ohne behördliches Verbot *unerlaubt*, wenn sie mit dem *Völkerrecht* nicht vereinbar ist. Dies geht schon aus Art. 25 GG hervor, nach dem die allgemeinen Regeln des Völkerrechts Bestandteil des Bundesrechts sind und sogar innerstaatlichen Gesetzen vorgehen. Verstoßen Handlungen gegen das Völkerrecht, sind sie schon nach dem GG verboten.

Unzulässig ist auch eine politische Betätigung, die sich gegen die *freiheitliche demokratische Grundordnung* der BRD richtet. Es genügt eine Gefährdung, eine tatsächliche Beeinträchtigung braucht noch nicht eingetreten zu sein. Der Begriff der freiheitlichen demokratischen Grundordnung ist rechtlich noch nicht abschließend geklärt (*v. Mangoldt-Klein* BGG 2. Aufl. S. 533 f.). Zu dem Begriff der freiheitlichen demokratischen Grundordnung sind aber die Bestimmungen grundlegender Art zu zählen, die unserem Staate das Grundgepräge geben (*BK* Art. 18 Anm. II 1 d S. 5 f.). Es gehören hierzu u. a. die Grundrechte, die Bestimmungen des Art. 20, 21, 25, 26, 79 Abs. 3 und die Art. 103 und 104 GG. Auch die Staatssicherheit ist ein Teil der freiheitlichen Grundordnung. Eine politische Betätigung, die diese Grundsätze berührt, ist verboten auch unter dem Gesichtspunkt, daß sie eine Einmischung in die inneren deutschen Angelegenheiten darstellen würde. Bei der Frage, ob die Grundordnung gefährdet wird, sind Erwägungen außenpolitischer Opportunität kein Maßstab. Nur konkrete Tatsachen, die die Grundordnung berühren, dürfen berücksichtigt werden.

Die politische Betätigung der Ausländer darf auch nicht die verfassungsmäßige demokratische Ordnung anderer Staaten bekämpfen. Sie darf nicht verfassungsfeindliche Kräfte in anderen Staaten oder Gebieten unterstützen. Dieses Verbot beruht auch auf Art. 26 GG. Danach sind Handlungen verfassungswidrig, die geeignet sind und in der Absicht vorgenommen werden, das friedliche Zusammenleben der Völker zu stören. Mit Abs. 3 Nr. 3 hat der Gesetzgeber auch im Auge gehabt, jede Handlung zu unterbinden, die die freundschaftlichen Beziehungen der BRD zu Staaten, mit denen sie diplomatische Beziehungen unterhält, empfindlich stören würde.

Nicht besonders genannt sind Verstöße gegen Tatbestände des Strafgesetzbuches. Ein derartiger Hinweis konnte unterbleiben, weil jede Begehung von strafbaren Handlungen eine verbotene Tätigkeit darstellt ohne Rücksicht darauf, ob sie im Rahmen einer politischen Betätigung erfolgt. Hierzu gehören nicht nur die Bestimmungen des Hoch- und Landesverrats und der Staatsgefährdung, sondern auch die Delikte, die im Rahmen der politischen Betätigung gegen die öffentliche Ordnung begangen werden können, z. B. §§ 102, 104, 130, 185—187 a StGB.

5. *Verbietbare politische Betätigung*

Das Schwergewicht des § 6 liegt auf Abs. 2. Die politische Betätigung kann Ausländern danach *eingeschränkt oder untersagt* werden, wenn die gesetzlich normierten Voraussetzungen vorliegen. Eine Störung der öffentlichen Sicherheit und Ordnung ist im Sinne des allgemeinen Polizeirechts zu verstehen. Ausländer haben im Gastland Zurückhaltung in politischen Dingen zu üben, da sie nach staatlichem Recht und internationalem Brauch verpflichtet sind, nicht die öffentliche Sicherheit und Ordnung zu beeinträchtigen. Die politische Betätigung muß sich in den für einen Gast angemessenen Grenzen halten.

Die Beeinträchtigung der politischen Willensbildung in der BRD durch Ausländer läßt sich außerhalb der Regierung und der Gesetzgebungsorgane und des Wahlrechts, die den Ausländern verschlossen sind, vorwiegend im Rahmen einer Tätigkeit in politischen Parteien vorstellen. Diesen steht gemäß Art. 21 GG ein Mitwirkungsrecht an der politischen Willensbildung des Volkes zu. Ausländer sollten daher schon durch Wirken der Parteien keine Stellung in ihren Gremien erhalten, in denen sie Gelegenheit und Macht hätten, die politische Willensbildung zu beeinträchtigen. Dementsprechend soll auch nach dem neuen Parteiengesetz nicht gestattet sein, daß Ausländer leitende Funktionen in den Parteien erhalten. Eine Einflußnahme auf die politische Willensbildung liegt aber nicht schon dann vor, wenn ein Ausländer in einer Partei- oder Gewerkschaftsversammlung das Wort ergreift und seine Ansicht kundtut. Einfluß auf die politische Willensbildung ist mehr als der Tatbestand, der durch die freie Meinungsäußerung nach Art. 5 GG geschützt wird.

Zu den erheblichen Belangen gehören auch und insbesondere die auswärtigen Beziehungen der BRD. Geht die politische Betätigung so weit, daß die auswärtigen Beziehungen beeinträchtigt und gestört werden könnten, ist eine Einschränkung oder Untersagung der politischen Betätigung zulässig und geboten.

6. *Anwendung der Bestimmungen*

Ein Ausländer, der sich in unzulässiger Weise im Sinne des Abs. 2 und des Abs. 3 betätigt, wird *grundsätzlich auszuweisen* sein. Wer gegen die Bestimmungen des § 6 Abs. 2 und 3 verstößt, beeinträchtigt mit seiner Anwesenheit auch erhebliche Belange der BRD im Sinne des § 10 Abs. 1 Nr. 11. Aus der Tatsache, daß im allgemeinen bei verbotener und verbietbarer politischer Betätigung der Ausländer ausgewiesen wird, folgt, daß diese Bestimmung praktische Bedeutung bei den Ausländern erlangt, die einen Asylstatus gegenüber der BRD geltend machen können. Gerade die ausländischen Flüchtlinge und die politisch Verfolgten sind es, die bisher von der BRD aus ihre Heimatstaaten und das dort herrschende politische Regime bekämpft haben.

Eine Einschränkung nach § 6 Abs. 2 braucht nicht erst vorgenommen zu werden, wenn bereits eine Beeinträchtigung eingetreten ist. Es genügt, daß es aus den genannten Gründen erforderlich ist, von vornherein die politische Betätigung einzuschränken oder zu untersagen. Eine derartige Verfügung richtet sich nicht gegen eine juristische Person etwa gegen einen Verein. Betätigt sich ein Verein von Ausländern politisch in unzulässiger Weise (Abs. 2 und 3), dann kann er verboten werden (§ 14 Vereinsgesetz vom 5. 8. 1964, BGBl. I S. 593/596). Die Verfügung kann nur natürliche Personen betreffen. Es bestehen aber keine Bedenken, daß Personen gleicher Staatsangehörigkeit — wenn aus dem Verhalten ihrer Landsleute hervorgegangen ist, daß eine unzulässige politische Betätigung von ihnen allgemein durchgeführt wird — der Gesetzestext zur Kenntnis gebracht wird oder erforderlichenfalls jedem dieser Ausländer die AE mit einer Einschränkung oder Untersagung der politischen Tätigkeit gegeben wird. Dies setzt voraus, daß die Einschränkung und Untersagung das erforderliche Mittel zur Abwehr von Störungen der öffentlichen Sicherheit und Ordnung, der politischen Willensbildung oder sonstiger erheblicher Belange ist.

Eine Maßnahme nach § 6 erscheint nicht als eine Bedingung oder Auflage im Sinne des § 7. Bedingungen und Auflagen werden erst im § 7 genannt und betreffen die räumlichen, zeitlichen und wirtschaftlichen Momente des Aufenthalts. Die Untersagung der politischen Betätigung geht über die Auflagen des § 7 hinaus. Der § 6 greift einen Teil des Aufenthaltsrechts heraus und regelt ihn im Anschluß an die AE und vor den Bedingungen und Auflagen. Wäre es ein Teil der im § 7 genannten Maßnahmen oder eine Ausnahme hiervon, müßte die politische Betätigung hinter dem § 7 geregelt sein. Das Verbot der unerlaubten politischen Betätigung nach § 6 Abs. 3 kann auch nicht dem Ausländer auferlegt werden, weil sie bereits kraft Gesetzes ausgeschlossen ist.

7. Strafbarkeit

Das AuslG schafft weder im § 6 noch in den §§ 47, 48 unmittelbar neue *strafrechtliche Tatbestände* oder Ordnungswidrigkeiten bei einer verbotenen oder verbietbaren politischen Tätigkeit. Die verbotene politische Betätigung wird meist in einem Straftatbestand des Strafgesetzbuches unter Strafe gestellt sein. Die politische Betätigung, die zur Beeinträchtigung der öffentlichen Ordnung im Umfange des § 6 Abs. 2 führen kann, ist nicht durch das AuslG unter Strafe gestellt. Eine verfolgbare Handlung liegt erst dann vor, wenn der Ausländer einer behördlichen Anordnung zuwiderhandelt. Der Tatbestand einer Ordnungswidrigkeit ist nach § 48 Abs. 1 Nr. 5 gegeben, wenn der Ausländer gegen eine vollziehbare Verfügung verstößt; die Strafbarkeit setzt nach § 47 Abs. 1 Nr. 4 ein, wenn die Zuwiderhandlung gegen das behördliche Verbot der politischen Betätigung beharrlich wiederholt wird.

§ 7

Geltungsbereich und Geltungsdauer

(1) Die Aufenthaltserlaubnis gilt für den Geltungsbereich dieses Gesetzes. Sie kann räumlich beschränkt werden.

(2) Die Aufenthaltserlaubnis wird befristet oder unbefristet erteilt. Eine befristete Aufenthaltserlaubnis kann verlängert werden.

(3) Die Aufenthaltserlaubnis kann mit Bedingungen und Auflagen versehen werden.

(4) Die Aufenthaltserlaubnis kann nachträglich räumlich und zeitlich beschränkt sowie mit Bedingungen und Auflagen versehen werden.

(5) Der Aufenthalt eines Ausländers, der keiner Aufenthaltserlaubnis bedarf (§ 2 Abs. 2 und 3, § 49 Abs. 2), kann nach den Absätzen 1, 3 und 4 beschränkt werden. § 12 des Gesetzes über die Rechtsstellung heimatloser Ausländer im Bundesgebiet bleibt unberührt.

Übersicht

1. Allgemeines

Eine mit *Bedingungen und Auflagen* versehene, räumlich beschränkte oder befristete AE kann und darf nur dann erteilt werden, wenn die Voraussetzungen des § 2 gegeben sind, d. h. Belange der BRD nicht berührt werden und die Ermessensausübung zu keiner Versagung führt. Für die Beschränkung der AE müssen sachliche Gründe vorliegen. Die Beschränkung stellt im allgemeinen eine Teilablehnung der AE dar. Sie ist mit einer Rechtsmittelbelehrung zu versehen und ist im Rechtsmittelverfahren anfechtbar. Ebenso wie die AE nach § 21 Abs. 3 haben Widerspruch und Klage gegen die Teilablehnung keine aufschiebende Wirkung.

Eine Besonderheit ist die Möglichkeit, Ausländern, die keiner AE bedürfen, den Aufenthalt einzuschränken. Hier wird jedoch nicht die AE eingeschränkt, sondern der tatsächliche Aufenthalt. Die Beschränkung ist im Paß einzutragen, ohne daß vorher eine — nicht erforderliche — AE gegeben werden müßte.

2. Räumliche Beschränkung

AE wird grundsätzlich für die BRD gegeben. Die in § 2 Anm. 13 genannten Formulierungen entsprechen dem gesetzlichen Erfordernis. Eine *räumliche Beschränkung* kommt insbesondere in Betracht, wenn Ausländer nicht in einen Bereich einreisen sollen, in dem sich der Sicherheit dienende wirtschaftliche und militärische Forschungs- und Produktionsstätten befinden oder Streitkräfte stationiert sind.

Es ist auch sachgerecht, die AE, die im Auslande als Sichtvermerk gegeben wird (vgl. § 5 Abs. 2 in Verbindung mit § 5 DVAuslG), zunächst auf den Bezirk der zustimmenden Ausländerbehörde zu beschränken.

3. *Befristung*

Nach erstmaliger Einreise und bei Erteilung einer AE als Sichtvermerk wird stets eine kurze *Befristung* für drei bis sechs Monate erforderlich sein. Es gehört zur Ausländerüberwachung, daß sich die Behörde zunächst einen Eindruck von dem Ausländer und seinem Verhalten macht. Die Fristen werden später größer sein. Nachdem durch § 8 eine unbefristete AE als Aufenthaltsberechtigung unter bestimmten Voraussetzungen vorgesehen ist, entfällt die Möglichkeit, schon vor Ablauf von fünf Jahren eine unbefristete AE zu erteilen. Die AE sollte nicht über die Geltungsdauer des Passes gegeben werden. Wird sie jedoch für längere Zeit erteilt, erlischt sie gemäß § 9 Abs. 1 Nr. 1, wenn der Paß nicht mehr verlängert wird.

Die Befristung der AE für Angehörige der EWG-Staaten steht im pflichtmäßigen Ermessen der Ausländerbehörde. Sie ist den Umständen des Einzelfalles anzupassen. Die Mitgliedstaaten der EWG sind verpflichtet, ihren Staatsangehörigen einen gültigen Paß oder Personalausweis auszustellen (Art. 2 der Richtlinie über die Verwaltungsverfahren und -praktiken, BAnz. Nr. 11 vom 17. 1. 1962, ersetzt durch Richtlinie v. 25. 3. 1964, Amtsb. der Europ. Gemeinschaft 1964 S. 981, Art. 2 Abs. 2). Daher ist es bei diesem Personenkreis unschädlich, die AE über die Paßgültigkeit oder über die Gültigkeitsdauer der Personalausweise hinaus zu geben.

4. *Bedingungen und Auflagen*

Der Unterschied zwischen Bedingungen und Auflagen ist, daß die Bedingung bei ihrem Eintritt auf die Gültigkeit der AE wirkt, sie zum Erlöschen bringt. Es handelt sich im Falle des § 7 Abs. 3 um eine auflösende Bedingung. Eine aufschiebende Bedingung zu geben, wäre zwar auch möglich, aber kaum praktikabel. Es ist nicht vorstellbar, die Wirksamkeit der AE von einem ungewissen späteren Ereignis abhängig zu machen, bei dessen Eintritt die AE gültig sein sollte. Eine derart erteilte AE würde Unsicherheit für andere oder kontrollierende Behörden bringen, ob die AE gültig ist oder nicht.

Die Auflage schränkt die AE ein. Diese wird daher zumeist zweckgebunden sein. Folgende Bedingungen und Auflagen werden als Zusatz zur AE häufig verwendet, z. B.:

Bedingungen: „Diese Aufenthaltserlaubnis wird ungültig mit der Beendigung der Tätigkeit als ... bei der Firma ...". „Diese Aufenthaltserlaubnis wird bei Verlassen des Bundesgebietes ungültig."

Auflagen: „Gewerbeausübung nicht gestattet." „Arbeitsaufnahme und Gewerbeausübung nicht gestattet." „Nur gültig für Studienzwecke." „Arbeitsaufnahme und Gewerbeausübung nicht gestattet." „Arbeitsaufnahme während der Semesterferien erlaubt." „Nur gültig für Besuchszwecke."

Bedingung und Auflage: „Nur gültig für Studienzwecke, die Aufenthaltserlaubnis wird ungültig mit Beendigung des Studiums an einer Hochschule im Bundesgebiet."

Die AE darf nur durch Bedingungen und Auflagen eingeschränkt werden. Nur diese dürfen im Paß vermerkt werden. Empfehlungen oder Hinweise in den Paß aufzunehmen, ist unzulässig. Auch weitere Einschränkungen, etwa daß das Nachziehen von Familienangehörigen dem Paßinhaber nicht gestattet ist, sind unzulässig. Eine derartige Eintragung ist keine Auflage, die die AE einschränken könnte. Es könnte sich nur um eine vorweggenommene Ablehnung eines nicht gestellten Antrages handeln, die nicht möglich ist.

Um eine bessere Kontrolle zu haben, kann auch eine AE gegeben werden unter der Bedingung, daß sie nur für einen ununterbrochenen Aufenthalt im Bundesgebiet gilt oder daß sie beim Verlassen des Bundesgebietes erlischt.

5. *Heimatlose Ausländer und Asylberechtigte*

Für heimatlose Ausländer gilt die umfassende Regelung des § 12 HAG. Danach genießen sie die gleiche Freizügigkeit wie deutsche Staatsangehörige. § 7 ist für sie nicht anwendbar.

Diese Gleichstellung ist *Asylberechtigten* nicht gewährt. Zwar muß ihnen nach Anerkennung und Verteilung eine AE erteilt werden (§ 43), aber sie kann mit Bedingungen und Auflagen versehen werden. Eine räumliche Beschränkung kann sich sogar als notwendig erweisen, wenn die Verteilung auf die einzelnen Bundesländer wirksam bleiben soll.

§ 8

Aufenthaltsberechtigung

(1) Ausländern, die sich seit mindestens fünf Jahren rechtmäßig im Geltungsbereich dieses Gesetzes aufhalten und sich in das wirtschaftliche und soziale Leben in der Bundesrepublik Deutschland eingefügt haben, kann die Erlaubnis zum Aufenthalt als Aufenthaltsberechtigung erteilt werden.

(2) Die Aufenthaltsberechtigung ist räumlich und zeitlich unbeschränkt und kann nicht mit Bedingungen versehen werden. Auflagen sind zulässig; sie können auch nachträglich auferlegt werden.

Übersicht

1. Entwicklung

Mit der Aufenthaltsberechtigung ist ein *neues Rechtsinstitut* in die Aufenthaltsangelegenheiten für Ausländer eingeführt worden. Die jetzt mit Aufenthaltsberechtigung bezeichnete AE wurde in den ersten Entwürfen mit Niederlassungserlaubnis bezeichnet. Die Begriffe Niederlassungserlaubnis oder Aufenthaltsberechtigung sind identisch.

2. Wesen der Aufenthaltsberechtigung

Die Aufenthaltsberechtigung ist eine *Aufenthaltserlaubnis*. Für die Erteilung müssen positiv alle Voraussetzungen des § 2 vorliegen oder negativ: es darf keine Voraussetzung für eine Ausweisung nach § 10 gegeben sein. Diejenigen Ausländer, die nach § 2 Abs. 2 keiner AE bedürfen, können auch keine Aufenthaltsberechtigung erhalten. Dies gilt insbesondere für heimatlose Ausländer. Ihre Rechtsstellung ist im übrigen stärker als die der aufenthaltsberechtigten Ausländer. Auch Ausländer, die nach § 1 DVAuslG von dem Erfordernis der AE befreit sind, können nicht aufenthaltsberechtigt im Sinne von § 8 werden. In keinem der in § 1 DVAuslG aufgeführten Fälle kann sich schon unter Berücksichtigung der zeitlichen Voraussetzung eine Aufenthaltsberechtigung entwickeln.

Die Aufenthaltsberechtigung ist nicht mit einer unbefristeten AE gleichzusetzen. Beide Arten der Aufenthaltserlaubnisse, unbefristet oder als Aufenthaltsberechtigung, bleiben nebeneinander bestehen. Dies geht insbesondere aus § 7 Abs. 2 hervor, der die unbefristete AE vorsieht. Eventuelle Zweifel werden aber nach § 2 GebVAuslG ausgeräumt. Für die Erteilung einer unbefristeten AE und einer Aufenthaltsberechtigung werden verschiedene Gebühren erhoben (unbefristete AE 30,— DM, Aufenthaltsberechtigung 50,— DM).

Man muß unter Aufenthaltsberechtigung oder Niederlassung mehr als den tatsächlichen lokalen Aufenthalt einer natürlichen Person, der nicht nur vorübergehend ist, und mehr als ein bloßes Domizil verstehen. Es ist eine Rechtsstellung, die gegenüber den Ausländerbehörden und im politischen, Arbeits- und Wirtschaftsleben eine besondere Bedeutung einnimmt. Sie ist praktisch die Vorstufe zur Einbürgerung.

3. Die Aufenthaltszeit,

die eine gesetzliche Voraussetzung für die Aufenthaltsberechtigung ist, beträgt mindestens fünf Jahre. In dieser Zeit muß der Ausländer rechtmäßig in der BRD seinen Aufenthalt gehabt haben. Die Frage, ob sich ein Ausländer berechtigt in der BRD aufhält und ob er entsprechend § 8 die fünfjährige Aufenthaltszeit erfüllt hat, richtet sich allein danach, ob er in dieser Zeit im Geltungsbereich des AuslG rechtmäßig gewohnt hat. Hat sich ein Ausländer in der SBZ aufgehalten, dann kann nur die Zeit berücksichtigt werden, die er bis 1948 im gemeinsamen deutschen Gebiet verbracht hat. Das *VG*

Berlin will in seinem Urteil vom 16. 11. 1956 — VG I A 492.56 — weitergehen und mehr die Rechtseinheit Berlins und Deutschlands, die trotz der politischen Spaltung soweit wie möglich anzuerkennen sei, auch bei Aufenthaltserlaubnissen berücksichtigt wissen. Der Wortlaut des § 8 folgt dieser Rechtsansicht nicht. Auch eine Aufenthaltszeit in den polnisch oder sowjetisch verwalteten deutschen Ostgebieten kann daher nicht auf die Aufenthaltszeit in der BRD angerechnet werden. Zu der Frist zählt aber die Zeit, in der ein Ausländer entsprechend § 21 Abs. 3 seinen Aufenthalt in Deutschland genommen und hier die AE beantragt hat, wenn ihm später die AE erteilt wird. In dieser Zeit hat er erlaubt und damit rechtmäßig seinen Aufenthalt in der BRD gehabt.

4. Eingliederung

Sachliche Voraussetzung für die Erteilung der AE als Aufenthaltsberechtigung ist, daß der Ausländer sich in das *wirtschaftliche und soziale Leben in der BRD eingefügt* hat. Diese Formulierung erinnert an die Voraussetzungen für eine Einbürgerung, so daß die Erteilung der Aufenthaltsberechtigung als „kleine Einbürgerung" bezeichnet werden kann. Die gesamten Voraussetzungen, insbesondere nach den Einbürgerungsrichtlinien für eine Einbürgerung brauchen für die Aufenthaltsberechtigung noch nicht vorzuliegen. Der Ausländer braucht nicht in die deutsche Volksgemeinschaft hineingewachsen zu sein und sich etwa als Deutscher zu fühlen. Er braucht sich nicht deutscher Art und Sitte angepaßt und sich mit Land und Volk und der deutschen öffentlichen Ordnung innerlich verbunden zu haben. Er braucht weiterhin nicht die deutsche Sprache in Wort und Schrift zu beherrschen und sich die Kulturgüter angeeignet zu haben. Er kann weiter Ausländer im weitesten Sinne geblieben sein.

Trotzdem werden aber die gesetzlichen Voraussetzungen für eine Einbürgerung nach § 8 RuStAG auch bei einer Aufenthaltsberechtigung vorliegen müssen. Der Ausländer muß seinen ständigen Wohnsitz in der BRD und hier seine zentralen Lebensinteressen haben. Er darf nicht bescholten sein und muß sich und seine Angehörigen durch eigene Arbeit ernähren können. Hierzu gehören nicht nur die engeren Familienmitglieder, sondern auch sämtliche Verwandten auf- und absteigender Linie, denen er zum Unterhalt verpflichtet ist. Der Ausländer wird auch einen ständigen und dauerhaften Arbeitsplatz mit der Aussicht auf Beibehaltung haben müssen, damit die wirtschaftlichen Voraussetzungen, unter denen er sein Leben in Deutschland gestalten kann, erfüllt sind. Außerdem gehört dazu, daß er ausreichenden Wohnraum für sich und ggf. seine Familie hat. Insgesamt muß die wirtschaftliche Existenz gesichert sein (im Einbürgerungsverfahren vgl. *BVerwGE* 6, 207). Der Ausländer kann sich nicht darauf berufen, daß er eine Rente oder gar eine Sozialunterstützung bezieht. Die gesetzlichen Voraussetzungen haben nicht nur den Zweck, den deutschen Staat von finanziellen Lasten freizuhalten, der Ausländer muß auch gewisse Voraussetzungen für die wirtschaftliche und soziale Einfügung in Deutschland erfüllen. Auch wenn ein Ausländer, der Sozialunterstützung bezieht, vielleicht wegen des Europäischen Fürsorgeabkommens nicht ausgewiesen wird, so ist dies trotzdem ein Grund, ihm die Aufenthaltsberechtigung zu verweigern. Auch eine Rente darf die Sozialunterstützung nicht nur wenig übersteigen. Zur wirtschaftlichen Existenz gehört mehr als nur ein vertraglicher Anspruch auf Rente, wenn er nur ein Existenzminimum garantiert. Ein Ausländer, der z. B. die Gebühren nach der GebVAuslG nicht bezahlen kann, weil er bedürftig ist, oder der in Rechtsstreitigkeiten die Gerichtsgebühren nicht bezahlen kann oder seine Miete nicht aufbringt, ist wirtschaftlich nicht gesichert. Eine Aufenthaltsberechtigung kommt nicht in Betracht.

Auch in das soziale Leben muß sich der Ausländer eingefügt haben. Er muß Versicherungen abschließen, die nicht nur gesetzlich, sondern üblicherweise von jedem erwartet werden. Hierzu gehört insbesondere eine Krankenversicherung, die die öffentliche Hand bei einem plötzlichen Krankheitsfall frei hält. Er muß hierzu, wenn es üblich ist, noch eine Zusatzversicherung für einen Krankenhausaufenthalt abgeschlossen haben, der insoweit eine völlige Sicherstellung bietet. Eine Aufenthaltsberechtigung kann aber auch dann nicht gegeben werden, wenn ein Rentenanspruch nicht oder noch nicht in der Höhe entstanden ist, der bei Unglücksfällen, insbesondere bei Berufsunfällen, eine völlige Sicherstellung des Ausländers und seiner Familie garantiert, dies auch dann, wenn er von seiner Ehefrau getrennt lebt oder geschieden ist.

5. *Ermessen*

Ein Ausländer, der die gesetzlichen Voraussetzungen für die Aufenthaltsberechtigung erfüllt, hat *keinen Anspruch* darauf, daß ihm die Aufenthaltsberechtigung gegeben wird. Dies trifft insbesondere auf Ausländer zu, die zu einem von vornherein nur vorübergehenden Zweck eingereist sind, auch wenn sie sich über fünf Jahre in Deutschland aufhalten. Dazu gehören Studenten, selbst wenn sie zehn Jahre in Deutschland einem Studium nachgegangen sind. Gerade bei Studenten aus Entwicklungsländern ist davon auszugehen, daß sie nach Abschluß auch eines längeren Studiums in ihr Heimatland zurückgehen sollen. Im übrigen haben sich in der Mehrzahl der Fälle auch Studenten noch nicht in das wirtschaftliche und soziale Leben eingefügt. Sie werden, selbst wenn sie einen Arbeitsplatz haben, noch keinen Rentenanspruch haben und keine Arbeit, deren längere Dauer man beurteilen kann, ausüben. Es ist meist noch nicht bekannt und nicht zu beurteilen, ob und wie sie sich in das Arbeitsleben einfügen und ob sie bei einem selbständigen Leben ohne Stipendium oder Zuschüsse aus dem Heimatland in der Lage sind, ein geordnetes Leben zu führen. Hierzu gehören auch die Gastarbeitnehmer, die nur zu einer von vornherein vorübergehenden Arbeitsleistung hereingekommen sind.

6. Wirkung der Aufenthaltsberechtigung

Durch die Aufenthaltsberechtigung wird einem Ausländer eine verhältnismäßig *starke Rechtsstellung* in der BRD verliehen. Die Möglichkeit der Ausweisung ist gemäß § 11 erheblich eingeschränkt. Nur bei Vorliegen des Tatbestandes nach § 10 Nr. 1 und 2 ist eine Ausweisung möglich oder wenn die übrigen Gründe des § 10 besonders schwerwiegen. Sie haben zwar noch nicht eine Rechtsstellung wie die heimatlosen Ausländer und die Asylberechtigten; ihre Rechtsstellung kommt diesem Flüchtlingskreis jedoch sehr nahe. Mit der Bestimmung, daß Aufenthaltsberechtigte nur unter erschwerten Voraussetzungen ausgewiesen werden dürfen, geht der § 8 über das Europäische Niederlassungsabkommen (Art. 3 Abs. 3) hinaus, das diese Einschränkung erst nach zehnjähriger Aufenthaltsdauer eintreten läßt.

§ 9

Beendigung der Aufenthaltserlaubnis, der Aufenthaltsberechtigung und der Befreiung

(1) Die Aufenthaltserlaubnis (§ 5) und die Aufenthaltsberechtigung (§ 8) erlöschen, wenn der Ausländer

1. keinen gültigen Paß oder Paßersatz mehr besitzt,

2. seine Staatsangehörigkeit wechselt oder verliert,

3. das Bundesgebiet aus einem seiner Natur nach nicht vorübergehenden Grunde verläßt oder

4. ausgewiesen wird (§ 10).

Nummer 2 ist auf Asylberechtigte (§ 28) mit der Maßgabe anzuwenden, daß an die Stelle der Staatsangehörigkeit die Anerkennung als Asylberechtigter tritt.

(2) Die Befreiung (§ 2 Abs. 2 und 3) entfällt, wenn der Ausländer ausgewiesen (§ 10) oder abgeschoben (§ 13) wird. Diese Wirkung der Ausweisung und der Abschiebung kann befristet werden. Die Frist kann durch die Behörde, die den Ausländer ausgewiesen oder abgeschoben hat, nachträglich verlängert oder verkürzt werden.

Der § 9 enthält nicht alle Gründe, die eine AE beenden. Er enthält im Abs. 1 Nr. 1 bis 3 Umstände, die von dem Willen und den Handlungen der Ausländerbehörden unabhängig sind. Nr. 4, der Ablauf einer befristeten AE und ihr Widerruf, sind weitere Maßnahmen, die zu einer Beendigung führen.

Nr. 1 ist die notwendige Folge von § 4. Die AE erlischt auch, wenn ein Personalausweis ungültig geworden ist.

Welches ein seiner Natur nach nicht vorübergehender Grund beim Verlassen des Bundesgebietes ist, ist an objektiven und subjektiven Umständen zu beurteilen. Ein Aufenthalt im Ausland auch von einigen Monaten kann durchaus noch vorübergehender Art sein, wenn er einem Besuch oder einer Reise dient. Hat der Ausländer aber während der Abwesenheit eine Erwerbstätigkeit aufgenommen, deutet dies mehr auf zunächst endgültiges Verlassen hin. Es macht keinen Unterschied, ob der Ausländer sich in seinem Heimatland oder in einem anderen Ausland aufgehalten hat. Ist aus seinem Paß zu ersehen, daß er während seiner Abwesenheit von einem anderen Staate eine AE erhalten hat, die nicht nur Besuchszwecken dient, ist stets von einem Erlöschen der AE auszugehen.

Eine wesentliche Rolle bei der Beurteilung spielt die Länge der Abwesenheit und der Zweck. Ist der Ausländer etwa innerhalb eines Jahres nicht zurückgekehrt, liegen die Voraussetzungen von Abs. 1 Nr. 3 meist vor, wenn nicht besondere Gründe (z. B. längere Krankheit) nachgewiesen oder glaubhaft gemacht werden. Die Ableistung des Wehrdienstes im Heimatland wird ebenfalls stets zum Erlöschen der AE führen. Dieser Zweck ist zwar ein vorübergehender, aber nicht ein seiner Natur nach vorübergehender Grund. Die Absicht bei der Ausreise, in Kürze zurückzukehren, ist bei einer längeren Abwesenheit ohne Einfluß auf die gesetzlichen Auswirkungen.

Ist die AE etwa durch Paßungültigkeit erloschen, lebt sie nicht wieder auf, wenn die Erlöschensursachen etwa durch Paßverlängerung behoben sind.

§ 10

Ausweisung

(1) Ein Ausländer kann ausgewiesen werden, wenn

1. **er die freiheitliche demokratische Grundordnung oder die Sicherheit der Bundesrepublik Deutschland gefährdet,**
2. **er wegen eines Verbrechens oder Vergehens oder wegen einer Tat verurteilt worden ist, die im Geltungsbereich dieses Gesetzes ein Verbrechen oder Vergehen wäre,**
3. **gegen ihn eine mit Freiheitsentziehung verbundene Maßregel der Sicherung und Besserung, die Unterbringung in einer Arbeitseinrichtung oder Heil- oder Pflegeanstalt angeordnet oder Fürsorgeerziehung in einem Heim durchgeführt wird,**
4. **er gegen eine Vorschrift des Steuerrechts einschließlich des Zollrechts und des Monopolrechts oder des Außenwirtschaftsrechts oder gegen Einfuhr-, Ausfuhr-, Durchfuhr- oder Verbringungsverbote oder -beschränkungen verstößt,**
5. **er gegen eine Vorschrift über die Ausübung eines Berufs oder Gewerbes oder einer unselbständigen Erwerbstätigkeit verstößt,**

6. er gegen eine Vorschrift des Aufenthaltsrechts verstößt,
7. er gegenüber einer amtlichen Stelle zum Zwecke der Täuschung unrichtige Angaben über seine Person, seine Gesundheit, seine Familie, seine Staatsangehörigkeit, seinen Beruf oder seine wirtschaftlichen Verhältnisse macht oder die Angaben verweigert,
8. er bettelt, der Erwerbsunzucht nachgeht oder als Landstreicher oder Landfahrer umherzieht,
9. er die öffentliche Gesundheit oder Sittlichkeit gefährdet,
10. er den Lebensunterhalt für sich und seine unterhaltsberechtigten Angehörigen nicht ohne Inanspruchnahme der Sozialhilfe bestreiten kann oder bestreitet oder
11. seine Anwesenheit erhebliche Belange der Bundesrepublik Deutschland aus anderen Gründen beeinträchtigt.

(2) In den Fällen des Absatzes 1 Nrn. 4 und 9 dürfen den mit der Ausführung dieses Gesetzes betrauten Behörden die erforderlichen Auskünfte erteilt werden.

Übersicht

1. *Entwicklung*

a) Gesetzgebungsverfahren. Die Ausweisungstatbestände entsprechen im wesentlichen denen des § 5 APVO. Es sind sowohl im BR sowie in den Beratungen des BT Erörterungen darüber angestellt, ob und in welchem Umfange die einzelnen Tatbestände beibehalten werden sollen. Bedeutsam erscheint, daß der BR sich damit auseinandergesetzt hat, ob ein Teil der Bestimmungen, deretwegen eine Ausweisung erlassen werden kann, zu Mußbestimmungen erhoben werden sollten. Dies erscheint besonders für die Praxis und für die Frage der Ausübung des Ermessens bedeutsam, daß man unter gewissen Umständen sogar an eine obligatorische Ausweisung gedacht hat. Von der Einführung der Mußausweisung ist jedoch abgesehen worden, um das Ermessen der Behörde nicht einzuschränken und um die Vielfalt der staatlichen und privaten Interessen zu berücksichtigen. Besonderes Gewicht wurde darauf gelegt, daß der Begriff der Gefährdung der öffentlichen Gesundheit als Ausweisungstatbestand entsprechend der internationalen Gepflogenheit eingefügt wurde. Der frühere Abs. 2 im RegEntw. ist gestrichen worden. Er hatte ausgeschlossen, daß sich ein Ausländer in den Fällen Nr. 1, 2, 6 und 7 darauf beruft, daß die Ausweisung nicht das angemessene Mittel sei. Die Verhältnismäßigkeit ist daher auch in diesen Fällen zu prüfen. Den Ausschlag für die Beibehaltung der einzelnen Tatbestände an Stelle einer Generalklausel ergab ein Vergleich mit dem ausländischen Recht.

b) Verhältnis zur APVO. Als Ausweisungsgrund ist nicht mehr aufgenommen worden, daß ein Ausländer arbeitsscheu ist. Die Praxis hat gezeigt, daß diese Feststellung von den Verwaltungsgerichten nach Möglichkeit dahingestellt geblieben ist (u. a. Urteil vom 3. 5. 1957 — *VG Berlin* I A 30.57). Liegen diese Voraussetzungen vor, können erhebliche Belange nach § 10 Nr. 11 berührt sein. Im allgemeinen wird derjenige, der arbeitsscheu ist, auch dem Sozialamt zur Last fallen und die Tatbestände Nr. 10 erfüllen. Auch die Verstöße gegen die Meldeverpflichtungen sind nicht ausdrücklich vermerkt. Sie werden in Nr. 6, gegebenenfalls auch in Nr. 11 miterfaßt.

2. *Allgemeine Zulässigkeit der Ausweisung*

Die Ausweisung ist nach dem *Völkerrecht*, nach *internationalen Verträgen* und nach dem *Grundgesetz* zulässig. Das Ausweisungsrecht gegenüber Ausländern, die eine Gefahr für die öffentliche Ordnung des Aufenthaltsstaates bedeuten, ist als ein auf dem Völkerrecht beruhendes, aus dem Grundsatz der Selbsterhaltung des Staates folgendes Recht allgemein anerkannt (*Berber, Lehrbuch des Völkerrechts*, Bd. I 1960, S. 384, 385). Auch gegenüber Ausweisungen aus anderen Gründen kann sich der Ausländer nicht auf das Völkerrecht berufen (vgl. Art. 25 GG). Es gibt keinen völkerrechtlichen Rechtssatz, wonach der Ausländer ohne weiteres dieselben Aufenthalts- und Niederlassungsrechte wie ein Inländer hat (*BVerwG* I C 183.54, U. v. 9. 5. 1957).

In der MRK ist bestimmt, daß niemand einer unmenschlichen Behandlung unterworfen werden darf (im Zusammenhang mit der Ausweisung vgl. *VGH Stuttgart* in DÖV 1954, 223 und *Jellinek: Die Bundesausweisung, in Festschrift für Karl Wilfinger* 1954, S. 109 ff.). Das internationale Recht enthält keine Freizügigkeit. Die Ausweisung als solche ist grundsätzlich keine unmenschliche oder erniedrigende Strafe oder Behandlung im Sinne des Art. 3 MRK (*BVerwGE* 3, 58; *VGH Mannheim* in GewArch. 1963, 44). Eine unmenschliche Behandlung kann auch nicht schon darin gesehen werden, daß ein Ausländer in einen Ostblockstaat abgeschoben und möglicherweise der dortigen Justiz unterworfen wird (vgl. *OVG Berlin* I a B 49.59, Beschl. v. 28. 9. 1960). Es fällt überhaupt schwer, eine Aufforderung an einen Ausländer, in sein Heimatland zurückzugehen, als unmenschlich zu empfinden. Selbst eine oftmals vorgetragene gesundheitsungünstige Auswirkung für den Ausländer, wenn er in sein Heimatland zurückkehren würde, ist nicht von entscheidender Bedeutung. Die Lebenserfahrung steht dem entgegen, da u. a. Tb-Kranke gerade in klimatisch wärmere Gegenden — z. B. sogar nach Ägypten — geschickt werden, das ebenfalls kein mitteleuropäisches Klima hat. Aber selbst eine ungünstige Beeinflussung reicht nicht aus, um eine unmenschliche Behandlung anzunehmen. Eine solche könnte nur dann gegeben sein, wenn der Ausländer in seinem gesamten Heimatlande keinen Platz finden würde, an dem seine Krankheit nicht ungünstig beeinflußt wird, oder der Ausländer in den sicheren Tod oder in das Siechtum geschickt würde. Dazu gehört aber ein sicherer Nachweis (vgl. *OVG Berlin* I a B 31.58 U. v. 23. 11. 1960).

§ 10 verstößt auch nicht gegen das GG, insbesondere Art. 2. Die Wertordnung, die das GG u. a. in Art. 2 aufgestellt hat (vgl. *BVerfG* in DVBl. 1957, 200), schließt eine Beschränkung der Aufenthaltsrechte nicht aus (so auch *BVerwG* I C 183.54, U. v. 9. 5. 1957). Die Bestimmung des § 10 ist eine wirksame Einschränkung des Art. 2 GG (vgl. *BVerwGE* 3, 59), da diese Vorschrift im Einklang mit den obersten Grundwerten der freiheitlich demokratischen Grundordnung steht und die Würde des Menschen nicht verletzt oder geistige, politische oder wirtschaftliche Freiheit des Menschen so einschränkt, daß Art. 2 GG in seinem Wesensgehalt angetastet würde (*VG Berlin* II A 154.64, U. v. 21. 6. 1965). Auch Art. 3 GG verbietet dem Gesetzgeber nicht, zwischen Ausländern und Inländern sowie zwischen Deutschen und Nichtdeutschen sachliche Unterschiede zu machen (vgl. auch *OVG Koblenz* in DÖV 1956, 380).

Eine Ausweisung nach Verurteilung ist kein Verstoß gegen Art. 103 Abs. 3 GG und widerspricht nicht dem Grundsatz ne bis in idem (vgl. *BVerwG* I B 110.62, Beschl. v. 6. 8. 1962). Im allgemeinen haben das Strafgericht und die Ausländerbehörde einen verschiedenen Sachverhalt zu prüfen, nämlich das Strafgericht den Straftatbestand und die Verwaltungsbehörde das Urteil, sei es rechtskräftig oder nicht rechtskräftig. Wenn vor dem Urteil die Behörde eine Ausweisung verfügt und sich dabei auf die Straftat bezieht, dann haben wohl das Strafgericht und die Verwaltungsbehörde den gleichen Sachverhalt zu prüfen, aber unter verschiedenen Gesichtspunkten zu würdigen, nämlich das Strafgericht unter dem der Strafbarkeit und die Verwaltungsbehörde unter dem der Ausweisung.

3. *Europäisches Recht*

a) Das *Europäische Niederlassungsabkommen* vom 13.12.1955 (BGBl. II 1959, 998) ist nach fast zehnjähriger Wartezeit in Kraft getreten. Gemäß Art. 4 Abs. 2 des Zustimmungsgesetzes (ebenda S. 997) mußte das Inkrafttreten im BGBl. bekanntgegeben werden; die Bekanntmachung v. 30. 7. 1965 ist nunmehr im BGBl. II 1965 S. 1099 erfolgt. Es war als Vertragsrecht zwischen mehreren Staaten auch in seinem Inhalt nicht Völkerrecht geworden, als daß es auf dem Wege des Art. 25 GG schon Geltung haben konnte. Die insbesondere in dem Art. 3 festgelegten Grundsätze schränken die Ausweisungsmöglichkeiten nach § 10 grundsätzlich nicht mehr ein als § 11. Schon unter Berücksichtigung des § 5 APVO hat das *OVG Münster* (in DÖV 1962, 633 Nr. 210) eine Einschränkung nicht gesehen.

b) Die *EWG* hat bisher noch keine Änderung oder Einschränkung der Ausweisung gegenüber Staatsangehörigen der EWG gebracht. Die Ausweisung ist im EWG-Vertrag vereinbart. Art. 48 Abs. 3 und Art. 56 Abs. 1 (BGBl. II 1957, 806) heben hervor, daß Sonderregelungen für Maßnahmen, die aus Gründen der öffentlichen Ordnung, Sicherheit oder Gesundheit gerechtfertigt sind, weiter gelten. Ebensowenig schließt die VO Nr. 15 des Rates der EWG eine Ausweisung aus den gleichen Gründen aus. Die AVV zur APVO (GMBl. 1962, 263) bindet bei der Erteilung der AE zwar das behördliche Ermessen, nicht aber das Ermessen bei Ausweisungen (vgl. Nr. 4 Abs. 2 AVV zur APVO). In der EWG-VO Nr. 15 — jetzt EWG-VO Nr. 38 — ist vereinbart, daß Maßnahmen aus Gründen der öffentlichen Sicherheit und Ordnung unberührt bleiben. Sämtliche im § 10 aufgeführten Tatbestände sind Maßnahmen der öffentlichen Sicherheit und Ordnung. Sie sind daher unbeschränkt gültig (zur Ausweisung von EWG-Staatsangehörigen wegen strafbarer Handlungen vgl. *OVG Münster* in DVBl. 1964, 593).

Die Geltung des § 10 wird auch nicht durch Art. 69 des Vertrages über die Gründung der Europäischen Gemeinschaft für Kohle und Stahl vom 18. 4. 1951 (BGBl. II 1952, 445/447; 1960, 1537) (EGKS-Vertrag) beeinträchtigt. Auch hier gilt die Freizügigkeit nur vorbehaltlich der Beschränkungen, die sich aus den grundlegenden Erfordernissen der Gesundheit und der öffentlichen Ordnung ergeben.

c) Die Ausweisung von Staatsangehörigen, mit deren Staaten die BDR einen *Freundschafts- oder Niederlassungsvertrag* abgeschlossen hat, ist ebenso möglich wie die Ausweisung von EWG-Staatsangehörigen. Die Ausweisung ist weiterhin auf § 10 zu stützen. In jedem Einzelfall ist jedoch noch zu prüfen, ob die in den jeweiligen Vorschriften aufgeführten Gründe der Staatssicherheit, der öffentlichen Sicherheit und Ordnung, der Gesundheit oder der Sittlichkeit die Ausweisung erforderlich machen. Die neue gesetzliche Regelung hat sich bereits den Niederlassungsverträgen angepaßt, so daß die Regeln des § 10 mit der Einschränkung des § 11 auch auf die Staatsangehörigen der Vertragsstaaten Anwendung finden.

Folgende Niederlassungsverträge sind bekannt:

Dominikanische Republik	(BGBl. II 1959, 1468; 1960, 1874)
Frankreich	(BGBl. II 1957, 1661)
Griechenland	(BGBl. II 1962, 1505; 1963, 912)
Italien	(BGBl. II 1959, 249; 1961, 1662)
Persien	(RGBl. II 1930, 1006; Weitergeltung BGBl. II 1955, 829)
Schweiz	(GMBl. 1959, 22)
Thailand	(RGBl. II 1938, 51)
Türkei	(RGBl. II 1927, 76)
USA	(BGBl. II 1956, 487)

Auch das Grenzarbeitnehmer- und Gastarbeitnehmer-Übereinkommen zwischen den Regierungen Belgiens, Frankreichs, Luxemburgs, der Niederlande, Großbritanniens vom 17. 4. 1950, dem die Bundesrepublik beigetreten ist (BGBl. II 1960, 437, 440; Bek. v. 3. 5. 1961, BGBl. II 1961, 570), enthält keine Einschränkung der Ausweisung von Ausländern. Durch die Grenzarbeitnehmerkarte erwerben sie kein Recht zum dauernden Aufenthalt im Bundesgebiet, noch werden Ausweisungen erschwert (*OVG Münster* in DVBl. 1964, 596). Die Grenzarbeitnehmer werden nur nach Maßgabe des Art. 6 sozial und arbeitsrechtlich den Inländern gleichgestellt.

4. Alliiertes Recht in Berlin

In Berlin (West) hat sich die *Alliierte Kommandantur Berlin* Rechte hinsichtlich der Ausweisung von Ausländern vorbehalten. Gemäß Gesetz Nr. 8 der All. Komm. Berlin vom 28. 4. 1950 (VOBl. 1950, 165) ist sie berechtigt, neben dem Polizeipräsidenten in Berlin Ausländer aus dem Gebiet von Berlin (West) auszuweisen. Das gleiche Recht steht jedem Sektor-Kommandanten für den Bereich seines Sektors zu. Die Alliierte Kommandantur prüft auch die von der Ausländerbehörde angeordneten Ausweisungen und gibt vereinzelt Anweisungen, daß bestimmte Ausländer aus dem Gebiete Berlins von der Berliner Ausländerbehörde ausgewiesen werden.

5. Ausweisung ehemals deutscher Staatsangehöriger

Ehemals deutsche Staatsangehörige, die die deutsche Staatsangehörigkeit nicht mehr besitzen, unterliegen keiner Beschränkung gegenüber Ausweisungen. Ob und in welchem Umfange die ehemalige deutsche Staatsangehörigkeit berücksichtigt werden soll, ist im Einzelfall zu entscheiden und ggf. bei der Ermessensausübung zu berücksichtigen. Diese Personen sind Ausländer. § 10 findet uneingeschränkte Anwendung (vgl. § 1 Anm. 4).

6. *Ausweisung und Art. 6 GG*

Nach Art. 6 GG stehen *Ehe und Familie* unter dem besonderen Schutz der staatlichen Ordnung. Das bedeutet nicht nur, daß die öffentlichen Gewalten positiv alle Maßnahmen ergreifen müssen, um Ehe und Familie zu erhalten, sondern auch sich jedes unberechtigten Eingriffs zu enthalten haben. Art. 6 ist ein allgemeines Grundrecht, das auch Ausländern zusteht. Danach ist bei einem Vorgehen gegen einen Ausländer zu prüfen, welche Wirkungen sich für die Ehe oder Familie ergeben. Wenn die Ehe oder Familie in ihrem Zusammenhalt oder im Bestand gefährdet wird, ist das Interesse am Schutz der Familie mit den sonstigen öffentlichen Interessen abzuwägen (*BVerwG* in DVBl. 1957, 57).

Die Rechtsprechung ist bisher nicht den Weg gegangen, einen objektiven, für jeden klar erkennbaren Maßstab aufzustellen, in welchen Fällen bei einer Ausweisung der Bestand der Ehe oder der Zusammenhalt innerhalb der Familie gefährdet werden würde und wo die Grenzen sind, von der Ehefrau zu erwarten, daß sie ihrem Ehemann in sein Heimatland folgt. Die Frage der Zumutbarkeit ist jedenfalls nicht abhängig gemacht worden von dem Heimatland des Mannes. Dies ist entschieden für Italien (*BVerwG* I C 1.54 U. v. 15. 12. 1955), für Österreich (*BVerwG* I B 98.59 Beschl. v. 18. 8. 1959; *VG Berlin* II A 173.64 U. v. 8. 3. 1965), für Jugoslawien (*BVerwG* I B 119.59 Beschl. v. 4. 11. 1959; *BayVGH* Nr. 74 VIII 54), für Ägypten (*VG Berlin* I A 227.63 Beschl. v. 14. 9. 1963). Zu der Frage, in welchem Umfang in die Rechte der Ehe und Familie eingegriffen werden darf, stellt auch Art. 8 MRK eine Richtlinie auf. Danach ist der Eingriff nur statthaft, wenn er gesetzlich vorgesehen ist und eine Maßnahme darstellt, die in einer demokratischen Gesellschaft für die nationale Sicherheit, die öffentliche Ruhe und Ordnung, das wirtschaftliche Wohl des Landes, die Verteidigung der Ordnung und zur Verhinderung von strafbaren Handlungen, zum Schutz der Gesundheit und der Moral oder zum Schutz der Rechte und Freiheiten anderer notwendig ist.

Bei bestehender Ehe ist in der Regel davon auszugehen, daß die Ehepartner, wenn sie nicht beide die inländische Staatsangehörigkeit besitzen, mit der Verlegung des ehelichen Wohnsitzes ins Ausland von vornherein rechnen müssen und die Verlegung des ehelichen Wohnsitzes nicht ohne weiteres zu einer Gefährdung für den Bestand der Ehe führt. Von der Ehefrau kann im allgemeinen erwartet werden, daß sie ihrem ausländischen Ehemann ins Ausland folgt ohne Rücksicht darauf, welches Ausland der Heimatstaat des Ehemannes ist (so die einhellige und ständige Rechtsprechung der Verwaltungsgerichte, vgl. *BVerwG* I B 98.59 Beschl. v. 18. 8. 1959; *BVerwG* I B 119.59 Beschl. v. 14. 11. 1959; *BVerwG* I C 1.54 U. v. 15. 12. 1955; *OVG Berlin* I B 44.62 U. v. 18. 12. 1963; *VG Berlin* II A 173.64 U. v. 8. 3. 1965). Eine Ehefrau, die einen Ausländer heiratet, muß grundsätzlich damit rechnen, daß sie ihrem Ehemann ins Ausland zu folgen hat (*BVerwG* I B 119.59 Beschl. v. 4. 11. 1959). Auf Art. 6 GG kann sich eine deutsche Ehefrau, die mit einem Ausländer verheiratet ist, nur dann berufen, wenn weitere Umstände hinzutreten, die ihre Weigerung, dem Ehemann ins Ausland zu folgen, begründet erscheinen läßt. Sind solche Gründe erwiesen, wird durch die berechtigte Weigerung eine Gefährdung der Ehe eintreten; dann sind die öffentlichen und privaten Interessen gegeneinander abzuwägen mit dem möglichen Ergebnis, daß bei überwiegenden privaten Interessen von der Ausweisung abgesehen werden muß. Auch unter Berücksichtigung seiner ehelichen Pflichten müßte es nicht zumutbar sein, dem ausgewiesenen Ausländer ins Ausland zu folgen (*BVerwG* I C 114.59 U. v. 27. 2. 1962). Grundsätzlich ist auch nichts Unmenschliches im Sinne des Art. 8 MRK darin zu erblicken, daß die Ehefrau infolge der Ausweisung ihres Ehemannes gezwungen ist, ebenfalls in das Heimatland des Ehemannes zu gehen.

Im allgemeinen liegt es in der Hand der Ehefrau, ob sie ihrem Ehemann ins Ausland folgt. Die Erklärung der deutschen Ehefrau, daß sie dies nicht tue, reicht nicht aus um festzustellen, daß die Behörde bei der Ausweisung die Grenzen des ihr zustehenden Ermessens überschritten hat (*BVerwG* I C 114.59 U. v. 27. 2. 1962). Durch die Erklärung, ihrem Ehemann nicht folgen zu wollen, ist eine Ausweisung nicht schon nach Art. 6 GG als unzulässig anzusehen. Damit würde nicht die Ausweisung an sich, sondern die Weigerung der Ehefrau, ihrem Ehemann bei Durchführung der Ausweisung zu folgen, den Bestand der Ehe gefährden. Nur im Einzelfall und im Ausnahmefall mag solche Weigerung so begründet sein, daß dies bei der Durchführung der Ausweisung zu berücksichtigen ist (*BVerwG* I B 119.59 Beschl. v. 4. 11. 1959). Überwiegen bei der Abwägung die öffentlichen Interessen an der Entfernung eines Ausländers, ist ein Eingriff in das Ehe- und Familienleben des Ausländers zulässig. Denn Art. 6 GG stellt kein absolutes Ausweisungsverbot dar.

Zur Familie im Sinne von Art. 6 GG gehören nicht nur die ehelichen Kinder der Eheleute, sondern auch die unehelichen und vorehelichen Kinder eines Ehepartners; jedoch nur, wenn sie im Haushalt der Eheleute leben und noch nicht volljährig sind (*BVerwG* in DVBl. 1957, 57). Art. 6 GG erfaßt nicht die volljährigen Kinder und das Verhältnis zwischen den Eheleuten und deren Eltern oder Geschwistern. Der Zumutbarkeit, vorwiegend der Ehefrau, steht nicht entgegen, daß sie einen Grundbesitz in Deutschland hat. Materielle Überlegungen haben keine entscheidende Bedeutung bei der Abwägung der öffentlichen und privaten Interessen (*BVerwG* I B 98.59 Beschl. v. 18. 8. 1959).

Ehe und Familie stehen nur so lange unter dem besonderen Schutz der staatlichen Ordnung, als sie Bestand haben. Wenn eine Ehe geschieden ist und das Sorgerecht für die Kinder dem anderen Ehepartner übertragen worden ist, wirkt sich die Ausweisung weder auf den Bestand noch auf den Zusammenhalt nachteilig aus, so daß die den Schutz der Familie betreffenden Vorschriften nicht verletzt sind (vgl. *VG Berlin* I A 55.57 U. v. 23. 8. 1957). Auch die Tatsache, daß ein Elternteil, der ausgewiesen ist, sein Kind sehen möchte, steht einer Ausweisung nicht entgegen und wird verfassungsmäßig nicht geschützt. Es ist seine Angelegenheit, im Rahmen des § 15 Abs. 3 eine kurzfristige Einreise und eine AE zu beantragen oder sein Kind vorübergehend, meist in den Ferien, in sein Heimatland kommen zu lassen. Sollte eine Ehe nicht mehr bestehen, ist ein Familienzusammenhalt nur zu berücksichtigen, wenn zu den Kindern eine derartige Verbindung vorhanden ist, daß von einer, dem Wesen der Familie entsprechenden Lebensgemeinschaft zwischen dem ausgewiesenen Elternteil und den Kindern gesprochen werden kann (*VG Berlin* I A 58.58 U. v. 29. 5. 1958). Die blutsmäßige Abstammung begründet allein diese Gemeinschaft noch nicht, auch der ausländische Elternteil muß an Pflege und Erziehung der Kinder teilnehmen, sie überwachen und mitbestimmen (vgl. *VG Berlin* I A 151.58 U. v. 20. 6. 1958).

Diese Prüfungspflicht hat nach dem Inhalt des Art. 6 GG eine Grenze. Ein eheähnliches Verhältnis findet nach dem deutschen Recht keinen grundgesetzlichen oder gesetzlichen Schutz (*VG Berlin* I A 645.56 U. v. 30. 8. 1957). Eine Ehe ist dann nicht schutzwürdig, wenn die Eheleute getrennt leben (*VG Berlin* I A 12.58 U. v. 4. 3. 1958). Der Wunsch eines Ausländers, zum Zwecke der Ehescheidung in Deutschland zu bleiben, hat auf die Ausweisung keine Wirkung. Nach Art. 6 GG stehen zwar Ehe und Familie, nicht aber ein Verlöbnis unter dem besonderen Schutz des Staates (*VG Berlin* I A 370.57 U. v. 7. 1. 1958). Gleichermaßen ist auch in diesen Fällen Art. 8 MRK nicht berührt. Noch geringer ist die Angabe eines Ausländers, daß er in Deutschland eine Braut habe, die er gern heiraten möchte. Eine derart unbestimmte persönliche Bindung kann nicht beachtet werden (vgl. *VG Berlin* I A 589.53 U. v. 5. 2. 1954). Gleichermaßen ist von geringem Gewicht, wenn ein Ausländer während des Ausweisungsverfahrens eine deutsche Staatsangehörige heiratet. Dann kann man besonders davon ausgehen, daß die Ehefrau bei der Eheschließung von der Ausweisung gewußt und diese in Kauf genommen hat. Einer deutschen Staatsangehörigen ist dann in besonderem Maße zuzumuten, ihrem Ehemann in sein Heimatland zu folgen (vgl. *VG Berlin* I A 227.63 Beschl. v. 14. 9. 1963). Sollte die Ehefrau über das Bestehen der Ausweisung von ihrem Ehemann arglistig getäuscht worden sein und bei Kenntnis der Ausweisung und richtigen Würdigung des Wesens der Ehe sie von der Eingehung der Ehe abgehalten haben, könnte sie sogar nach § 33 EheG die Aufhebung der Ehe erreichen. Gerade bei der Eingehung der Ehe müssen beide Ehegatten wissen, daß der Ausländer durch die verfügte Ausweisung gezwungen werde, Deutschland zu verlassen (vgl. *BayVGH* Nr. 74 VIII 54 U. v. 16. 6. 1959).

Der Art. 6 GG in Verbindung mit Art. 3 GG hat noch weitere Auswirkungen. Nach § 5 Abs. 2 APVO war es möglich, ein Aufenthaltsverbot auch auf ausländische Familienangehörige zu erstrecken, bei denen die Voraussetzungen eines AV nicht vorlagen. Diese Bestimmung ist im AuslG fallengelassen worden. Es ist davon auszugehen, daß die Ehefrau, die eine intakte Ehe führt, in der Regel ohnehin Deutschland verlassen wird, wenn sie an der Ehe festhalten will. Gegen sie kann eine Ausweisung nur dann verfügt werden, wenn auch in ihrer Person die Voraussetzungen des § 10 vorliegen. Für die minderjährigen Kinder ist ebenfalls eine Erstreckung nicht möglich. Haben ein oder beide Elternteile das Bundesgebiet zu verlassen, ist es sinnvoll, die den Kindern erteilte AE, soweit sie einer solchen bedürfen, nicht mehr zu verlängern; solange ein Elternteil im Inland bleibt, würde es keinen Bedenken begegnen, daß die Kinder bei ihm bleiben, wenn genügend Mittel für ihren Unterhalt vorhanden sind. Eine andere Beurteilung der Frage über die Erteilung der AE an minderjährige Kinder bei Erlaß einer Ausweisung gegen die Eltern rechtfertigt sich in den Fällen, in denen die Kinder kurz vor dem Eintritt der Volljährigkeit stehen und in der Lage sind, selbständig ihr Leben zu führen.

7. Ermessen

a) Umfang des Ermessens. Die Ausländerbehörde ist zum Erlaß einer Ausweisung im Rahmen der Grenzen ihres *pflichtgemäßen Ermessens* ermächtigt, wenn Tatbestände des § 10 vorliegen. Das Ermessen ist weit gesteckt. Es besteht kein Anlaß, die in diesen Vorschriften enthaltenen Ermächtigungen für die Behörde eng oder enger auszulegen. (Vgl. *BVerwG* I C 166.56, *BVerwG* I C 167.56 Urteile v. 17. 1. 1957; *BVerwG* in DVBl. 1956, 232; *OVG Koblenz* in DÖV 1956, 380.) Das Ermessen ist frei, d. h. durch Gesetz nicht eingeschränkt, aber pflichtmäßig. (*VG Berlin* I A 645.56 U. v. 30. 8. 1957.) Der Ausländer hat keinen Rechtsanspruch auf Erteilung der AE, wenn die Voraussetzungen des § 10 vorliegen. Er hat aber einen Rechtsanspruch auf fehlerfreie Ausübung des Ermessens.

Das AuslG hat den Behörden einen weitgehenden Ermessensraum eingeräumt, um ihnen die Möglichkeit zu geben, die öffentlichen Interessen zur Geltung zu bringen. Zu diesen Interessen gehört auch die Aufrechterhaltung der öffentlichen Ordnung. Wenn ein Ausländer gegen sie verstoßen hat, kann ihm der Aufenthalt versagt werden. (*BVerwG* I B 173.60 Beschl. v. 5. 1. 1961 und I B 182.58 Beschl. v. 7. 3. 1959.) In welchem Umfange das Ermessen auszuüben ist vgl. *BVerwGE* 6, 188 und 10, 175. Die Ermessensentscheidung ist nur in dem Umfange zulässig, wie Sinn und Ziel der in Betracht kommenden Bestimmungen des § 10 es ermöglichen. Danach handelt es sich um eine Aufzählung von Beispielen, bei deren Vorliegen im einzelnen Fall der Ausspruch einer Ausweisung durch die Behörde regelmäßig gerechtfertigt ist (*VG Berlin* I A 689.56 U. v. 8. 3. 1957). In das Ermessen eingeschlossen ist auch der Umfang der für ein polizeiliches Einschreiten anzustellenden Ermittlungen (*BGH* in DVBl. 1962, 488).

Das Ermessen kann darauf gestützt werden, daß der Ausländer einen Mangel an Aufmerksamkeit und Achtung gegenüber den gesetzlichen Bestimmungen des Gastlandes gezeigt hat. Frühere Verfehlungen und Verstöße oder strafbare Handlungen können auch berücksichtigt werden, selbst wenn in der Zwischenzeit der Ausländer eine AE erhalten hat. Etwaige geschäftliche Verluste, die durch endgültige oder zeitweilige Ausreise des Ausländers eintreten könnten, brauchen nicht entscheidend zu sein. Es liegt im öffentlichen Interesse, daß Gesetze und Ordnung gewahrt werden. Hiergegen haben die persönlichen und auch die wirtschaftlichen Interessen des Ausländers zurückzutreten. Von einem Ausländer ist die strikte Einhaltung der Gesetze seines Gastlandes in besonderem Maße zu erwarten. Jedes Vergehen, so geringfügig es auch vom Strafgericht beurteilt werden mag, kann die Verwirkung eines Aufenthaltsrechts zur Folge haben. (*VG Berlin* I A 452.52 U. v. 4. 3. 1958.) Auch kleinere Verstöße gegen die öffentliche Ordnung rechtfertigen eine Ausweisung. Hierbei wird jedoch der Unrechtsgehalt gewertet werden müssen (*BVerwG* I B 95.60 Beschl. v. 13. 7. 1961).

Der Zeitpunkt der Ausweisung ist nicht entscheidend, wenn er auch in einem zeitlichen Zusammenhang mit den Verstößen stehen sollte. Wenn z. B. eine behördliche Entscheidung über die Ausweisung zurückgestellt wird, weil der Ausländer einen Asylantrag gestellt hat, kann er sich nicht darauf berufen, daß die nach Ablehnung des Asylantrages getroffene Entscheidung unverhältnismäßig lange gedauert hat. Die Ausweisung ist nicht ermessensfehlerhaft, auch wenn sie nach so langer Zeit ausgesprochen worden ist (*VG Berlin* I A 7.63 U. v. 15. 3. 1963).

Eine Ausweisung kann auch dann verfügt werden, wenn die Ausreise unmöglich ist (a. A. während der Geltung der APVO offensichtlich *VG Berlin* I A 55.57 U. v. 23. 8. 1957). Sollte die Ausreise oder zwangsweise Abschiebung auf tatsächliche Schwierigkeiten stoßen, ist die Duldung gemäß § 17 vorgesehen.

Ein Ausländer, der ausgewiesen wird und sich während des anschließenden Rechtsmittelverfahrens straffrei führt, kann sich ein Aufenthaltsrecht nicht während der Zeit der Anwesenheit erwerben. Die ordentliche Führung während der Dauer des schwebenden Rechtsmittelverfahrens kann die erlassene Ausweisung nicht ermessenswidrig machen. Ebenso muß ein Ausländer sich an die von ihm selbst abgegebenen Erklärungen halten, sonst erfüllt er die Voraussetzungen für die ihm gewährte Gastfreundschaft nicht mehr (*BVerwG* I C 174.58 U. v. 14. 7. 1959). Ermessensüberlegungen können mannigfaltig sein. Mißbräuchlich sind Überlegungen dann nicht, wenn die Behörde sich bemüht, eine finanzielle Belastung der öffentlichen Hand auszuschließen (*VG Berlin* II A 18/65 U. v. 24. 3. 1965).

Ausnahmsweise kann ein Ermessen aber dann fehlerhaft sein, wenn strittig ist, ob ein Ausländer nicht die deutsche Staatsangehörigkeit besitzt und der Betroffene jahrelang als Deutscher behandelt worden ist (*BVerwG* I B 28.60 Beschl. v. 4. 4. 1960).

Die Tatsache, daß ein Ausländer reiseunfähig ist, steht der Rechtsgültigkeit einer Ausweisung nicht entgegen. Dieser Zustand ist nur zeitlich bedingt und vorübergehender Natur.

b) Ausübung des Ermessens. Das Ermessen ist in jedem Falle auszuüben. Dies braucht nicht in der Form zu geschehen, daß sämtliche Gesichtspunkte gegeneinander gestellt werden. Die Behörde muß nur zu erkennen geben, aus welchen Gründen sie von der ihr durch § 10 gegebenen Ermächtigung Gebrauch macht. Wenn das Ermessen nicht ausgeübt wird, so handelt es sich nicht um einen Ermessensmißbrauch, weil das Ermessen noch gar nicht ausgeübt ist. Wenn die entscheidende Behörde das Ermessen nicht ausgeübt hat, kann dies von der Widerspruchsbehörde nachgeholt werden; denn beide Entscheidungen unterliegen der gerichtlichen Nachprüfung und sind als eine Einheit anzusehen.

Es ist nicht ermessensmißbräuchlich, wenn eine Ausweisung erlassen wird auch schon vor Ablauf der AE. Die Behörde muß sich nur darüber klar sein, daß sie einem erneuten Antrag auf Verlängerung einer neuen AE nicht entsprechen will (*BVerwG* I C 80.59 U. v. 26. 3. 1962). Allerdings liegt eine Verletzung der Ermessensausübung vor, wenn die Behörde von unrichtigen Tatsachen ausgeht, die zu beurteilenden Rechtsbegriffe fehlerhaft anwendet oder sie sich von unsachlichen Erwägungen leiten läßt (vgl. *BVerwGE* 7, 237).

c) Langer Aufenthalt. Ein Ausländer, der *in Deutschland geboren* ist und viele Jahre hier gelebt hat, kann ausgewiesen werden. Im Ermessen muß diese lange Zeit seines Aufenthalts jedoch berücksichtigt werden. Daß eine Ausweisung nicht gänzlich ausgeschlossen ist, geht schon aus dem HAG hervor. Auch ein heimatloser Ausländer, dem das Gesetz besondere, der Rechtsstellung der deutschen Staatsangehörigen stark angelehnte Rechte gegeben hat, darf nach § 23 HAG dann ausgewiesen werden, wenn Gründe der öffentlichen Sicherheit und Ordnung eine solche Maßnahme notwendig machen. Zumindest dann, wenn ein heimatloser Ausländer ausgewiesen werden könnte, kann auch ein Ausländer, der hier in Deutschland groß geworden ist, ausgewiesen werden (vgl. *VG Berlin* I A 700.56 U. v. 23. 3. 1957; ebenso *OVG Münster* in DÖV 1962, 622, das als Maßstab das Europäische Niederlassungsabkommen hinzuzieht und nach einer Aufenthaltsfrist von zehn Jahren nur Gründe der Sicherheit des Staates oder besonders schwerwiegende Gründe zur Aufrechterhaltung der öffentlichen Ordnung oder Sittlichkeit gelten läßt). Mit der Länge des Aufenthaltes nimmt auch die Schwere der Gründe zu, die zu einer Ausweisung führen können. Mehrfache und schwere Verstöße gegen die Gesetze, besonders gegen die Strafgesetze, rechtfertigen eine Verwarnung, daß der Betroffene bei weiteren Verstößen mit einer Ausweisung zu rechnen habe, und die Ausweisung selbst. (Vgl. *BVerwG* I C 99.58 U. v. 12. 5. 1959.)

d) Das *öffentliche Interesse* kann eine Ausweisung erforderlich machen; dies insbesondere dann, wenn die Tatbestände des § 10 vorliegen. Es kommt nicht darauf an, wie der Ausländer sich in Zukunft verhalten wird. Denn die Ausweisung ist nicht deshalb erlassen worden, weil die Besorgnis künftiger Straftaten begründet erscheint, sondern deshalb, weil der Kläger in der Vergangenheit die Gesetze seines Gastlandes mißachtet hat (*VG Berlin* I A 12.58 U. v. 4. 3. 1958). Eine Ausweisung gemäß § 10 Nr. 2 ist nicht eine Maßnahme, die nur vom Interesse der Gefahrenabwehr getragen ist. Sie ist auch keine repressive strafbare Handhabung. Sie hat keinen Strafcharakter und dient allein dem öffentlichen Interesse und der Sicherheit und Ordnung des Staates und der Öffentlichkeit (*BVerwG* I C 166.56 U. v. 10. 1. 1957). Die öffentlichen Interessen sind nicht nur polizeilicher Art, wie das *VG Berlin* in seinem Urteil vom 25. 10. 1963 — I A 106.63 — offensichtlich meint. Sie gehen weiter und umfassen alle Belange der Öffentlichkeit, insbesondere die Interessen der Bevölkerung.

e) Verhältnismäßigkeit. Auch die Maßnahmen der Ausländerbehörden unterliegen dem Grundsatz der *Verhältnismäßigkeit des Mittels* (*BVerwG* I C 192.58 U. v. 27. 1. 1959; *VG Berlin* I A 138.57 U. v. 18. 6. 1957). Die Behörde hat bei der Handhabung des ihr eingeräumten Ermessens ihre Entscheidungen nach sachlichen Gesichtspunkten unter gerechter und billiger Abwägung des öffentlichen Interesses und der Einzelinteressen zu treffen. Bei der Abwägung dieser Interessen wird allerdings das Interesse des Staates an der Abschiebung eines lästig gewordenen Ausländers stets entsprechend zu berücksichtigen sein. Der weit gefaßte Rahmen des Ausländergesetzes soll der Behörde die Möglichkeit geben, gegenüber den Ausländern das öffentliche Interesse mit Nachdruck zur Geltung zu bringen. In der Regel ist daher bei einer rechtskräftigen Verurteilung wegen eines Verbrechens oder Vergehens eine Ausweisung ohne weiteres gerechtfertigt. Nur wenn besondere Umstände hinzutreten, können sich Ausnahmen ergeben.

Einem Ausländer ist auch zuzumuten, in sein Heimatland zurückzukehren, wenn er dort einmal bestraft worden ist, selbst wenn er die Bestrafung nicht als rechtmäßig ansieht (*VG Berlin* I A 138.57 U. v. 18. 6. 1957). Die Verhältnismäßigkeit zwischen der Maßnahme und der Auswirkung ist gewahrt.

f) Ermessen nach Weisung. Eine Ermessensentscheidung liegt auch dann vor, wenn eine vorgesetzte Behörde die Ausländerbehörde mit einer *Weisung* versieht, eine Ausweisung zu verfügen. Es kommt nur darauf an, daß die gesetzliche Grundlage für eine Ausweisung gegeben ist und das, von welcher Behörde auch immer ausgeübte Ermessen sich in dem zulässigen Rahmen hält. (Vgl. *BVerwG* I B 197.55 Beschl. v. 9. 6. 1956; *BayVGH* Nr. 153 I 55 U. v. 18. 10. 1955.) Auch durch eine Weisung der vorgesetzten Behörde verliert die Entscheidung nicht den Charakter einer Ermessensentscheidung. Das gleiche gilt, wenn eine vorgesetzte Behörde eine Weisung genereller Art erteilt und die Ausländerbehörde auf Grund dieser Weisung handelt.

g) Örtliche Verhältnisse. Ausländer haben kein Recht auf Wohnsitzbegründung in einer bestimmten Stadt. Die Ausländerbehörde ist nicht gehindert, sich bei der Ausübung ihres Ermessens von den Besonderheiten der Lage ihres Bereichs leiten zu lassen. Es ist anerkannt, daß die Eigenarten der *örtlichen Verhältnisse*, so die Lage auf dem Arbeitsmarkt oder die Wohnungssituation, den Erlaß einer räumlich begrenzten Ausweisung zu rechtfertigen vermögen (vgl. *OVG Münster* in NJW 1954, 1821 und *VG Berlin* I A 723.56 U. v. 27. 12. 1957). Andererseits kann aber eine Ausweisung aus dem gesamten Bundesgebiet nicht mit einer speziellen Situation im Bereich der entscheidenden Behörde begründet werden, wenn diese Situation nicht auch auf die Mehrzahl der übrigen Bereiche zutrifft (vgl. *VG Berlin* I A 442.57 U. v. 4. 3. 1958).

8. Umfang der Begründung

Jede Ausweisung ist mit einer *Begründung* zu versehen (Grundsatz in *BVerwGE* 3, 58). Der Verwaltungsakt muß zumindest in dem Umfange begründet werden, wie die Gerichte zu einer Nachprüfung berufen sind. Bei Nichtbegründung kann der Mangel durch den Beschwerdebescheid behoben werden, wenn in ihm eine Begründung gegeben wird (vgl. auch *BVerwG* I C 99.58 U. v. 12. 5. 1959). Auch nachträglich bekannt gewordene Umstände können zur Rechtfertigung der Ausweisung und vorgesehenen Abschiebung herangezogen werden (vgl. *OVG Münster* in DÖV 1962, 633 Nr. 211).

Die Ausweisungsverfügung wird auch an Ausländer, die die deutsche Sprache nicht beherrschen, in deutscher Sprache verfaßt. Es ist Angelegenheit des Ausländers, den Inhalt sich übersetzen zu lassen und sich notfalls über einen Rechtsanwalt über die Bedeutung der Rechtsmittelfrist oder bei Hinterlegung auf einer Postanstalt die Bedeutung und den Fristablauf einer Hinterlegung erläutern zu lassen (vgl. *BVerwG* I B 204.55 Beschl. v. 11. 10. 1955).

9. Bestand von Ausweisungen

Auch eine Ausweisung, die nicht mehr anfechtbar ist oder rechtskräftig geworden ist, kann nachträglich aufgehoben werden. Die Unanfechtbarkeit (*Bestandskraft*) hat keine der materiellen Rechtskraft von gerichtlichen Urteilen entsprechende Bindungswirkung (vgl. hierzu *Bullinger*, JZ 1963, 466;

Haueisen, NJW 1954, 1425; 1956, 201 und DVBl. 1960, 913; *Wolff, Lehrbuch des Verwaltungsrechts* I, 5. Aufl., § 52 II c, S. 294; *Zschacke* in DVBl. 1962, 323 und *OVG Münster* in DVBl. 1964, 595). Der Ausländer hat keinen Rechtsanspruch auf Aufhebung einer unanfechtbar gewordenen Ausweisung (*BVerwG* I C B 93.59 Beschl. v. 29. 6. 1959).

10. Wirkung der Ausweisung

Bei Erlaß einer Ausweisung treten die *Wirkungen* des § 12 ein: Der Ausländer muß das Bundesgebiet verlassen. Wenn er Rechtsmittel einlegt, tritt die aufschiebende Wirkung ein. Von einer Abschiebung muß zunächst abgesehen und der tatsächliche Aufenthalt während des Rechtsmittelverfahrens hingenommen werden. Während des Verfahrens darf gemäß § 15 eine AE nicht erteilt werden. Auch eine Arbeitserlaubnis kommt nicht in Betracht. Wollte man derartige Erlaubnisse erteilen, dann hätte der Ausländer einen Status, wie ihn derjenige hätte, der im Besitze einer AE wäre.

Lediglich in den Fällen, in denen gegen einen Ausländer bei noch bestehender AE eine Ausweisung erlassen wird, hat die aufschiebende Wirkung die Folge, daß die AE bis zu ihrem Ablauf noch weiter gilt, desgleichen eine zum Zeitpunkt der Ausweisung noch gültige Arbeitserlaubnis. Nach Ablauf der Gültigkeit sind die Behörden jedoch gehindert, eine neue AE zu erteilen. Eine evtl. Erteilung der AE trotz Ausweisung hätte zur Folge, daß dem Ausländer die gegen ihn verhängte Maßnahme gar nicht zum Bewußtsein kommt. Die aufschiebende Wirkung eines Rechtsmittels gegen die Ausweisung bei noch gültiger AE und Arbeitserlaubnis hat zur Folge, daß der Ausländer sich noch berechtigt im Geltungsbereich des AuslG aufhält. Er kann während der Dauer der Arbeitserlaubnis arbeiten. Gleichgültig, ob man in dem Erlaß einer Ausweisung den Widerruf der vorher erteilten AE sieht, kann die Wirkung des Verwaltungsaktes erst mit seiner Unanfechtbarkeit oder mit der Anordnung der sofortigen Vollstreckung eintreten (so auch *OVG Berlin* I S 12.65 Beschl. v. 15. 6. 1965).

Ein Ausländer, der während einer angefochtenen Ausweisung den Antrag auf Erteilung einer AE stellt, kann sich nicht rechtmäßig auch unter Berücksichtigung des § 21 Abs. 3 hier aufhalten. Die gesetzliche Vorschrift besagt zwar, daß bei einem Antrag auf AE der Aufenthalt bis zur Entscheidung vorläufig als erlaubt gilt. Dies trifft jedoch nicht zu, wenn der Ausländer bereits, wenn auch noch nicht unanfechtbar, ausgewiesen worden ist (a. A. *OVG Berlin* I S 12.65 Beschl. v. 15. 6. 1965).

11. Rechtsmittel

a) Zulässigkeit. Nach Art. 19 Abs. 4 GG haben die Verwaltungsgerichte jedermann, sowohl dem Inländer als auch dem Ausländer, *Rechtsschutz* gegenüber Eingriffen der öffentlichen Gewalt zu gewähren. Art. 19 GG greift auch dann ein, wenn ein Ausländer ein Recht zum Aufenthalt nicht hat.

Es ist zwischen dem formellen und dem materiellen subjektiven öffentlichen Recht der Ausländer zu unterscheiden. Ob den Ausländern ein materiell subjektives öffentliches Recht auf ein Verbleiben im Inlande zusteht, richtet sich nach dem Ausländergesetz. Das formelle subjektive öffentliche Recht auf Rechtsschutz steht dem Ausländer zu (*BVerwG* in DVBl. 1956, 232). Die Voraussetzungen für den Erlaß einer Ausweisung unterliegen in vollem Umfange der verwaltungsgerichtlichen Nachprüfung (*OVG Berlin* I B 26.56 U. v. 30. 5. 1956).

b) Neue Entscheidung. Gegen die Ablehnung auf Aufhebung einer unanfechtbaren Ausweisung hat der Ausländer nur dann Rechtsmittel, wenn die Behörde in eine *erneute sachliche Prüfung* eingetreten ist und ablehnend in der Sache selbst entschieden hat. Eine erneute sachliche Prüfung steht grundsätzlich im Ermessen der Behörde (*OVG Münster* in DVBl. 1964, 595). Der Ausländer hat nur dann einen Anspruch auf behördliche und ggf. auf gerichtliche Prüfung, wenn sich die Sach- und Rechtslage seit dem Ergehen der unanfechtbaren Entscheidung geändert hat (vgl. *BVerwG* in DVBl. 1962, 640; vgl. hierzu die Bespr. von *Menger,* Verw.Arch. Bd. 54, 91; vgl. auch *Wolff, Lehrbuch des Verwaltungsrechts* I, 5. Aufl., § 52 III b, S. 297, § 53 III c 4, S. 307).

Entscheidet die Widerspruchsbehörde trotz verspäteter Einlegung des Rechtsmittels in sachlicher Hinsicht, ist auch die Klage zulässig. (*BVerwG* VIII C 72.62 U. v. 16. 1. 1964 und *OVG Berlin* I M 34.64 Beschl. v. 21. 5. 1965.)

c) Zeitpunkt der Beurteilung. Die Nachprüfung der Rechtmäßigkeit des Verwaltungsaktes erfolgt mit dem *Zeitpunkt* der letzten behördlichen Entscheidung. (*BVerwGE* 1, 35 ff.; *BVerwG* I B 102.59 Beschl. v. 2. 11. 1959; *BVerwG* in DVBl. 1965, 402 mit weiteren Entscheidungsangaben; *VG Berlin* I A 645.56 U. v. 30. 8. 1957). Damit ist der Beurteilungszeitpunkt von der erlassenden Behörde auf die Widerspruchsbehörde verlegt worden. Denn es wird die Entscheidung in der Form nachgeprüft, in der der Verwaltungsakt seine endgültige Gestaltung gefunden hat (so auch *VG Berlin* I A 688.56 U. v. 26. 4. 1957; dann aber unklar II A 151.64 U. v. 11. 1. 1965). Die Tatsache, daß ein Ausländer neben der Aufhebung der Ausweisungsverfügung auch die Erteilung der AE beantragt, kann den Charakter einer Anfechtungsklage nicht ändern und den Beurteilungszeitpunkt auf die letzte mündliche Verhandlung verlegen. Denn ist die Anfechtungsklage gegen die Ausweisung zum Zeitpunkt des Erlasses ohne Erfolg, so kommt eine Beurteilung dergestalt, daß die Versagung der AE im Zeitpunkt der Verkündung des Urteils unrechtmäßig wäre, schon im Hinblick auf § 15 nicht in Betracht. Durch eine nachträgliche Änderung der Sachlage kann eine Ausweisung nicht ermessenswidrig sein (vgl. *BVerwGE 9, 83* und *OVG Münster* in MDR 1965, 419).

12. Vollziehbarkeit der Ausweisung

Die Ausweisung ist mit ihrer *Bekanntgabe* an den Betroffenen *vollziehbar*, selbst wenn eine Vollziehbarkeitserklärung fehlt. Aufschiebende Wirkung kommt erst dem Rechtsbehelf zu, der tatsächlich eingelegt und der Behörde zugegangen ist. (Vgl. *BayObLG* in DVBl. 1960, 814; *BGHZ* 4, 10/20; *OLG Braunschweig* in NJW 1953, 1638. A. A. *Forsthoff, Lehrbuch des Verwaltungsrechts*, 7. Aufl., § 15 Ziff. 2, und vgl. § 16 Anm. 6a mit weiterer Literaturangabe.)

Ist die sofortige Vollziehung angeordnet worden und der Betroffene der Verfügung nachgekommen, so entbehrt es des Rechtsschutzbedürfnisses der aufschiebenden Wirkung des Rechtsmittels gegen die Ausweisung (*OVG Münster* in NJW 1962, 2077).

Die sofortige Vollziehung kann angeordnet werden gemäß § 80 VwGO, wenn ein besonderes öffentliches Interesse besteht. Dies besteht immer dann, wenn ein längeres Verbleiben von Ausländern zur Wahrung der öffentlichen Sicherheit und Ordnung nicht geduldet werden kann. Handelt es sich um kriminelle Ausländer, dann ist die einheimische Bevölkerung zu schützen. Dieser Schutz hat den Vorrang vor dem Einzelinteresse des Ausländers an der Durchführung eines Rechtsmittelverfahrens.

Bei Beurteilung der Frage, ob die sofortige Vollziehung ausgesetzt werden soll, ist auch auf den voraussichtlichen Erfolg der eingelegten Rechtsbehelfe abzustellen. Kommt man zu dem Ergebnis, daß der eingelegte Rechtsbehelf offenbar unbegründet ist, ist diese Erkenntnis bei der Entscheidung über die Aussetzung zugrunde zu legen. Auch die Gewichtigkeit der gegen den Ausländer erhobenen Vorwürfe spielt dabei eine entscheidende Rolle. (*VG Berlin* I A 227.63 Beschl. v. 14. 9. 1963.) Zur Frage, ob fiskalische Interessen die sofortige Vollziehung der Ausweisung begründen vgl. *OVG Koblenz* in NJW 1965, 881 mit Erörterung der gegenteiligen Meinungen.

13. Einzelne Ausweisungstatbestände

a) Staatsgefährdende Tätigkeit. Die *freiheitliche demokratische Grundordnung* gefährdet, wer sich insbesondere gegen die Grundsätze des Art. 20 GG wendet; dazu gehören auch die Grundrechte und die materiellen Bestimmungen des GG. Es ist nicht notwendig, daß ein Ausländer wegen seiner Tätigkeit bestraft worden ist oder daß sein Handeln überhaupt unter Strafe gestellt ist. Der § 10 Nr. 1 ist auch dann erfüllt, wenn der Ausländer Straftatbestände erfüllt, die Hoch- und Landesverrat oder Staatsgefährdung betreffen. Die Sicherheit der BRD ist auch dann gefährdet, wenn der Ausländer mehrfach rein kriminelle Delikte oder gemeingefährliche Verbrechen begeht, die die öffentliche Sicherheit gefährden. Die Gefährdung braucht nicht nur die BRD als Ganzes zu betreffen, der Tatbestand ist auch bei Gefährdung eines deutschen Landes erfüllt.

b) Bestrafung. Vergehen und Verbrechen sind im Sinne der Dreiteilung des § 1 StGB zu verstehen. Bei Übertretungen kommt eine Ausweisung nach Nr. 2 nicht in Betracht, auch nicht wenn eine Verurteilung erfolgt ist. Eine Ausweisung aus anderen in § 10 aufgezählten Gründen bleibt unberührt.

Im Gegensatz zu § 5 APVO Nr. 2 setzt der Gesetzestext nicht mehr ausdrücklich voraus, daß jemand wegen eines Verbrechens oder Vergehens *rechtskräftig* verurteilt sein muß. Die Formulierung in Nr. 2 bedeutet nicht, daß die Voraussetzungen des § 2 von der Ausländerbehörde im Falle der Begehung eines Verbrechens oder Vergehens solange bejaht werden müssen, bis der Ausländer wegen dieser Tat verurteilt ist. (Vgl. auch § 154 b StPO.) Die Behörde hat in diesem Falle selbständig zu prüfen, ob der Ausländer erhebliche Belange der Bundesrepublik beeinträchtigt. Die Behörde kann auch bei Erlaß eines Haftbefehls, der Erhebung der Anklage und des Eröffnungsbeschlusses in Verbindung mit dem diesen Maßnahmen zugrunde liegenden Sachverhalt bereits zur Bejahung der Beeinträchtigung erheblicher Belange kommen (*VG Berlin* I A 89.62 U. v. 14. 12. 1962). Hierbei stehen insbesondere keine gesetzlichen Grenzen des Ermessens entgegen. Denn es gibt keine Bestimmungen des Grundgesetzes und des Ausländergesetzes, die den Erlaß einer Ausweisung wegen einer Handlung verbieten, die erst Gegenstand eines schwebenden Strafverfahrens ist. Die Voraussetzungen für die der Behörde gegebene Ermächtigung sind solange erfüllt, als der gegen den Ausländer erhobene Vorwurf eines schweren Verbrechens nicht entkräftet ist. Nach § 10 dürfte das Vorliegen eines solchen Verdachts allein genügen, um den Erlaß einer Ausweisung zu rechtfertigen (vgl. *BVerwG* I C 80.59 U. v. 26. 3. 1962).

Es kommt auf die gegen den Ausländer verhängte Strafe, nicht auf die der Strafe zugrunde liegende Tat an. Der Gesetzgeber hat die Verwaltungsbehörde zum Erlaß der Ausweisung ermächtigt und diese nicht von der mit der Strafe bedrohten Tat abhängig gemacht. Die Tatsache der Bestrafung allein ermächtigt zum Erlaß der Ausweisung. Die Frage, ob die Bestrafung zu Recht erfolgt ist, ist von der Behörde und von dem Verwaltungsgericht nicht nachzuprüfen. Dies folgt unmittelbar aus dem Wortlaut des Gesetzes. (Vgl. *BVerwG* I B 190.53 U. v. 17. 10. 1955, I C 1.54 U. v. 15. 12. 1955, I B 74.55 Beschl. v. 12. 1. 1956 und I C 167.56 U. v. 17. 1. 1957; vgl. auch die bei *Landsmann-Rohmer, Kommentar zur Gewerbeordnung*, 10. Aufl., Anm. 4 zu § 57 aufgeführte Rechtsprechung zur Unzulässigkeit der verwaltungsgerichtlichen Nachprüfung der im § 57 Abs. 1 Nr. 3 der GewO genannten Strafurteile; *OVG Münster* in MDR 1965, 419.)

Auf die Höhe der Strafe, auf die Strafart und auf evtl. weitere Strafen kommt es nicht an. Nach § 10 genügt bereits eine einmalige Bestrafung, sei es im Geltungsbereich des Ausländergesetzes, sei es im Heimatlande des Ausländers oder im übrigen Auslande, um ihn auszuweisen (*VG Berlin* I A 481.55 U. v. 17. 2. 1956 und I A 561.53 U. v. 15. 1. 1954). Es können bei der Beurteilung früher verhängte Strafen in Betracht gezogen werden, wenn diese für sich allein noch keine Veranlassung zur Verhängung einer Ausweisung gegeben hatten. Es ist sachgerecht, wenn die dem Ausländer gewährte Strafaussetzung und das Maß seiner Tatbeteiligung gegenüber Mitangeklagten nicht zum Anlaß genommen wird, von der Ausweisung abzusehen. (Vgl. *VG Berlin* I A 106.63 U. v. 25. 10. 1963 und I A 181.62 U. v. 23. 8. 1963.)

Es ist unerheblich, welche Wertung der Ausländer seinen Vorstrafen oder Verstößen selbst gibt. Wenn er meint, nur wegen sogenannter Bagatellsachen verurteilt worden zu sein, ist dies unerheblich. (*VG Berlin* I A 12.58 U. v. 4. 3. 1958.) Auch seine Ansicht, er sei zu Unrecht hier verurteilt worden und wäre von einem Heimatgericht wegen der gleichen Tat nicht verurteilt worden, ist unbeachtlich; denn die rechtskräftige Verurteilung durch ein deutsches Gericht hat, solange das Urteil nicht im Wiederaufnahmeverfahren aufgehoben ist, bindende Tatbestandswirkung (vgl. *VG Berlin* I A 115.60 U. v. 18. 11. 1960). Einer Ausweisung kann nicht entgegengehalten werden, daß eine Anzahl von Ausländern, die vorbestraft sind, sich noch im Bundesgebiet aufhalten. Dies würde insbesondere für die Duldungsfälle nach § 17 und die Fälle nach §§ 11 und 14 gelten, in denen die Ausweisung und Abschiebung eingeschränkt sind.

Die Tatsache, daß eine Strafe amnestiert ist und daß über eine Strafe nur noch beschränkt Auskunft erteilt wird, steht ihrer Berücksichtigung im Rahmen des § 10 Nr. 2 nicht entgegen. Denn die Tatsache der Verurteilung wird weder durch Amnestie noch durch Beschränkung der Auskunft aus der Welt geschafft. (*VG Berlin* I A 63.59 U. v. 15. 11. 1960.) Auch Strafen, die nicht mehr im Strafregister eingetragen aber der Behörde bekannt sind, können für die Frage einer Ausweisung berücksichtigt werden. Wenn ein Strafgericht die Strafe zur Bewährung ausgesetzt hat, ist die Ermächtigung der Behörde, eine Ausweisung zu verfügen, nicht eingeschränkt (*BVerwG* I B 23.61 Beschl. v. 16. 3. 1961). Selbst bei Begnadigung durch die Gnadenbehörde ist die Ausländerbehörde nicht gebunden (*VG Berlin* II A 236.64 U. v. 15. 2. 1965); ebenso nicht durch den Umstand, daß ein Ausländer einen Antrag auf Wiederaufnahme des Strafverfahrens gestellt hat. Dies gewinnt frühestens an Bedeutung, wenn das Gericht diesen Antrag zuläßt (*VG Berlin* I A 21.63 U. v. 20. 9. 1963).

c) Maßregeln. Der Wortlaut hat sich gegenüber der APVO geändert und ist den gesetzlichen Bestimmungen angepaßt.

d) Wirtschaftliche Verstöße. Die Verletzung der *Steuer- und Zollbestimmungen* sind keine Bagatelldelikte. Sie können die Ausweisung nach sich ziehen.

e) Verstöße gegen Arbeitsbestimmungen. Wer eine *Tätigkeit* als Arbeitnehmer übernimmt ohne die hierzu erforderliche Arbeitserlaubnis zu besitzen oder wer ein Gewerbe ausübt ohne Gewerbeerlaubnis verstößt gegen diese Bestimmung (vgl. *VG Berlin* II A 141.64 U. v. 22. 3. 1965).

f) Verstöße gegen das Aufenthaltsrecht. Entsprechend der APVO war zunächst vorgesehen, daß eine Ausweisung auch verfügt werden konnte, wenn der Ausländer gegen Vorschriften des Aufenthalts-, Paß-, Ausweis- oder Melderechts verstößt. Von dieser Aufzählung ist Abstand genommen worden, weil diese Tatbestände im AuslG aufgenommen wurden. Früher waren die einzelnen Bestimmungen in verschiedenen Gesetzen untergebracht, so z. B. in der APVO und im Paßgesetz. Heute sind die ausländerrechtlichen Vorschriften zusammengefaßt im Ausländergesetz. Ein Verstoß gegen das Aufenthaltsrecht bedeutet daher einen Verstoß gegen jede Bestimmung im AuslG. Welche Verstöße in Frage kommen, läßt sich aus §§ 47 und 48 ersehen. Die Vorschriften des Melderechts betreffen ebenfalls das Aufenthaltsrecht, auch wenn sie für Deutsche und Ausländer gleichermaßen gelten. Denn sie stellen den Ausgangspunkt der Ausländererfassung dar. Die Nichtbeachtung des Ausländer- einschließlich des Melderechts rechtfertigt die Ausweisung.

Nach § 12 ist ein Ausländer, der nicht eine AE oder Aufenthaltsberechtigung besitzt, verpflichtet, das Bundesgebiet unverzüglich zu verlassen. Verläßt er das Bundesgebiet nicht, verstößt er gegen § 10 Nr. 6. Gegen ihn kann eine Ausweisung erlassen werden (*BVerwG* I C 174.58 U. v. 14. 7. 1959). Der Ausländer kann sich nicht darauf berufen, daß er die Vorschriften über die Regelung der Ausländerbestimmungen und des Arbeitseinsatzes von Ausländern oder des Meldewesens nicht gekannt habe (vgl. *OVG Münster* in DÖV 1962, 633).

Jeder Ausländer hat sich im Geltungsbereich des Grundgesetzes durch einen gültigen Paß auszuweisen. Besitzt er keinen gültigen Paß, verstößt er gegen Vorschriften des Ausländerrechts (§ 3). Hierbei ist es unerheblich, ob er deswegen bestraft worden ist oder nicht. Der Sinn des Gesetzes ist, den Behörden eine Handhabe zu geben, Ausländern den weiteren Aufenthalt auch wegen Verstoßes gegen Paßvorschriften zu verbieten und die auf diesem Gebiete bestehende öffentliche Ordnung wiederherzustellen. Auf die Ausweisung wegen Nichtbeachtung des § 3 ist ohne Einfluß, ob und aus welchem Grunde die Behörden des Heimatstaates die Ausstellung eines Nationalpasses versagt haben. Denn Paßausstellung und Paßversagung sind allein Sache des jeweiligen Heimatstaates und von den inländischen Behörden hinzunehmen und nicht nachzuprüfen (*VG Berlin* I A 396.57 U. v. 11. 2. 1958).

g) Unrichtige Angaben. Der Tatbestand der Nr. 7 ist z. T. weitergehend als § 360 Nr. 8 StGB; denn auch unrichtige Angaben über die Gesundheit, die Familie und die wirtschaftlichen Verhältnisse können zu einer Ausweisung führen. Die falschen Angaben brauchen nicht nur gegenüber einer zuständigen Behörde gemacht zu werden. Gegenüber jeder amtlichen Stelle, die zu einer Auskunft berechtigt ist, muß der Ausländer wahrheitsgemäße Angaben machen. Um die Voraussetzung der Nr. 7 zu erfüllen, müssen die unrichtigen Angaben aber zum Zwecke der Täuschung gemacht sein. Damit sind sprachliche Verständigungsschwierigkeiten oder Mißverständnisse ausgeschlossen. Der § 360 Nr. 8 StGB ist unberührt geblieben.

h) In den aufgeführten Tatbeständen liegt ein *asoziales Verhalten,* das in der Regel zur Ausweisung führt.

i) Gesundheitsgefährdung. Gefährdet sein muß die *öffentliche Gesundheit.* Hierzu gehört, daß der Betroffene an einer übertragbaren Krankheit im Sinne des Bundes-Seuchengesetzes v. 18. 7. 1961 (BGBl. I S. 1012) leidet oder Ausscheider von Krankheitserregern von Typhus, Paratyphus, Salmonellose und Ruhr ist. Die übrigen Krankheiten stellen keine Beeinträchtigung der öffentlichen Gesundheit dar. Der Ausländer gefährdet mit anderen Krankheiten aber möglicherweise die öffentliche Ordnung und damit erhebliche Belange der BRD. Wenn ein Ausländer an einer Krankheit im Sinne des Bundes-Seuchengesetzes leidet, gefährdet er immer die öffentliche Gesundheit, auch wenn er abgeschieden lebt. Er bildet auch dann eine Gefahr für die Gesundheit der Bevölkerung, vor allem für die Personen, mit denen er die Unterkunft teilt, in Hausgemeinschaft wohnt oder an der Arbeitsstelle zusammentrifft. Der Ausweisungsgrund ist immer dann gegeben, wenn der Betroffene an einer sich schnell ausbreitenden Krankheit leidet, selbst wenn diese Krankheit nicht im Bundes-Seuchengesetz genannt ist.

Ein Verschulden ist nicht notwendig. Die Ausweisung ist auch dann möglich, wenn die Ansteckung in Deutschland erfolgte.

Die *öffentliche Sittlichkeit* ist auch dann gefährdet, wenn Ausländer gegen Strafbestimmungen verstoßen, die die männliche Homosexualität und das Strichjungenwesen unter Strafe stellen. Auch die Frage des Auftretens und der Vorführung in entsprechenden Lokalen kann je nach der Besonderheit der Gegend und des Lokals die Sittlichkeit gefährden. Dies wird insbesondere vorkommen in mittleren und kleineren Städten. In Großstädten jedoch wird man entsprechend der Bedeutung für den Fremdenverkehr einen Verstoß gegen die Sittlichkeit nicht feststellen können, weil derartige Lokale zu einem Großstadtleben mit weltstädtischem Charakter gehören.

k) Mittellosigkeit. Die Tatsache, daß ein Ausländer *Sozialhilfe* in Anspruch nimmt, reicht aus, um die Voraussetzungen für die in § 10 Nr. 10 enthaltene Ermächtigung zu erfüllen (vgl. *BVerwG* I C 70.58 U. v. 17. 12. 1959). Es kommt nicht darauf an, ob die Mittellosigkeit verschuldet ist oder nicht (*VG Berlin* I A 66.57 U. v. 30. 8. 1957). Sind nicht dringende persönliche Gründe, z. B. vorübergehende Arbeitsunfähigkeit, Anlaß zur Inanspruchnahme, wird bei dem derzeitigen Arbeitskräftemangel sogar immer ein Verschulden vorliegen. Denn der Ausländer ist verpflichtet, bevor er die öffentliche Fürsorge in Anspruch nimmt, jede andere Arbeit aufzunehmen, um sich damit seinen Unterhalt selbst zu verdienen. Er kann sich nicht darauf berufen, daß er in seinem Beruf keine Beschäftigung gefunden habe.

Zu den Lebenshaltungskosten gehören auch die Krankenhauskosten. Die Voraussetzungen von Nr. 10 sind erfüllt, wenn das Sozialamt Mittel aufgewendet hat, um Krankenhauskosten zu bezahlen. Bei der Beurteilung sind diejenigen Umstände, die im Zeitpunkt des Erlasses der angefochtenen Verfügung vorgelegen haben, nicht aber künftige ungewisse Tatsachen zu berücksichtigen (vgl. *OVG Berlin* I B 95.57 U. v. 23. 4. 1958 und *VG Berlin* I A 155.58 U. v. 20. 6. 1958). Das bedeutet, daß die Ausweisung auch dann gerechtfertigt ist, wenn der Ausländer im Zeitpunkt der verwaltungsgerichtlichen Entscheidung, möglicherweise wegen der Ausweisung, eine Arbeit angenommen hat und Sozialhilfe nicht mehr in Anspruch nimmt. Wer sonstige Versicherungsleistungen, insbesondere die Rentenversicherung, in Anspruch nimmt, erfüllt die Voraussetzungen einer Ausweisung nicht.

Der Ausländer hat nicht nur für den eigenen Unterhalt zu sorgen, sondern auch für den seiner unterhaltsberechtigten Angehörigen. Unterhaltsberechtigt sind Verwandte auf- und absteigender Linie, d. s. Eltern und Kinder, und die Ehefrau. Auch wenn die Ehe geschieden ist, muß der Ausländer ohne Rücksicht auf die Unterhaltsregelung seine geschiedene Ehefrau und die Kinder so stellen, daß sie nicht aus öffentlichen Mitteln unterstützt werden müssen.

Die Regelung des § 10 Nr. 10 ist eingeschränkt durch das Europäische Fürsorgeabkommen v. 11. 12. 1953 (BGBl. II 1956, S. 563). Nach Art. 6 und 7 darf ein Vertragsstaat den Staatsangehörigen eines anderen Vertragsstaates wegen Hilfsbedürftigkeit nur dann ausweisen und abschieben, wenn er noch nicht fünf Jahre seinen gewöhnlichen Aufenthalt im Aufenthaltsstaat hat. Diese Frist verlängert sich auf zehn Jahre, wenn der Ausländer erst nach Vollendung des 55. Lebensjahres eingereist ist. Bei Berechnung der Aufenthaltsdauer bleiben die Zeiten, in denen der Ausländer Fürsorgeleistungen in Anspruch genommen hat, außer Betracht. Weiterhin muß der Ausländer nach seinem Gesundheitszustand transportfähig sein und keine engen Bindungen in Deutschland haben. Dem Europäischen Fürsorgeabkommen gehören an: Belgien, Dänemark, Deutschland, Frankreich, Griechenland, Island, Irland, Italien, Luxemburg, Niederlande, Norwegen, Schweden, Türkei, Großbritannien.

l) Generalklausel. Erhebliche Belange der Bundesrepublik werden außer in den Fällen von Nr. 1 bis 10 beeinträchtigt, wenn ein Ausländer durch konsequente und erhebliche Handlungen gegen eine, die öffentliche Ordnung regelnde Vorschrift verstößt. Dies kann z. B. auch auf dem Gebiete des Verkehrsrechts sein. Ein unsteter Lebenswandel berechtigt ebenso zu einer Ausweisung. Die Behörde hat allein aus polizeilichen Gesichtspunkten der öffentlichen Sicherheit und Ordnung wie auch aus den Gesichtspunkten des öffentlichen Interesses ihre Entscheidung zu treffen (*VG Berlin* II A 236.64 U. v. 15. 2. 1965).

Erhebliche Belange sind beeinträchtigt, wenn ein Ausländer sich an einem ungenehmigten Aufzug beteiligt und darüber hinaus den Anordnungen der Polizei zuwiderhandelt, so daß seine Festnahme erforderlich wurde. Derjenige kann ausgewiesen werden, der in dieser Weise gegen die Gesetze seines Gastlandes verstößt, sich den zur Aufrechterhaltung der öffentlichen Ordnung getroffenen Maßnahmen der Polizei widersetzt und sich an einer Demonstration beteiligt, die gegen ein Land gerichtet ist, mit dem die BRD diplomatische Beziehungen unterhält (*VG Berlin* II A 149.64 U. v. 22. 2. 1965). Immer ist es jedoch erforderlich, daß die beeinträchtigten Belange nicht gering, sondern von einer Bedeutung sind. Gerade die Lockerung, z. T. Aufhebung des Paß- und Sichtvermerkszwanges macht es erforderlich, daß die Anforderung an den Begriff der erheblichen Belange nicht allzu hoch gestellt werden. Sie brauchen sich nur in dem Rahmen zu bewegen, wie die Ausweisungsgründe in Nr. 1 bis 10.

14. Aufgaben der Ausländerbehörden

Die Ausweisung hat für die Ausländerbehörde *verwaltungsmäßige Folgen*. Sie darf dem Ausländer keine AE erteilen (§ 15 Abs. 1), es sei denn, daß ein Asylverfahren schwebt (§ 15 Abs. 3); aber auch in diesem Falle darf die AE nur auf den Bezirk der Ausländerbehörde und nicht für das Bundesgebiet erteilt werden. Bei unanfechtbarer Ausweisung oder bei sofortiger Vollziehung ist das Bundesverwaltungsamt — Ausländerzentralregister, das Bundeskriminalamt zur Ausschreibung der Ausweisung im Fahndungsbuch und das Bundesstrafregister (§ 12 der StrafRegVO v. 17. 2. 1934 — RGBl. I S. 140) zur Eintragung im Strafregister zu unterrichten. Die Ausweisung wird im Paß — nicht Personalausweis — eingetragen (*s. Rdschr.* BMI v. 19. 2. 1958 — I B 3 — 13 317 B — 646/56).

15. Auskunftsrecht

Die Ausländerbehörde war bisher berechtigt, eine Ausweisung zu erlassen, wenn der Ausländer gegen Vorschriften des Steuer- und Zollrechts (Nr. 4) oder wegen Gefährdung der öffentlichen Gesundheit ausgewiesen werden sollte. Sie konnte diese Bestimmung aber nicht durchführen, weil die Finanz- und Zollbehörden sich auf ihre *Verschwiegenheitspflicht* und die Gesundheitsbehörden sich auf die ärztliche Schweigepflicht beriefen. Nunmehr ist eine Änderung eingetreten. Die Behörden dürfen Auskunft geben, sie sind dazu aber nicht durch das AuslG verpflichtet. Die Verpflichtung folgt jedoch aus Art. 35 GG. Die Erteilung von Auskünften bedeutet noch nicht, daß die Finanz- und Gesundheitsbehörden von Amts wegen den Ausländerbehörden Nachricht geben müssen, wenn ihnen Umstände bekannt werden, die den Tatbestand nach Nr. 4 und 9 erfüllen. Es ist Angelegenheit der Länder, hier eine Mitteilungspflicht zu begründen. Privatärzte brauchen auch auf Anfrage keine Auskunft zu geben; eine Auskunft, die gegeben wird, wird aber durch § 10 Abs. 2 gedeckt und stellt keinen Bruch der ärztlichen Schweigepflicht dar. Anfrage- und auskunftsberechtigt sind die Ausländerbehörden, hierzu gehören auch ihre Dienstaufsichtsbehörden.

§ 11

Einschränkungen der Ausweisung

(1) Ausländer, die eine Aufenthaltsberechtigung besitzen, können nur ausgewiesen werden, wenn die Voraussetzungen des § 10 Abs. 1 Nr. 1 oder 2 vorliegen oder die übrigen in § 10 Abs. 1 aufgeführten Gründe besonders schwer wiegen.

(2) Ausländer, die als politisch Verfolgte Asylrecht genießen, heimatlose Ausländer und ausländische Flüchtlinge können, wenn sie sich rechtmäßig im Geltungsbereich dieses Gesetzes aufhalten, nur aus schwerwiegenden Gründen der öffentlichen Sicherheit und Ordnung ausgewiesen werden.

Übersicht

1. Ausweisung bei Aufenthaltsberechtigung

Bereits zur Geltungszeit der APVO war bei Erlaß des Aufenthaltsverbotes der langjährige Aufenthalt des Ausländers in Deutschland zu berücksichtigen. Das behördliche Ermessen war insoweit eingeschränkt (vgl. *OVG Münster* in NJW 1961, 87). Diese Einschränkung ist für aufenthaltsberechtigte Ausländer im § 11 gesetzlich verankert. Danach sind die Voraussetzungen bei einer Ausweisung bei Aufenthaltsberechtigung auf § 10 Nr. 1 und 2 beschränkt. Auch aus den übrigen Gründen sind Ausweisungen gegen Aufenthaltsberechtigte zulässig. Die Gründe müssen aber besonders schwer wiegen.

Bei Vorliegen der Voraussetzungen nach § 10 Nr. 1 und 2 kann der Aufenthaltsberechtigte ausgewiesen werden, ohne daß weitere Bedingungen an die Schwere des Verstoßes gestellt werden. Ein Verstoß gegen § 10 Nr. 1 wird in aller Regel zur Ausweisung führen, ebenso die Bestrafung wegen eines Verbrechens. Bei einer Verurteilung wegen eines Vergehens wird es auf die Höhe der Bestrafung ankommen. Im Ermessen, das auch bei Ausweisungen gegen Aufenthaltsberechtigte auszuüben ist, ist die Länge des Aufenthaltes, verbunden mit der Aufenthaltsberechtigung, zugunsten des Ausländers zu berücksichtigen, so daß Bagatellfälle noch nicht zur Ausweisung führen. Die Verstöße müssen eine gewisse Gewichtigkeit haben, die in der Höhe der Bestrafung zum Ausdruck kommt. Diese liegt noch nicht vor, wenn der Ausländer zu einer geringen Geld- oder Freiheitsstrafe verurteilt worden ist.

Die Einschränkungen treten nur ein, wenn der Ausländer tatsächlich eine Aufenthaltsberechtigung erhalten hat. Hat er einen Antrag nach § 8 nicht gestellt, ist über einen solchen Antrag noch nicht entschieden oder ist ein Antrag abgelehnt worden, findet § 11 keine Anwendung. Es ist nach den allgemeinen Grundsätzen des § 10 zu entscheiden, auch wenn der Ausländer sich seit weit über fünf Jahren in der BRD aufhält.

Eine gesetzliche Einschränkung der Ausweisung und besondere Verpflichtung, den langjährigen Aufenthalt eines Ausländers zu berücksichtigen, besteht außer im Falle des § 11 Abs. 1 im Europäischen Niederlassungsabkommen. Dieses schränkt die Ausweisung in dem gleichen Umfange des § 11 erst ein, wenn der Ausländer sich über zehn Jahre in der BRD aufgehalten hat. Hiervon sind nur Staatsangehörige der Staaten betroffen, für die das Niederlassungsabkommen in Kraft getreten ist.

2. *Umfang der Einschränkung*

Asylberechtigten und heimatlosen Ausländern wird durch § 11 Abs. 2 ein weitgehender Schutz vor Ausweisung gewährt. *Schwerwiegende Gründe* der öffentlichen Sicherheit und Ordnung sind gesetzliche Voraussetzungen für den Erlaß einer Ausweisung. Diese Formulierung geht über den Wortlaut des Art. 32 GenfKon und des § 23 HAG hinaus, bei denen Gründe der öffentlichen Sicherheit und Ordnung genügten, ohne daß diese schwerwiegend sein mußten. Materiell tritt jedoch keine Änderung oder weitere Einschränkung gegenüber der bisherigen Rechtslage ein, weil es sich nach der Rechtsprechung bereits um gewichtige Gründe der Staatssicherheit und Ordnung handeln mußte, um die Voraussetzungen nach Art. 32 GenfKon und § 23 HAG zu erfüllen. Die Bestimmung des § 11 Art. 2 regelt nicht nur ein inneres deusches, sondern auch ein internationales Problem. Es will die Schutzbestimmungen der GenfKon, die für die Gruppe der heimatlosen Ausländer durch das HAG vorweg in Kraft gesetzt worden sind, weit ausgelegt wissen. Beide Begriffe der öffentlichen Sicherheit und Ordnung im § 23 HAG und in der GenfKon entsprechen den Begriffen der national security und public order. Die Ausweisung muß das geeignete und unter dem Gesichtspunkt der Verhältnismäßigkeit gerechtfertigte Mittel zur Aufrechterhaltung oder Wiederherstellung der öffentlichen Sicherheit und Ordnung in diesem Sinne sein (*BVerwG* in MDR 1956, 699). Lassen sich die Sicherheitsinteressen mit der Anwesenheit eines asylberechtigten Ausländers nicht vereinbaren und ist die Ausweisung das einzige Mittel, dem Schutzbedürfnis des Staates zu entsprechen, sind auch schwerwiegende Gründe vorhanden, die die Ausweisung zulässig machen.

3. Zulässigkeit der Ausweisung

Ein Asylberechtigter nach § 28 und ein heimatloser Ausländer kann unter den *einschränkenden Voraussetzungen* des § 11 ausgewiesen werden. Die Tatsache, daß § 11 überhaupt die Ausweisung zuläßt, verstößt nicht gegen Art. 18 GG (vgl. *BVerwGE* 4, 235; 4, 238 und § 28 Anm. 11 und 14 a). Hierbei handelt es sich nicht um einen Fall des Art. 18 GG, sondern um die Frage, ob außerhalb des Art. 18 GG das Asylrecht in sich bereits Grenzen trägt, die eine Einschränkung der Zuflucht des Asylsuchenden im Bundesgebiet möglich macht. Art. 18 GG geht darüber hinaus. In diesem Falle müßte das Bundesverfassungsgericht feststellen, daß sein Asylrecht verwirkt und er damit überhaupt keinen Beschränkungen unterlegen ist, d. h. nicht mehr unter den Einschränkungen der §§ 11 und 14 ausgewiesen und abgeschoben werden kann, sondern gemäß § 10 ohne Beschränkung die Ausweisung verfügt und durchgeführt werden kann.

Art. 18 GG findet nur Anwendung, wenn das Asylrecht zum Kampf gegen die freiheitlich demokratische Grundordnung benutzt wird. Dies ist nicht gleichzusetzen mit der Gefährdung der öffentlichen Sicherheit der BRD (vgl. *BVerwG* I C 40.59 U. v. 1. 3. 1960). Bei Gefahr für die Allgemeinheit des Staates (Art. 33 Abs. 2 GenfKon) sind die Ausländerbehörden befugt, eine Ausweisung zu verfügen. Die Allgemeinheit des Staates wird nicht nur durch Angriffe auf die freiheitlich demokratische Grundordnung gefährdet, sondern kann ebenso durch andere schwerwiegende Verstöße gegen die Rechtsordnung gefährdet werden, die dann im Einzelfall die immanente Schranke für die Berufung auf das Asylrecht wirksam werden lassen können (*OVG Berlin* I a B 49.59 Beschl. v. 28. 9. 1960).

4. Rechtsgrundlage für die Ausweisung

der asylberechtigten Ausländer ist § 10. Die Ausweisungsgründe sind diesen Bestimmungen zu entnehmen (vgl. auch *BVerwG* I C 102.63 U. v. 30. 6. 1964). § 11 Abs. 2 in Verbindung mit § 23 HAG oder mit Art. 32, 33 GenfKon einerseits und § 10 AuslG andererseits geben die sachlich rechtlichen Voraussetzungen für die Ausweisung verschieden voneinander. Das AuslG. in seinem allgemeinen Teil, insbesondere § 2 und § 10, stellt die Frage, ob dem Ausländer ein Aufenthalt zu gewähren oder ob er auszuweisen ist, weitgehend in das Ermessen der Behörde. Das HAG und die GenfKon in Verbindung mit § 11 Abs. 2 lassen eine Ausweisung nur aus schwerwiegenden Gründen der öffentlichen Sicherheit und Ordnung zu. Aus diesem Grunde ist hinsichtlich des Umfanges der Voraussetzungen für eine Ausweisung allein § 11 Abs. 2 maßgebend (vgl. *BVerwG* I C 23.56 U. v. 28. 6. 1956).

5. Rechtmäßiger Aufenthalt

Der § 11 Abs. 2 macht die besonderen Schutzbestimmungen gegen eine Ausweisung von dem rechtmäßigen Aufenthalt abhängig. Dieser liegt vor, wenn ein ausländischer Flüchtling im Besitze einer gültigen AE (*BVerwGE* 7, 231) ist oder der Rechtsstatus eines heimatlosen Ausländers festgestellt ist. Was der rechtmäßige Aufenthalt im Sinne des § 11 ist, kann zweifelhaft sein, wenn ein Flüchtling nicht unmittelbar aus dem Lande, in dem er sich bedroht fühlt, sondern aus einem anderen Lande einreist. Die Rechtmäßigkeit richtet sich hier nach den für die Aufenthaltnahme geltenden Vorschriften (vgl. *BVerwGE* 7, 231 und 7, 333). Der Ausländer genießt nach Erteilung der AE auch hier Asyl. Dies auch dann, wenn er in der BRD nach § 28 nicht anerkannt werden kann. Es kommt dabei nicht auf die Entscheidung des Bundesamtes für die Anerkennung der Asylberechtigten an (vgl. *BayObLGZ* 1958, 329; *BVerwGE* 7, 231; 7, 333). Wird die AE abgelehnt, hält er sich jedoch unrechtmäßig im Sinne des § 11 und Art. 32 GenfKon (vgl. *BVerwGE* 9, 83) hier auf. Auch nach Ablauf einer AE oder nach Ausweisung hält sich ein Ausländer, dessen Flüchtlingsstatus nicht anerkannt worden ist, auf den aber die Asylschutzrechte der GenfKon Anwendung finden, nicht mehr rechtmäßig im Bundesgebiet auf, wenn er einen Anspruch auf Erteilung einer weiteren AE, z. B. aus dem Rechtsgrunde der Übernahme in die BRD, nicht geltend machen kann (vgl. auch *BVerwG* I C 174.58 U. v. 14. 7. 1959).

Der unrechtmäßige Aufenthalt hat eine Minderung der etwaigen Rechte nach § 11 und der GenfKon zur Folge. Der Ausländer verliert dadurch den Schutz des § 11 in Verbindung mit Art. 32 GenfKon gegen eine Ausweisung (*BayObLGZ* 1958, 329/333), die nicht auf schwerwiegende Gründe der Staatssicherheit oder der öffentlichen Ordnung gestützt ist. Ein derartiger Flüchtling kann ohne Einschränkung ausgewiesen werden. Er ist lediglich weiterhin geschützt gegen eine Abschiebung in ein Land, in dem er politisch verfolgt wird (vgl. auch *BayObLG* in DÖV 1962, 621).

Ein ehemaliger heimatloser Ausländer, der die HA-Eigenschaft auf Grund des § 2 HAG verloren hat, weil er ausgewandert und nicht innerhalb der Zweijahresfrist zurückgekehrt ist, gehört zu dem von der GenfKon erfaßten Personenkreis. Er genießt ebenfalls den Flüchtlingsstatus. Durch die Auswanderung ist dieser Status nicht verlorengegangen. Ob er sich auf die Schutzrechte des § 11 Abs. 2 berufen kann, hängt ebenfalls von der Rechtmäßigkeit des Aufenthalts ab. Hat er eine AE erhalten, auch wenn dies keine Aufenthaltsberechtigung nach dem HAG ist, genießt er den Schutz des § 11 (vgl. *BVerwG* I C 174.58 U. v. 14. 7. 1959).

6. *Staatssicherheit*

Eine Ausweisung kann nicht schon dann vorgenommen werden, wenn der Ausländer bestraft worden ist. Nach einer Verurteilung wegen eines schweren Deliktes muß besonders geprüft werden, ob *schwerwiegende Gründe der öffentlichen Sicherheit und Ordnung* eine Ausweisung erforderlich machen. Eine ohne weiteres mit der Bestrafung verbundene Ausweisung ist nicht möglich. Wenn der Ausländer wegen wiederholter gewohnheitsmäßiger Straftaten rechtskräftig verurteilt worden ist und wenn die Gefahr eines erneuten Straffälligwerdens mit großer Wahrscheinlichkeit zu erwarten ist, dann sind auch die Voraussetzungen zum Schutze der öffentlichen Sicherheit und Ordnung im Sinne des § 11 Abs. 2 erfüllt (vgl. *BVerwG* in MDR 1956, 699).

Ein Ausländer, der von seinem Heimatstaat in die BRD geschickt wird, um hier Spionage zu treiben und tatsächlich derartige Aufträge ausführt, kann nach § 10 Nr. 1 in Verbindung mit § 11 Abs. 2 ausgewiesen werden, selbst wenn die Ausweisung in einen Ostblockstaat vollzogen werden soll. Daß der Ausländer ein Geständnis im Strafverfahren abgelehnt hat, rechtfertigt nicht die Annahme, daß ihm aus politischen Gründen in seinem Heimatstaat Gefahr drohe. Eine Ausweisung ist auch zulässig, wenn es sich um einen Asylberechtigten oder um einen heimatlosen Ausländer handelt, weil die Gefährdung der Staatssicherheit grundsätzlich ein schwerwiegender Anlaß zu einer Ausweisung ist (vgl. *BVerwG* I C 164.59 U. v. 29. 8. 1961). Die dem Ausländer im Zusammenhang mit der Aufdeckung seiner staatsgefährdenden Beziehungen von den Behörden der Ostblockstaaten etwa drohenden Gefahren hat der Ausländer bei der Begehung der Tat in Kauf genommen. Diese Gefahren, wenn sie überhaupt bestehen, stehen damit nicht in einem menschenunwürdigen Mißverhältnis zu einer Tat und vermögen deshalb die Rechtmäßigkeit der Ausweisung nicht zu beeinflussen.

Privilegierte Ausländer können nach § 11 Abs. 2 nur ausgewiesen werden, wenn überwiegende Interessen der national security oder des public order vorliegen. Das läßt sich nur unter Berücksichtigung der gesamten Persönlichkeit des Ausländers und seines Verhaltens beurteilen. Eine einzige schwere Straftat auch nicht politischer Art kann u. U. die öffentliche Sicherheit schwerwiegend gefährden und ausreichen, um eine Ausweisung zu rechtfertigen. In der Regel werden erst wiederholte Straftaten zu einer Ausweisung führen können (vgl. *BVerwG* I C 114.59 U. v. 27. 2. 1962).

7. Heimatlose Ausländer

Die Frage, ob der Ausländer die Rechtsstellung eines heimatlosen Ausländers oder eines Asylberechtigten hat, kann nur dann dahingestellt bleiben, wenn geklärt ist, daß aus § 11 Abs. 2 keine Einschränkungen zu der Ausweisung zu machen waren (vgl. *BVerwG* I B 157.56 Beschl. v. 6. 11. 1956).

Ist gegen einen heimatlosen Ausländer oder einen Asylberechtigten die Ausweisung verfügt und hat er die Rechtsmittelfrist versäumt, so kann er nicht mehr geltend machen, daß die Voraussetzungen des § 11 Abs. 2 nicht vorliegen (vgl. *BVerwG* I B 112.60 Beschl. v. 5. 9. 1960).

8. Sofortige Vollziehung

Vor Rechtskraft der Ausweisung darf nicht die sofortige Vollziehung angeordnet werden, um den Asylberechtigten oder den heimatlosen Ausländer abzuschieben. Das ergibt sich aus Art. 32 Abs. 2 GenfKon und § 23 HAG. Nach diesen Vorschriften steht den Betroffenen gegen eine Ausweisung der

Rechtsweg offen. Wenn der Rechtsweg beschritten wird, ist der Vollzug der Ausweisung bis zur Rechtskraft auszusetzen.

Die sofortige Vollziehung könnte jedoch vor Rechtskraft angeordnet werden, wenn sie nur dazu dient, die Abschiebungshaft zu ermöglichen. Insoweit müßte dies aus der sofortigen Vollziehung zu erkennen und diese dahin eingeschränkt sein, daß sie nicht zur Abschiebung, sondern nur zur Durchführung der Abschiebungshaft benutzt wird (vgl. auch *BVerwG* I C 172.57 U. v. 30. 9. 1958).

Die sofortige Vollziehung ist auch ausgeschlossen, solange aus irgendeinem Grunde strittig ist, ob sich ein Ausländer auf die besonderen Vorschriften des § 11 Abs. 2 berufen kann. Abgesehen von dem Fall der Abschiebungshaft gilt dies nicht, wenn die im § 14 Abs. 1 genannten Gründe der Staatssicherheit und der Gefahr für die Allgemeinheit vorliegen.

§ 12

Pflicht zur Ausreise

(1) Ein Ausländer, der weder eine Aufenthaltserlaubnis (§ 5) oder eine Aufenthaltsberechtigung (§ 8) besitzt oder von dem Erfordernis der Aufenthaltserlaubnis befreit ist (§ 2 Abs. 2 bis 4, § 49 Abs. 2), hat den Geltungsbereich dieses Gesetzes unverzüglich zu verlassen. Das gleiche gilt für einen Ausländer, der ausgewiesen worden ist (§ 10).

(2) Wird die Aufenthaltserlaubnis oder die Befreiung auf bestimmte Teile des Geltungsbereichs dieses Gesetzes beschränkt, so hat der Ausländer das Gebiet, für das die Erlaubnis oder die Befreiung nicht gilt, unverzüglich zu verlassenen.

Übersicht

1. Ausreisepflicht
2. Ausweisungsbefehl
3. Fristsetzung
4. Strafsanktion

1. *Ausreisepflicht*

Aus § 12 ergibt sich, daß ein Ausländer, abgesehen von der Ausweisung, Deutschland auch dann zu verlassen hat, wenn er einer AE bedarf und diese AE nicht besitzt, sei es, daß sie nicht beantragt oder abgelaufen oder abgelehnt worden ist. Bei Erfüllung dieser Voraussetzungen treten die *Ausweisungswirkungen* ohne weiteres kraft Gesetzes ein, ohne daß es einer besonderen Ausweisung oder Versagung der AE nach § 10 oder § 2 bedarf (vgl. auch *VG Berlin* I A 719.56 U. v. 19. 3. 1957).

2. *Ausweisungsbefehl*

Die Pflicht zur Ausreise wird vielfach, wenn durch Verfügung auf sie hingewiesen wird, als Ausweisungsbefehl bezeichnet. Dieser Ausweisungsbefehl, nämlich das Auffordern, Deutschland zu verlassen, ist rechtlich lediglich ein Hinweis auf bestehende gesetzliche Vorschriften. Denn nicht die Behörde ordnet die Ausreise an, sondern das Gesetz hat die Anordnung getroffen. Ein derartiger Hinweis oder eine derartige Aufforderung, Deutschland entsprechend § 12 zu verlassen, ist daher kein Verwaltungsakt und als solcher nicht anfechtbar.

Der Ansicht des *VG Berlin* I A 30.57 U. v. 3. 5. 1957, daß im § 12, der dem § 7 APVO insoweit entspricht, ein selbständiges Ausweisungsrecht der Behörde gesehen wird, das gleichwertig neben die Ausweisung des § 10 tritt, wird nicht gefolgt. § 12 ist ein Gebot des Gesetzgebers an den Ausländer, in den bestimmten Fällen den Geltungsbereich des Ausländergesetzes zu verlassen. Dies ist ein Gebot des Gesetzgebers, aber kein Ausweisungsrecht der Behörde. Allenfalls ist es ein Abschiebungsrecht der Behörde, wenn der Ausländer dem Gebot nicht nachkommt. Gegenüber diesem gesetzlichen Gebot gibt es kein Rechtsmittel, weil dies nur gegen Verwaltungsakte zulässig ist.

3. Fristsetzung

Die Ausreise hat *unverzüglich*, d. h. ohne schuldhafte Verzögerung zu erfolgen. Im allgemeinen wird die Ausländerbehörde eine Frist setzen, bis zu der der Ausländer ausgereist sein muß. Die Fristsetzung ist kein angreifbarer Verwaltungsakt. Sie stellt lediglich klar, innerhalb welcher Zeit die Behörde von ihrem Abschiebungsrecht nach § 13 keinen Gebrauch machen wird. Die Länge der Frist hängt von den Umständen des Falles ab. Muß der Ausländer etwa einen Gewerbebetrieb auflösen, wird sie etwa drei Monate betragen können, wenn die AE versagt wird. Im allgemeinen werden zwei Wochen bis höchstens ein Monat genügen. Innerhalb dieser Zeit können die Ausreisevorbereitungen getroffen werden.

Ist ein Ausländer ausgewiesen, gilt die Fristsetzung von der Unanfechtbarkeit der Ausweisung an. Die Frist braucht hier nur kurz zu sein, weil der Ausländer sich während des Rechtsmittelverfahrens auf seine Ausreise einrichten konnte. Bei Anordnung der sofortigen Vollziehung oder bei Versagung der AE läuft die Frist vom Tage der Zustellung der Verfügung an.

4. Strafsanktion

Die Nichtbefolgung des Gebotes, Deutschland unverzüglich zu verlassen, ist unter *Strafe* gestellt (§ 47 Abs. 1 Nr. 2). Die Höhe der Strafandrohung entspricht der Mißachtung des gesetzlichen Verlangens.

§ 13

Abschiebung

(1) Ein Ausländer, der den Geltungsbereich dieses Gesetzes zu verlassen hat, ist abzuschieben, wenn seine freiwillige Ausreise nicht gesichert oder

aus Gründen der öffentlichen Sicherheit oder Ordnung eine Überwachung der Ausreise erforderlich erscheint.

(2) Die Abschiebung soll schriftlich angedroht werden. Hierbei soll eine Frist bestimmt werden, innerhalb der der Ausländer auszureisen hat. Wird ein Ausländer ausgewiesen, so soll die Androhung mit der Ausweisung verbunden werden. Von der Androhung und der Fristsetzung kann nur abgesehen werden, wenn dies durch besondere Gründe gerechtfertigt ist.

Übersicht

1. Entwicklung
2. Voraussetzung der Abschiebung
3. Durchführung der Abschiebung
4. Ausschluß der Abschiebung
5. Androhung und Fristsetzung
6. Zuständigkeit und Kosten
7. Übernahmeabkommen

1. Entwicklung

Die Fassung des RegEntw. wurde vom InnAussch. des BT ohne materielle Änderung übernommen. Die vorgenommenen Änderungen dienen lediglich der Konkretisierung der Voraussetzungen für die Abschiebung. Es bestand Einigkeit darin, daß eine Abschiebung nicht nur aus dem im § 7 APVO bestehenden Grunde vorgenommen werden sollte, sondern auch wenn Gründe der öffentlichen Sicherheit oder Ordnung die Überwachung der Ausreise erforderlich machen. Um diesen Tatbestand ist der § 7 APVO im AuslG erweitert worden.

2. Voraussetzung der Abschiebung

Die Abschiebung ist die *zwangsweise Durchsetzung* des Gesetzesgebotes, daß ein Ausländer bei Vorliegen der Voraussetzungen des § 12 das Bundesgebiet zu verlassen hat. Die freiwillige Ausreise des Ausländers muß nicht gesichert sein. Dies kann dann vorliegen, wenn der Ausländer dem Gebot, die BRD zu verlassen, tatsächlich nicht nachgekommen ist. Es braucht aber nicht abgewartet zu werden, ob der Ausländer freiwillig ausreist, wenn das Gegenteil vorher feststeht. Anhaltspunkte hierfür sind, daß der Ausländer sich bisher der Melde- und der Ausländererfassung entzogen hat oder untergetaucht war. Eine Erklärung, daß er nicht ausreisen werde, ist hierfür ebenfalls ein wichtiger Anhaltspunkt. Eine Abschiebung ist dann noch nicht zulässig, wenn der Ausländer nicht über genügend Mittel für die Reise verfügt. Dies ist noch kein Grund, die Nichtsicherung seiner freiwilligen Gründe anzunehmen, weil er sich die Mittel von den Sozialämtern beschaffen kann.

Auch wenn die freiwillige Ausreise gesichert ist, kann die Abschiebung dann vorgenommen werden, wenn Gründe der öffentlichen Sicherheit und Ordnung eine Überwachung der Ausreise erforderlich erscheinen lassen. Die Erforderlichkeit muß nicht bis zur letzten Gewißheit vorliegen, sie muß nur erkennbar und sachlich gerechtfertigt erscheinen. Gründe der öffentlichen Sicherheit und Ordnung liegen insbesondere dann vor, wenn die Gefahr besteht, daß ein Ausländer vor seiner Ausreise strafbare Handlungen begehen wird, daß er die öffentliche Ordnung durch Widerstand, durch Rache an anderen Personen oder durch ein unzulässiges politisches Verhalten stört. Es erscheint auch bedenklich, einem Ausländer dann die freiwillige Ausreise ohne Abschiebung zu ermöglichen, wenn er in das sowjetische Besatzungsgebiet gehen will. Auch wenn § 12 nur davon spricht, daß der Ausländer den Geltungsbereich dieses Gesetzes zu verlassen hat, besteht im Hinblick auf die Präambel des GG eine gewisse Verpflichtung gegenüber der Bevölkerung des sowjetischen Besatzungsgebietes, sie nicht mit ausgewiesenen Ausländern zu belasten.

Eine Abschiebung kann nur durchgeführt werden, wenn sich der Ausländer nicht in der Verwahrung einer anderen Behörde befindet, z. B. in Strafhaft. Hier ist gemäß § 456a StPO erst eine Entscheidung der Vollstreckungsbehörde herbeizuführen, daß von der weiteren Vollstreckung abgesehen wird. Auch während eines Strafverfahrens gibt § 154b StPO der Strafverfolgung den Vorrang vor der Abschiebung, so daß zunächst eine Entscheidung der Staatsanwaltschaft oder im Falle des Abs. 4 eine Entscheidung des Gerichts herbeigeführt werden muß.

Gründe der öffentlichen Sicherheit und Ordnung liegen auch dann vor, wenn der Ausländer im Besitze eines Legitimationspapieres ist, das in Kürze abläuft, und Umstände vorliegen, die die Rückübernahme durch das Herkommensland nicht gesichert erscheinen lassen.

Eine Abschiebung ist nur möglich bei einem Ausländer, der den Geltungsbereich des Ausländergesetzes zu verlassen hat. Bei räumlicher Beschränkung ist eine Abschiebung in den nicht gesperrten Teil der BRD unzulässig, vgl. § 16 Anm. 5.

3. *Durchführung der Abschiebung*

Die Abschiebung eines Ausländers wird regelmäßig in der Weise geschehen, daß er *in seinen Heimatstaat* abgeschoben wird, weil dieser völkerrechtlich verpflichtet ist, ihn aufzunehmen (vgl. *Berber, Völkerrecht,* Bd. 1 § 59; *Liszt, Völkerrecht,* 10. Aufl. S. 121). Die Abschiebung ist jedoch auch in einen dritten Staat zulässig, wenn dieser zur Aufnahme bereit ist. Die Ausländerbehörden sind nicht verpflichtet, für den Abzuschiebenden die Einreiseformalitäten in einen dritten Staat zu beschaffen. Sollten die Reisekosten in einen dritten Staat größer sein als in den Heimatstaat, so braucht die Behörde diesem Wunsche nur nachzugeben, wenn die Deckung der Kosten gesichert ist.

Ausländer, die in Strafhaft sitzen, sollten noch während der Haft abgeschoben werden. Bei späterer Abschiebung kann sich der Ausländer sonst eine neue Existenz schaffen und sich darauf berufen, daß er nicht mehr mit einer

Abschiebung rechnen konnte und diese Maßnahme nunmehr eine unbillige Härte darstellt.

4. Ausschluß der Abschiebung

Die Tatsache, daß ein Ausländer *reiseunfähig* ist, steht der Rechtsgültigkeit einer Ausweisung nicht entgegen. Dieser Zustand ist im allgemeinen nur zeitlich bedingt und vorübergehender Natur. Die Reiseunfähigkeit ist jedoch von dem Ausländer durch ein ärztliches Attest nachzuweisen. Die Behörde kann ein amtsärztliches Attest verlangen. Während einer nachgewiesenen Transportunfähigkeit darf jedoch aus allgemeinen menschlichen Gesichtspunkten eine zwangsweise Abschiebung nicht vorgenommen werden.

Die Abschiebung von Flüchtlingen und politisch Verfolgten unterliegt der Einschränkung von § 14.

5. Androhung und Fristsetzung

Die schriftliche *Androhung* nur der Abschiebung als besondere Verfügung kommt nur in Betracht, wenn der Ausländer nicht im Besitz einer Aufenthaltserlaubnis ist und gemäß § 12 das Bundesgebiet verlassen müßte, es aber nicht verläßt. Bei schriftlicher Ablehnung der AE wird man eine Androhung in der Verfügung dann nicht vornehmen, wenn zu erwarten ist, daß der Ausländer die Bundesrepublik Deutschland freiwillig verlassen wird. Denn die Androhung der Abschiebung schon bei Ablehnung der AE stellt eine gewisse Schärfe dar, die vermieden werden kann. Bei Ausweisungen ist es jedoch zweckmäßig, in die Ausweisungsverfügung die Androhung der Abschiebung aufzunehmen. Die Regelung, daß eine Androhung und Fristsetzung ausgesprochen werden soll, bedeutet eine Verpflichtung für die Behörde, diese Verfügung vorzunehmen. Lediglich in dem Fall, in dem die Androhung und Fristsetzung vergessen worden ist, soll eine einmal durchgeführte Abschiebung nicht nachträglich unzulässig sein. Von ihr kann jedoch bewußt nur abgesehen werden, wenn aus dem Einzelfall besondere Gründe dies rechtfertigen, etwa wenn durch die Androhung der Ausländer sich der Abschiebung entziehen würde.

6. Zuständigkeit und Kosten

Zuständig für die Abschiebung ist die Ausländerbehörde, die die Ausweisung erlassen hat, oder, wenn der Ausländer nicht im Besitze einer AE ist, die Behörde, in der der Ausländer sich aufhält. Die zuständige Behörde übernimmt den Transport bis an die Bundesgrenze und trägt hierfür die Kosten. Soweit Schubverkehr besteht, können andere Behörden die Abschiebung auf Ersuchen durchführen.

Für die Übergabe an den ausländischen Staat sind die Grenzbehörden zuständig. Dies sind die Grenzschutzstellen oder bei Abschiebung auf dem Luftwege die mit der Paßnachschau beauftragten Polizeidienststellen der

Länder. Das gilt für solche Flughäfen, von denen jeweils das für die Abschiebung zu benutzende Flugzeug ohne Zwischenlandung auf einem anderen Flughafen im Bundesgebiet unmittelbar abfliegt (Ausreiseflughafen).

Die Kosten für die Abschiebung trägt in erster Linie der Ausländer (§ 20), sonst die zuständige Ausländerbehörde. Bei Notwendigkeit, marokkanische Arbeitnehmer, die von der Auswahlgruppe der Bundesanstalt für Arbeitsvermittlung und Arbeitslosenversicherung vermittelt worden sind, abzuschieben, ist nach Art. 10 der Vereinbarung vom 21. 5. 1963 (Bundesarbeitsblatt Nr. 19/63 S. 601) die marokkanische Regierung verpflichtet, die Rückführungskosten zu tragen. Diese Verpflichtung erstreckt sich nicht nur auf marokkanische Arbeitnehmer auf Grund der Anwerbevereinbarungen, sondern auf alle Marokkaner, die ohne die nach § 5 DV AuslG erforderliche AE zur Arbeitsaufnahme in das Bundesgebiet eingereist sind. Die Rückführungskosten sind bei der Konsularabteilung der marokkanischen Botschaft direkt geltend zu machen.

7. Übernahmeabkommen

Mit den Staaten, die an die BRD grenzen, sind *Abkommen* abgeschlossen oder Vereinbarungen getroffen worden über die Erleichterung der Personenübernahme an der Grenze. Abkommen bestehen mit Belgien, Dänemark, Luxemburg, Norwegen, Österreich, Schweden, der Schweiz, Niederlande und Frankreich. Im wesentlichen entsprechen diese Abkommen den zuletzt abgeschlossenen Abkommen mit den Niederlanden v. 10. 10. 1958 (BAnz. Nr. 15 vom 23. 1. 1959) und Frankreich v. 23. 3. 1960 (BAnz. Nr. 63 v. 31. 3. 1960). Danach sind alle Staatsangehörigen dieser Staaten von ihrem Heimatstaat zurückzunehmen. Außerdem haben sich die Vertragsstaaten verpflichtet, auch andere Personen zurückzunehmen, die illegal aus dem anderen Lande eingereist sind. Voraussetzung hierfür ist, daß die illegal eingereisten Ausländer noch keine AE erhalten haben und der Antrag auf Rückübernahme innerhalb von 4 Monaten — gegenüber Frankreich 6 Monate — seit Grenzübertritt gestellt ist.

§ 14

Einschränkungen der Abschiebung

(1) Ein Ausländer darf nicht in einen Staat abgeschoben werden, in dem sein Leben oder seine Freiheit wegen seiner Rasse, Religion, Staatsangehörigkeit, seiner Zugehörigkeit zu einer bestimmten sozialen Gruppe oder wegen seiner politischen Überzeugung bedroht ist. Dies gilt nicht für einen Ausländer, der aus schwerwiegenden Gründen als eine Gefahr für die Sicherheit anzusehen ist, oder der eine Gefahr für die Allgemeinheit bedeutet, weil er wegen eines besonders schweren Verbrechens rechtskräftig verurteilt wurde

(Artikel 33 Abs. 2 des Abkommens über die Rechtsstellung der Flüchtlinge vom 28. Juli 1951, Bundesgesetzbl. 1953 II S. 559).

(2) Bei diesen Ausländern kann nicht davon abgesehen werden, die Abschiebung anzudrohen und eine angemessene Frist zu setzen. Ist die Abschiebung eines Ausländers in bestimmte Staaten nicht zulässig, so sind diese Staaten in der Androhung der Abschiebung zu bezeichnen.

Übersicht

1. Schutz des Flüchtlings

Das AuslG gibt durch § 14 Abs. 1 S. 1 jedem Flüchtling einen *umfassenden Schutz* vor einer zwangsweisen Überstellung in ein Land, in dem er politisch aus den aufgeführten Gründen, die der GenfKon. entnommen sind, verfolgt wird. Während § 11 Abs. 1 eine Ausweisung darauf abstellt, daß der Flüchtling sich rechtmäßig in der BRD aufhält, ist dies bei der Abschiebung nicht der Fall. § 14 macht seine Anwendung nicht davon abhängig, ob die Ausweisung auf Grund des § 10 oder unter den einschränkenden Voraussetzungen des § 11 verfügt worden ist, wenn der ausgewiesene Ausländer allgemein den Flüchtlingsstatus innehat. Die „Schutzgrundrechte" gelten für jeden Flüchtling, ob er sich in der BRD berechtigt oder unrechtmäßig aufhält, ob er illegal eingereist ist oder hier strafbare Handlungen außerhalb der Schwere des § 14 Abs. 1 S. 2 begangen hat. Auch ein ehemals heimatloser Ausländer, der nach § 2 HAG seine Eigenschaft verloren hat, fällt unter diese Bestimmung und genießt den Grundschutz des § 14, wenn er sich in Deutschland aufhält. Bei rechtmäßigem Aufenthalt eines Flüchtlings (Asylberechtigten, heimatlosen oder ehemals (§ 2 HAG) heimatlosen Ausländers, im Auslande nach der GenfKon. anerkannten Flüchtlings) ist bereits die Ausweisung eingeschränkt, und die Abschiebung unterliegt den größtmöglichen Einschränkungen zu seinem Schutze. Bei unrechtmäßigem Aufenthalt ist zwar nicht die Ausweisung eingeschränkt, aber die Abschiebung unterliegt den gleichen Beschränkungen, wie die der sich hier rechtmäßig aufhaltenden Flüchtlinge. Der sich hier unrechtmäßig aufhaltende Flüchtling kann danach ausgewiesen werden. Er kann auch wie der sich rechtmäßig aufhaltende Flüchtling abgeschoben werden in Länder, in denen er politisch nicht verfolgt ist. Eine Abschiebung in ein Verfolgungsland ist jedoch grundsätzlich nicht zulässig.

2. Grenzen des Schutzes

a) Schwerwiegende Gründe. Das Schutzbedürfnis des Ausländers hat jedoch seine *Grenze* in dem höheren Schutzbedürfnis des Aufenthaltsstaates.

Stellt er aus schwerwiegenden Gründen eine Gefahr für die Sicherheit des Staates dar, oder bedeutet er eine Gefahr für die Allgemeinheit, weil er wegen eines besonders schweren Verbrechens rechtskräftig verurteilt wurde, fällt die Einschränkung der Abschiebung. Er kann auch in einen Staat abgeschoben werden, in dem er politisch verfolgt wird. Die Fragen der Staatssicherheit sind bereits zu § 11, insbes. Anm. 6 erörtert worden. Über den Umfang der Gefahr für die Allgemeinheit wegen Verurteilung wegen eines besonders schweren Verbrechens, ist die Entscheidung mit der Formulierung des Abs. 1 S. 2 getroffen worden. Es gilt, die Grenzen der Ausweisungsmöglichkeiten in einem Verfolgungsstaat entsprechend der GenfKon. richtig wiederzugeben. Die authentischen englischen und französischen Texte verwenden den Ausdruck: „a particularly serious crime" und „un crime ou délit particulièrement grave". Diese Texte sind in der Übersetzung als „Verbrechen oder besonders schweres Vergehen" wiedergegeben worden. Die in den authentischen Texten verwendeten Ausdrücke meinen jedoch Straftaten von solcher Schwere, daß sie unter den Verbrechensbegriff des deutschen Strafrechts fallen. Mit § 14 ist klargestellt, daß der Verbrechensbegriff im Sinne eines Verbrechens auf Grund der Dreiteilung des Strafgesetzbuches zu verstehen ist. § 14 geht damit in seiner Einschränkung der Abschiebung gegenüber den Voraussetzungen des Art. 33 Abs. 2 GenfKon. weiter, insbesondere gegenüber dem französischen Gesetzestext. Aber auch nicht jede Straftat, die ein Verbrechen darstellt und die den Ausländer zu einer Gefahr für die Allgemeinheit werden läßt, reicht aus, um eine Abschiebung in einen Verfolgungsstaat durchzuführen. Das Verbrechen muß nach dem AuslG besonders schwer sein, und die Bestrafung und Ausweisung müssen Rechtskraft erlangt haben.

b) Die Bestimmung des § 14 Abs. 1 S. 2 gilt auch für den *heimatlosen Ausländer*. In § 23 Abs. 3 HAG war vorgesehen, daß ein heimatloser Ausländer nicht in einen Verfolgungsstaat abgeschoben werden konnte. Durch die Unterstellung der heimatlosen Ausländer unter § 14 ist grundsätzlich keine Schlechterstellung dieses Personenkreises vorgenommen worden. Aus § 23 Abs. 4 HAG ging hervor, daß heimatlose Ausländer nicht absolut gegen jede Ausweisung geschützt worden sind. Die Alliierten Hohen Kommissare hatten sich durch das Gesetz Nr. 10 Ausweisungsrechte gegenüber heimatlosen Ausländern vorbehalten. Nachdem diese Rechte weggefallen sind, entstand hier eine Lücke, die geschlossen worden ist. Die früheren Ausweisungsmöglichkeiten der Alliierten sind nunmehr auf den deutschen Rechtsbereich übertragen und entsprechend dem Gesetz Nr. 10 dem Art. 33 Abs. 2 GenfKon. angepaßt und den Bestimmungen für die anderen asylberechtigten Ausländer angeglichen worden.

Eine weitere Einschränkung der Abschiebung bei heimatlosen Ausländern ist außerhalb des § 14 vorgenommen worden, um den rechtsstaatlichen Erfordernissen zu genügen. Vor Inkrafttreten des AuslG war die Abschiebung eines heimatlosen Ausländers in Verfolgungsstaaten auf Grund deutscher Staatsgewalt nicht vorgesehen. Daher ist in § 55 Abs. 2 letzter Satz bestimmt, daß eine Abschiebung von heimatlosen Ausländern in einen Verfolgungsstaat nur dann vorgenommen werden darf, wenn die schwerwiegenden Gründe der Gefahr für die Sicherheit oder der Gefahr für die Allgemeinheit nach einer rechtskräftigen Verurteilung wegen eines besonders schweren Verbrechens nach dem 1. 10. 1965 eingetreten sind. Das bedeutet, daß nicht nur die Verurteilung, sondern die der Verurteilung zugrunde liegende Straftat nach dem 1. 10. 1965 begangen sein muß.

3. Androhung und Fristsetzung

Für Ausländer mit einem Flüchtlingsstatus ist die *Androhung der Abschiebung und die Fristsetzung*, innerhalb der der Ausländer das Bundesgebiet zu verlassen hat, zwingend vorgeschrieben. Die Frist muß angemessen sein. Im allgemeinen wird eine Frist von 2 Wochen zur Ausreise nicht genügen. Eine solche verhältnismäßig kurze Frist mag ausreichend sein, wenn es sich um einen Ausländer handelt, der den Schutz seines Heimatstaates in Anspruch nehmen kann. Bei heimatlosen Ausländern und bei asylberechtigten Ausländern, die eines solchen Schutzes entbehren, wird es in der Regel längerer Fristen bedürfen (*BVerwG* in MDR 1956, 699). 3 bis 6 Monate erscheinen jedoch für die Vorbereitungen einer Ausreise im allgemeinen angemessen. Die Frist kann auch verlängert werden. Sie gilt von der Rechtskraft des Urteils an, wenn der Rechtsweg beschritten worden ist, im übrigen von der Unanfechtbarkeit der Ausweisung an.

4. Einschränkung der Abschiebung in bestimmte Staaten

Das *BVerwG* (I C 23.56 U. v. 28. 6. 1956; I C 174.58 U. v. 14. 7. 1959; I C 169.55 U. v. 8. 11. 1956; *BVerwGE* 3, 355) ist in seiner Rechtsprechung davon ausgegangen, daß in dem Falle, in dem ein Ausländer aus Verfolgungsgründen nicht in bestimmte Staaten abgeschoben werden darf, bereits die Ausweisung insoweit eingeschränkt werden müsse. Das AuslG ist dieser Ansicht nicht gefolgt. Es will nicht die Ausweisung einschränken, sondern sieht lediglich eine Beschränkung der Abschiebung für bestimmte Staaten vor.

Im praktischen Ergebnis ist jedoch keine wesentliche Änderung eingetreten. Die vorgesehene Abschiebung hat zur Folge, daß sie schriftlich angedroht werden muß. Bei einer Ausweisung soll die Androhung gemäß § 13 Abs. 2 mit der Ausweisungsverfügung verbunden werden. Wenn nun die Einschränkung der Abschiebung nach § 14 Abs. 2 in die Androhung der Abschiebung aufgenommen werden soll, so steht sie in Verbindung mit § 13 Abs. 2 ebenfalls in der Ausweisungsverfügung und kann hier verwaltungsgerichtlich geprüft werden. In diesen Fällen ist es auch zweckmäßig, die Einschränkung der Abschiebung in den Teil der Abschiebungsandrohung und diese wiederum in die Ausweisungsverfügung aufzunehmen, damit nicht ein neuer verwaltungsgerichtlicher Instanzenzug um die Androhung der Abschiebung in bestimmte Staaten durchgeführt werden muß. Denn es wird gerade bei den privilegierten Ausländern die Gelegenheit gegeben werden müssen, auch diese Frage im Verwaltungsstreitverfahren prüfen zu lassen. Die Vorschrift des § 14 Abs. 2 S. 2 hat daher mehr rechtstheoretische Bedeutung, daß nämlich die Beschränkung sich nicht auf die Ausweisung, sondern auf die Abschiebung bezieht. Die Einschränkung der Abschiebung befindet sich entweder an einer anderen Stelle der Ausweisungsverfügung als bisher oder wird ausnahmsweise dem Ausländer in einer besonderen Androhungsverfügung gegeben.

Die Staaten, in die ein Ausländer nicht abgeschoben wird, sind genau zu bezeichnen. Von der Aufzählung jedes einzelnen Staates kann abgesehen werden, wenn die Staaten sich zweifelsfrei umschreiben lassen: z. B. Ostblockstaaten. Soll bei einer solchen Begrenzung der Ausländer auch nicht nach Jugoslawien abgeschoben werden, ist dieser Staat zusätzlich zu benennen. Jugoslawien ist zwar ein kommunistisches Land, gehört aber nicht zum Ostblock.

Geht es um die Frage, ob eine zwangsweise Abschiebung mit oder ohne Einschränkung zulässig ist, so ist hierfür Voraussetzung, daß der Ausländer sich im Bundesgebiet befindet und tatsächlich abgeschoben werden kann. Hält er sich nicht mehr in der BRD auf, dann bedarf dieser Umstand keiner weiteren Prüfung (vgl. *BVerwG* I C 169.55 U. v. 8. 11. 1956).

5. Zustimmung des BMI

Wegen der Bedeutung der Abschiebung von Flüchtlingen mit einem Asylstatus und zum Zwecke einer einheitlichen Handhabung im Bundesgebiet ist die Abschiebung nur durchzuführen, wenn die Zustimmung des BMI gemäß § 26 Abs. 1 Nr. 3 eingeholt worden ist.

§ 15

Ausschluß der Erteilung einer Aufenthaltserlaubnis

(1) Einem Ausländer, der ausgewiesen oder abgeschoben worden ist, darf keine Aufenthaltserlaubnis erteilt werden. Diese Wirkung der Ausweisung und der Abschiebung kann befristet werden. Die Frist kann durch die Behörde, die den Ausländer ausgewiesen oder abgeschoben hat, nachträglich verlängert oder verkürzt werden.

(2) Einem Ausländer, der ausgewiesen oder abgeschoben worden ist, kann ausnahmsweise erlaubt werden, das Gebiet des Geltungsbereichs dieses Gesetzes kurzfristig zu betreten, wenn zwingende Gründe seine Anwesenheit erfordern oder die Versagung der Erlaubnis eine unbillige Härte bedeuten würde. Reiseweg und Aufenthaltsort sind vorzuschreiben.

(3) Einem Ausländer, der ausgewiesen oder dessen Abschiebung angeordnet worden ist, und der die Anerkennung als Asylberechtigter beantragt hat (§ 28), kann für die Dauer des Anerkennungsverfahrens eine auf den Bezirk der Ausländerbehörde beschränkte Aufenthaltserlaubnis erteilt werden, wenn die Anwesenheit des Ausländers im Sammellager für Ausländer nach der Entscheidung des Leiters des Bundesamtes für die Anerkennung ausländischer Flüchtlinge nicht erforderlich ist.

Übersicht

1. Wirkung der Ausweisung und Abschiebung

Aus der Bestimmung, daß eine AE bei *Ausweisung oder Abschiebung* nicht gegeben werden darf, ist gesetzlich eindeutig geklärt, daß Ausweisung und AE sich gegenseitig ausschließen. Bisher wurde bisweilen von einzelnen Ausländerbehörden eine kurzfristige AE während eines Verwaltungsstreitverfahrens gegeben. Eine derartige Erlaubnis hatte jedoch keine Wirkungen auf den Bestand des Aufenthaltsverbotes (vgl. *OVG Münster* in MDR 1965, 328). Nach der gesetzlichen Regelung besteht diese Möglichkeit nicht mehr. Eine AE, die entgegen der gesetzlichen Bestimmung trotzdem gegeben wird, wird auf den Bestand der Ausweisung ebenso keine Wirkung haben wie bisher. Sie könnte sogar widerrufen werden. Wird die AE jedoch für längere Dauer, etwa für ein Jahr gegeben, so wird hierin eine Aufhebung der Ausweisung zu sehen sein. Die gleiche Wirkung, die die Ausweisung hat, nämlich daß keine AE gegeben werden darf, ist auf die Abschiebung erweitert worden. Nach § 12 können auch aus anderen Gründen als der Ausweisung Abschiebungen vorgenommen werden, auch nach Versagung der AE. Selbst in diesem Fall ist bei einer späteren Einreise die AE-Erteilung unzulässig.

Der Ausschluß der Erteilung der AE liegt nur dann vor, wenn die Ausweisung ausgesprochen oder die Abschiebung tatsächlich vollzogen worden ist. Das Vorliegen von Ausweisungsgründen verbietet noch nicht die Erteilung einer kurzfristigen AE. Die Ausländerbehörde kann auch nach einer kurzen AE auf die vor der AE-Erteilung liegenden Gründe zurückgreifen. Durch eine zwischenzeitliche kurze AE begibt sie sich nicht des Rechts, eine Ausweisung zu verfügen (*BVerwG* I C 183.54 U. v. 9. 5. 1957).

Im allgemeinen ist die Ausweisung unbefristet. Eine Befristung kann aber mit der Ausweisung oder nachträglich verfügt werden. Das gleiche gilt für die Abschiebung aus anderen als Ausweisungsgründen. Ob eine Ausweisung befristet oder unbefristet erlassen werden soll, hängt auch von dem Unrechtsgehalt des Verhaltens des Ausländers ab. Da auch kleinere Verstöße gegen die öffentliche Ordnung eine Ausweisung rechtfertigen, wird bei Berücksichtigung der Verhältnismäßigkeit des Mittels eine befristete Ausweisung ausreichend sein, wenn der Ausländer nicht zu den staatsfeindlichen, kriminellen oder asozialen Typen gehört. Auch sein sonstiges Verhalten wird gewertet werden müssen (*BVerwG* I B 95.60 Beschl. v. 13. 7. 1961).

2. Einreise trotz Ausweisung

§ 15 Abs. 2 stellt klar, daß nur einem Ausländer, der ausgewiesen oder abgeschoben worden ist, d. h. der sich außer Landes befindet, eine *Genehmigung zum kurzfristigen Betreten* der BRD gegeben werden kann. Sie kommt nicht in Betracht, wenn der Ausländer sich noch im Inland befindet. Will die Behörde einen weiteren kurzfristigen Aufenthalt gewähren, kann sie nur die Ausreisefrist verlängern und erzielt damit die gleiche Wirkung. Ist ein Ausländer ausgewiesen oder abgeschoben, darf er das Gebiet der BRD nur mit besonderer Erlaubnis der Ausländerbehörde betreten, es sei denn, daß der Ausländer unter dem Anliegen, hier um seine Asylberechtigung nachzusuchen, die Grenzen überschreitet. Zuständig für die Ausnahmeerlaubnis ist die Ausländerbehörde, in deren Bezirk der Antragsteller einreisen will. Sie kann die Behörde beteiligen, die die Ausweisung verfügt hat.

Es wird im allgemeinen nicht genügen, daß der Ausländer geschäftliche oder persönliche Dinge im Inlande regeln will. Eine erneute Abschiebung, wenn der Ausländer nicht ausreist, ist manchmal nur unter Aufwendung erheblicher Mittel zu vollziehen. Hier ist Zurückhaltung geboten, und nur wirklich unabweisbar notwendige Gründe sind anzuerkennen. Eine Sicherheitsleistung zu verlangen, deren Höhe nicht nur die Rückreisekosten deckt, sondern bei Verfall für den Betroffenen auch einen empfindlichen Verlust bedeutet, ist meist erforderlich.

3. AE für Asylsuchende

Einem Ausländer kann — und dies ist eine Ausnahme von dem Grundsatz des § 15 Abs. 1 — auch dann eine AE gegeben werden, wenn er die *Anerkennung als Asylberechtigter* nach § 28 beantragt hat. Durch die Erteilung der AE wird die Ausweisung oder die angeordnete Abschiebung nicht aufgehoben. Die AE ist nur vorübergehender Art und gilt nur so lange, bis über den Asylantrag entschieden worden ist. Alsdann ist endgültig, je nach Ausgang des Asylverfahrens, zu entscheiden, ob dem Ausländer endgültig eine AE gegeben werden kann oder das Ausweisungs- und Abschiebungsverfahren fortgesetzt wird. Im Falle der AE-Erteilung muß ausdrücklich die Ausweisung aufgehoben werden. Nach dem Wortlaut des § 17 kann aber außer der AE auch eine Duldung ausgesprochen werden. Es liegt — dem vorübergehenden Charakter der Maßnahme entsprechend — näher, auf die Duldung zurückzugreifen, als eine AE zu erteilen.

Ob eine AE gegeben werden kann, liegt im Ermessen der Behörde. Sie wird die Aussicht des Asylantrages berücksichtigen. Die Behörde muß sich daher bei der Erwägung darüber schlüssig werden, ob einer der Gründe vorliegt, aus denen selbst ein Asylberechtigter ausgewiesen und abgeschoben werden kann (vgl. auch *BVerwGE* 7, 231/235, 236, *BayObLGZ* 1961, 90/93). Denn in diesen Fällen kommt es auf die Anerkennung des Ausgewiesenen als ausländischer Flüchtling nicht mehr an. Aber auch allgemeine Erwägungen über die Erfolgsaussichten eines Asylantrages können angestellt werden.

Die AE wird stets zeitlich befristet und muß mit einer Bedingung gegeben werden, etwa: „Diese Aufenthaltserlaubnis wird ungültig, wenn über die Anerkennung als Asylberechtigter entschieden ist" oder: „Diese Aufenthaltserlaubnis ist nur gültig bis zur Entscheidung über die Anerkennung als Asylberechtigter."

§ 16

Abschiebungshaft

(1) Ein Ausländer ist zur Vorbereitung der Ausweisung in Haft zu nehmen, wenn über die Ausweisung nicht sofort entschieden werden kann und die Abschiebung ohne die Inhaftnahme wesentlich erschwert oder vereitelt würde. Die Dauer der Haft soll sechs Wochen nicht überschreiten.

(2) Ein Ausländer ist in Abschiebungshaft zu nehmen, wenn die Haft zur Sicherung der Abschiebung erforderlich ist. Die Abschiebungshaft kann bis zu sechs Monaten angeordnet und bis zur Gesamtdauer von einem Jahr verlängert werden.

Übersicht

1. Entwicklung

Es war vorgesehen, daß die Abschiebungshaft dann angeordnet werden sollte, wenn die Ausländerbehörde feststellt, daß die Haft zur Sicherung der Abschiebung erforderlich ist. Diese Formulierung ist fallengelassen worden, weil man einen objektiven Maßstab anwenden und nicht die Feststellung einer Behörde als Grundlage einer Haft anerkennen wollte. Im Ergebnis ändert sich jedoch nichts, weil auch die Feststellung der Ausländerbehörde letzten Endes vor dem Gericht, das die Abschiebungshaft anordnet, hätte überprüft und notfalls korrigiert werden können.

Es ist auch international anerkannt, daß ein Ausländer zum Zwecke der Ausweisung und Abschiebung einer Freiheitsentziehung unterworfen werden kann. Eine solche Maßnahme widerspricht nicht der UNO-Menschenrechtserklärung und der Genfer Konvention zum Schutze der Menschenrechte und

Grundfreiheiten, weil die Freiheitsentziehung auf gesetzlicher Grundlage beruht und damit rechtmäßig ist. Dem Betroffenen ist Rechtsschutz gewährt, indem ein Richter die Freiheitsentziehung anordnet und dem Betroffenen die zulässigen Rechtsmittel zustehen.

2. *Das Verfahren der Freiheitsentziehung*

ist in dem *Gesetz über das gerichtliche Verfahren bei Freiheitsentziehung vom 29. 6. 1956* (BGBl. I S. 599) geregelt. Danach wird die Abschiebungshaft von dem Amtsgericht auf Antrag der Ausländerbehörde angeordnet. Die Abschiebungshaft setzt daher stets einen Antrag voraus und kann nicht von Gerichts wegen verfügt werden. Zuständig ist der Richter der freiwilligen Gerichtsbarkeit. Es wäre auch möglich gewesen, daß die Anordnung von der Verwaltungsbehörde ausgeht und das Gericht nur bestätigt. Dem Erfordernis des Art. 104 GG wäre damit Rechnung getragen. Dies ist vor dem Inkrafttreten des Freiheitsentziehungsgesetzes auch geschehen (vgl. *Bayer. VG München*, Beschl. v. 17. 11. 1955, Az.: II-2162/55 und *VGH Freiburg* in NJW 1955, 1247). Nachdem § 3 FreihEntzG die Anordnung der Freiheitsentziehung nur dem Amtsgericht übertragen und die Tätigkeit der Verwaltungsbehörde auf einen Antrag beschränkt hat, ist das vorherige Verfahren nicht mehr durchzuführen. Zur Konkretisierung der Rechtsgrundlage der Abschiebungshaft vgl. *Schröer* in DVBl. 1962, 117; zur Problematik insbesondere bei Vorliegen des Einverständnisses vgl. *Fliegauf* in DVBl. 1961, 270.

3. *Haft zur Vorbereitung der Ausweisung*

Entsprechend § 7 APVO unterscheidet das Gesetz zwischen der Haft zur Vorbereitung der Ausweisung und zur Sicherung der Abschiebung. Zur Vorbereitung der Ausweisung wird nur in Ausnahmefällen die Haft erforderlich sein. Es sind aber Fälle denkbar, daß sich die Notwendigkeit einer Ausweisung im Bezirk einer anderen Ausländerbehörde ergibt (§ 20 Abs. 2 AuslG), als der, in der der Ausländer seinen gewöhnlichen Aufenthalt hat. Zur Ausweisung müssen meist die Akten herbeigezogen werden. Es können auch weitere Feststellungen durch Rückfrage bei anderen Behörden oder Personenüberprüfungen notwendig sein, die sich nicht innerhalb der gesetzlichen Frist von höchstens zwei Tagen beenden lassen. Die Frist von sechs Wochen ist dem Zweck entsprechend kurz bemessen. Die erforderlichen Feststellungen, auf Grund deren die Entscheidung über die Ausweisung ergehen soll, lassen sich wohl innerhalb dieser Frist treffen. Bei besonderer Lagerung eines Falles kann der Richter ausnahmsweise die Frist über sechs Wochen hinaus verlängern. Voraussetzung für die Anordnung der Haft ist weiterhin, daß ohne die Inhaftierung die Abschiebung wesentlich erschwert oder vereitelt werden würde, weil der Ausländer etwa untertaucht. Besteht die Wahrscheinlichkeit, daß der Ausländer das Bundesgebiet verläßt, ist die Abschiebungshaft nicht zulässig.

Die Haft zur Vorbereitung der Ausweisung dient nicht dazu, ein laufendes Ermittlungs- und Strafverfahren abzuwarten und sich erst danach schlüssig zu werden, ob die Ausweisung verhängt werden soll.

4. *Umfang der Abschiebungshaft*

Entsprechend der APVO kann die Abschiebungshaft nur zur *Sicherung der Abschiebung* verhängt werden. Formell hat sich die Voraussetzung nicht geändert. Materiell ist jedoch eine Erweiterung eingetreten, weil sich der Inhalt der Abschiebung (§ 13) erweitert hat. Es ist nicht mehr die Abschiebung nur zulässig, wenn der Ausländer nicht freiwillig ausreist, sondern auch, wenn die Überwachung der Ausreise aus Gründen der öffentlichen Sicherheit und Ordnung erforderlich ist. Beide Tatbestände können die Abschiebungshaft notwendig machen. Die Gerichte hatten allerdings auch schon vor Normierung des zweiten Tatbestandes für die Abschiebung die Gründe der öffentlichen Sicherheit und Ordnung zum Teil ausdrücklich (vgl. *Bayer. VG München*, Beschl. v. 17. 11. 1955 — II-2162/55) oder im Ergebnis der Entscheidung berücksichtigt. Wegen des einen oder des anderen Grundes kann nunmehr die Abschiebungshaft angeordnet werden, soweit die Sicherung der Abschiebung es erfordert.

Die Abschiebungshaft kann sich nur auf den zugrunde liegenden Umfang der Ausweisung beziehen. Ist die Ausweisung eingeschränkt, dann kann die Abschiebungshaft auch nur mit dieser Einschränkung Bestand haben (vgl. *KG*, Beschl. v. 20. 8. 1962 — 1 W XX 1781/62 —). Es kommt nicht darauf an, ob im Haftbeschluß dies ausdrücklich zu erkennen ist.

5. *Voraussetzung der Abschiebungshaft*

Bisher war Voraussetzung der Abschiebungshaft, daß sie zur Sicherung der Abschiebung „notwendig" war. Mit dem Wort „erforderlich" soll kein anderer Sachverhalt begründet werden. Eher ist darin eine Lockerung der engen Grenzen zu sehen, die der Begriff der Notwendigkeit in sich hatte. Erforderlich ist die Abschiebungshaft dann, wenn konkret zu befürchten ist, daß der Ausländer sich der Abschiebung entziehen werde. Dies ist dann anzunehmen, wenn der Ausländer sich bisher nicht bei der Meldebehörde gemeldet hatte, untergetaucht oder in die SBZ zeitweilig ausgewichen ist (*KG*, Beschl. v. 20. 8. 1962 — 1 W XX 1781/62 —). Die allgemeine Möglichkeit, sich einer angeordneten Abschiebung auf irgendeine Weise zu entziehen, besteht in jedem Falle, in dem eine sofort vollziehbare oder inzwischen rechtskräftige Ausweisung erlassen worden ist. Sie kann deshalb allein zur Anordnung der Abschiebungshaft nicht ausreichen, weil sonst in jedem Falle Abschiebungshaft angeordnet werden müßte (vgl. *AG Tiergarten von Berlin*, Beschl. v. 18. 4. 1963 — 50 XX B 11/63 —).

Die Abschiebungshaft stellt eine präventive und nicht eine repressive Maßnahme dar (vgl. *LG Berlin* — 84 T XX B 36/63 — Beschl. v. 15. 5. 1963).

Erfahrungstatsachen sind zu verwerten. Die Äußerung eines Ausländers, daß er das Bundesgebiet nicht freiwillig verlassen will, kann lediglich, wenn auch ein wesentliches Indiz dafür sein, daß der Betroffene sich der Abschiebung entziehen will. Es kommt allein darauf an, ob konkret zu befürchten ist, ob der Betroffene sich der Abschiebung entziehen wird.

Es braucht nicht abgewartet zu werden, ob der betroffene Ausländer freiwillig ausreist, selbst wenn das Gegenteil vorher schon gewiß ist; denn dann würde dem Betroffenen Gelegenheit gegeben, sich der Erzwingung der Ausweisung zumindest auf Zeit zu entziehen. Der bloße durch Tatsachen nicht hinreichend belegte Verdacht, daß er der Ausweisung nicht Folge leisten werde, reicht aber nicht aus. Der Betroffene muß entweder das Verbot nicht befolgt haben, obwohl er hierzu in der Lage war, oder es müssen Umstände gegeben sein, auf Grund derer mit hoher Wahrscheinlichkeit zu erwarten ist, daß der Betroffene das Bundesgebiet nicht freiwillig verlassen wird (so auch *KG*, Beschl. v. 8. 10. 1964 — I W XX B 1914/64 —).

Die Abschiebungshaft setzt nicht voraus, daß evtl. zwischenstaatliche Verhandlungen über die Abschiebung abgeschlossen sind (vgl. *BayObLG* in DÖV 1951, 114). Die letzte Gewißheit, daß eine Abschiebung gelingen werde, braucht nicht zu bestehen. Auch wenn nicht ganz aussichtslose Verhandlungen mit dem Heimat- oder Aufnahmestaat schweben, ist die Anordnung der Abschiebungshaft zulässig, wenn die sonstigen Voraussetzungen vorliegen.

Eine Abschiebung ist nur zulässig, wenn der Ausländer den Geltungsbereich dieses Gesetzes zu verlassen hat (§ 13). Im Falle einer räumlichen Beschränkung der AE nach § 7 Abs. 4 AuslG kann eine Abschiebung in ein anderes Bundesland oder in einen nicht gesperrten Teil des Bundesgebietes nicht vorgenommen werden. Es ist hierbei allein möglich, nach § 47 Abs. 1 Nr. 5 ein Strafverfahren einzuleiten oder ggf. eine Ausweisung für das gesamte Bundesgebiet auszusprechen. Damit ist in den Fällen der räumlichen Beschränkung der AE auch die Abschiebungshaft unzulässig.

6. *Grundlage der Abschiebungshaft*

ist a) ein vollziehbarer Verwaltungsakt. Es ist nicht nötig, daß es sich hierbei nur um eine Ausweisung nach § 10 handelt. Die Abschiebungshaft kann auch angeordnet werden, wenn die AE versagt worden ist (§ 12).

Es kommt nicht darauf an, daß die sofortige Vollziehung des Verwaltungsaktes angeordnet ist. Jede Ausweisung ist mit ihrer Bekanntgabe an den Betroffenen vollziehbar, selbst wenn die Vollziehbarkeitserklärung nach § 80 VwGO fehlt. Aufschiebende Wirkung kommt erst dem tatsächlich eingelegten Widerspruch zu (so auch *BayObLG* in DÖV 1959, 32, in DVBl. 1960, 814 und in DÖV 1962, 619. Weiterhin *BayObLGZ* 1957, 268; 1958, 329, 349; 1959, 536; 1960, 176; *Saage, FreihEntzG* § 3 Anm. 13, 14).

Ist eine Ausweisung mit dem Widerspruch angegriffen worden, besteht die aufschiebende Wirkung solange, bis sämtliche Rechtsbehelfe einschließlich der

Klage im Verwaltungsstreitverfahren unanfechtbar bzw. rechtskräftig geworden sind.

Ohne Rücksicht auf Rechtsbehelfe ist eine Ausweisung dann vollziehbar, wenn die sofortige Vollziehung angeordnet worden ist. Sie kann auch vollzogen werden, wenn eine Entscheidung nach § 80 Abs. 4 oder 5 VwGO beantragt, aber noch nicht ergangen ist. Weiterhin macht es keinen Unterschied, ob bereits eine Entscheidung des Verwaltungsgerichts über die Anfechtung der Ausweisung ergangen ist oder nicht (vgl. *BayObLG* in DÖV 1959, 32). Die Verwaltungsbehörde ist aus rechtsstaatlichen Gründen jedoch gehindert, die Abschiebung durchzusetzen, wenn ein Verwaltungsgericht die Fehlerhaftigkeit der Ausweisung angenommen hat, auch wenn das Urteil noch nicht rechtskräftig ist und im Rechtsmittelverfahren nachgeprüft werden soll.

Die Versagung der AE ist kraft Gesetzes (§ 21 Abs. 3) stets vollziehbar, auch wenn die sofortige Vollziehung nicht angeordnet ist und wenn Widerspruch oder Anfechtungsklage erhoben sind.

Eine Ausweisung gegen einen Flüchtling nach der GenfKon. ist im Hinblick auf Art. 32 Abs. 2 GenfKon. nicht schon mit der Bekanntgabe sofort vollziehbar. Dies erst dann, wenn die sofortige Vollziehung aus zwingenden Gründen der Staatssicherheit angeordnet ist. Ist diese zulässige Erklärung der sofortigen Vollziehbarkeit ausgesprochen, ist der Haftrichter hieran gebunden, wenn die Voraussetzungen des § 14 Abs. 2 beachtet sind.

b) Weitere *Grundlage der Abschiebungshaft* ist die ausländische Staatsangehörigkeit (*vgl. BayObLG* in DÖV 1959, 32), das Fehlen eines Asylrechts, die Notwendigkeit der Abschiebungshaft und die Abschiebung im Sinne des § 13, nämlich Erforderlichkeit der Sicherung der Abschiebung (*vgl. die unter a) aufgeführte Rechtsprechung und KG,* Beschl. v. 20. 8. 1962 — 1 W XX 1781/62 —). Bei der Prüfung des Asylrechts ist von Bedeutung, daß der Schutz des Art. 33 Abs. 1 GenfKon. auch bei unrechtmäßigem Aufenthalt und auch bei vorausgegangener Anerkennung als ausländischer Flüchtling in einem dritten Staat besteht (*vgl. BayObLG* in DÖV 1962, 621, 633 Nr. 212 und Nr. 213). Die ordentlichen Gerichte sind durch das Asylverfahren nicht gehindert, im Abschiebungshaftverfahren selbst über die Eigenschaft der Asylberechtigung zu entscheiden. Sie sind nicht verpflichtet, sondern nur befugt, das Abschiebungshaftverfahren bis zur Entscheidung des Bundesamtes auszusetzen (*vgl. BayObLG* in DÖV 1962, 633 Nr. 213 und in DVBl. 1964, 588).

7. *Undurchführbarkeit der Abschiebung*

Da die Abschiebungshaft der Sicherung der Abschiebung dienen soll, ist erforderlich, daß die *Abschiebung überhaupt durchführbar* ist. Es kommt nicht darauf an, daß bereits alle Schwierigkeiten einer Abschiebung, insbesondere zwischenstaatliche Verhandlungen, abgeschlossen sind und die Abschiebung gesichert ist. Die Abschiebungshaft dient gerade dazu, die Vorbereitungen der Abschiebung zu ermöglichen, insbesondere eventuelle Legitimationspapiere zu beschaffen und die Übernahme durch einen ausländischen Staat herbeizuführen. Es braucht keine absolute Gewißheit der Abschiebungsmöglichkeit vorzuliegen, es muß zumindest mit einer Abschiebung gerechnet werden können (vgl. *OLG Neustadt* in DVBl. 1960, 72). Ist aber sicher, daß die Abschiebung endgültig nicht durchgeführt werden kann, so ist die Anordnung der Abschiebungshaft nicht zulässig und eine weiterhin bestehende Haft rechtswidrig (vgl. *BayObLG* in DVBl. 1960, 814 und in DÖV 1962, 634 Nr. 214, ferner *Schröer* in DVBl. 1962, 118).

8. Grenzen der richterlichen Nachprüfung

Macht die Behörde von der Erteilung einer AE nach § 2 oder § 15 Nr. 3 keinen Gebrauch oder ist der Verwaltungsakt aus den in Anmerkung 6 dargelegten Gründen sofort vollziehbar oder die sofortige Vollziehung angeordnet worden, ist der *Haftrichter an den Verwaltungsakt gebunden,* wenn er nicht von vornherein nichtig ist. Dies beruht auf der Tatbestandswirkung (*vgl. BayObLGZ* 1956, 415; 1957, 268/270; *Forsthoff, VerwR 8. Auflg.* S. 93, S. 231; *Wolff, VerwR 4. Auflg.* § 20 V a, b; § 52 II c; *Mang-Maunz-Mayer-Obermayer, Staats- und Verwaltungsrecht in Bayern* S. 154; *Jellinek, VerwR 3. Auflg.* S. 17; *Eyermann-Fröhler, VwGO 2. Auflg.* § 40 Anm. 26 ff.; *Bergmann in VerwArch.* 1958, 352 *mit weiteren Hinweisen; BGHZ* 1, 223 hinsichtlich der gestaltenden VerwAkte — wie der Ausweisung — *übereinstimmend Jesch, Bindung des Zivilrichters an Verwaltungsakte* S. 48 ff., *insbes.* S. 64, 105, 149). Kraft der Tatbestandswirkung dürfen die ordentlichen Gerichte bei der Entscheidung über die Abschiebungshaft dem Aufenthaltsverbot nicht etwa deshalb die Beachtung versagen, weil die Voraussetzungen für die Ausweisung fehlen würden (*BayObLGZ* 1957, 268/270; 1958, 329/333. *Auch OLG Celle NdsRpfl.* 1961, 121 *besagt nach den Gründen nichts Gegenteiliges*). Die Meldung im Sammellager allein beseitigt die Durchführbarkeit der Ausweisung nicht und kann kein Anlaß für den Richter der ordentlichen Gerichtsbarkeit sein, die Abschiebungshaft abzulehnen (vgl. *BayObLG* in DÖV 1962, 619 und 634 Nr. 215). Die Verwaltungsbehörde müßte, um den Haftgrund zu beseitigen, den Verwaltungsakt widerrufen. Eine Abschiebungshaft ist nur dann nicht möglich, wenn eine Aufenthaltserlaubnis nach § 15 Abs. 3 oder die Duldung nach § 17 gegeben und nicht widerrufen ist.

Im Abschiebungshaftverfahren können auch nicht weitere Vorbringen, insbesondere nach dem Heimkehrergesetz für ausländische Heimkehrer, berücksichtigt werden. Dies ist allein Angelegenheit eines Verwaltungsstreitverfahrens, das sich gegen die Ausweisung richten müßte (*BayObLGZ* 1957, 268). Der Haftrichter ist auch nicht befugt, dem Ausländer eine Auflage dahingehend zu machen, daß er bis zu einem späteren Zeitpunkt das Gebiet der BRD verläßt, wenn die sofortige Vollziehung der Ausweisung möglich oder angeordnet ist. Den Zeitpunkt der Ausweisung zu bestimmen, ist Angelegenheit der Verwaltungsbehörde.

Die Verbindlichkeit der Entscheidung des Bundesamtes im Anerkennungsverfahren ist nicht nur für das Verwaltungsgericht, sondern auch für die ordentlichen Gerichte im Abschiebungshaftverfahren verbindlich. Diese Bindung besteht auch bei einem Wiederaufnahmeantrag solange, bis der Leiter des Bundesamtes eine erneute Verhandlung vor dem Widerspruchsausschuß eingeleitet hat. Sollte der Leiter des Bundesamtes einen solchen Wiederaufnahmeantrag abgelehnt haben, bleibt es bei der Bindung an die unanfechtbare oder rechtskräftige Entscheidung des Bundesamtes (vgl. auch *BayObLG* in DVBl. 1959, 114).

9. Verhältnismäßigkeit

Den Grundsatz der Verhältnismäßigkeit gerade für die Abschiebung hat die Rechtsprechung anerkannt (*BayObLG* 1960, 176; 1960, 90; *OLG Neustadt* in DVBl. 1957, 690; 1960, 72; *LG Göttingen* in DVBl. 1960, 815; *LG Nürnberg-Fürth* in DVBl. 1962, 120; *Schröer* in DVBl. 1962, 117; vgl. auch Art. V Abs. 3 Satz 2 der *Menschenrechtskonvention;* vgl. auch *Kimminich, Der internationale Rechtsstatus des Flüchtlings,* S. 428). Im allgemeinen steht die Abschiebung in einem vom Gesetz als rechtsstaatlich anerkannten Verhältnis zu der Tatsache, daß ein Ausländer sich unrechtmäßig in der BRD aufhält und der staatlichen Anordnung auf Verlassen des Gebietes nicht Folge leistete. Die Überlegungen der Verhältnismäßigkeit treten daher im Abschiebungshaftverfahren in den Hintergrund. Nur in ganz besonders gelagerten Fällen kann dieser Gesichtspunkt eine entscheidende Rolle spielen. Diese besondere Lage kann gegeben sein, wenn einem Flüchtling in seinem Heimatstaat die Todesstrafe droht. Der Grundsatz der Verhältnismäßigkeit zwischen der Abschiebung und der Abschiebungshaft einerseits und der Sicherung der Abschiebung des Betroffenen andererseits muß auch bei rechtmäßigem Verwaltungsakt gewahrt bleiben (vgl. *BVerfGE* 3, 383/399; 6, 389/437; 7, 377/407; 8, 71/80; 10, 89/103; DVBl. 1963, 670). Bei unmittelbar und konkret drohender Todesstrafe — nicht schon bei einer bloßen Behauptung oder Möglichkeit — ist die Abschiebung des Flüchtlings oder politisch Verfolgten in den Verfolgungsstaat absolut unzulässig (vgl. *BayObLG* in DVBl. 1964, 591). Dies gilt aber nicht schon dann, wenn die Strafe, die den Flüchtling erwartet, mit dem Tode bedroht ist, sondern nur, wenn auf Grund der bisherigen Erfahrung mit großer Wahrscheinlichkeit die Todesstrafe verhängt werden wird.

Während nach § 7 APVO ein Ausländer zur Sicherung der Abschiebung in Abschiebungshaft genommen werden konnte, die Entscheidung also eine Ermessensentscheidung war, gibt der § 16 Abs. 2 eine Verpflichtung auch für den Haftrichter, bei Erforderlichkeit der Abschiebungssicherung die Abschiebungshaft anzuordnen. Die bisherige Prüfung der Verhältnismäßigkeit ist über die enge Frage, ob die Sicherung der Abschiebung erforderlich ist, hinausgegangen. Sie hat praktisch die Zulässigkeit der Abschiebung und die Rechtmäßigkeit des Verwaltungsaktes nachgeprüft und hat damit in gewissem Umfange die Tatbestandswirkung, die oben unter Anm. 8 dargestellt ist, nicht wirksam werden lassen. Bei dem derzeitigen Gesetzeswortlaut sind so weitgehende Überlegungen, wie sie bisher angestellt worden sind, nicht mehr möglich.

Ob die Abschiebungshaft erforderlich ist, kommt auf die gesamten Umstände an. Ein Ausländer, der nicht an einem Tage über die Bundesgrenzen gebracht werden kann, muß mit richterlicher Anordnung einige Tage in Haft bleiben. Das trifft insbesondere auf den Schubverkehr zu, der sich möglicherweise nicht an einem oder zwei Tagen abwickeln läßt. Ebenso ist die Abschiebungshaft erforderlich, wenn der Ausländer auf dem Luftwege abgeschoben werden soll. Denn diese Art der Abschiebung erfordert erhebliche personelle und materielle Vorbereitungen, die weitere Unkosten verursachen, wenn der Ausländer am Tage der Abschiebung nicht greifbar ist. Die bisher unter der Frage der Verhältnismäßigkeit erörterten Voraussetzungen sind mehr Erörterungen über die Frage der „Erforderlichkeit der Haft zur Sicherung der Abschiebung".

10. Dauer der Abschiebungshaft

Mit der Festlegung der Grenzen, *wie lange* eine Person zur Vorbereitung der Ausweisung und zur Durchführung der Abschiebung in Haft gehalten werden kann, ist auch den rechtsstaatlichen Grundsätzen, die vom *BVerfG in BVerfGE* 8, 325 (hier weitere Literaturhinweise) aufgestellt sind, Rechnung getragen. Danach fordern die Grundsätze des Rechtsstaates, daß auch Ermächtigungen der Exekutive zur Vornahme belastender Verwaltungsakte durch das ermächtigende Gesetz nach Inhalt, Gegenstand, Zweck und Ausmaß hinreichend bestimmt und begrenzt sind, so daß die Eingriffe meßbar und in gewissem Umfange für den Betroffenen voraussehbar und berechenbar sind. Die Abschiebungshaft kann bis zu sechs Monaten dauern und bis zur Gesamtdauer von einem Jahr verlängert werden. Damit sind Zweifel über die Zulässigkeit der Dauer einer Abschiebungshaft und ihrer Vereinbarkeit mit rechtsstaatlichen Grundsätzen wie sie vom *LG Göttingen* in DVBl. 1960, 815, vom *OLG Neustadt* in DVBl. 1957, 690 und in DVBl. 1960, 72 und vom *OLG Karlsruhe* in NJW 1965, 1141 geltend gemacht worden sind, beseitigt.

Es entspricht rechtsstaatlichen Vorstellungen, daß die Abschiebungshaft den Vorbereitungen für die Abschiebung entspricht und auch vom Haftrichter zunächst nur bis zur Dauer von sechs Monaten verhängt werden kann. Eine genaue Frist muß jedoch vorgesehen werden (vgl. *BayVG München II* —

2162/55, Beschl. v. 17. 11. 1955). Das Ende der Haft ist eindeutig festzulegen.

Die Gesamtdauer der Abschiebungshaft von einem Jahr darf nicht überschritten werden. Diese Festsetzung hat den Grund, daß eine Abschiebung tatsächlich nicht mehr durchgeführt werden kann. Es ist auch nicht möglich, den Ausländer zunächst nach einem Jahr aus der Abschiebungshaft zu entlassen und ihn kurze Zeit darauf festzunehmen und erneut die Abschiebungshaft zu beantragen. Dies würde rechtlich die Fortsetzung einer unterbrochenen Abschiebungshaft bedeuten. Die Frist gilt daher insgesamt nur für die erstmalige Ausweisung. Sollte sich im Laufe der Duldung (§ 17) und aus veränderter Situation eine Abschiebungsmöglichkeit ergeben, bestehen gegen eine erneute Abschiebungshaft keine Bedenken. Es wird allerdings zu fordern sein, daß die Abschiebung nunmehr konkret möglich ist, schnellstens durchgeführt wird und sich nicht als Fortsetzung der bisherigen Haft darstellt.

§ 17

Duldung

(1) Die Abschiebung eines Ausländers kann zeitweise ausgesetzt werden (Duldung). Die Vorschriften des § 7 Abs. 1, 3 und 4 finden entsprechende Anwendung. Die Duldung ist zu widerrufen, wenn die Gründe, die der Abschiebung entgegenstehen, entfallen.

(2) Der Bundesminister des Innern oder die von ihm durch Rechtsverordnung bestimmte Bundesoberbehörde kann Ausländer, die geduldet werden, nach Anhören der Länder und auf Grund des vom Bundesrat festgestellten Schlüssels für die Verteilung von ausländischen Flüchtlingen auf die Länder verteilen.

Übersicht

1. Allgemeines
2. Voraussetzung der Duldung
3. Wirkung der Duldung
4. Fristbestimmung
5. Beendigung der Duldung
6. Eintragung im Paß
7. Schriftform

1. *Allgemeines*

Die Einführung der Rechtsinstitution der Duldung geht allein von praktischen, nicht so sehr von rechtlichen Gesichtspunkten aus. Sie ist eine Weiterentwicklung des Ausländerrechts, das in der bisherigen Form keine Möglichkeiten offen ließ, Härten zu beseitigen, wenn der Ausländer das Bundesgebiet nicht verlassen konnte. Ein Teil von Ausländern, gegen die ein Aufenthaltsverbot erlassen war, konnte nicht abgeschoben werden. Dies lag vor bei ausländischen Flüchtlingen, bei denen die Voraussetzungen des Art. 33 Abs. 2

GenfKon. (§ 14) nicht gegeben waren, bei Staatenlosen, die kein anderer Staat aufnehmen wollte, oder bei Ausländern, die als politisch Verfolgte nach Art. 16 GG nicht abgeschoben werden konnten. Diese Ausländer hielten sich illegal in Deutschland auf. Die Tatsache, daß gegen sie ein unanfechtbares oder rechtskräftiges Aufenthaltsverbot erlassen worden war, hinderte, daß sie eine AE erhalten konnten. Damit war ihnen auch die Möglichkeit genommen, eine Tätigkeit auszuüben und ihren Unterhalt selbst zu verdienen. Sie machten sich durch ihren unerlaubten Aufenthalt sogar strafbar und mußten aus dem Legalitätsgrundsatz der Polizei häufig vor Gericht gestellt werden. Die Duldung gibt dem Ausländer die Möglichkeit, sich vorübergehend weiterhin in der Bundesrepublik aufzuhalten. Der Ausländer hält sich alsdann nicht mehr illegal auf, obwohl sein Aufenthalt nicht erlaubt ist; denn die Duldung ist keine AE.

2. *Voraussetzung der Duldung*

Die Duldung ist das *tatsächliche Unvermögen*, die Abschiebung durchzuführen. Der Ausländer hat keinen Rechtsanspruch auf Duldung. Die Entscheidung liegt im Ermessen der Ausländerbehörde. Der Aufenthalt wird nur geduldet werden können, wenn die Ausländerbehörde einen Versuch unternommen hat, die Abschiebung durchzuführen, und der Versuch fehlgeschlagen ist. Die Duldung wird auch nur dann ausgesprochen werden können, wenn der Ausländer selbst an den Voraussetzungen mitgewirkt hat, die zu einer Abschiebung führen können, also die entsprechenden Anträge auf Ausstellung eines Passes oder Paßersatzes und den Antrag auf eine Einreisegenehmigung an den anderen Staat stellt. Sollte der Ausländer sich weigern, in dieser Form mitzuwirken, wird er weiterhin bestraft werden können, und die Ausländerbehörde ist nicht verpflichtet, eine Duldung auszusprechen und ihm den Aufenthalt und eine Arbeitsmöglichkeit zu gewähren. Im Falle der Duldung ist die Ausweisung nicht nur möglich, sondern sogar Voraussetzung.

Es gelten für die Duldung nur objektive, die Unmöglichkeit der Abschiebung betreffende Momente. Menschliche oder politische Gründe, auch wenn sich ein Ausländer darauf beruft, waren im Ermessen bei der Ausweisung zu prüfen. Ist aber eine Ausweisung verfügt und diese rechtskräftig oder unanfechtbar geworden, dann kann nicht mehr berücksichtigt werden, daß es für den Ausländer eine Härte wäre, das Land zu verlassen. Sollten besondere Gründe später eintreten, so wäre über die Ausweisung erneut zu entscheiden, aber nicht über die Duldung. Wird die Ausweisung aufgehoben, ist für die Duldung kein Raum.

3. *Wirkung der Duldung*

Die Duldung schließt die Erteilung einer AE aus. Ob der Ausländer während der Duldung arbeiten darf, ist zwar noch von einer Neuregelung der Bestimmungen der Arbeitsverwaltung abhängig; sie wird aber dahin gehen, daß dem Ausländer die Möglichkeit gegeben wird, sich und ggf. auch seine Angehörigen durch Arbeit zu ernähren.

Die Duldung macht den *Aufenthalt nicht rechtmäßig*. Eine Aufenthaltsberechtigung, auch nach Ablauf von weiteren fünf Jahren kann nicht in Betracht kommen. Ob die Ausweisung und damit die Duldung im Laufe von Jahren einmal aufgehoben werden kann und der Aufenthalt durch eine AE rechtmäßig wird, hängt von den weiteren Umständen ab, die zur Ausweisung führten, und nicht zuletzt auch von dem weiteren Verhalten des Ausländers.

Ein Ausländer, der das Bundesgebiet verlassen hat, darf nicht wieder einreisen, auch wenn die Duldung nicht ausdrücklich widerrufen ist. Er ist dem Gebot des § 12 nachgekommen, ohne daß es auf das Motiv der Ausreise ankommt.

4. Fristbestimmung

Die Duldung ist lediglich eine tatsächliche Aussetzung der Abschiebung mit beschränkten Aufenthaltswirkungen. Sie dauert nur so lange, wie die Abschiebung gehindert ist. Nur die Abschiebung wird zeitweise ausgesetzt. Diese Aussetzung ist mit der Duldung identisch, und zwar inhaltlich und zeitlich. Im allgemeinen wird die Duldung längere Zeit anhalten, weil eine einmal bestehende Unmöglichkeit der Abschiebung nicht nach kurzer Zeit beseitigt ist. Ob die Unmöglichkeit der Abschiebung überhaupt wegfällt, wird die Praxis ergeben. Bei politisch Verfolgten ist diese Möglichkeit jedoch eher gegeben, nämlich wenn in dem jeweiligen Heimatlande andere politische Verhältnisse einsetzen und festgestellt werden kann, daß die Gefahr der Verfolgung, die einstmals bestanden hat, jetzt nicht mehr besteht. Der Ausländer, dem die Duldung zugute kommt, hat aber weiterhin die Pflicht, seine Ausreise zu betreiben und jede Gelegenheit dafür wahrzunehmen. Ein Strafverfahren müßte eingeleitet werden, wenn er der behördlichen Aufforderung und der gesetzlichen Bestimmung, daß er die BRD zu verlassen hat, nicht nachkommt. Daß in diesen Duldungsfällen mit größeren Zeiträumen gerechnet wird, zeigt die Bestimmung, daß der BMI nach einem Verteilerschlüssel die geduldeten Ausländer auf die einzelnen Länder verteilen kann.

Die Duldung darf nur *zeitweise* gewährt werden. § 7 Abs. 2, der die Alternative befristet oder unbefristet in das Ermessen der Behörde legt, ist ausgeschlossen und im Rahmen der Duldung nicht anzuwenden. Die Aussetzung der Abschiebung von ausgewiesenen Ausländern kann nur zeitweise, d. h. befristet angeordnet werden. Diese Bestimmung hat ihren verständlichen Grund auch darin, daß die Ausländerbehörde nach jedem Fristablauf prüfen muß, ob sich keine Abschiebungsmöglichkeiten ergeben. Die Duldung kann, der AE entsprechend, räumlich beschränkt und mit Bedingungen und Auflagen versehen werden.

5. Beendigung der Duldung

Die Duldung wird *beendet* durch die Ausreise des Ausländers. Diese braucht nicht aus einem seiner Natur nach nicht vorübergehenden Grunde (§ 9 Abs. 1 Nr. 3) erfolgt zu sein. Weiterhin durch Widerruf oder durch Abschiebung. Die Abschiebung trägt den Widerruf in sich. Eines besonderen, mit Gründen versehenen Widerrufs bedarf es nicht, auch wenn es nach langem Aufenthalt zweckmäßig ist, den Ausländer auf seine bevorstehende Abschiebung hinzuweisen. Ein ausdrücklicher Widerruf ist nicht anfechtbar. Er stellt nicht die Bestreitung oder Ablehnung eines Rechts dar, sondern besagt lediglich, daß die Abschiebung jetzt tatsächlich möglich ist und vorgenommen werden soll. Es braucht auch keine Begründung gegeben zu werden, weil sie sich aus dem Gesetz ergibt und keine Ermessensentscheidung darstellt. Sie ist lediglich eine Folge der tatsächlichen, veränderten Verhältnisse.

6. Eintragung im Paß

Die Duldung sollte nicht im Paß eingetragen werden. Tatsächliche und zeitweise Unmöglichkeit ist keine Erlaubnis, aus der sich Rechtsansprüche ergeben oder die nachgewiesen werden müßten. Um Schwierigkeiten für Reisen innerhalb der BRD zu vermeiden, genügt eine Bestätigung durch besonderes Schreiben. Dieser Auffassung wird von den AVV zum AuslG voraussichtlich nicht gefolgt und eine Eintragung im Paß vorgeschrieben werden.

7. Schriftform

Die Duldung bedarf der Schriftform (§ 23). Dies ist zur Sicherheit der Ausländer vorgeschrieben und erklärt sich aus der Tatsache, daß im Paß die Ausweisung eingetragen ist. Der Ausländer kann sich daher auch gegenüber anderen Behörden mit dieser Verfügung rechtfertigen und damit nachweisen, daß sein Aufenthalt in der Bundesrepublik nicht illegal ist. Die Schriftform bedeutet jedoch nicht, daß eine Begründung für die Duldung gegeben werden müßte, denn die Begründung steht im Gesetz. Die Duldung kann nur dann ausgesprochen werden, wenn eine Abschiebung nicht möglich ist, zeitweise oder für immer. Dies braucht nicht noch einmal in der Mitteilung an den Ausländer zum Ausdruck zu kommen.

§ 18

Zurückweisung und Zurückschiebung

(1) Ein Ausländer, der ausgewiesen oder abgeschoben worden ist, ist zurückzuweisen, wenn er innerhalb der Frist des § 9 Abs. 2 und des § 15 Abs. 1 einreist. Ein Ausländer, bei dem die Voraussetzungen für eine Ausweisung vorliegen (§ 10), kann bei der Einreise zurückgewiesen werden.

(2) Ein Ausländer, der unerlaubt eingereist ist, kann innerhalb von sieben Tagen nach dem Grenzübertritt zurückgeschoben werden.

(3) § 14 Abs. 1 und § 16 finden auf die Zurückweisung und Zurückschiebung entsprechende Anwendung.

(4) Wird ein Ausländer, der mit einem Luft-, See- oder Landfahrzeug einreisen will, zurückgewiesen, so hat ihn der Beförderungsunternehmer unverzüglich außer Landes zu bringen.

Übersicht

1. Begriff

Von einer *Zurückweisung* spricht man, wenn der Ausländer gehindert wird, die Bundesgrenze zu überschreiten, weil die Voraussetzungen für eine Einreise nicht vorliegen. Bei einer *Zurückschiebung* befindet sich der Ausländer bereits in der BRD. Die Zurückschiebung ist daher mit der Abschiebung vergleichbar. Sie steht lediglich in einem zeitlichen Zusammenhang mit der Einreise. Es kommt nicht mehr darauf an, daß der Ausländer sich im Grenzbereich aufhält, er kann bereits bis in das Bundesinnere gereist sein. Die heutigen schnellen Beförderungsmittel lassen hier eine Unterscheidung nicht zu. Lediglich zeitlich sind die Zurückweisungen und die Zurückschiebungen begrenzt. Innerhalb von sieben Tagen seit der unerlaubten Einreise muß der Ausländer zurückgeschoben werden. Ein Ausländer, der sich länger als sieben Tage in der BRD aufhält, muß dagegen ausgewiesen und abgeschoben werden. Die Zurückweisung und Zurückschiebung sind an Formen nicht gebunden. Insbesondere findet die Bestimmung über die Schriftform (§ 23) keine Anwendung.

2. Behandlung von Asylsuchenden

Asylsuchende sind nicht nur vor Auslieferung und Ausweisung, sondern auch vor Zurückweisung und Zurückschiebung an der Grenze geschützt. Ein Ausländer, der aus politischen Gründen sein Heimatland verlassen hat, darf nicht zurückgewiesen werden. Die Grenzbehörden haben in Zusammenarbeit mit den Ausländerbehörden zunächst eine Vorprüfungspflicht, ob ein Asylrecht bestehen kann. Gewinnt die Grenzbehörde auf Grund des Vorbringens des Ausländers die Überzeugung, daß er Asylberechtigter sein kann, so führt sie den Ausländer zunächst der Ausländerbehörde zu. Die Ausländerbehörde prüft und entscheidet zwar nicht über das Bestehen oder Nichtbestehen eines Asylrechts. In den Fällen aber, in denen sie nicht die Überzeugung gewinnt, daß ein Asylrecht bestehen kann, ist die Zurückweisung oder meist Zurückschiebung durchzuführen.

Die Einreise zur Geltendmachung des Asylanspruchs hängt nicht davon ab, ob der Asylsuchende ein gültiges Grenzübertrittspapier besitzt. Auch einem Ausländer, der eine Auslands-AE einholen müßte, wird auf Grund des Asylrechts die Einreise in die BRD gestattet. Eine Zurückweisung oder Zurückschiebung wäre unzulässig.

3. Beförderungsunternehmer

Die Verpflichtung des Beförderungsunternehmers, den Ausländer auf seine Kosten außer Landes zu bringen, ist bereits in den ersten Gesetzentwürfen festgelegt worden. In dem dem Bundestag vorgelegten Entwurf ist dieser Gesichtspunkt fallengelassen worden. Er ist auf Anregung des Bundesrates wieder eingefügt worden, der dabei die Kostenpflicht des Beförderungsunternehmers hinzugefügt hat. Die Berechtigung eines derartigen Verlangens beruht auf internationaler Gepflogenheit. Ähnliche Regelungen bestehen in Großbritannien, den Niederlanden, Norwegen und USA. Sie sind auch in dem Chicagoer Abkommen über die internationale Zivilluftfahrt vorgesehen. Der Beförderungsunternehmer braucht den Ausländer nicht in das Land zurückzubefördern, aus dem er ausgereist ist. Es genügt, daß er ihn außerhalb der Grenzen der BRD bringt.

§ 19

Ausreise

(1) Ausländer können frei ausreisen.

(2) Einem Ausländer kann die Ausreise untersagt werden, wenn er

1. die Sicherheit der Bundesrepublik Deutschland gefährdet,

2. sich einer Strafverfolgung oder Strafvollstreckung, der Anordnung oder der Vollstreckung einer mit Freiheitsentziehung verbundenen Maßregel der Sicherung und Besserung oder der Ahndung einer Ordnungswidrigkeit entziehen will,

3. gegen eine Vorschrift des Steuerrechts einschließlich des Zollrechts und des Monopolrechts oder des Außenwirtschaftsrechts oder gegen Einfuhr-, Ausfuhr-, Durchfuhr- oder Verbringungsverbote oder -beschränkungen verstößt,

4. sich einer Unterhaltspflicht entziehen will,

5. sich einer öffentlichen Dienstleistungspflicht entziehen will.

Das Ausreiseverbot ist aufzuheben, sobald die Gründe entfallen.

Übersicht

1. Grundsatz der freien Ausreise
2. Ausreiseverbot
3. Ausschluß des Ausreiseverbotes
4. Ausreiseverbot und Ausweisung
5. Anordnung

1. Grundsatz der freien Ausreise

Dem Ausländer steht innerhalb der BRD das Grundrecht der Freizügigkeit nach Art. 11 GG nicht zu. Er kann das Land grundsätzlich jederzeit verlassen und in sein Heimatland oder in ein anderes Ausland gehen oder zurückkehren. Die *freie Ausreise* ist ihm gesetzlich ausdrücklich zugesichert worden.

2. Ein Ausreiseverbot

kann in den Fällen des § 19 Abs. 2 Nr. 1 bis 5 verhängt werden. Diese Bestimmungen bilden eine Ausnahme zu dem Grundsatz der freien Ausreise, weil ein dringendes öffentliches Interesse an der Anwesenheit des Ausländers im Inlande besteht. Die Vorschriften zu Nr. 1 bis 4 sind dem § 7 Abs. 1 a bis d PG (v. 4. 3. 1952 BGBl. I S. 270) nachgebildet. Das bedeutet, daß dann, wenn einem Deutschen in diesen Fällen der Paß zu versagen oder zu entziehen ist, auch einem Ausländer die Ausreise untersagt werden kann. Die Entscheidung liegt im Ermessen der Behörde und stellt nicht eine Verpflichtung, wie sie aus § 7 PG hervorgeht, zur Verhängung des Ausreiseverbotes dar. Die Gründe, die zu einem Ausreiseverbot führen, sind vorübergehender Art. Aus diesem Grunde hat der Verwaltungsakt seiner Natur nach keine Dauerwirkung wie etwa grundsätzlich eine Ausweisung nach § 15. Eine Befristung braucht nur dann ausgesprochen zu werden, wenn der Wegfall der Verbotsgründe von vornherein zeitlich zu übersehen ist.

3. Ausschluß des Ausreiseverbots

Ein Ausreiseverbot, das während einer *Strafverfolgung*, vor einer Strafvollstreckung oder aus den anderen in Nr. 2 aufgeführten Gründen erlassen werden soll, kommt dann nicht in Betracht, wenn das Strafverfahren eingestellt wird. Außerdem kann ein Ausreiseverbot nicht erlassen werden, wenn von der Erhebung der öffentlichen Klage bei einer Ausweisung gemäß § 154 b Abs. 3 und 4 StPO oder von der Strafvollstreckung gemäß § 456 a StPO abgesehen worden ist. Weitere Gründe für den Fortfall des Ausreiseverbotes im Falle der Verletzung der Unterhaltspflicht liegen vor, wenn der Ausländer eine ausreichende Sicherheit leistet. Sind die Verbotsgründe weggefallen, muß das Ausreiseverbot sofort aufgehoben werden.

4. Ausreiseverbot und Ausweisung

Ein Ausreiseverbot kann auch dann erlassen werden, wenn der Ausländer *ausgewiesen* ist. Einerseits müßte er zwar das Bundesgebiet gemäß § 12 unverzüglich verlassen, andererseits kann es ihm untersagt werden, der Ausweisung sofort zu folgen, weil erhebliche öffentliche Interessen an der Verhinderung seiner Ausreise bestehen. Hierin ist kein Widerspruch zu sehen, weil das Ausreiseverbot seiner Natur nach nur vorübergehend ist und praktisch nur eine zeitweise Entfernung verhindert. Ein Ausreiseverbot sollte jedoch nicht erlassen werden, wenn der Ausländer durch die Verzögerung nicht mehr ausreisen oder abgeschoben werden kann. Beide Verfügungen sind nebeneinander wirksam. Wird das Ausreiseverbot trotz Ausweisung erlassen oder nicht aufgehoben, darf der Ausländer nicht ausreisen. Die Untersagung der Ausreise geht damit der Ausweisung vor. Im Falle eines Ausreiseverbotes trotz Ausweisung würde aber die Strafbarkeit gemäß § 47 Abs. 1 Nr. 2 entfallen, solange die Ausreise untersagt wird.

5. Anordnung

Ein Ausreiseverbot ist mit der sofortigen Vollziehung anzuordnen, weil das Abwarten eines Rechtsmittelverfahrens das Ausreiseverbot wirkungslos machen würde. Eine derartige Verfügung ist auch sofort in den Paß einzutragen, damit die Grenzschutzstellen bei der Paßkontrolle die Ausreise verhindern können.

§ 20

Zuständigkeit

(1) Über die Aufenthaltserlaubnis und die Aufenthaltsberechtigung sowie die Ausstellung von Fremdenpässen und Ausweisen als Paßersatz entscheidet die Ausländerbehörde, in deren Bezirk sich der Ausländer gewöhnlich aufhält. Fehlt ein gewöhnlicher Aufenthalt, so ist die Ausländerbehörde zuständig, in deren Bezirk zuerst die Erteilung oder Verlängerung einer Aufenthaltserlaubnis, eines Fremdenpasses oder eines Ausweises als Paßersatz notwendig wird. Der Bundesminister des Innern kann durch Rechtsverordnung die Ausstellung von Ausweisen als Paßersatz anderen Behörden übertragen.

(2) Über Maßnahmen gegen einen Ausländer entscheidet die Ausländerbehörde, in deren Bezirk sich die Notwendigkeit zum Einschreiten gegen den Ausländer ergibt. Besitzt ein Ausländer eine Aufenthaltserlaubnis oder Aufenthaltsberechtigung, so soll die Ausländerbehörde sich mit der Behörde, in deren Bezirk sich der Ausländer gewöhnlich aufhält, vorher ins Benehmen setzen; entsprechend ist zu verfahren, wenn ein Fremdenpaß oder ein Ausweis als Paßersatz entzogen werden soll. Über die Duldung entscheidet die Ausländerbehörde, die die Abschiebung angeordnet hat.

(3) Ausländerbehörden sind die Behörden der inneren Verwaltung auf der Kreisebene; die Landesregierungen können in besonderen Fällen im Benehmen mit dem Bundesminister des Innern die Behörden kreisangehöriger Gemeinden zu Ausländerbehörden bestimmen.

(4) Im Ausland sind für Paß- und Sichtvermerksangelegenheiten die vom Auswärtigen Amt ermächtigten Auslandsvertretungen zuständig. Die mit der Paßnachschau beauftragten Behörden können Ausnahmesichtvermerke erteilen, soweit sie hierzu ermächtigt sind.

(5) Die Zurückweisung und die Überstellung an der Grenze obliegen den mit der Paßnachschau beauftragten Behörden.

(6) Für die Zurückschiebung sind die mit der Sicherung der Grenzen beauftragten Behörden und die Polizei der Länder zuständig.

(7) Für das Ausreiseverbot sind die Ausländerbehörden und die mit der Paßnachschau beauftragten Behörden zuständig.

Die Bestimmung der Ausländerbehörden sieht vor, daß die *Zuständigkeit* auf der Kreisebene liegt. Die Ausländerbehörden sollen losgelöst sein von einer allzu starken örtlichen und persönlichen Bindung. Die Zuständigkeitsregelung geht davon aus, daß diejenige Ausländerbehörde für die AE, für die Ausweisung oder die übrigen Maßnahmen zuständig ist, bei der ein Bedürfnis zur Entscheidung besteht.

Es ist nicht ausdrücklich geregelt, welche Behörde zuständig ist, wenn ein Ausländer ausgewiesen ist und vom Auslande aus eine AE bei einer anderen Ausländerbehörde beantragt als bei der, die die Ausweisung gegen ihn verfügt hat. Eine AE wird deshalb nur dann gegeben werden können, wenn die Ausweisung aufgehoben worden ist. Hierfür ist allein die Behörde zuständig, die die Ausweisung erlassen hat. Auch wenn der Ausländer nach einer Ausweisung nicht ausreist, sondern bei einer anderen Behörde die AE beantragt, muß vor Erteilung der AE die Ausweisung aufgehoben werden. Hierzu ist eine andere als die erlassende Behörde nicht befugt (*VG Berlin* I A 285.60 U. v. 24. 2. 1961; a. A. *VG Frankfurt/Main* in DVBl. 1964, 597). Dies folgt auch aus § 15 Abs. 1. Danach kann die Befristung der Ausweisung und der Abschiebung nur von der Behörde, die den Ausländer ausgewiesen oder abgeschoben hat, nachträglich verlängert oder verkürzt werden. Ist diese Regelung schon für die Frist bestimmt, so gilt sie um so mehr für eine Aufhebung der Ausweisung für den Gesamtbereich der BRD oder für einen Teil.

§ 21

Antrag auf Aufenthaltserlaubnis

(1) Reist ein Ausländer mit Aufenthaltserlaubnis ein, hat er unverzüglich nach der Einreise der Ausländerbehörde seinen Aufenthalt anzuzeigen; das gleiche gilt, wenn ein Ausländer anzeigepflichtig ist (§ 2 Abs. 4). Reist ein Ausländer, der einer Aufenthaltserlaubnis bedarf, ohne eine solche ein, hat er unverzüglich nach der Einreise die Aufenthaltserlaubnis zu beantragen.

(2) Für den Antrag auf Aufenthaltserlaubnis und für die Aufenthaltsanzeige sind die vom Bundesminister des Innern vorgeschriebenen Formblätter zu verwenden. Der Ausländer hat die für die Entscheidung über die Aufenthaltserlaubnis erforderlichen Auskünfte zu geben und auf Verlangen der Behörde persönlich zu erscheinen.

(3) Beantragt ein Ausländer nach der Einreise die Aufenthaltserlaubnis, so gilt sein Aufenthalt bis zur Entscheidung der Ausländerbehörde vorläufig als erlaubt. Widerspruch und Anfechtungsklage haben keine aufschiebende Wirkung. Das gleiche gilt, wenn der Ausländer die Verlängerung der Aufenthaltserlaubnis beantragt.

Übersicht

1. Anzeigepflicht
2. Form der Aufenthaltsanzeige
3. Persönliches Erscheinen
4. Erlaubter Aufenthalt
5. Keine aufschiebende Wirkung

1. Anzeigepflicht

Das Gesetz legt eine Anzeigepflicht für alle Ausländer fest, die mit einer AE in die BRD einreisen. Hierbei kommt es nicht darauf an, daß die AE als Sichtvermerk gemäß § 5 DVAuslG erteilt ist. Auch eine Übersendung der AE, d. h. Erteilung ohne Sichtvermerk, die in der DVAuslG noch nicht vorgesehen ist, würde zu der gleichen Anzeigepflicht führen. Darüber hinaus ist die Anzeigepflicht durch § 2 Abs. 1 DVAuslG in einigen Fällen festgelegt, in denen Ausländer von der AE befreit sind. Die Aufenthaltsanzeige ist unverzüglich abzugeben. Da eine Anmeldung nach den Meldegesetzen innerhalb von sieben Tagen zu erstatten ist, wird man eine Aufenthaltsanzeige, die innerhalb der gleichen Frist, nämlich innerhalb von sieben Tagen abgegeben ist, noch als unverzüglich ansehen können, es sei denn, daß die Voraussetzungen nach § 2 Abs. 2 DVAuslG vorliegen.

2. Form der Aufenthaltsanzeige

Die Aufenthaltsanzeige ist *nicht formlos* und nicht mündlich zu erstatten. Sie *muß* auf den vom BMI vorgeschriebenen Formblättern abgegeben werden. Zur Erstattung der Aufenthaltsanzeige braucht der Ausländer nicht persönlich bei der Ausländerbehörde zu erscheinen.

3. Das persönliche Erscheinen

ist im Falle der Beantragung einer AE nicht vorgeschrieben; es wird jedoch in der Regel notwendig sein, dieses Verlangen zu stellen. Die Praxis hat ergeben, daß die erforderlichen Auskünfte in dem Antragsvordruck auf Erteilung der AE meist unzureichend gegeben werden. Außerdem ist zweckmäßig, daß der Sachbearbeiter den Ausländer persönlich kennenlernt und insbesondere den Aufenthaltszweck klarstellt, der oftmals mit der Angabe „Studium" unzureichend oder unrichtig dargestellt ist. Das persönliche Erscheinen ist dann notwendig, wenn es um die Klärung der persönlichen Verhältnisse geht, die bei unrichtiger Angabe sogar zu einer Ausweisung gemäß § 10 Nr. 7 führen können.

4. *Erlaubter Aufenthalt*

Entsprechend § 2 Abs. 2 APVO gilt weiterhin, daß die AE, die nach der Einreise unverzüglich beantragt worden ist, gleichzeitig als *erlaubter Aufenthalt* bis zur Entscheidung der Ausländerbehörde anzusehen ist. Dies kann nur gelten, wenn die AE im Inlande beantragt werden kann. Ist die AE vor der Einreise als Sichtvermerk einzuholen, so kann der Aufenthalt gemäß § 21 Abs. 3 auch nicht bis zur Entscheidung über die AE, die im Inlande beantragt ist, als erlaubt gelten. Diese Bestimmung hat nur den Zweck, den Ausländer, dem eine AE überhaupt gegeben werden könnte, von Anfang an so zu stellen, daß eine später erteilte AE schon vom Augenblick der Antragstellung an Geltung hat; muß sie abgelehnt werden, kann auch der Aufenthalt durch Beantragung einer AE nicht als erlaubt angesehen werden.

Das gleiche gilt, wenn ein Ausweisungsverfahren gegen den Ausländer läuft. Nach § 15 darf einem Ausländer, der ausgewiesen oder abgeschoben worden ist, keine AE erteilt werden. Dieses gesetzliche Verbot bewirkt, daß bei Beantragung einer AE der Aufenthalt weder durch eine Entscheidung der Ausländerbehörde noch durch die Fiktion des § 21 Abs. 3 gestattet werden kann (a. A. *OVG Berlin* I S 12.65 Beschl. v. 15. 6. 1965). Auch wenn ein Antrag auf Erteilung der AE abgelehnt worden ist und ein neuer Antrag gestellt wird, kann der Aufenthalt nicht als erlaubt gelten. Eine andere Auffassung würde bedeuten, daß jeder auch noch so sinnlose Antrag als vorläufige Erlaubnis angesehen werden müßte.

Es ist davon abgegangen worden, daß ein Verlängerungsantrag vor Ablauf der AE gestellt werden muß. Damit ist einem praktischen Bedürfnis Rechnung getragen, wenn Ausländer zum Teil nicht aus eigener Initiative, sondern erst nach Aufforderung sich der Notwendigkeit einer AE-Verlängerung erinnern.

5. *Keine aufschiebende Wirkung*

Wenn eine AE abgelehnt wird, hat ein eingelegtes Rechtsmittel keine aufschiebende Wirkung. Diese Wirkung tritt bei jeder AE-Versagung oder bei Ablehnung der Verlängerung einer AE ein. Der Ausländer muß gemäß § 12 das Bundesgebiet unverzüglich verlassen.

Damit ist ein Fall des § 80 Abs. 2 Nr. 3 VwGO (BGBl. I 1960, 17) gegeben, daß die aufschiebende Wirkung von Rechtsmitteln durch Bundesgesetz ausgeschlossen ist. Als Rechtsbehelf ist gemäß § 80 Abs. 5 VwGO ein Antrag auf Wiederherstellung der aufschiebenden Wirkung zulässig. Der Ausländer hat nur durch einen solchen Antrag die Möglichkeit, die aufschiebende Wirkung wiederherstellen zu lassen. Widerspruch und Anfechtungsklage sind weiterhin zulässig, auch wenn die aufschiebende Wirkung dieser Rechtsmittel ausgeschlossen ist und der Ausländer das Bundesgebiet verlassen hat. Bei schriftlicher AE-Versagung braucht auf dieses Antragsrecht nicht hingewiesen zu werden, weil es sich nicht um ein Rechtsmittel handelt.

§ 22

Übernahmeerklärung

Ausländer können, wenn völkerrechtliche, politische oder menschliche Gründe es erfordern, auf Grund einer Übernahmeerklärung des Bundesministers des Innern oder der von ihm bestimmten Stelle in den Geltungsbereich dieses Gesetzes übernommen werden.

Die Übernahme von Ausländern aus *politischen Gründen* ist ein schon in früherer Zeit geübtes Recht des Staates. Es braucht kein Asylgrund vorzuliegen; in den meisten Fällen wird eine politische Verfolgung nicht gegeben sein, weil der zu übernehmende Ausländer sonst sogar ein Recht zum Überschreiten der Bundesgrenzen hätte (vgl. § 18 Anm. 2). Neben den politischen Gründen können auch *völkerrechtliche oder menschliche Gründe* zur Übernahme führen. Es braucht sich nicht nur um einzelne Ausländer zu handeln, es können ganze Ausländergruppen übernommen werden.

§ 23

Schriftform

(1) Die Verfügung, durch die ein Fremdenpaß oder Paßersatz, eine Aufenthaltserlaubnis oder -berechtigung versagt, räumlich oder zeitlich beschränkt oder mit Bedingungen oder Auflagen versehen wird, sowie die Ausweisung und die Duldung bedürfen der Schriftform. Das gleiche gilt, wenn der Aufenthalt eines Ausländers, der keiner Aufenthaltserlaubnis bedarf, nach § 7 Abs. 5 beschränkt wird.

(2) Die Versagung einer Aufenthaltserlaubnis vor der Einreise bedarf keiner Begründung und Rechtsbehelfsbelehrung.

Die Schriftform ist in allen Fällen vorgeschrieben worden, in denen sich der Ausländer im Inlande befindet und ein Antrag abgelehnt worden ist. Hierzu gehört auch, wenn einem Antrage zum Teil stattgegeben und er zum Teil versagt wird. Die Vorschreibung der Schriftform dient dem *Rechtsschutzinteresse* des Ausländers und soll Verständigungsschwierigkeiten, die bei einer mündlichen Verfügung auftauchen könnten, vermeiden. Lediglich die Verfügung bedarf der Schriftform. Über die Begründung ist in § 23 nichts gesagt worden. Soweit eine Begründung nach anderen Bestimmungen oder im rechtsstaatlichen Interesse gegeben werden muß (vgl. *BVerwGE* 3, 58 und *BVerwG* I C 99.58 U. v. 12. 5. 1959), genügt ein kurzer Hinweis auf die Überlegung, die zu der versagenden Verfügung führte. Wird eine solche Verfügung in den Paß eingestempelt, genügt die Begründung mit einem Satz, z. B. „AE versagt, weil ohne AE in Form des Sichtvermerks eingereist".

§ 24

Kosten

(1) Der Bundesminister des Innern kann durch Rechtsverordnung Gebühren für die Erteilung oder Verlängerung von Fremdenpässen und Paßersatzpapieren sowie der Aufenthaltserlaubnis und der Aufenthaltsberechtigung festsetzen und die Erstattung von Auslagen regeln.

(2) Die Kosten, die durch die Abschiebung, Zurückschiebung oder Zurückweisung entstehen, hat der Ausländer zu tragen. Im Falle des § 18 Abs. 4 haftet auch der Beförderungsunternehmer für die Kosten der Zurückweisung.

Übersicht

1. GebVAuslG

Die Gebührensätze für die Ausstellung von Fremdenpässen, Paßersatzpapieren und für die Erteilung der AE sind in der *GebV zum AuslG* festgelegt worden. Die Gebühren können nach § 5 dieser VO ermäßigt oder erlassen werden, wenn es der Wahrung kultureller, volkswirtschaftlicher oder sonstiger erheblicher Belange dient oder wenn der gebührenpflichtige Ausländer bedürftig ist. Der Erlaß von Verwaltungsgebühren oder die Ermäßigung werden jedoch nur dann bei einem bedürftigen Ausländer in Betracht kommen, wenn er aus tatsächlichen oder Rechtsgründen nicht ausgewiesen oder abgeschoben werden kann. Besondere Auslagen muß der Ausländer erstatten. Außer den in der GebVAuslG festgelegten Gebühren dürfen nach Landesrecht für weitere Amtshandlungen Gebühren mit Ausnahme der Gebühren erhoben werden, die in der GebVAuslG geregelt sind.

2. Grundsatz der Kostentragung

Die Kosten für ausländerbehördliche Maßnahmen *trägt der Ausländer.* Die Erfahrung hat jedoch gezeigt, daß in den Fällen der Ausweisung und Abschiebung dem Ausländer keine Mittel zur Verfügung stehen. Aus diesem Grunde ist die Frage von Bedeutung, welche Behörde für die Erstattung der Kosten zuständig ist. Es gilt die Zuständigkeitsregelung in § 20 Abs. 2 auch für Kostenfragen. Danach trägt die Ausländerbehörde die Kosten, wenn sich in ihrem Bezirk die Notwendigkeit zum Einschreiten gegen den Ausländer ergibt, das Kosten verursacht.

3. Vermittelte Arbeitnehmer

In den Fällen, in denen die durch *Vermittlung einer Anwerbekommission* im Auslande mit Legitimationskarte eingereisten Ausländer zurückgeführt werden müssen, kann die Erstattung der Kosten von der Bundesanstalt für Arbeitsvermittlung und Arbeitslosenversicherung gefordert werden. Es muß aber, wenn die Kostenpflicht der Bundesanstalt bestehen soll, noch ein ursächlicher Zusammenhang zwischen der Vermittlung durch eine deutsche Kommission und der zum Zeitpunkt der angeordneten polizeilichen Rückführung ausgeübten Tätigkeit bestehen. Die Kostenerstattung hat nur für die durch die deutsche Kommission in Griechenland, Portugal, Spanien und der Türkei vermittelten Arbeitnehmer Gültigkeit. Für die in Italien vermittelten Arbeitnehmer werden die Rückführungskosten nicht mehr erstattet.

4. Die Kostenpflicht des Beförderungsunternehmers

folgt aus seiner Verpflichtung zur Zurückschaffung eines zurückgewiesenen Ausländers. Sollten im Falle der Zurückweisung weitere Kosten entstehen, hat der Beförderungsunternehmer auch diese Kosten zu tragen.

5. Kosten bei freiwilliger Ausreise

Will ein Ausländer *freiwillig ausreisen* und hat er nicht die Mittel, die Fahrkosten zu bezahlen, sind nicht die Ausländerbehörden, sondern die Sozialämter für die Übernahme der Fahrkosten zuständig. Diese Kosten werden im allgemeinen nicht nur bis zur deutschen Grenze, sondern bis zur Grenze des Herkunfts- bzw. Heimatlandes übernommen.

§ 25

Weisungsbefugnis

(1) Die Bundesregierung kann Einzelweisungen zur Ausführung dieses Gesetzes und der hierzu erlassenen Rechtsverordnungen erteilen, wenn

1. die innere oder äußere Sicherheit oder sonstige erhebliche Belange der Bundesrepublik Deutschland es erfordern,

2. es für Vergeltungsmaßnahmen erforderlich ist,

3. durch Maßnahmen von Ausländerbehörden eines Landes erhebliche Belange eines anderen Landes beeinträchtigt werden oder

4. eine Ausländerbehörde eine der in § 26 Nrn. 1 bis 4 bezeichneten Entscheidungen treffen will.

(2) Die Durchführung von Einzelweisungen im Land Berlin bedarf der Zustimmung des Senats von Berlin.

Die Frage, ob und in welchem Umfange Einzelweisungen zur Ausführung des AuslG und der hierzu erlassenen Rechtsverordnungen zugelassen werden sollten, war im Laufe des Gesetzgebungsverfahrens Anlaß besonderer Erörterungen. Die Befugnis der Bundesregierung, Einzelweisungen an Länderbehörden zu geben, beruht auf Art. 84 Abs. 5 GG. Von diesem Weisungsrecht ist im AuslG in dem Umfange Gebrauch gemacht, in dem die Interessen der Bundesrepublik als Gesamtwesen auf dem Spiele stehen.

Zum Begriff der *erheblichen Belange* in Abs. 1 Nr. 1 gehören auch auswärtige Belange der BRD, insbesondere das Verhältnis der auswärtigen Beziehungen zu anderen Staaten. Dies ist nicht ausdrücklich aufgeführt; es bestehen aber keine Zweifel, daß die auswärtigen Belange einen wesentlichen Bestandteil des Inhalts dieses Begriffes ausmachen und ebenfalls unter die Weisungsbefugnis fallen. Ein Teil der weisungsgebundenen ausländerrechtlichen Maßnahmen sind die Vergeltungsmaßnahmen, die nach dem Völkerrecht zulässig und als Repressalie gegenüber einem anderen Staat anerkannt sind. Die Aufnahme einer Weisungsbefugnis für die Fälle, in denen der BMI gemäß § 26 Abs. 1 Nr. 1—4 seine Zustimmung zu geben hat, war notwendig. Die Bestimmungen des § 26 waren ohne die Weisungsmöglichkeit nicht durchzuführen, wenn das erforderliche Benehmen nicht hergestellt werden kann.

Die Befugnis, Weisungen zu geben, steht nur der Bundesregierung zu. Sie kann daher nicht von einem Minister, insbesondere dem BMI, ausgeübt werden, sondern muß von der Bundesregierung als Gremium getroffen werden. Bei den Einzelweisungen braucht es sich nicht um Einzelfälle oder um einen Ausländer zu handeln. Dies geht schon daraus hervor, daß Vergeltungsmaßnahmen meist eine größere Anzahl von Ausländern betreffen. Die Weisungen können daher ganze Ausländergruppen betreffen. Andererseits braucht nicht nur eine Landesbehörde angewiesen zu werden. Die Weisung kann auch an einen Teil oder alle Landesbehörden ergehen. Die Weisung ist aber begrenzt auf konkrete Einzelfälle.

§ 26

Mitwirkungserfordernis

(1) Entscheidungen der Ausländerbehörden, durch die

1. ausländischen Flüchtlingen oder Staatenlosen über die in ihrem Reiseausweis eingetragene Berechtigung zur Rückkehr in einen anderen Staat hinaus eine Aufenthaltserlaubnis erteilt wird,

2. eine Aufenthaltserlaubnis unter Ausschluß des eigenen Zuständigkeitsbereichs erteilt wird,

3. Ausländer nach § 14 Abs. 1 Satz 2 abgeschoben werden sollen oder

4. ein in § 49 Abs. 2 genannter Ausländer ausgewiesen wird,

ergehen im Benehmen mit dem Bundesminister des Innern oder der von ihm bestimmten Stelle.

(2) Der Bundesminister des Innern kann, um die Mitwirkung anderer beteiligter Behörden zu sichern, durch Rechtsverordnung bestimmen, in welchen Fällen
1. die Erteilung eines Sichtvermerks der Zustimmung der Ausländerbehörde oder
2. die Verlängerung der Aufenthaltserlaubnis, die als Sichtvermerk erteilt worden ist, des Benehmens mit dem Bundesminister des Innern oder der von ihm bestimmten Stelle bedarf.

Es ist unbestritten, daß der Vollzug des AuslG grundsätzlich Sache der Länder nach Art. 83 und 84 GG ist. In den in § 26 Abs. 1 Nr. 1, 3 und 4 aufgeführten Fällen werden aber auswärtige Belange der BRD berührt, deren exekutive Wahrnehmung in die Zuständigkeit des Bundes fällt. Durch das Mitwirkungserfordernis werden wegen des sachlichen Zusammenhangs die Zuständigkeiten, die jeweils Bund und Ländern zugewiesen sind, miteinander verbunden. Erhobene Bedenken, daß es sich um eine unzulässige Mischverwaltung handeln könnte, sind vom Gesetzgeber nicht geteilt worden, weil es sich hier um ein sachbedingtes Zusammenwirken von Behörden des Bundes und der Länder handelt. Ebenso wurde nicht anerkannt, daß es sich um eine Vermengung von Bundes- und Länderkompetenzen handelt. Bei Entscheidungen entsprechend Abs. 1 Nr. 1—4 ist das Benehmen mit dem BMI oder der von ihm bestimmten Stelle herzustellen. Die Begriffe Benehmen, Einvernehmen oder Zustimmung ändern den materiellen Inhalt nicht. Sie stellen allenfalls graduelle, mehr optische Unterschiede dar. Wird das Benehmen nicht hergestellt, liegt es an der Bundesregierung, ob sie eine Einzelweisung an die zuständige Landesbehörde geben will.

Dem BMI ist vorbehalten, einer Übernahme von ausländischen Flüchtlingen, die in einem anderen Land anerkannt worden sind, zuzustimmen. Die Rückkehr in das Herkunftsland endet spätestens mit Ablauf des Genfer Reiseausweises, so daß das Benehmen des BMI spätestens drei Monate vor Ablauf der Gültigkeit des Ausweises hergestellt sein muß. Das gleiche gilt sinngemäß für Staatenlose.

Wegen der Abschiebung von Flüchtlingen mit Asylstatus in Verfolgungsländer vgl. § 14 Anm. 5.

Von der in § 26 Abs. 2 vorgesehenen Beteiligung der Ausländerämter an der Einreise von Ausländern, die eine AE in Form eines Sichtvermerks einholen müssen, ist im § 5 Abs. 5 DVAuslG Gebrauch gemacht worden. Danach müssen die Ausländerbehörden einer Einreise zustimmen, wenn ein Ausländer eine Erwerbstätigkeit ausüben will, oder wenn es sich um die Einreise eines Staatenlosen handelt. In den Fällen des § 5 Abs. 1 Nr. 2 und 4 DVAuslG ist eine vorherige Zustimmung nur dann vorgesehen, wenn der Ausländer sich länger als einen Monat in der BRD aufzuhalten beabsichtigt. Das Benehmen mit dem BMI ist entsprechend § 26 Abs. 2 Nr. 2 in den Fällen des § 5 Abs. 6 DVAuslG herzustellen.

§ 27

Anzeigepflicht für Deutsche mit mehrfacher Staatsangehörigkeit

Deutsche, die zugleich eine fremde Staatsangehörigkeit besitzen, haben der von der Landesregierung bestimmten Behörde, in deren Bezirk sie ihren gewöhnlichen Aufenthalt haben, ihre fremde Staatsangehörigkeit anzuzeigen. Für minderjährige Kinder ist der gesetzliche Vertreter anzeigepflichtig.

Übersicht

1. Die Anzeigepflicht

hat ihre Ursache in staatlichen Sicherheitsinteressen. Denn eine mehrfache Staatsangehörigkeit gibt auch mehrfache Bindungen und Verpflichtungen. Die Behörden sind daher zu Recht daran interessiert, über derartige weitere Bindungen unterrichtet zu werden. Der Mehrstaater hat meist nicht nur einen deutschen, sondern auch einen ausländischen Paß und kann sich einmal als Deutscher und zum anderen als Ausländer ausweisen.

2. Ausländer

mit mehrfacher ausländischer Staatsangehörigkeit fallen nicht unter diese Bestimmung. Eine weitere fremde Staatsangehörigkeit müssen sie jedoch gegenüber der Ausländerbehörde angeben. Eine unrichtige oder unvollständige Angabe wäre ein Ausweisungsgrund nach § 10 Abs. 1 Nr. 7.

3. Behandlung von Doppelstaatern

Innerhalb der BRD und gegenüber deutschen Behörden im Ausland werden Deutsche mit mehrfacher Staatsangehörigkeit *nur als Deutsche* behandelt. Sie unterliegen bis auf die Anzeigepflicht des § 27 nicht dem AuslG. Eine AE können sie auch auf Antrag nicht erhalten. Ebenso dürfen sie nicht ausgewiesen werden. Sollte ihnen eine AE gegeben und in den ausländischen Paß eingestempelt worden sein, ist diese ohne Rechtswirkungen, insbesondere hinsichtlich von Befristungen, räumlichen und zeitlichen Beschränkungen, Bedingungen und Auflagen.

4. Erstattung der Anzeige

Der Anzeigepflicht wird nicht genügt, indem der Doppelstaater bei der Meldebehörde seine mehrfache Staatsangehörigkeit in der Anmeldung aufführt. Es ist eine *besondere Anzeige* vorgeschrieben, die bei der von der Landesregierung bestimmten Behörde abzugeben ist. Im allgemeinen wird die Ausländerbehörde zuständig sein. Eine mündliche Anzeige genügt nicht, die Anzeige muß schriftlich auf dem vom BMI vorgeschriebenen Formblatt (§ 21 Abs. 2) erstattet werden. Bei Verlegung des gewöhnlichen Aufenthalts in den Bezirk einer anderen zuständigen Behörde muß auch dort erneut eine Anzeige abgegeben werden. Es ist erforderlich, die Erstattung der Anzeige schriftlich zu bestätigen.

Die Nichterstattung einer Anzeige ist eine Ordnungswidrigkeit, die mit einer Geldbuße belegt werden kann (§ 48 Abs. 3).

§ 28

Personenkreis

Als Asylberechtigte werden auf Antrag anerkannt:

1. Flüchtlinge im Sinne von Artikel 1 des Abkommens über die Rechtsstellung der Flüchtlinge,

2. sonstige Ausländer, die politisch Verfolgte nach Artikel 16 Abs. 2 Satz 2 des Grundgesetzes sind,

sofern sie nicht bereits in einem anderen Land Anerkennung nach dem Abkommen über die Rechtsstellung der Flüchtlinge oder anderweitig Schutz vor Verfolgung gefunden haben.

Übersicht

1. Entwicklung

Das AuslG widmet den gesamten vierten Abschnitt dem Asylrecht und unterstreicht damit die Bedeutung im Rahmen des Ausländerrechts.

Wir kennen *vier Arten von Asylberechtigungen*. Einmal besteht ein Verbot der *Auslieferung* von politischen Verbrechern nach Art. 3 Abs. 1 DAG (Deutsches Auslieferungsgesetz v. 23. 12. 1929, RGBl. I S. 239, in der Fassung der Änderung v. 12. 9. 1933, RGBl. I S. 618). Hierüber hat stets das Oberlandesgericht zu entscheiden. Das Auslieferungsverfahren und die Zuständigkeit des OLG ist durch das AuslG unberührt geblieben (vgl. auch § 45 S. 2). Die zweite Gruppe ist die der *heimatlosen Ausländer*. Voraussetzung für diesen Status ist, daß es sich um einen Ausländer handelt, daß er Flüchtling oder Verschleppter ist und von der IRO betreut wurde und daß er sich am 30. Juni 1950 im Geltungsbereich des Grundgesetzes aufgehalten hat (HAG v. 25. 4. 1951, BGBl. I S. 269). Auch dieses Gesetz ist von der Regelung der §§ 28 ff. AuslG nicht betroffen (vgl. § 46). Geregelt ist im AuslG die Anerkennung der dritten und vierten Gruppe, nämlich der Kreis der *ausländischen Flüchtlinge* und der *politisch Verfolgten*. Die Erstgenannten sind nach der Genfer Konvention (BGBl. II 1953, 539) diejenigen Flüchtlinge, die sich aus begründeter Furcht vor Verfolgung wegen ihrer Rasse, Religion, Nationalität, Zugehörigkeit zu einer bestimmten sozialen Gruppe oder wegen ihrer politischen Überzeugung außerhalb ihres Landes befinden, dessen Staatsangehörigkeit sie besitzen, oder, wenn es sich um Staatenlose handelt, die sich außerhalb des Landes befinden, in welchem sie ihren gewöhnlichen Aufenthalt hatten. Die Genfer Flüchtlinge wurden in ihrem Status ausdrücklich anerkannt. Über die politisch Verfolgten im Sinne des Art. 16 Abs. 2 S. 2 GG und ihr Asylrecht wurde jedoch nicht direkt entschieden, sondern nur, indem ihnen eine AE erteilt, eine Ausweisung nicht verfügt oder eine Abschiebung nicht vollzogen wurde (vgl. *BayVG München* II 2144/61 U. v. 26. 6. 1962). Unklar war weiterhin, ob sie die gleichen Rechte wie die ausländischen Flüchtlinge hatten, nämlich nicht nur das Recht auf Asyl im Sinne einer Zufluchtstätte, sondern auch auf Hilfeleistung, Unterbringung, Unterstützung und Versorgung. Das AuslG bringt eine Gleichstellung beider Flüchtlingsgruppen, sowohl verfahrensmäßig als auch materiell, mit einer Ausnahme: der politisch Verfolgte erhält nicht einen Genfer Reiseausweis, sondern einen Fremdenpaß (§ 44 Abs. 3).

Das AuslG will den hier lebenden Asylberechtigten möglichst alle Rechte geben, die nicht nur der Ausländer allgemein hat, sondern auch solche, die seine Einfügung und sein Leben in einem fremden Lande erleichtern. Dabei konnte nicht darauf verzichtet werden, daß sich sein Verhalten — sei es politisch, sei es gegenüber den Gesetzen, insbesondere den Strafgesetzen — in den für einen Gast angemessenen Grenzen hält. Das Gesetz ist damit Ausdruck der freiheitlich demokratischen Grundordnung, indem es Ausländern in der BRD ein sehr hohes Maß an Entfaltungsmöglichkeiten gibt. Es ist besonders die Lage berücksichtigt, in der der ausländische Flüchtling und der politisch Verfolgte sind, die ihre Heimat unter dem Druck politischer Verhältnisse in totalitären Regimen verlassen mußten. Darüber hinaus soll mit den anderen Konventionsstaaten Verbindung aufgenommen werden, damit der gegenseitige Rechtsschutz für ausländische Flüchtlinge weiter ausgebaut wird.

2. *Flüchtlingsbegriff*

Die *Zusammenfassung* der beiden Gruppen von Asylberechtigten, nämlich der ausländischen Flüchtlinge und der politisch Verfolgten, war gerechtfertigt. Der Asyl- und Schutzbegriff für beide Arten von Flüchtlingen ist gleichzusetzen. Das kommt besonders bei der künftigen Entscheidung des Bundesamtes zum Ausdruck, das nur über ein einheitliches Asylrecht befindet, auch wenn es materiell einmal auf der GenfKon. und das andere Mal auf Art. 16 GG beruht. Die Numerierung in § 28 stellt keine Klassifizierung der beiden Rechtsgründe, aus denen das Asylrecht entsteht, dar. Es mag Fälle geben, in denen einer Person als politisch Verfolgtem Asylrecht nach Art. 16 GG zu gewähren ist, ohne daß diese Person wegen ihrer politischen Überzeugung oder aus den anderen in der GenfKon. genannten Gründen verfolgt worden ist. Dabei handelt es sich jedoch nur um Ausnahmefälle. In der Regel werden sich die Tatbestände decken (vgl. *BVerwGE* 4, 235; 4, 238; *BVerwG* I C 140.58 U. v. 13. 7. 1961). Die manchmal vertretene Ansicht, daß es sich um grundsätzlich verschiedene Begriffe handele, wird nicht geteilt. Die Vorschriften der GenfKon. sind innerstaatliches Recht geworden. Sie müssen im Rahmen der Verfassung ausgelegt werden. Sie bilden einen Teil einer einheitlichen Rechtsordnung. Dafür, daß der Begriff „Furcht vor Verfolgung" in der GenfKon. von einer anderen Art der Verfolgung ausgeht als der Begriff „Verfolgter" in Art. 16 GG, besteht kein Anhalt. Der Rechtsinstitution des Art. 16 GG und der GenfKon. liegt der gleiche Gedanke zugrunde, nämlich den Verfolgten Schutz zu gewähren. Bei der Anerkennung aus dem einen oder anderen Rechtsgrunde ist kein unterschiedlicher Maßstab anzulegen. Die GenfKon. will durch die Rechte dem Schutz, der dem Flüchtling zu gewähren ist, lediglich den materiellen Inhalt geben (vgl. *BVerwG* I C 145.60 U. v. 27. 9. 1962). Um diesen materiellen Begriff geht es, wenn in *BVerfGE* 9, 181 gesagt ist, daß Art. 16 Abs. 2 S. 2 GG mit seinem Begriff des politisch Verfolgten selbständige Bedeutung gegenüber dem Begriff des ausländischen Flüchtlings hat. Lediglich bestimmte Voraussetzungen sind verschieden. Z. B. die Begrenzung des Merkmals des die Verfolgung auslösenden Ereignisses vor dem 1. 1. 1951 liegt bei politisch Verfolgten nicht vor.

3. Statutärer Flüchtling

im Sinne des Art. 1 A Abs. 1 GenfKon. ist derjenige Ausländer, der einen Ausweis oder Paß nach den Vereinbarungen, die im Art. 1 A Abs. 1 aufgeführt sind, besitzt. Insbesondere derjenige, der einen IRO-Ausweis erhalten hat, ist ein statutärer Flüchtling. Auf ihn finden die Vorschriften der GenfKon. und die vollen Rechte der Flüchtlinge nicht ohne weiteres Anwendung. Er besitzt zwar die Grundrechte eines jeden asylberechtigten Flüchtlings, nämlich Schutz der Art. 32, 33 GenfKon. Aber auch der statutäre Flüchtling muß nach §§ 28 ff. anerkannt werden, d. h. die Voraussetzungen der GenfKon. müssen in ihrer Anwendung auch für ihn festgestellt werden. Sein Anspruch auf Anerkennung ist dann gegeben, wenn er aus keinem Fluchtlande kommt. Auch bei einem unrechtmäßigen Aufenthalt in der BRD kann er einen Asylantrag stellen, aber noch nicht die vollen Rechte aus der GenfKon. in Anspruch nehmen (vgl. *BVerwG* I C 214.58 U. v. 13. 6. 1960).

4. Ereignisse

Eine Anerkennung als Asylberechtigter nach § 28 Nr. 1 findet nur statt, wenn die Voraussetzungen der GenfKon. gegeben sind (vgl. Anm. 1). Weiterhin muß die Flucht auf *Ereignissen* beruhen, die vor dem 1. 1. 1951 eingetreten sind. Diese Begrenzung ist auf den Wunsch der GenfKon.-Vertragsparteien zurückzuführen, ihre Verpflichtungen nur für solche Flüchtlinge zu sehen, die ihr Land bereits verlassen hatten, oder die es möglicherweise aus Umständen verlassen würden, die zur Zeit des Abschlusses der GenfKon. bereits vorlagen. Der Begriff des Ereignisses ergibt sich aus dem Bericht des ad hoc Komitees über die Staatenlosigkeit und verwandte Probleme (UN-Dokument E/1618). Es werden darunter alle bedeutenden Vorkommnisse, die zu territorialen oder größeren politischen Veränderungen geführt haben, und auch systematische Verfolgungsmaßnahmen als Folgen früherer Veränderungen verstanden (s. *BVerwG* I C 54.60 U. v. 29. 6. 1962). Der Sinn der GenfKon. geht dahin, daß unter diesen Ereignissen alles zu verstehen ist, was zu begründeter Furcht vor Verfolgung aus den in ihr aufgeführten Gründen Anlaß gibt und seinen Ursprung in Vorgängen hat, die in die Zeit vor dem Stichtag zurückführen. Hierbei ist der Begriff „Ereignis" weit auszulegen (*BVerwG* I C 41.60 U. v. 29. 6. 1962).

Die zeitliche Begrenzung ist von den Vertragsstaaten nach Absprache einmal gelockert worden. Unter die Bestimmungen der GenfKon. fallen danach auch alle Flüchtlinge aus Ungarn, die im Zusammenhang mit dem Volksaufstand 1956 ihr Land verlassen haben.

5. *Gute Gründe der Verfolgung*

Als Asylberechtigter ist derjenige Flüchtling anzuerkennen, der die Voraussetzungen der GenfKon. erfüllt. Hierzu gehört, daß er sich aus begründeter Furcht vor politischer Verfolgung außer Landes befindet. Das Kriterium ist daher die Verfolgung, die begründet sein muß. Ein Unterschied der Verfolgung nach der GenfKon. und Art. 16 GG besteht nicht (vgl. *BVerwG* I C 145.60 U. v. 27. 9. 1962). Die Rechtsprechung hat bei der Vielfalt der Situationen und der Interessen keine schematischen Grundsätze entwickeln können, die zu einem sicheren Anhalt für das Bestehen oder Nichtbestehen des Asylrechts führen (vgl. auch *Franz* in DVBl. 1963, 125). Sie hat den Begriff der *„guten Gründe"* geprägt (vgl. u. a. *BVerwG* I C 175.58 Beschl. v. 12. 1. 1960 u. I C 183.59 U. v. 27. 2. 1962), die vorliegen müssen, um die Verfolgung begründet erscheinen zu lassen.

a) Nicht jede Art von Verfolgung rechtfertigt die Anerkennung als Asylberechtigter. Es muß sich um eine Verfolgung handeln, die es begründet erscheinen läßt, daß der Betreffende seine Heimat aufgibt. Es muß zu erwarten sein, daß die Verfolgung ihn in seiner Lebensführung *nachhaltig beeinträchtigt* (*BVerwG* I C 145.59 U. v. 13. 3. 1962).

b) Der Begriff der *begründeten Furcht* vor Verfolgung verlangt nicht, daß eine tatsächliche Verfolgung bereits stattgefunden hat. Die Furcht ist auch dann begründet, wenn sie aus einer Angst entstanden ist, die in äußeren Umständen ihren Anhalt gefunden hat (*BVerwG* I C 177.58 U. v. 9. 6. 1960). Es kommt nicht darauf an, daß der Ausländer bereits ein Opfer der Verfolgung geworden ist. Er muß gute Gründe dafür anführen, warum er eine solche Verfolgung befürchtet (*BVerwG* I C 175.58 Beschl. v. 12. 1. 1960).

c) Politisch Verfolgter ist besonders der Ausländer, der Taten in seinem Heimatlande begangen hat, die auf *politischer Überzeugung* beruhen. Auch wenn diese Voraussetzung nicht vorliegt, so liegt eine politische Verfolgung dann vor, wenn die Taten in seinem Heimatlande als Ausdruck politischer Überzeugung gewertet werden und er aus politischen Gründen verfolgt werden könnte (vgl. *VG Berlin* in JR 1962, 317). Der Begriff des politisch Verfolgten nach Art. 16 GG ist weit auszulegen (*BVerfGE* 9, 180). Hierbei besteht keine Bindung, daß die Ereignisse, die die politische Verfolgung begründen, vor dem 1. 1. 1951 eingetreten sein müssen (*OVG Berlin* I B 13.62 U. v. 19. 6. 1963). Eine zum Asylrecht führende Verfolgung liegt dann vor, wenn ein geschütztes Rechtsgut im Sinne der Menschenrechte dem Flüchtling gegenüber verletzt wird. Hierzu gehören Leben, Freiheit, Gesundheit. Die Verfolgung muß von den Staatsorganen des Heimatstaates im weiteren Sinne ausgehen oder von ihnen nicht verhindert werden (*BGH* in MRD 1965, 278).

d) Auch solche Gründe, die erst *nach Verlassen des Verfolgungslandes* entstanden sind, können die Anerkennung als Asylberechtigter rechtfertigen (*BVerfGE* 9, 181; *BVerwG* I C 167.58 Beschl. v. 27. 11. 1958; *BVerwG* I C

182.57 U. v. 28. 1. 1960; *BVerwG* I C 145.59 U. v. 13. 3. 1962). Gründe, aus denen erst nach Verlassen des Verfolgungslandes Verfolgungstatbestände eintreten können, sind politische Betätigung im Exil, Lieferung von Beiträgen zu Rundfunksendungen, die gegen den Heimatstaat gesendet werden, oder Beteiligung an Abwehrtätigkeit gegenüber dem Heimatlande.

Ein Asylrecht steht dem politisch Verfolgten auch dann zu, wenn er es erst durch sein Verhalten oder aus eigenem Entschluß in der BRD erzeugt hat. Hierfür ist aber ein besonders strenger Maßstab anzulegen. Das Asylrecht kann nur in Ausnahmefällen als gegeben angesehen werden (vgl. *BVerfGE* 9, 181; *Kimminich,* Der internationale Rechtsstatus des Flüchtlings S. 404; *Schmitt,* BayVerwBl. 1964, 36). Denn die GenfKon. will die politische Überzeugung schützen und Art. 16 GG die politische Verfolgung verhindern. Wenn sich also aus politischer Überzeugung des Flüchtlings dieser im Auslande Organisationen anschließt, die dazu beitragen sollen, daß die freiheitlich-demokratischen Rechte der Welt gewahrt werden, kann er sich auf ihren Schutz berufen. Nur wenn ein Flüchtling solchen Organisationen nicht aus Überzeugung, sondern zum Vorwand für andere Zwecke beitritt, bestehen Bedenken gegen seine Anerkennung als Asylberechtigter. Daß dies nur zum Vorwand geschieht, kann nicht ohne Grund angenommen werden. Vielmehr müssen besondere Umstände vorliegen, die eine solche Annahme rechtfertigen (vgl. *BVerwG* I C 182.57 U. v. 28. 1. 1960).

e) Verfolgung in einem Konventionsstaat. Der Schutz vor Verfolgung ist *nicht nur gegenüber einem totalitären Regime* oder Nichtkonventionsstaat gewährt. Die Tatsache, daß ein Ausländer aus einem Staat geflohen ist, der der GenfKon. beigetreten ist, schließt eine politische Verfolgung nicht aus. Daraus, daß ein Staat die Verpflichtung übernommen hat, ausländischen Flüchtlingen, wenn sie aus den in der GenfKon. genannten Gründen zu ihm kommen, einen besonderen Rechtsstatus einzuräumen, folgt nicht, daß in seinem Bereich Verfolgungen, wie sie in dem Abkommen erwähnt werden, unmöglich wären (vgl. *BVerwG* I C 120.60 U. v. 29. 6. 1962).

6. Nicht begründete Verfolgung

Die Rechtsprechung und Literatur haben inzwischen versucht, die Grenzen abzustecken zwischen den guten Gründen, die Voraussetzung für die Asylberechtigung sind, und solchen Gründen, die zur Anerkennung einer politischen Verfolgung *nicht ausreichen.*

a) Politisch Verfolgter oder ausländischer Flüchtling ist ein Ausländer nicht, wenn er aus *weltanschaulichen Gründen* mit der in seinem Heimatlande herrschenden politischen Anschauung nicht einverstanden ist (*Grützner in Neumann-Nipperdey-Scheuner,* Die Grundrechte, S. 601 f. und *VG Berlin* II A 134.64 U. v. 30. 11. 1964). Der Nichtbeitritt zu einer herrschenden Partei im Heimatlande und die daraus möglicherweise entstehenden Beeinträchtigungen sind keine politische Verfolgung (*BVerwG* I C 59.59 U. v. 21. 12. 1961).

b) Ein evtl. Mißtrauen der Heimatbehörden ihm gegenüber nach seiner Rückkehr (*BVerwG* I C 145.59 U. v. 13. 3. 1962) oder auch die Tatsache, daß er keinen Auslandspaß mehr erhalten wird oder mit anderen Benachteiligungen rechnen muß, sind keine Verfolgungstatbestände. Auch ein Mißtrauen in seine *politische Zuverlässigkeit* genügt nicht zum Asylrecht. Eine frühere vergebliche Aufforderung im Heimatlande zum Eintritt in die herrschende Partei läßt ebenfalls keine spätere Verfolgung befürchten (*VG Berlin* II A 134.64, U. v. 30. 11. 1964). Die Tatsache, daß ein Ausländer nicht Mitglied der herrschenden Partei und ihr gegenüber ablehnend eingestellt war, ist kein Beweis dafür, daß er sich mit seiner politischen Überzeugung in offenen Gegensatz zu dem herrschenden politischen Regime in seinem Heimatlande gestellt hat (*VG Berlin* II A 294.64 U. v. 15. 3. 1965).

c) Ein Ausländer, der sein Heimatland verlassen hat, *ohne* daß er politischen Verfolgungen ausgesetzt gewesen ist, ist nicht Flüchtling. Aber wenn sich nunmehr derartige Gründe ergeben, ist das Asylrecht entstanden. Die GenfKon. verlangt nicht, daß der Flüchtling wegen der in Art. 1 A genannten Gründe sein Heimatland verlassen hat, sondern daß er sich aus solchen Gründen außerhalb des Landes befindet. Sie schützt auch solche Flüchtlinge, die zunächst aus anderen Gründen ohne Verfolgung ihr Heimatland verlassen haben, dann aber aus Verfolgungsgründen nicht zurückkehren können (*BVerwG* I C 182.57 U. v. 28. 1. 1960).

d) Die *Meldung im Flüchtlingslager* und die Beantragung des Anerkennungsverfahrens können allein noch keinen Verfolgungstatbestand begründen (*BVerwG* I C 145.59 U. v. 13. 3. 1962). Denn sonst müßte jeder, der sich in einem Lager einmal gemeldet oder einen Antrag gestellt hat, anerkannt werden.

e) Die Entziehung eines Gewerbescheines und die Stillegung des Gewerbebetriebes erfüllen nicht die Voraussetzungen des Asylrechts, weil die Verfolgung politische Gründe aus dem dafür vorgesehenen Bereich haben muß. Es gibt aber *wirtschaftliche Maßnahmen* in totalitär regierten Staaten, die mit politischen Verfolgungen verbunden sind. Dies ist nicht immer der Fall. Die gesamten politischen Verhältnisse des Fluchtlandes als auch die besonderen Verhältnisse des einzelnen Flüchtlings sind in Betracht zu ziehen (*BVerwG* I C 59.59 U. v. 21. 2. 1961). Ebenso stellt eine Beschränkung im beruflichen Fortkommen ohne völlige Existenzvernichtung noch keinen Verfolgungstatbestand dar (*BGH* in MDR 1965, 278).

f) Wenn die Ehefrau eines Ausländers zum *deutschen Volkstum* gehört, muß nicht zwingend mit Verfolgungsmaßnahmen gerechnet werden. Hier müssen konkrete Umstände vorliegen, um dies anzunehmen (*BVerwG* I C 59.59 U. v. 21. 2. 1961).

g) Die Angabe, daß der Ausländer das Leben und die damit verbundenen *Schikanen* in der Heimat nicht länger habe ertragen wollen und können, genügt für die Anerkennung nicht. Zwangsmaßnahmen gegen seine Person könnten jedoch die Voraussetzungen des Asylrechts schaffen (*BVerwG* I B 67.61 Beschl. v. 22. 6. 1961).

h) Als Asylberechtigte können Ausländer nicht anerkannt werden, die aus *Unzufriedenheit* mit den in ihrer Heimat herrschenden politischen Verhältnissen, insbesondere wegen der Ablehnung der dort bestehenden Wirtschafts- und Arbeitssysteme ihre Heimat verlassen haben.

i) Eine politische Verfolgung im Sinne von Art. 16 GG liegt nicht schon dann vor, wenn sie im Widerspruch zu rechtsstaatlichen Grundsätzen steht. Sie ist lediglich dann als gegeben anzusehen, wenn mit einer so hohen *Bestrafung*, evtl. mit lebenslangem Zuchthaus oder der Todesstrafe zu rechnen ist und diese Strafe in einem ganz krassen Gegensatz zu rechtsstaatlichen Auffassungen steht. (Die Frage ist angeschnitten in *BVerwGE* 4, 238, aber nicht entschieden.)

Verfolgungen aus kriminellen Gründen reichen nicht aus, um eine Asylberechtigung anzuerkennen. Bei Vorliegen besonderer Umstände kann die Verfolgung wegen einer kriminellen Straftat auch zu einer politischen Verfolgung werden (*BVerwGE* 4, 235; 4, 238). Solche Umstände können sich ergeben, wenn für die Strafverfolgung im Heimatland des Flüchtlings ein politischer Hintergrund erkennbar ist (*BVerwG* I C 182.57 U. v. 28. 1. 1960). Das Anliegen des Gesetzgebers ist, denjenigen, die entgegen den Grundsätzen der freiheitlich-demokratischen Grundordnung aus politischen Gründen verfolgt werden — und zwar *nur* denjenigen — Asylschutz zu gewähren. Außerdem muß ein Zusammenhang zwischen der behaupteten politischen Verfolgung und dem Ansuchen um Asyl bestehen.

k) Die subjektive *Befürchtung*, daß der Ausländer in seinem Heimatlande ohne die Flucht möglicherweise Verfolgungen ausgesetzt worden wäre, genügt nicht. Diese Befürchtungen müssen nach allgemein menschlichen Lebenserfahrungen und auf Grund der allgemeinen Erfahrungen begründet sein (*BVerwG* I C 220.58 U. v. 25. 10. 1960). Dies müssen Tatsachen ergeben. Eine begründete Furcht vor Verfolgung kann dann nicht vorliegen, wenn ein Ausländer noch niemals politischen Verfolgungen ausgesetzt worden war, von solchen Verfolgungen niemals betroffen war oder derartige Verfolgungen konkret nicht in Aussicht standen. Allgemeine Befürchtungen können eine Asylberechtigung nicht herbeiführen (*BVerwG* I C 54.60 U. v. 29. 6. 1962).

l) Politisch Verfolgter im Sinne von § 28 ist nur derjenige, der wegen seiner aus politischer Anschauung oder Überzeugung gegen den Staat gerichteten Tätigkeit verfolgt wird oder der zumindest dartun kann, daß er wegen eines Vergehens verfolgt wird, das Ausdruck politischer Anschauungen ist.

Ein so weitgehender Asylanspruch kann nicht demjenigen zustehen, der aus *eigennützigen Motiven* sich in die Gefahr begibt, „politisch“ verfolgt zu werden. Damit ist auch nicht derjenige politisch Verfolgter, der nicht auf politischer Anschauung oder Überzeugung beruhenden Motiven Taten begangen hat (*VG Berlin* I A 280.61 U. v. 19. 12. 1961).

m) Ein Ausländer, der von seinem Heimatregime nicht behindert sondern *gefördert* worden ist, erfüllt nicht die Voraussetzungen der Anerkennung (*BVerwG* I C 140.58 U. v. 13. 7. 1961). In einer Förderung kann keine politische Verfolgung gesehen werden.

n) Die Tatsache, daß ein Ausländer unbeanstandet seinen *Paß* von seiner Heimatvertretung erhalten hat und dieser unbeanstandet verlängert worden ist, läßt den Schluß zu, daß er auch nicht Verfolgungen ausgesetzt ist (*BVerwG* I C 201.58 Beschl. v. 12. 11. 1958). Diese Schlußfolgerung hat ihre Grenze dann, wenn der Ausländer geltend macht, daß er den Paß durch Beziehungen, die nachzuweisen oder glaubhaft zu machen sind, erhalten hat, oder daß er durch Bestechung oder persönliche Verbindungen ausgestellt worden ist (*BVerwG* I C 183.59 U. v. 27. 2. 1962).

Der Umstand, daß der Heimatpaß des Ausländers abgelaufen ist und er bei einer Rückkehr möglicherweise zur Rechenschaft gezogen wird, kann für sich allein keinen Verfolgungstatbestand begründen. Die Nichtverlängerung des Heimatpasses kann nur ein Indiz für die Beurteilung sein, doch müssen weitere Umstände hinzukommen und Rückschlüsse auf eine begründete Furcht vor Verfolgung erlauben (*BVerwG* I C 145.59 U. v. 13. 3. 1962).

7. Die Wehrdienstverweigerung

ist an sich ein kriminelles Delikt. Die zu erwartende Verurteilung ist daher auch nicht eine Verfolgung im Sinne der GenfKon. oder des Art. 16 GG. Entscheidend ist, ob und welche Gründe eine Wehrdienstverweigerung und die damit verbundene Strafverfolgung zu einer politischen Verfolgung machen können. Dafür ist nicht die Situation und der Rechtszustand in der BRD allein zu berücksichtigen. Es kommt vielmehr darauf an, ob dem Flüchtling bei verständiger Würdigung des Falles nicht zuzumuten ist, in seinem Heimatland zu bleiben (*BVerwG* I C 120.60 U. v. 29. 6. 1962). Das staatliche Entgegenkommen entsprechend Art. 4 Abs. 3 GG, nach dem niemand gegen sein Gewissen zum Kriegsdienst mit der Waffe gezwungen werden darf, und die dazu ergangenen Bestimmungen in §§ 25 bis 27 Wehrpflichtgesetz (in der Fassung der Bekanntmachung vom 25. 5. 1962 BGBl. I S. 349) können nicht allein die Grundlage der Beurteilung sein. Es sind vielmehr auch das Recht und die Gesetze zugrunde zu legen, die andere Rechtsstaaten für die Wehrdienstverweigerung geschaffen haben, und daraus ein allgemeiner Maßstab zu entwickeln und anzuwenden. Das besonders großzügige Grundgesetz kann nicht Maßstab für die Zulässigkeit und Rechtsstaatlichkeit von Wehrdienstverweigerung und für die Beurteilung sein, ob in einer Verweigerung und der damit verbundenen Strafverfolgung auch eine politische Verfolgung zu sehen ist. Das GG erfaßt nur Deutsche der BRD und kann kein Maßstab sein, was allgemein üblich und an Begründung für Wehrdienstverweigerung zulässig ist. Dies würde einen Herrschaftsanspruch des GG auf alle derartigen Fälle in der ganzen Welt bedeuten. Besonders großzügige Regelungen in der BRD können aber noch nicht die Grundlage sein, schon eine politische Verfolgung bei Wehrdienstverweigerung hier anzuerkennen, während sie in anderen Konventionsstaaten nicht anerkannt wird. Gerade die Waffendienstverweigerung aus Gewissensgründen wegen Verpflichtung durch die Religion erscheint nicht als ein Grund der politischen Verfolgung, wenn in dem Heimatland oder allgemein ein solcher Grund für Wehrpflichtverweigerung nicht besteht (a. A. *BVerwG* I C 120.60 U. v. 29. 6. 1962; I C 92.61 U. v. 14. 2. 1963 und I C 41.60 U. v. 29. 6. 1962). Auch die Tatsache, daß eine mehrfache Wehrdienstverweigerung schon zu schweren Freiheitsstrafen geführt hat und der Flüchtling befürchten muß, bei einer neuen Einberufung und nochmaligen Weigerung, Waffendienst zu leisten, eine noch höhere Strafe zu erhalten, braucht nicht unbedingt eine politische Verfolgung zu sein (a. A. *BVerwG* I C 120.60 U. v. 29. 6. 1962). Wer eine mit Strafe bedrohte Handlung begeht und mehrfach gegen die gleichen Gesetze verstößt, muß damit rechnen, daß er deshalb strafrechtlich zur Verantwortung gezogen wird und daß hierbei jeweils höhere Strafen verhängt werden. Letztlich findet dieser Standpunkt seinen Grund darin, daß einem Ausländer zuzumuten ist, seine öffentlichen Pflichten entsprechend seinen Heimatgesetzen und seinem Heimatrecht, entsprechend der Überlieferung, der Sitte und Moral in seinem Heimatlande zu erfüllen.

Eine Wehrdienstverweigerung kann daher nur dann zu einem Asylrecht führen, wenn sich Konflikte aus politischer Überzeugung ergeben. Dies könnte dann vorliegen, wenn der Ausländer aus guten Gründen eine Wehrstärkung eines totalitären Regimes nicht nur vermeiden will, sondern sich ihr entgegenstellt. Ein guter Grund liegt auch dann vor, wenn er konkret eine kriegerische Verwicklung mit einem demokratischen Staat befürchtet oder wenn der Wehrdienst zu einer so starken totalitären Schulung benutzt wird, daß der Flüchtling in einer ständigen Zwangslage und erheblichen Gewissenskonflikten gestanden hätte. Der Machtanspruch eines totalitären Staates kann zu Recht mit der Folge der Asylanerkennung auch dann abgelehnt werden, wenn nahe Angehörige infolge von Verfolgung ihr Leben und ihre Freiheit eingebüßt haben (hier wieder auf der Linie mit *BVerwG* I C 92.61 U. v. 14. 2. 1963).

Ebenso wie mit der Wehrdienstverweigerung verhält es sich mit der Fahnenflucht und der zu erwartenden strafrechtlichen Verfolgung. Die Verweigerung staatsbürgerlicher Pflichten an sich ist und kann nicht eine politische Verfolgung sein. Die Straftat ist kein politisches Delikt, sie kann als politische Verfolgung nur dann angesehen werden, wenn zu erwarten ist, daß die von dem Flüchtling gezeigte Ablehnung gegenüber der Staatsgewalt seines Heimatlandes und der politischen Haltung zu seinen Ungunsten mitberücksichtigt wird. Außer der Fahnenflucht müssen also besondere Umstände vorliegen, die die strafrechtliche Verfolgung wegen dieses Deliktes als politische Verfolgung erscheinen lassen (*BVerwGE* 4, 235; 4, 238).

8. Besondere Flüchtlingsgruppen

a) Kurdische Nationalisten, die den Schutz ihres Aufenthaltsstaates nicht in Anspruch nehmen können, sind Flüchtlinge nach Art. 1 A Abs. 1 GenfKon. in Verbindung mit der Vereinbarung vom 30. Juni 1928 (Übereinkommen über die Ausdehnung gewisser Maßnahmen zugunsten russischer und armenischer Flüchtlinge auf andere Kategorien von Flüchtlingen, abgedruckt: Völkerbund Vertragssammlung Band 89, Nr. 2006; ferner *Kimminich,* Der internationale Rechtsstatus des Flüchtlings, S. 222).

b) Einem Teil der arabischen Bevölkerung in dem früheren Mandatsgebiet Palästina wurde nach Gründung des israelischen Staates im Jahre 1948 die Aufenthaltsmöglichkeit entzogen. Die arabische Bevölkerung wich in die angrenzenden arabischen Staaten aus. Dort wurde den Flüchtlingen erlaubt, sich niederzulassen. Sie erhielten Fremdenpässe der jeweiligen arabischen Staaten. Befinden sich *Palästina-Flüchtlinge* in der BRD, so erhalten sie die Fremdenpässe verlängert. Sie haben daher bereits in einem anderen Staat Schutz vor Verfolgung im Sinne des § 28 gefunden. Eine Anerkennung als Asylberechtigte kommt unter Berücksichtigung des Art. 1 E GenfKon. nicht in Betracht. Außerdem sind den Palästina-Flüchtlingen Asylländer in den arabischen Staaten und Kleinasien vorbehalten worden. Ein Asylrecht könnte nur dann entstehen, wenn sie in dem Aufnahmeland wiederum politischen Verfolgungen ausgesetzt sind.

c) Nicht jede politische Verfolgung führt zur Anerkennung als Asylberechtigter. Die GenfKon. will diejenigen Ausländer schützen, die sich entsprechend den Grundsätzen der Vereinten Nationen für Freiheit und Recht eingesetzt haben und aus diesem Grunde politisch verfolgt werden. Für die Flüchtlinge, die sich unter Ausnutzung der in Rechtsstaaten gewährten Freiheiten *gegen den Rechtsstaat* selbst und gegen die Freiheiten und das Recht gewandt haben, finden die Flüchtlingsgrundsätze nach Art. 1 F c GenfKon. keine Anwendung. Auch eine politische Verfolgung, die rechtsstaatlichen Grundsätzen entspricht, wegen Handlungen gegen rechtsstaatliche Prinzipien, kann nicht zu einer Anerkennung gemäß § 28 weder nach der GenfKon. noch nach Art. 16 GG führen. Mit diesen Bestimmungen sollte denen Schutz gewährt werden, die zu Unrecht verfolgt werden. Es sollten aber nicht diejenigen geschützt werden, die versuchen, ein totalitäres oder ein Unrechtsregime in ihrem Lande aufzurichten, und aus diesem Grunde verfolgt werden.

9. Vertretenmüssen

Auf die Frage des *Vertretenmüssens* einer politischen Verfolgung im Rahmen des Asylrechts ist von der Rechtsprechung noch nicht ausreichend eingegangen worden. Dieser Begriff und der der Zwangslage ist lediglich im Rahmen des BVFG (u. a. *BVerwGE* 8, 292; *BVerwG* in NJW 1959, 2178) und im Häftlingshilferecht (u. a. *BVerwG* in DÖV 1965, 585) entwickelt. Er wird mit der Maßgabe angewandt, daß bei der Flucht durch Selbstverschulden, wenn es zu vertreten ist, der Betroffene als Flüchtling nicht anerkannt wird oder ihm die besonderen Vergünstigungen nach dem HHG nicht gewährt werden.

Im Anerkennungsverfahren soll es bei Ausländern nicht entscheidend darauf ankommen, ob die Voraussetzungen für die betreffenden Verfolgungsmaßnahmen von dem Ausländer selbst herbeigeführt worden sind (*BVerwG* in MDR 1960, 523). Nur dann ist das Vorbringen nicht zu berücksichtigen, wenn es sich nur um einen Vorwand handelt, um die Anerkennung als Asylberechtigter zu erreichen (*BVerwG* I C 235.58 U. v. 13. 12. 1960).

Die Rechtsprechung stellt es danach ausschließlich auf die Tatsache der politischen Verfolgung und deren besondere Auswirkungen ab. Dies führt zu dem Ergebnis, daß der Funktionär, der in seinem Heimatlande bis jetzt an maßgebender Stelle bei der Durchführung totalitärer Maßnahmen beteiligt war, bei einer Rückkehr nach einer Flucht „mehr" verfolgt werde als der einfache Bürger und Mitläufer, der sich in seinem Heimatlande gegenüber einem totalitären Regime neutral, wenn nicht sogar ablehnend verhalten hat. Es muß daher auch und insbesondere auf die Frage des Vertretenmüssens ankommen. Ein Flüchtling, der sich in seinem Heimatlande voll zu dem Regime bekannt hat, muß unter den gleichen Bedingungen, unter denen ein anderer Ausländer nicht anerkannt wird, ebenfalls als Asylberechtigter abgelehnt werden. Die möglicherweise erhöhten Nachteile, die er gerade wegen seiner früheren politischen Stellung zu erwarten hat, muß er in Kauf nehmen, da er Verfolgungsmaßnahmen durch eine Flucht selbst herbeigeführt hat, und muß diese vertreten. In seiner Hand lag es, sich von besonderen Maßnahmen, die gerade die anderen Staatsangehörigen zur Flucht veranlaßt haben, zurückzuhalten (zu dem Problem mit a. A. *BVerwG* I C 235.58 U. v. 13. 12. 1960).

Nach der Ansicht des BVerwG kommt es allein auf die gesamte letzte Einstellung des Ausländers gegenüber dem Regime seines Heimatlandes an, auch wenn er eine Funktionärstellung innehatte und hierbei die totalitären Ansichten nicht nur mitgemacht, sondern aktiv gefördert hat, dann aber in Gegensatz zu dem Regime getreten ist. Hierbei soll auch die Tatsache der Flucht als Indiz angesehen werden, ob ein Ausländer damit in der Regel viel aufgibt. Dem steht entgegen, daß ein Ausländer, der als Funktionär die Ideen seines Heimatstaates mit totalitärem Regime vertreten hat, nicht

„mehr“ aufgibt durch den Verlust seiner Funktionärstellung als derjenige, der „nur“ einen Gewerbebetrieb oder seine wirtschaftliche Existenz verliert. Das würde zur Folge haben, daß praktisch ohne jede Nachprüfung der Funktionär, der sich endlich bekehrt oder endlich das Regime ablehnt, politisch verfolgt ist, im Gegensatz zu dem, der nicht Aktivist in einem totalitären Staate war. Ein Funktionär hat eben zu vertreten, daß in einem totalitären Staat gerade seine Flucht als schwerwiegender Vertrauensbruch gewertet wird. Er muß auch in Kauf nehmen und hat dies zu vertreten, daß er im Falle der Rückkehr nicht nur disziplinar zur Rechenschaft gezogen, sondern als Schädling für Partei und Staat angesehen würde.

10. Aufklärungspflicht

Für Verfolgungstatbestände vor oder nach der Flucht ergeben sich Unterschiede bei der Frage, welche Anforderungen an ihren *Nachweis* im Anerkennungsverfahren zu stellen sind (*BVerwG* I C 193.59 U. v. 27. 2. 1961). Bei Verfolgungstatbeständen, die sich nach dem Verlassen des Heimatlandes und außerhalb dieses Landes ergeben, müssen grundsätzlich Angaben von dem Ausländer mit vollem Nachweis für den Tatbestand erbracht werden, aus denen sich die Gründe für eine Furcht vor Verfolgung herleiten (*BVerwG* I C 145.59 U. v. 13. 3. 1962).

Aber auch hinsichtlich des Verfolgungstatbestandes vor der Flucht hat der Asylantragsteller die volle materielle Beweislast für seinen Asylanspruch. Wegen der in der Natur der Sache liegenden Beweisschwierigkeiten dürfen die Anforderungen für den Nachweis einer tatsächlichen oder zu befürchtenden politischen Verfolgung nicht überspannt werden. Die Beweisfragen sind gleichermaßen schwierig für den Ausländer, die Behörden und die Gerichte, weil unmittelbare Beweise nicht erhoben werden können. Es sind weitgehend Erfahrung und typischer Geschehensablauf zu berücksichtigen. Die Betroffenen genügen der Beweislast, wenn sie Umstände dartun, die nach den Regeln des Lebens den Schluß auf die Wahrheit der Tatsachen rechtfertigen (*BVerwG* I C 183.59 U. v. 27. 2. 1962). Die Rücksicht auf die Beweisnot kann jedoch nicht so weit gehen, daß die Behörden oder die Gerichte ungewisse Behauptungen nur wegen dieser Beweisschwierigkeiten als wahr zu unterstellen hätten. Die gesamten Umstände des Falles müssen dem Vorbringen einen derart hohen Grad von Wahrscheinlichkeit verleihen, daß trotz einiger Lücken in der Beweisführung die notfalls eidesstattlich beglaubigte Darstellung hinreichend glaubhaft erscheint (vgl. *BVerwG* I C 140.58 U. v. 13. 7. 1961). Die Glaubhaftmachung mit dem Grade hoher Wahrscheinlichkeit kann ausreichend sein (*BayObLG* in DÖV 1962, 633). Dabei müssen besonders die eigenen Erklärungen des Ausländers berücksichtigt werden, soweit sie nicht zu Bedenken Anlaß geben. Sie sind jedoch zu würdigen und auf ihren Wahrscheinlichkeitsgehalt und auf ihre Glaubwürdigkeit zu prüfen. Widerspruchsvolle Angaben und der Eindruck, den die Persönlichkeit des

Ausländers macht, sind entsprechend zu würdigen (*BVerwG* I C 140.58 U. v. 13. 7. 1961).

Die Ermittlungspflicht der Behörden und Gerichte und die Verpflichtung, das als wahr anzunehmen, was erfahrungsgemäß den Regeln des Lebens entspricht, geht nach ständiger Rechtsprechung nur bis an die Grenzen des Zumutbaren (*Eyermann-Fröhler*, VwGO, 3. Aufl., § 86 Rd. Nr. 5 mit Nachweisen; *BVerwGE* 3, 110/115). Der unverschuldete Beweisnotstand, auf den sich ein Ausländer beruft und in dem sich viele Flüchtlinge und Verfolgte befinden, zwingt, in großem Umfang auch Tatsachen festzustellen, die nur von dem Antragsteller vorgetragen sind und die nicht widerlegt werden können. Sie werden nur anerkannt, wenn sie mit den Denkgesetzen und Erfahrungsgrundsätzen nicht im Widerspruch stehen (vgl. *BVerwG* in DÖV 1958, 116 und *OVG Berlin* I N 3.65 Beschl. v. 19. 7. 1965). Dieser Beweis des ersten Anscheins kann erschüttert werden.

Die behaupteten Tatbestände der Verfolgung müssen in einem zeitlichen Zusammenhang zu der Flucht liegen, so daß ein ursächlicher Zusammenhang zwischen den Bedrückungsmaßnahmen und der Flucht angenommen werden kann. Sind große zeitliche Abstände gegeben, liegt ein Zusammenhang nicht vor (*BVerwG* I B 67.61 Beschl. v. 22. 6. 1961).

11. Ausschluß des Asylrechts

Auch wenn das Asylrecht noch so weit ausgelegt wird, steht es doch einer bestimmten Gruppe von Ausländern nicht zu. Das Asylrecht gilt nur *im Rahmen des Völkerrechts*. Dieses erkennt nicht nur an, daß der Staat ein Asylrecht gewährt, sondern daß er auch die Grenzen und Voraussetzungen festlegt, unter denen eine Einzelperson Asyl beanspruchen kann. Auch der Art. 16 GG gewährt das Asylrecht nur im Rahmen der allgemeinen völkerrechtlichen Grundsätze. Die Worte „im Rahmen des allgemeinen Völkerrechts“ wurden in Art. 16 GG im Hinblick auf die schwierige Lage zwischen West und Ost gestrichen, aber nicht um das Asylrecht darüber hinaus auszudehnen (vgl. 4. Sitzung des Ausschusses für Grundsatzfragen vom 23. 9. 1948, Kurzberichte). Auch für Art. 16 GG scheiden diejenigen Personen, ebenso wie es in Art. 1 F GenfKon. bestimmt ist, für das Asylrecht aus (*BVerwG* I C 80.59 U. v. 26. 3. 1962).

Hierdurch tritt kein Gegensatz zu Art. 18 GG ein. Dieser setzt ein bestehendes Asylrecht voraus, das dazu benutzt und mißbraucht wird, einen Kampf gegen die freiheitlich demokratische Grundordnung zu führen. Im Falle des Art. 1 F GenfKon., dessen Gründe auch für Art. 16 GG Gültigkeit haben, ist von vornherein kein Asylrecht gegeben, das nach Art. 18 GG verwirkt werden könnte.

Art. 1 F GenfKon. zählt einige Tatbestände auf, die das Asylrecht nicht entstehen lassen (vgl. auch UN-Deklaration der Menschenrechte v. 10. 12. 1948). Danach finden die Bestimmungen u. a. auf solche Personen keine Anwendung, die ein schweres, nicht politisches Verbrechen außerhalb des Aufnahmelandes begangen haben (vgl. *BGH* in NJW 1955, 1365), bevor sie dort als Flüchtling aufgenommen worden sind. Das gleiche gilt, wenn der Asylsuchende im Ausland ein Verhalten an den Tag gelegt hat, das die freiheitlich-demokratische Ordnung gefährdet, und er aus diesem Grunde strafrechtlich verfolgt wird (*BVerwGE* 4, 238). Mag der Staat auch im internationalen Rechtsverkehr berechtigt sein, in diesen Fällen Asyl zu gewähren, so hat doch der Asylsuchende insoweit dem Staat gegenüber keinen Rechtsanspruch.

Wenn Ausländer aufgenommen worden sind und sich ein solches Verbrechen in der BRD haben zuschulden kommen lassen, findet die GenfKon. keine Anwendung. Bei einem schweren, nicht politischen Verbrechen im Gastlande besteht nur die Handhabe nach Art. 32, 33 GenfKon. In einem solchen Falle ist nicht der Widerruf der Anerkennung (*BVerwG* I C 145.60 U. v. 27. 9. 1962), sondern ein Ausweisungsverfahren vorgesehen, das nicht dem Bundesamt, sondern den Ausländerbehörden obliegt. Ob ein schweres, nicht politisches Verbrechen im Heimatlande des Ausländers begangen worden ist, ist nicht nach dem Unrechtsgehalt, den ein totalitäres Regime einer Straftat beimißt, zu beurteilen, sondern nach der allgemeinen rechtsstaatlichen Rechtsauffassung (*BVerwG* I B 46.62 U. v. 14. 5. 1962).

Eine Anerkennung kann unterbleiben, wenn ein Ausländer unter Beachtung der Art. 32 und 33 GenfKon. ausgewiesen ist. In diesen Fällen kann ein Anerkennungsverfahren hinfällig werden (vgl. *BVerwG* in DVBl. 1963, 145).

12. Rechtsanspruch

Das AuslG gewährt politisch Verfolgten ein *subjektiv öffentliches Recht auf Asyl.* Es läßt Ermessenserwägungen nicht zu, ganz gleich von welcher Stelle die Entscheidung getroffen wird. Das subjektiv öffentliche Recht mit allen Folgen besteht auch dann, wenn es nicht wünschenswert ist, den Ausländer im Inlande zu behalten oder wenn etwa die Zahl der Ausländer in der BRD ein Höchstmaß erreicht hat, so daß von einer weiteren Aufnahme von Ausländern abgesehen werden muß.

Der Rechtsanspruch auf Anerkennung besteht, wenn die Voraussetzungen des § 28 vorliegen (vgl. *BVerwG* I C 18.59 U. v. 16. 1. 1962). Allerdings steht er nicht jedem Flüchtling zu, wo in der Welt er sich aufhält. Der Ausländer muß vielmehr in einer Beziehung zur BRD stehen, die seine Anerkennung im Bundesgebiet erforderlich macht. Eine Anerkennung ist dann ausgeschlossen, wenn er nicht in der BRD, sondern in einem anderen Lande seinen dauernden Aufenthalt nimmt.

13. Rechtswirkung der Anerkennung

Die GenfKon. gewährt den ausländischen Flüchtlingen, die sich in der BRD *rechtmäßig* aufhalten, eine Anzahl von Vergünstigungen. Wer sich rechtmäßig im Bundesgebiet aufhält, bestimmt sich nach dem AuslG (vgl.

BVerwG in DVBl. 1959, 775; *Franz* in Die Polizei 1961, 146). Noch nicht die Anerkennung, sondern erst die AE schafft den rechtmäßigen Aufenthalt, auch wenn der Ausländer hierauf einen Rechtsanspruch hat (§ 43). Die asylberechtigten Ausländer erhalten die Vergünstigungen nicht nur aller sich hier rechtmäßig aufhaltenden Ausländer, sondern darüber hinaus die besonderen Berechtigungen gemäß Art. 2 bis 33 GenfKon. Von Bedeutung ist vorwiegend, daß die Asylberechtigten nach § 28 Nr. 1 einen Genfer Reiseausweis, auf dessen Ausstellung sie einen Rechtsanspruch haben (*BVerwGE* 4, 309), erhalten. Dieser berechtigt sie nach dem Europäischen Übereinkommen über die Aufhebung des Sichtvermerkszwanges für Flüchtlinge v. 20. 4. 1959 (BGBl. II, 1961, S. 1097), in jeden der Signatarstaaten einzureisen und sich darin aufzuhalten. Die Asylberechtigten nach § 28 Nr. 2 haben diese Vergünstigung (Genfer Reiseausweis) nicht. Auf sie findet das Übereinkommen keine Anwendung.

14. Verlust

a) Der Verlust des Asylrechts tritt durch *Verwirkung* ein. Die Verwirkung war gemäß Art. 18 GG zunächst nur vorgesehen bei einem Asylrecht, das auf Art. 16 GG beruht und das jetzt auf Grund des § 28 Nr. 2 anerkannt wird. Materielle Voraussetzung für den Verlust ist, daß das Asylrecht zum Kampf gegen die freiheitlich demokratische Grundordnung gebraucht wird. Trotz des Wortlauts des Art. 18 GG wird auch das Asylrecht der GenfKon. unter den gleichen Voraussetzungen verwirkt werden können. Zur Zeit der Schaffung des GG bestand die GenfKon. noch nicht und konnte auch nicht ausdrücklich zitiert werden. Der Sachverhalt ist jedoch der gleiche, und es wäre nicht einzusehen, daß das nach Art. 16 GG vielleicht stärkere Asyl verwirkt werden könnte, während das Asyl nach der GenfKon. unabänderlich Bestand haben sollte, auch wenn es gegen die freiheitliche demokratische Grundordnung mißbräuchlich benutzt wird.

Mit der Feststellung der Verwirkung, für die ausschließlich das BVerfG zuständig ist, wird das Asylrecht vollständig beseitigt. Es tritt ein totaler Rechtsverlust ein (vgl. auch *v. Mangoldt-Klein* BGG Bd. 1, 2. Aufl. 1957, S. 524; S. 525 unter Hinweis auf die 112. Sitzung des Ersten Deutschen Bundestages v. 18. 1. 1951, StenBer. S. 4229 A). Der Ausländer, der das Asylrecht verwirkt hat, ist in jedes Land ausweis- und abschiebbar. Die Einschränkungen der §§ 11 und 14 und die Bindungen durch Art. 32, 33 GenfKon. sind beseitigt. Das BVerfG spricht nicht nur die Verwirkung, sondern auch ihr Ausmaß aus. Damit könnte auch entschieden werden, daß die Garantien der §§ 11 und 14 AuslG erhalten bleiben. Allerdings würde dann der Ausspruch der Verwirkung die wesentliche Bedeutung verlieren. Der Ausspruch der Verwirkung durch das BVerfG beseitigt auch die Anerkennung als Asylberechtigter durch das Bundesamt. Es bedarf keines ausdrücklichen Widerrufs mehr.

b) Der Personenkreis der Asylberechtigten behält nach Anerkennung den Flüchtlingsstatus so lange, bis er ihn auf Grund der Vorschriften der GenfKon. verliert. Der Verlust des Flüchtlingsstatus ist in Art. 1 C, E und F GenfKon. geregelt (*BVerwGE* 7, 231). Ein Verlustgrund ist insbesondere, wenn der Asylberechtigte sich wieder unter den *Schutz seines Herkunftsstaates* stellt. Eine solche Unterschutzstellung liegt dann vor, wenn er auf Antrag einen Nationalpaß ausgestellt erhält (*BVerwG* I B 117.56 Beschl. v. 2. 9. 1957). Als Verlustgrund des Rechtsstatus ist auch anzusehen, daß er sich eine Bescheinigung über seine Staatsangehörigkeit bei seinem Heimatstaat beschafft. Auch damit hat er sich dem Schutze seines Heimatstaates unterstellt und seiner etwaigen Rechte als Asylberechtigter begeben (*BVerwG* I B 88.56 Beschl. v. 16. 2. 1956). Aber auch in diesen Fällen kommt es maßgebend auf das Motiv der Paßausstellung und der Ausstellung einer Staatsangehörigkeitsbescheinigung an (*BVerwG* I C 31.61 U. v. 28. 4. 1964) und auf die Absicht, sich dem Schutz des Herkunftsstaates wieder zu unterstellen. Soll die Paßausstellung nur einem kurzen, von vornherein zeitlich beschränkten Aufenthalt im Heimatstaat dienen, wird darin noch keine Unterschutzstellung zu sehen sein. Ebenso liegt ein Verlustgrund noch nicht in einer Besuchsreise mit einem Genfer Reiseausweis oder mit einem deutschen Fremdenpaß. Zwar kann man aus einer unbehelligten Rückkehr schließen, daß eine politische Verfolgung nicht mehr in dem Umfange besteht wie zur Zeit der Flucht. Aber ganz ausschließen läßt sich eine Verfolgung bei endgültiger Rückkehr des Ausländers noch nicht (vgl. auch § 37 Anm. 1).

In jedem Falle sind die Behörden und Gerichte noch an die Anerkennungsentscheidung des Bundesamtes gebunden, solange sie nicht widerrufen ist (vgl. § 37 Anm. 4). Sollte die Anerkennung widerrufen werden, hat sie im Ergebnis wie eine Verwirkung einen totalen Rechtsverlust zur Folge.

c) Bei Asylberechtigten, die ihren gewöhnlichen Aufenthalt außerhalb der BRD nehmen, ist der Vermerk über ihre Rechtsstellung im Bundesgebiet und ihr Aufenthaltsrecht ungültig zu machen. Das Aufenthaltsrecht erlischt stets bei Vorliegen der Gründe aus § 9 Abs. 1 Nr. 3. Ein *Aufenthaltswechsel* ist bei Asylberechtigten anzunehmen, die sich länger als drei Monate im Auslande aufzuhalten beabsichtigen. Die Ausländerbehörde ist jedoch berechtigt, ihnen eine Bescheinigung über die Beibehaltung des gewöhnlichen Aufenthalts in der BRD auszustellen. Bei Vorlage dieser Bescheinigung ist von der Streichung der AE im Paß abzusehen.

Auch wenn ein Asylberechtigter seinen Wohnsitz in ein anderes Land verlegt und die besondere Rechtsstellung verloren hat, ist er anders gestellt als diejenigen Flüchtlinge, die ihr Asylrecht verwirkt oder verloren haben. Er hat zwar keinen Anspruch auf eine AE; der grundsätzliche Schutz gegen Abschiebung, wie er in Art. 33 GenfKon. und in § 14 festgelegt ist, bleibt ihm erhalten.

15. Zweitasyl

a) Die Regelung der Flüchtlingsangelegenheiten nach der GenfKon. geht davon aus, daß zwischen einem rechtmäßigen und einem unrechtmäßigen Aufenthalt in dem Aufenthaltslande unterschieden wird. Im Hintergrund stand dabei der Wunsch, daß jeder Staat die mit der Flüchtlingsaufnahme verbundenen Lasten übersehen wollte und daß auch für die Zukunft eine gerechte Verteilung der Lasten stattfinden sollte. Vom Standpunkt der BRD wurde davon ausgegangen, daß die Hauptlast der Flüchtlinge nach dem Kriege die BRD zu tragen hatte. Die BRD hatte bis 1952 etwa 300 000 Flüchtlinge aufgenommen, die sich noch im Inlande befanden. Sie wollte und konnte sich aus politischen und grundgesetzlichen Erwägungen von einer weiteren Flüchtlingsaufnahme nicht ausschließen, doch war es die Absicht aller an der GenfKon. beteiligten Staaten, daß eine gleichmäßige Verteilung der Flüchtlinge stattfinden sollte. Nicht alle Flüchtlinge sollten daher von der BRD aufgenommen werden, wenn sie dies wünschten, sondern nur diejenigen, die in erster Linie in die BRD gelangt sind und hier bleiben wollten. Nicht nur wirtschaftliche Überlegungen spielten hierbei eine Rolle. Die Frage der Aufnahme von ausländischen Flüchtlingen hat gewiß auch Sicherheitsaspekte, die zu berücksichtigen sind. Das Ergebnis dieser Überlegungen hat sich im § 28 niedergeschlagen. Danach werden Asylberechtigte nur dann anerkannt, wenn sie in einem anderen Lande noch keine Anerkennung oder noch keinen Schutz vor Verfolgung gefunden haben. Die BRD will sich damit nicht abschließen, aber sie will die zusätzliche Aufnahme weiterer Flüchtlinge nicht als Rechtsanspruch auf dem Wege des Asylrechts, sondern nur im Ermessenswege zulassen. Bei diesen Ausländern finden die allgemeinen Bestimmungen der §§ 2 und 5 in Verbindung mit § 5 DVAuslG Anwendung. Die hier angestellten Überlegungen sind in der Rechtsprechung nicht genannt worden, wenn es um die Frage des Zweitasyls ging und dabei Grundsätze für die nochmalige Anerkennung aufgestellt worden sind (*BVerwG* I C 138.60 U. v. 23. 3. 1964 und I C 141.60 U. v. 23. 3. 1964).

b) Für die Frage, ob ein Flüchtling einen Anspruch auf Anerkennung als Asylberechtigter hat, wenn er aus einem Nichtverfolgungsland kommt, ist entscheidend, ob die Flucht bereits *beendet* war. Ein zwischenzeitlicher Aufenthalt des Ausländers steht der Anerkennung nicht entgegen, wenn er sich vorübergehend in einem anderen Auslande aufgehalten hat. Das *BVerwG* (I C 54.60 U. v. 29. 6. 1962) hat selbst einen elfmonatigen Zwischenaufenthalt in einem Nichtverfolgungsland nicht als Beendigung der Flucht angesehen. Ein so langer Aufenthalt deutet im allgemeinen jedoch darauf hin, daß die Flucht schon beendet war und der Asylsuchende in dem Aufenthaltslande Schutz vor Verfolgung gefunden hat. Nur in einem besonders gelagerten Fall, in dem der Ausländer etwa durch Krankheit oder Ausreiseschwierigkeiten gehindert war, in das von vornherein erwählte Zielland zu reisen, braucht noch nicht eine Beendigung der Flucht vorzuliegen. Die Hinderungsgründe müssen aber nachgewiesen werden.

Die bloße Stellung eines Asylantrages in einem anderen Unterzeichnerstaat der GenfKon. steht einer Anerkennung in der BRD nicht entgegen, wenn es dort nicht zu einer Anerkennung gekommen ist. Ein Recht auf Anerkennung als Asylberechtigter, und zwar als Erstasyl, ist nur dann nicht gegeben, wenn der ausländische Flüchtling in einem Unterzeichnerstaat tatsächlich Anerkennung gefunden hat oder Gründe dafür sprechen, daß seine Flucht beendet ist. Dies ist immer dann der Fall, wenn der Ausländer einen Genfer Reiseausweis erhalten oder wenn ein politisch Verfolgter in einem anderen Staate Schutz gefunden hat, indem ihm ein ausländischer Fremdenpaß ausgestellt wurde.

c) Eine *weitere Anerkennung*, auch wenn der Ausländer in einem anderen Signatarstaat der GenfKon. anerkannt worden war oder wenn er anderweitig Schutz vor Verfolgung gefunden hat, ist von der Rechtsprechung stets für zulässig angesehen worden (vgl. *BVerwGE* 7, 231; 7, 333; *BVerwG* I C 214.58 U. v. 13. 6. 1960; I C 148.59 U. v. 20. 12. 1960; I B 37.61 Beschl. v. 20. 11. 1961; I C 56.59 U. v. 26. 3. 1962; I B 134.63 Beschl. v. 23. 9. 1963; I C 138.60 U. v. 23. 3. 1964; I C 141.60 U. v. 23. 3. 1964). Unter bestimmten Voraussetzungen ist sogar ein Rechtsanspruch auf erneute Anerkennung in der BRD nach der GenfKon. zugebilligt, auch wenn der Flüchtling bereits in einem anderen Lande anerkannt worden ist (*BVerwG* I B 134.63 Beschl. v. 23. 9. 1963; I C 138.60 U. v. 23. 3. 1964). Es ist davon ausgegangen, daß nicht jeder, der illegal eingereist ist, sich unrechtmäßig in der BRD aufhält (Art. 31 GenfKon.). Der Aufenthalt eines Flüchtlings, der nicht aus dem Fluchtlande, sondern aus einem anderen Lande, in dem er anerkannt worden ist, illegal einreist, wird in dem Augenblick rechtmäßig, in dem er eine AE erhält. Zwischen der illegalen Einreise und der rechtmäßigen Aufenthalt- und Wohnsitznahme ist daher zu unterscheiden. Die Ausweisung eines solchen Flüchtlings wird nur in sein bisheriges Aufnahmeland in Betracht kommen können, aus dem er illegal eingereist ist. Rechtmäßig wird der Aufenthalt jedoch dann, wenn der Flüchtling trotz illegaler Einreise eine AE erhält. Das BVerwG hat einen Anspruch auf Anerkennung eines Zweitasyls als gegeben angesehen mit dem Hinweis darauf, daß jeder der Vertragstaaten der GenfKon. das Recht hat, von sich aus zu prüfen, ob im Einzelfall die Voraussetzungen für die Anerkennung eines ausländischen Flüchtlings vorliegen. Es hat gemeint, daß die Entscheidungen der anderen Vertragstaaten für den einzelnen Staat nicht verbindlich sind (*BVerwGE* 7, 333; *BVerwG* I C 56.59 U. v. 26. 3. 1962). Es gehe bei der Anerkennung nicht allein um die Gewährung von Asyl, sondern um die Festsetzung und Bestimmung eines besonderen Rechtsstatus. Das Zweitasyl komme nur dann in Betracht, wenn bereits das Erstasyl gewährt worden sei. Die Anerkennung des Zweitasyls liege dann im Ermessen, z. T. sehr gebundenen Ermessen der Behörde (*BVerwGE* 7, 333; *BVerwG* I B 134.63 Beschl. v. 23. 9. 1963).

§ 28 AuslG lehnt die Anerkennung eines Zweitasyls ab und folgt damit nicht der Rechtsprechung des BVerwG. Ein Zweitasyl ist ausnahmslos ausgeschlossen. Die Erwägungen oben unter a), insbesondere die Auffassung, daß eine gerechte Verteilung der Flüchtlinge auf die Signatarstaaten zu erfolgen habe, mögen maßgebend gewesen sein. Wenn ein Ausländer Anerkennung oder Schutz vor Verfolgung gefunden hat, kommt eine weitere Anerkennung nicht mehr in Betracht. In welchem Umfange Rechte des Ausländers und Verpflichtungen der BRD bestehen, hängt von folgenden Überlegungen ab:

Der Aufenthalt und die Verpflichtungen aus der GenfKon. mit ihren sämtlichen Folgen hängen weiterhin davon ab, ob sich ein Flüchtling rechtmäßig oder unrechtmäßig im Inlande aufhält. Entscheidend ist daher für einen Flüchtling, der in einem anderen Lande als ausländischer Flüchtling nach der GenfKon. anerkannt worden ist oder Schutz gefunden hat, ob er sich rechtmäßig in der BRD aufhält. Auszugehen ist davon, daß ein solcher Flüchtling nach § 6 des Anhanges der GenfKon. über die Bestimmungen über Reiseausweise im Besitze eines Genfer Reiseausweises ist. Solange dieser Flüchtling sich in einem anderen Lande — hier der BRD — nicht ordnungsmäßig aufhält, d. h. keine AE hat, ist es nach § 6 der ausstellenden ausländischen Behörde überlassen, seinen Reiseausweis zu verlängern oder einen neuen Ausweis auszustellen. Hat der Flüchtling durch Erteilung der AE seinen ordnungsmäßigen Aufenthalt in der BRD, so sind die Ausländerbehörden nach § 11 des Anhanges der GenfKon. in Verbindung mit Art. 28 GenfKon. zur Ausstellung eines neuen Ausweises zuständig. Diese Zuständigkeit ist auch dann begründet, wenn der ausländische Flüchtling in der BRD nicht anerkannt worden ist. Da eine Ausstellung eines Ausweises nur dann vorgenommen werden kann, wenn die Voraussetzungen der GenfKon. vorliegen, ergibt sich aus der Neuausstellung, daß von dem neuen Aufnahmeland auch die bisherige Entscheidung über das Vorliegen der Voraussetzungen der GenfKon. anerkannt wird. Es bedarf daher überhaupt keiner weiteren Anerkennung als Asylberechtigter, wenn der Ausländer in einem anderen Lande anerkannt worden ist. Er nimmt schon durch die Erteilung der AE oder die Neuausstellung des Reiseausweises die Rechte eines Asylberechtigten in Anspruch. Die Anerkennung in einem anderen Staate kann nicht ein Nichts sein oder nur zu den Einschränkungen nach § 33 GenfKon. und § 14 AuslG führen. Sie muß Einfluß auf die Stellung des Ausländers in der freien Welt und insbesondere auf die Signatarstaaten der GenfKon. haben. Hinweise auf die Souveränität der Staaten, die selbst entscheiden müssen, ob die Voraussetzungen der GenfKon. vorliegen, sind verfehlt. Denn mit der gegenseitigen Verpflichtung, nach der GenfKon. zu verfahren und die Bestimmungen über die Reiseausweise anzuwenden, sind insoweit die Rechte auf nur eigene Entscheidungen aufgegeben worden; es ist eine Bindung eingetreten. Die Verpflichtung nach § 11 des Anhanges über Reiseausweise, auch einen Genfer Reiseausweis ohne Anerkennung im eigenen Lande auszustellen, beinhaltet damit auch eine Verpflichtung, die Entscheidung des anderen Aufnahmelandes hinzunehmen, das bereits die Voraussetzungen der GenfKon. anerkannt hat. Letztlich soll auch vermieden werden, daß der Status eines Flüchtlings von mehreren Ländern, möglicherweise unterschiedlich anerkannt oder abgelehnt wird.

Entscheidend ist auch nicht ein Daueraufenthalt in der BRD. Die AE wird grundsätzlich innerhalb der ersten fünf Aufenthaltsjahre nur befristet gegeben. Aus dieser Befristung folgt noch nicht, daß eine weitere Verlängerung der AE ausgeschlossen ist. Aus Art. 28 in Verbindung mit §§ 6, 8 und 11 des Anhanges über Reiseausweise geht hervor, daß ein Aufenthaltswechsel vorgesehen ist und die Zuständigkeit für die Ausstellung des Genfer Ausweises auf ein anderes Land übergeht. Der Genfer Ausweis ist aber der Nachweis, daß der Flüchtling in dem Lande, in dem der Ausweis ausgestellt ist, die Rechte aus der GenfKon. genießt.

Damit ergibt sich folgende Rechtssituation: Der Flüchtling, der in einem anderen Lande nach der GenfKon. anerkannt worden ist und einen Genfer Reiseausweis erhalten hat, kann sich nach dem Europäischen Übereinkommen über die Aufhebung des Sichtvermerkszwanges für Flüchtlinge für drei Monate als Besucher oder Tourist in der BRD aufhalten; hierfür ist keine AE erforderlich. Für einen längeren Besuchsaufenthalt kann er die AE im Inlande beantragen. Dieser Aufenthalt und die formlose Einreise begründen keine Zuständigkeit der Ausländerbehörde in der BRD nach § 28, den Reiseausweis zu verlängern. Die Besuchs-AE wird nur im Rahmen der Gültigkeitsdauer des Reiseausweises gegeben. Der Aufenthalt ist nur vorübergehend und begründet keine Trennung von dem Aufnahmeland und auch keine Übernahme durch die BRD. — Wenn der im Auslande anerkannte Flüchtling in die BRD übersiedeln will, benötigt er nach § 5 DVAuslG die AE in Form des Sichtvermerks, wenn er eine Erwerbstätigkeit aufnehmen will. Dabei können die in § 5 Abs. 1 Nr. 4 DVAuslG aufgeführten besonderen Tatbestände außer Betracht bleiben. Wird die AE in Form des Sichtvermerks zur Erwerbstätigkeit erteilt, dann ist die Ausländerbehörde auch für die Verlängerung an die erste Entscheidung gebunden. Das folgt auch aus §§ 8 und 11 des Anhanges der GenfKon. über Reiseausweise. Sie kann die Verlängerung der AE nicht davon abhängig machen, daß, wenn der im Auslande ausgestellte Genfer Reiseausweis abläuft, auch dort verlängert wird. Dies wäre eine unzulässige Rechtsausübung. Nach § 242 BGB, der auch im Verwaltungsrecht gilt, besteht eine Verpflichtung zum positiven Handeln nicht nur auf Grund von Verträgen und Zusagen, sondern auch auf Grund vorangegangenen Tuns. Die Ausländerbehörde kann die Einreise zur Aufenthaltnahme nach ihrem Ermessen ablehnen; gibt sie die Zustimmung und wird die AE in Form des Sichtvermerks erteilt, kann sie nicht ohne zwingenden Grund die Verlängerung der AE ablehnen. Das bedeutet, daß die Einreise mit AE als Sichtvermerk im allgemeinen der Übernahme des Flüchtlings entspricht und den Beginn eines Daueraufenthalts darstellt, wie er vom BVerwG (I C 138.60 U. v. 23. 3. 1964; I B 134.63 Beschl. v. 23. 9. 1963) gefordert wurde.

Ein Flüchtling, der eine solche AE erhalten hat und seine Rechte aus der GenfKon. in der BRD fortsetzt, kann nach § 28 nicht mehr anerkannt werden. Es besteht auch keine Notwendigkeit, ein Anerkennungsverfahren mit dem Ziele einer positiven Entscheidung durchzuführen. Es kann letzten Endes nur eine einzige Anerkennung geben, die ausgesprochen wird, wenn der Ausländer die allgemein gültigen und vertraglich vereinbarten Voraussetzungen erfüllt. Es kann auch nicht im Interesse des Flüchtlings sein, daß in jedem Lande die gleichen Voraussetzungen erneut geprüft werden. Bei ständig neuer Prüfung und evtl. Anerkennung oder Ablehnung würde für den Flüchtling eine Unsicherheit eintreten, die von den Signatarstaaten der GenfKon. nicht nur nicht beabsichtigt war, sondern gerade vermieden werden sollte. Trotzdem kann das Bundesamt tätig werden, wenn Zweifel bestehen, ob die Voraussetzungen der GenfKon. gegeben sind. Es kann ein Widerrufsverfahren eingeleitet werden, um festzustellen, daß die Voraussetzungen der GenfKon. für den Bereich der BRD nicht vorliegen. Durch einen Widerruf würde festgestellt werden, daß der Flüchtling zu Unrecht in einem anderen Staat anerkannt worden ist. Damit könnte der Ausländer vielleicht noch in dem Aufnahmeland, in dem er zunächst seinen Antrag mit Erfolg gestellt hat, als asylberechtigter ausländischer Flüchtling angesehen werden, aber er gilt nach dem Widerruf nicht mehr als Asylberechtigter in der BRD.

16. Kein Asylrecht für Deutsche

Die Tatsache, daß die Anerkennung als Asylberechtigter in das AuslG aufgenommen ist, klärt die Frage, ob auch Deutsche das Asylrecht des Art. 16 Abs. 2 Satz 2 GG genießen können. Das AuslG gilt nur für Ausländer. Es gilt niemals, unter welchen Aspekten auch immer, für Deutsche (vgl. auch Anm. zu § 27). Damit steht fest, daß es ein Asylrecht für Deutsche nach Art. 116 GG weder auf Grund der GenfKon. noch auf Grund des Art. 16 GG geben kann. Deutsche genießen nach Art. 11 GG Freizügigkeit und haben jederzeit das Recht, in die BRD zu kommen und hier ihren Aufenthalt zu nehmen. Haben sie hier ihren Aufenthalt genommen, werden sie auch vor Auslieferung geschützt, aber nicht durch Art. 16 Abs. 2 S. 2 GG, sondern auf Grund des Art. 16 Abs. 2 S. 1 GG mit seinem generellen Verbot, Deutsche an das Ausland auszuliefern (zustimmend *BK* Art. 16 Anm. 117—132, *Meyer* in JZ 1956, 6; zu dem Problem der Zulieferung an deutsche Gerichte außerhalb des Geltungsbereichs des GG vgl. *BVerfG* in MDR 1956, 18).

§ 29

Anerkennungsverfahren

(1) Über den Antrag auf Anerkennung als Asylberechtigter wird in einem besonderen Anerkennungsverfahren vor dem Bundesamt für die Anerkennung ausländischer Flüchtlinge (Bundesamt) entschieden.

(2) Der Leiter des Bundesamts hat für die ordnungsmäßige Durchführung des Anerkennungsverfahrens zu sorgen und den Sachverhalt durch eine Vorprüfung zu klären. Er wird vom Bundesminister des Innern bestellt.

(3) Der Bundesminister des Innern regelt durch Rechtsverordnung ohne Zustimmung des Bundesrates das Verfahren vor dem Bundesamt, soweit es nicht im Gesetz geregelt ist.

Als ein Motiv für die Gleichstellung der politisch Verfolgten mit den ausländischen Flüchtlingen in einem Anerkennungsverfahren ist auch anzusehen, daß nunmehr Ausschüsse entscheiden, die für politische oder sonstige Einflüsse weniger leicht erreichbar sind als örtliche Behörden. Dadurch wird eine Versachlichung der Entscheidungen erreicht werden. Außerdem werden nur eine Behörde, ein Verwaltungs- und ein Oberverwaltungsgericht mit der Entscheidung über die Asylberechtigung befaßt. Dies ergibt eine einheitliche Beurteilung und eine *Rechtssicherheit,* die bei einer Zuständigkeit vieler Behörden und Gerichte nicht zu erreichen wäre. Die Entscheidung kann wesentlich besser die nicht immer gleichbleibenden politischen Verhältnisse in den verschiedenen ausländischen Staaten berücksichtigen. Das Bundesamt, das ausschließlich und dauernd mit Asylfragen befaßt ist, wird ein wesentlich höheres Maß der Entscheidungssicherheit gewährleisten als Ausländerbehörden, die vorwiegend andere Aufgaben zu erfüllen haben.

Die Anschrift des Bundesamtes für die Anerkennung ausländischer Flüchtlinge ist:

8502 Zirndorf, Rothenburger Straße 29.

§ 30

Anerkennungs- und Widerspruchsausschüsse

(1) Über den Antrag auf Anerkennung entscheidet ein Anerkennungsausschuß. Über den Widerspruch gegen Entscheidungen des Anerkennungsausschusses entscheidet ein Widerspruchsausschuß. Die Ausschüsse entscheiden in der Besetzung von einem Vorsitzenden und zwei Beisitzern. Vorsitzende von Widerspruchsausschüssen müssen die Befähigung zum Richteramt oder zum höheren Verwaltungsdienst besitzen.

(2) Der Bundesminister des Innern beruft und entläßt die Vorsitzenden und die Beisitzer der Ausschüsse. Die Hälfte der Beisitzer wird vom Bundesrat ernannt.

Anträge auf Anerkennung als Asylberechtigter sind entgegenzunehmen und den Ausschüssen zur Entscheidung vorzulegen. Hieran ist das Bundesamt nach § 30 gebunden. Auch über offensichtlich unbegründete Anträge kann nicht entschieden werden, ohne in das Asylverfahren einzutreten. Ebenso ist die ausschließliche Entscheidungszuständigkeit für das Bundesamt gegenüber unschlüssigen und offensichtlich unbegründeten Anträgen gegeben (vgl. *VerwG Ansbach* Nr. 3341 — II/57 U. v. 3. 12. 1957).

§ 31

Anwesenheit des Antragstellers während des Verfahrens

Für die Dauer des Anerkennungsverfahrens ist die Anwesenheit des Antragstellers erforderlich. Wenn der Sachverhalt ausreichend geklärt oder der Antragsteller infolge erheblicher körperlicher Behinderung oder aus sonstigen zwingenden Gründen an dem Erscheinen verhindert ist, kann für die Vorprüfung und für die Verhandlung von der Anwesenheit des Antragstellers abgesehen werden.

Für die *Dauer des Anerkennungsverfahrens* muß der Ausländer im Sammellager wohnen oder zumindest zu den Sitzungen des Anerkennungsausschusses persönlich erscheinen. Nur aus den ausdrücklich genannten Gründen kann von seiner Anwesenheit abgesehen werden. Hierüber entscheidet nicht die Ausländerbehörde, auch nicht der Leiter des Bundesamtes, sondern der Anerkennungsausschuß. Seine Entscheidung ist daher einzuholen.

§ 32

Sitzungen der Ausschüsse

(1) Die Ausschüsse verhandeln in nichtöffentlicher Sitzung.

(2) Personen, die sich als Vertreter des Bundes, der Länder, des Hohen Flüchtlingskommissars der Vereinten Nationen oder des Sonderbevollmächtigten für Flüchtlingsfragen beim Europarat ausweisen, sind zur Teilnahme an den Sitzungen berechtigt. Anderen Personen kann die Teilnahme gestattet werden.

§ 33

Verfahren vor dem Anerkennungsausschuß

(1) Der Anerkennungsausschuß klärt den Sachverhalt und erhebt die hierfür erforderlichen Beweise.

(2) Der Ausschuß entscheidet mit Stimmenmehrheit.

(3) Die Entscheidung ergeht schriftlich. Sie ist mit einer Begründung und einer Rechtsbehelfsbelehrung zu versehen und dem Antragsteller zuzustellen.

§ 34

Verfahren vor dem Widerspruchsausschuß

(1) Der Widerspruch gegen Entscheidungen des Anerkennungsausschusses ist innerhalb eines Monats nach der Zustellung der Entscheidung beim Bundesamt zu erheben.

(2) Für das Verfahren vor dem Widerspruchsausschuß findet § 33 entsprechende Anwendung.

(3) Die Anfechtung von Entscheidungen des Widerspruchsausschusses vor den Verwaltungsgerichten bestimmt sich nach der Verwaltungsgerichtsordnung.

§ 35

Bundesbeauftragter für Asylangelegenheiten

(1) Bei dem Bundesamt wird ein Bundesbeauftragter für Asylangelegenheiten bestellt.

(2) Der Bundesbeauftragte für Asylangelegenheiten kann sich an den Anerkennungsverfahren vor dem Bundesamt und vor den Verwaltungsgerichten beteiligen. Ihm ist Gelegenheit zur Äußerung zu geben. Er kann gegen Entscheidungen des Anerkennungsausschusses Widerspruch und gegen Entscheidungen des Widerspruchsausschusses Klage beim Verwaltungsgericht erheben.

(3) Der Bundesbeauftragte für Asylangelegenheiten wird vom Bundesminister des Innern berufen und entlassen. Er muß die Befähigung zum Richteramt oder zum höheren Verwaltungsdienst besitzen.

(4) Der Bundesbeauftragte für Asylangelegenheiten ist an Weisungen des Bundesministers des Innern gebunden, der das Benehmen mit dem Minister des Innern des Landes herstellt, in dem sich der Ausländer aufhält oder dem er zugeteilt werden soll.

Die Institution des *Bundesbeauftragten* für Asylangelegenheiten ist mit dem AuslG neu eingeführt worden. Die Einrichtung eines Vertreters des öffentlichen Interesses ist aber schon bekannt. Nach § 35 VwGO ist beim BVerwG ein Oberbundesanwalt bestellt, nach § 36 VwGO können bei den Oberverwaltungsgerichten und den Verwaltungsgerichten Vertreter des öffentlichen Interesses bestellt werden. Beide sind Beteiligte am Verfahren

(§ 63 VwGO). Das gleiche gilt für den Vertreter des Ausgleichsfonds im Lastenausgleichsrecht. Die Stellung des Bundesbeauftragten für Asylangelegenheiten entspricht den Vertretern des öffentlichen Interesses. Er ist nicht Partei im Verfahren, sondern Beteiligter. Vor der Entscheidung der Ausschüsse muß ihm Gelegenheit zur Äußerung gegeben werden. Er hat Akteneinsicht, ihm müssen Abschriften der Anträge und Entscheidungen übergeben werden. Zu den mündlichen Verhandlungen ist er zu laden. Gegen die Ausschuß- und die Widerspruchsentscheidung steht ihm ein eigenes Widerspruchs- und Klagerecht zu.

Die Länder, die bisher die Entscheidung trafen, ob ein Ausländer auf Grund politischer Verfolgung einen Fremdenpaß und eine AE erhalten sollte, sind auch in Zukunft von der Einflußnahme auf die Anerkennung nicht ganz ausgeschlossen. Durch den BMI können sie Weisungen an den Bundesbeauftragten erteilen lassen, wenn ihre Interessen berührt werden, entweder weil der Ausländer sich in ihrem Bereich aufhält oder weil er ihrem Lande zugeteilt werden soll.

§ 36

Wiederaufnahme

(1) Auf Antrag eines Abgewiesenen ist durch den Leiter des Bundesamtes eine erneute Verhandlung vor dem Widerspruchsausschuß einzuleiten, wenn von dem Abgewiesenen neue Tatsachen oder Beweismittel beigebracht werden, deren Berücksichtigung im Anerkennungs- oder Widerspruchsverfahren zu einer dem Antragsteller günstigeren Entscheidung geführt hätte.

(2) Der Antrag kann nur auf solche Tatsachen und Beweismittel gestützt werden, die im Anerkennungs- oder Widerspruchsverfahren nicht bekannt waren oder ohne Verschulden des Antragstellers nicht geltend gemacht werden konnten.

Die Wiederaufnahme im Anerkennungsverfahren ist ähnlich der Wiederaufnahme in den ordentlichen Gerichtsverfahren geregelt. Nur *neue Tatsachen und Beweismittel*, die im Anerkennungsverfahren nicht vorgebracht werden konnten, dürfen berücksichtigt werden. Aber nicht jede neue Tatsache und jedes neue Beweismittel führt zur Wiederaufnahme des Verfahrens, sondern nur solche, die zu einer günstigeren Entscheidung, d. h. zur Anerkennung des Asylrechts führen. Ein anderes Vorbringen, das die getroffene ablehnende Entscheidung nicht ändern kann, ist unerheblich; eine Wiederaufnahme des Verfahrens ist nicht zulässig. Der Leiter des Bundesamtes trifft nur die Vorentscheidung über die Aufnahme des Verfahrens. Über die Anerkennung entscheiden die Ausschüsse. Sie können die Anerkennung ablehnen, auch wenn die Wiederaufnahme zugelassen ist.

Die Vorschrift des § 36 will das Verfahren vereinfachen. Danach ist der Leiter des Bundesamtes ermächtigt, Anträge, die nach Abschluß eines Verfahrens erneut gestellt werden, *ohne Mitwirkung der Ausschüsse* abzulehnen (vgl. *BayObLG* in DVBl. 1959, 114). Die Ermächtigung bezieht sich nicht nur auf den Fall, daß keine neuen Tatsachen oder Beweismittel vorgebracht werden, sondern auch auf eine sachliche Prüfung. Der Leiter des Bundesamtes ist befugt, den Antrag abzulehnen, wenn das Vorbringen seiner Ansicht nach nicht zu einer dem Ausländer günstigeren Entscheidung geführt hätte. Die Gerichte sind befugt, gegen diese Entscheidung ein Sachurteil zu treffen; denn es würde nicht der Vereinfachung des Verfahrens entsprechen, wenn der Ausländer zunächst unter Umständen durch drei gerichtliche Instanzen die Wiederaufnahme des Verfahrens vor dem Bundesamt erkämpfen und dann — je nach Lage des Falles — die Instanzen erneut zur Sache selbst mit der Frage seiner Anerkennung beschäftigen könnte. Die Gerichte sind daher in der Lage, gegen eine Ablehnung der Wiederaufnahme durch den Leiter des Bundesamtes ein Sachurteil zu fällen und nicht nur über die Frage zu entscheiden, ob die Wiederaufnahme formal zu Recht erfolgt ist (vgl. *BVerwG* I C 175.59 U. v. 28. 2. 1961).

§ 37

Widerruf

(1) Die Anerkennung als Asylberechtigter kann widerrufen werden, wenn die Voraussetzungen für eine Anerkennung nicht mehr vorliegen. Sie ist zu widerrufen, wenn die Anerkennung auf Grund unrichtiger Angaben oder infolge Verschweigens wesentlicher Tatsachen erteilt worden ist.

(2) Das Verfahren ist von dem Leiter des Bundesamtes einzuleiten. Über den Widerruf entscheidet der Anerkennungsausschuß. Die Vorschriften der §§ 30 und 31 finden entsprechende Anwendung.

Übersicht

1. Verlust des Asylrechts

Ein *Widerruf der Anerkennung* als Asylberechtigter kommt insbesondere dann in Frage, wenn der Ausländer sich wieder unter den Schutz seines Heimatlandes gestellt hat. Es kommt nicht darauf an, daß er endgültig in sein Heimatland zurückkehrt. Es genügt, daß er einen Nationalpaß annimmt (vgl. *BVerwG* I B 117.56 Beschl. v. 2. 9. 1957). Hierbei spielt es keine Rolle, aus welchem Motiv ein Heimatpaß angenommen wird. Es ist nicht entscheidend, ob das Motiv allein Besuch der Heimat oder Besuch von Verwandten oder Besuch aus Anlaß von Krankheitsfällen nahestehender Verwandter ist. Ein bloßer kurzfristiger Aufenthalt mit dem deutschen Fremdenpaß oder dem Genfer Reiseausweis wird jedoch noch nicht den Verlust des Asylrechts in der BRD nach sich ziehen.

Ein Ausländer verliert nicht schon dadurch sein Asylrecht, daß er bei seiner ehemaligen Heimatvertretung vorspricht und sich nach den Rückkehrmöglichkeiten erkundigt. Selbst wenn er einen Antrag auf Rückkehr oder auf Ausstellung eines Passes stellt, ist damit seine Rechtsstellung noch nicht verlorengegangen, wenn der Heimatstaat ein solches Gesuch ablehnt. Dies ist vielmehr ein Zeichen dafür, daß der Ausländer weiterhin außerhalb des Schutzes seines Heimatlandes steht.

2. *Ermessen*

Der Widerruf der Anerkennung liegt im Ermessen des Leiters des Bundesamtes und der über den Widerruf entscheidenden Ausschüsse. Der Leiter leitet den Widerruf ein, indem er ein erneutes Verfahren anordnet. Er kann nach Prüfung die Einleitung des Verfahrens ablehnen und es damit bei der Anerkennung belassen. Ebenso können die Ausschüsse trotz der Einleitung den Widerruf ablehnen. Trotzdem besteht kein freies Ermessen, ob der Widerruf durchgeführt werden soll. Liegen Gründe, wie in Anm. 1 dargestellt, vor oder sind die Voraussetzungen nach Art. 1 C GenfKon. für den Verlust des Asylrechts gegeben, wird grundsätzlich auch die Entscheidung über die Anerkennung zu widerrufen sein.

3. *Als Verpflichtung zum Widerruf*

im Sinne von Abs. 1 S. 2 wäre die Tatsache zu werten, daß ein Ausländer immer im Besitze seines Heimatpasses gewesen ist und diesen Heimatpaß ständig hat verlängern lassen. Bei Vorliegen dieses Sachverhalts, der nicht pathologisch ist, lag von vornherein kein Asylgrund vor, so daß die Anerkennung erschlichen ist.

4. *Bestand des Asylrechts*

Die Frage, ob und in welchem Umfange die Anerkennung des Asylrechts *Bestand* hat, hängt nicht davon ab, daß sie deklaratorischer Art ist. Nach § 28 werden als Asylberechtigte Ausländer anerkannt, die die Voraussetzungen der GenfKon. oder des Art. 16 Abs. 2 S. 2 GG erfüllen. Das Asylrecht wird daher nicht durch eine Anerkennung geschaffen, sondern beruht auf der GenfKon. oder dem GG. Die Anerkennung hat damit deklaratorische Bedeutung mit der Wirkung, daß das Asylrecht erst mit der Verwaltungsentscheidung realisierbar ist. An diese Entscheidung sind gemäß § 45 Behörden und Gerichte gebunden. Sie sind solange gebunden, bis die Anerkennung widerrufen wird und dieser Verwaltungsakt unanfechtbar oder rechtskräftig geworden ist. Auch wenn die Voraussetzungen der politischen Verfolgung nicht bestanden haben oder weggefallen sind, geht das anerkannte Asylrecht hierdurch nicht schon verloren. Erst muß der Verwaltungsakt der Anerkennung durch Widerruf beseitigt werden, damit der Ausländer nicht mehr Asylberechtigter ist. Hebt das Bundesamt die Anerkennung im Widerrufsverfahren trotz Wegfall der Asylvoraussetzungen nicht auf, lassen sich Fälle denken, daß ein Ausländer Asylberechtigter ist, ohne noch politisch verfolgt zu sein. Aus der ausschließlichen Zuständigkeit des Bundesamtes, verbunden mit der Bindungswirkung geht hervor, daß selbst in klaren Fällen des Asylverlustes erst seine Entscheidung eingeholt werden muß.

§ 38

Meldepflicht

(1) Ausländer, die die Anerkennung als Asylberechtigter begehren, haben sich unverzüglich bei der mit der Sicherung der Grenze beauftragten Behörde oder der nächsten Ausländerbehörde zu melden. Sie sind an das Bundesamt weiterzuleiten.

(2) Bei Ausländern, die sich nach den §§ 1 bis 9 erlaubt im Geltungsbereich dieses Gesetzes aufhalten und die Anerkennung als Asylberechtigter begehren, ist die Meldung dem Bundesamt zuzuleiten.

Das Überschreiten der Grenzen und der erste Aufenthalt von asylsuchenden Ausländern ist nicht strafbar und nicht illegal, obwohl möglicherweise die paßrechtlichen und die Einreisevoraussetzungen nicht erfüllt sind. Diese Nachsicht enthebt den Ausländer aber nicht jeder Verpflichtung. Er muß sich unverzüglich, d. h. in diesem Fall sofort bei der nächsten Grenz- oder Ausländerbehörde melden und sein Asylanliegen vorbringen. Von hier aus wird der Antrag an das Bundesamt weitergeleitet. Die Nichtbefolgung der unverzüglichen Meldung ist nicht mit Strafsanktionen belegt und hat keinen Einfluß auf die spätere Entscheidung über das Asylrecht.

§ 39

Bestimmung der Lager

Die Bundesregierung bestimmt im Benehmen mit der zuständigen Landesregierung die Sammellager für Ausländer.

§ 40

Aufenthalt im Lager

(1) Ausländern, die aus einem Land, in dem sie politisch verfolgt werden, in den Geltungsbereich dieses Gesetzes einreisen und die Anerkennung

als Asylberechtigter begehren, wird der Aufenthalt im Geltungsbereich dieses Gesetzes unter Beschränkung auf den Bezirk des Lagers bis zur Entscheidung über den Antrag auf Anerkennung gestattet.

(2) Ausländern, die aus einem anderen Land als dem, in dem sie politisch verfolgt werden, in den Geltungsbereich dieses Gesetzes einreisen und die Anerkennung als Asylberechtigter begehren, kann, wenn ihre Anwesenheit nach § 31 erforderlich ist, der Leiter des Bundesamtes den Aufenthalt im Geltungsbereich dieses Gesetzes unter Beschränkung auf den Bezirk des Lagers bis zur Entscheidung über einen Widerspruch gestatten.

(3) Eine Aufenthaltserlaubnis oder eine Befreiung wird durch die Absätze 1 und 2 nicht berührt.

Es ist nicht mehr vorgesehen, daß nach Stellung eines Asylantrages wie im § 4 AsylVO der Aufenthalt bis zur Entscheidung im Asylverfahren als erlaubt gilt. Es muß eine *besondere Entscheidung* getroffen werden. Entweder entscheidet das Bundesamt über den Aufenthalt unter Beschränkung auf den Lagerbezirk, oder es entscheiden die Ausländerbehörden nach § 40 Abs. 3, soweit keine Befreiung besteht. Die Entscheidung gilt solange, wie sie befristet ist. Im allgemeinen wird sie bis zur Unanfechtbarkeit oder Rechtskraft eines ablehnenden Bescheides gegeben. Lediglich in den Fällen, in denen asylsuchende Ausländer aus Ländern einreisen, in denen sie nicht verfolgt worden sind, kann der Aufenthalt nur bis zur Entscheidung über einen Widerspruch gestattet werden.

Die Wiederaufnahme berechtigt nur dann zu einer Gestattung des Aufenthaltes, wenn der Leiter des Bundesamtes eine erneute Verhandlung vor dem Widerspruchsausschuß einleitet.

Ist ein Ausländer ohne die vorgeschriebene AE eingereist, um das Asylrecht zu begehren, so ist seine Einreise nicht illegal. Sie ist jedoch als illegal anzusehen, wenn der Antrag des Ausländers auf Asylrecht abgelehnt worden ist. Die Einreise ist auch dann von Anfang an illegal, wenn der Ausländer mit einem Durchreisesichtvermerk nach § 5 Abs. 1 eingereist, aber nicht ausgereist und sein Asylantrag abgelehnt worden ist (a. A. *VG Berlin* I A 75.63 U. v. 30. 8. 1963).

§ 41

Verbindungsaufnahme mit dem Hohen Flüchtlingskommissar der Vereinten Nationen

Ausländern, denen der Aufenthalt im Sammellager gestattet wird, ist Gelegenheit zu geben, mit dem Hohen Flüchtlingskommissar der Vereinten Nationen Verbindung aufzunehmen.

Nur den Ausländern, die nach § 40 sich *im Lager* aufhalten, muß Gelegenheit gegeben werden, sich mit dem Hohen Flüchtlingskommissar in Verbindung zu setzen. Ausländer, die sich während des Anerkennungsverfahrens außerhalb des Sammellagers aufhalten, haben diese Möglichkeit ohne Einschränkung. Sie können sich an den Hohen Flüchtlingskommissar schriftlich oder persönlich wenden. Ihnen braucht nicht erst die Gelegenheit hierzu gegeben zu werden. Die Anschrift lautet: Vereinte Nationen, Der Hohe Kommissar für Flüchtlinge, Amt des Vertreters in Deutschland, 532 Bad Godesberg, Rheinallee 18.

Der Hohe Flüchtlingskommissar hat, auch in Verbindung mit seinem Anwesenheitsrecht bei den Verhandlungen gemäß § 32 Abs. 2, nicht die Stellung, die etwa der Bundesbeauftragte für Asylangelegenheiten nach § 35 hat. Er ist nur für die Flüchtlinge beratend und unterstützend tätig. Er kann auf Bitten oder Anregungen Stellungnahmen abgeben oder kann aus eigenem Antriebe Anregungen gegenüber dem Bundesamt und der Bundesregierung geben, wie die Behandlung der Flüchtlinge erleichtert oder geregelt werden kann. Eine mehr als beratende oder anregende Funktion ist ihm gesetzlich nicht zugestanden worden.

§ 42

Verteilung

(1) Ausländer, die als Asylberechtigte anerkannt worden sind, werden durch einen Beauftragten der Bundesregierung nach Anhörung der Länder auf Grund eines Schlüssels, der vom Bundesrat festgestellt wird und die Verhältnisse der Länder berücksichtigt, auf die Länder verteilt.

(2) Die Bundesregierung kann Einzelweisungen erteilen, wenn sich bei der Verteilung der Asylberechtigten Schwierigkeiten ergeben, die durch die obersten Landesbehörden nicht beseitigt werden können. Die Durchführung von Einzelweisungen im Land Berlin bedarf der Zustimmung des Senats von Berlin.

Ein *Verteilungsschlüssel* für asylberechtigte Ausländer, soweit sie damals der Asylverordnung unterlagen, ist bereits im Jahre 1952 aufgestellt worden. Vom 15. 12. 1961 galt folgender Schlüssel, nach dem die Länder ausländische Flüchtlinge aufnehmen sollten (BR-Drucks. 389/61): Baden-Württemberg 16,9 %, Bayern 13,2 %, Berlin 8,0 %, Bremen 1,2 %, Hamburg 3,1 %, Hessen 8,5 %, Niedersachsen 8,2 %, Nordrhein-Westfalen 31,7 %, Rheinland-Pfalz 4,9 %, Saarland 2,5 %, Schleswig-Holstein 1,8 %.

Es wurden später Einzelvereinbarungen über die aus dem Ausländerlager noch zu verteilende Zahl der Flüchtlinge getroffen.

Es ist vorgebeugt, daß im Falle der Nichteinteilung der Länder der BMI Weisungen erteilen kann, so daß ein Land die ihm zugeteilte Flüchtlingsquote aufnehmen muß.

Wegen der Zustimmung des Senats von Berlin zu einer Weisung des BMI vgl. Anm. zu § 53.

§ 43

Aufenthaltserlaubnis

Asylberechtigten Ausländern ist nach ihrer Verteilung auf die Länder von der Ausländerbehörde des Aufenthaltsortes, dem der Ausländer von der Landesregierung zugewiesen worden ist, eine Aufenthaltserlaubnis zu erteilen.

Übersicht

1. Rechtsanspruch

Voraussetzung für den *Rechtsanspruch* auf eine AE ist die Anerkennung als Asylberechtigter und die Verteilung auf die Länder. Erst nach der Verteilung ist die Ausländerbehörde verpflichtet, die AE zu erteilen, deren Bereich er zugeteilt worden ist. Nur ihr gegenüber besteht der Anspruch.

Anerkannte und zugeteilte Asylberechtigte erhalten in ihren Genfer Ausweis oder in ihren Fremdenpaß eine AE mit folgendem Text eingetragen:

„Aufenthaltserlaubnis

Der Inhaber des Passes — Reiseausweises — ist Asylberechtigter nach § 28 AuslG und zum Aufenthalt im Gebiet der Bundesrepublik Deutschland berechtigt."

Ausländische Flüchtlinge nach der GenfKon. erhalten einen Reiseausweis. Sie können aber, wenn sie aus Sicherheitsgründen Reisebeschränkungen unterworfen sind, auch einen Fremdenpaß erhalten unter der Beschränkung auf den Geltungsbereich der BRD. In die Staatsangehörigkeitsspalte des Fremdenpasses ist dann die Bezeichnung „Ungeklärt" einzutragen.

Die Form der den Asylberechtigten erteilten AE darf nicht darüber hinwegtäuschen, daß ihnen nicht wie den heimatlosen Ausländern bereits unmittelbar kraft Gesetzes ein Aufenthaltsrecht zusteht, sondern erst durch die AE.

Die Kennzeichnung des Anspruchs auf Erteilung der AE bei anerkannten Flüchtlingen ist notwendig, um auf den Anspruch dieser Flüchtlinge auf Erteilung und Verlängerung der AE gemäß § 43 hinzuweisen. Bei Genfer Flüchtlingen, denen dieser Anspruch nicht zusteht, etwa weil sie aus dem Ausland in die BRD übernommen werden (vgl. § 11 Anhang GenfKon.)

oder in die BRD zurückkehren, ist der Vermerk über die Aufenthaltsberechtigung in den Reiseausweis nicht einzutragen. Der Anspruch entsteht aber oder lebt wieder auf, wenn diese Flüchtlinge in das Bundesgebiet übernommen werden und ihnen ein Genfer Reiseausweis in der BRD ausgestellt wird.

2. *Einschränkung der AE*

Die AE wird gemäß § 7 für den Geltungsbereich des AuslG gegeben. Sie kann auch *räumlich und zeitlich beschränkt* und mit Bedingungen und Auflagen versehen werden. Bedingungen und Auflagen dürfen aber nicht dem Ziel der GenfKon. widersprechen. Die Bedingung, daß die AE erlischt, wenn der Ausländer länger als drei Monate das Bundesgebiet verlassen hat, ist zulässig. Art. 26 GenfKon. steht den Einschränkungen der AE gemäß § 7 nicht entgegen, weil hinsichtlich der Freizügigkeit allgemeine Ausländerbehandlung besteht. Man wird sogar davon ausgehen, daß zumindest die räumliche Beschränkung am Anfang die Regel ist. Denn sonst wäre eine Verteilung der Ausländer illusorisch, wenn sie nur zum Empfang einer AE bei einer Ausländerbehörde erscheinen und dann frei ihren Aufenthaltsort wählen könnten. Eine andere Behörde kann, auch ohne räumliche Beschränkung, die weitere AE ablehnen. Es liegt in ihrem Ermessen, ob sie die Verlängerung auch für ihren Bezirk gewährt (*VG Berlin* I A 148.57 U. v. 1. 9. 1957).

Ein Asylberechtigter kann auch eine Aufenthaltsberechtigung nach § 8 erhalten, wenn die Voraussetzungen erfüllt sind. Dann entfallen die zeitlichen und räumlichen Beschränkungen und die Anordnung von Bedingungen.

3. *Erlöschen des Rechtsanspruchs*

Der Anspruch auf Erteilung der AE wird erfüllt mit der Gewährung der AE nach der Verteilung und ihrer jeweiligen Verlängerung. Die AE kann aber gemäß § 9 Abs. 1 Nr. 2 bis 4 *erlöschen,* wenn der Ausländer seine Staatsangehörigkeit wechselt, wenn er das Bundesgebiet aus einem seiner Natur nach nicht vorübergehenden Grunde verläßt, also auswandert, oder wenn er ausgewiesen wird. Erlischt die AE, so endet endgültig der Anspruch nach § 43. Ein Wiederaufleben bei der Wiedereinreise ist nicht gegeben. Die Entscheidung über die Erteilung der AE richtet sich in diesen Fällen ausschließlich nach § 2 und liegt im pflichtgemäßen Ermessen der Ausländerbehörde.

4. *Wiedereinreise*

Asylberechtigten geht die Flüchtlingseigenschaft nicht dadurch verloren, daß sie auswandern oder ihren ständigen oder gewöhnlichen Aufenthalt in ein anderes Land verlegen. Sie verlieren aber die besonderen Rechtsansprüche nach § 43 und 44 Abs. 1 in Verbindung mit der GenfKon. Wollen solche Flüchtlinge ins Bundesgebiet zurückkehren und wird ihnen die *Erlaubnis zur Einreise und zum Aufenthalt* im Bundesgebiet nach dem AuslG erteilt, so halten sie sich erneut rechtmäßig im Bundesgebiet auf. Sie genießen damit für die Dauer ihrer AE die vollen Rechte nach der GenfKon.

Entsprechendes gilt für anerkannte ausländische Flüchtlinge, die aus anderen als Verfolgungsstaaten neu einreisen und in das Bundesgebiet übernommen werden.

§ 44

Rechtsstellung

(1) Ausländer, die nach § 28 Nr. 1 anerkannt worden sind, genießen im Geltungsbereich dieses Gesetzes die Rechtsstellung nach dem Abkommen über die Rechtsstellung der Flüchtlinge.

(2) Für Ausländer, die nach § 28 Nr. 2 anerkannt worden sind, gelten die Vorschriften der Artikel 2 bis 26 und 29 bis 33 des Abkommens über die Rechtsstellung der Flüchtlinge entsprechend.

(3) Ausländer, die nach § 28 Nr. 2 anerkannt worden sind, erhalten einen Fremdenpaß.

(4) Die Absätze 1 und 2 gelten nicht, soweit die Rechtsstellung der nach § 28 anerkannten Ausländer in anderen Vorschriften dieses Gesetzes günstiger geregelt wird.

Bei der Rechtsstellung nach der GenfKon. handelt es sich um einen Mindeststandard, den alle zivilisierten Staaten Flüchtlingen gewähren. Die Rechtsstellung und der mit § 43 gegebene Anspruch auf eine AE haben den Umfang, daß auch dem politisch Verfolgten ebenso wie dem ausländischen Flüchtling das Recht zum Erwerb von Eigentum, der Schutz von Urheberrechten, das Vereinigungsrecht, der Zugang zu den Gerichten, die gleiche Behandlung im Arbeitsrecht und Steuerrecht und der Zugang zu öffentlichen Schulen und Bildungseinrichtungen gewährt wird. In bezug auf die Ausübung selbständiger oder freier Berufstätigkeit und in der Zurverfügungstellung von Wohnraum ist ihnen allgemeine Ausländerbehandlung eingeräumt. Auf dem wichtigen Gebiete der öffentlichen Fürsorge besteht ohnehin auf Grund des Bundessozialhilfegesetzes auch für Ausländer ein Rechtsanspruch.

Mit der Anerkennung der politisch Verfolgten als Asylberechtigte erwerben sie die gleichen Rechte wie ausländische Flüchtlinge mit Ausnahme der Ausstellung des Genfer Reiseausweises. Auch der Fremdenpaß eines auf Grund des § 28 Nr. 2 anerkannten Ausländers kann auf das Inland beschränkt werden, wenn bei Reisen des Paßinhabers in das Ausland die Voraussetzungen des § 7 Abs. 1 a bis d PaßG als gegeben angesehen werden. Eine Entziehung des Passes ist jedoch mit Rücksicht auf § 3 AuslG nicht möglich.

§ 45

Verbindlichkeit der Entscheidungen

Die Entscheidung im Anerkennungsverfahren ist in allen Angelegenheiten verbindlich, in denen die Anerkennung rechtserheblich ist. Dies gilt nicht für das Auslieferungsverfahren.

Die Verbindlichkeit ist allgemein sowohl bei den anerkennenden als auch bei ablehnenden Entscheidungen. Sie erübrigt eine erneute Prüfung bei den Ausländerbehörden. Bei ablehnenden Entscheidungen und späteren Ausweisungen wird jedoch ein neuer Sachverhalt und ein erneutes Vorbringen, das eine Asylberechtigung möglich erscheinen läßt, zu berücksichtigen sein. Denn es kommt darauf an, daß insbesondere der zunächst politisch Nicht-Verfolgte auch im Augenblicke seiner Abschiebung nicht politisch verfolgt ist. Hierüber hat aber nur das Bundesamt zu befinden.

An die Entscheidung des Bundesamtes sind auch die Gerichte gebunden. Wenn eine Anerkennung als Asylberechtigter verwehrt ist, ist es den ordentlichen und den Verwaltungsgerichten nicht möglich, weder im Abschiebungshaftverfahren noch im Verwaltungsstreitverfahren, eine Nachprüfung von Einwendungen des Ausländers vorzunehmen, die er gegen die Ablehnung seines Asylantrages oder für seine politische Verfolgung vorbringt. Bei Ablehnung des Asylantrages entstehen die Rechtsansprüche nach §§ 43, 44 nicht, auch Einschränkungen nach §§ 11 und 14 sind nicht vorhanden.

§ 46

Heimatlose Ausländer

Die §§ 28 bis 45 gelten nicht für Ausländer, deren Rechtsstellung durch das Gesetz über die Rechtsstellung heimatloser Ausländer im Bundesgebiet geregelt ist.

Übersicht

1. Entwicklung

Bei der Beratung des AuslG wurde auch erwogen, das HAG in das Gesetz einzubeziehen. Hiervon ist abgesehen worden. Bei dem Personenkreis der *heimatlosen Ausländer* handelt es sich um einen abgeschlossenen Personenkreis. Die Zahl der heimatlosen Ausländer nimmt ab. Einmal dadurch, daß wegen der Frist im § 1 HAG keine neuen heimatlosen Ausländer mehr hinzukommen, zum andern, daß ein Teil ausgewandert ist oder durch Einbürgerung in den deutschen Staatsverband aufgenommen wurde. Das HAG hat daher jetzt nicht nur eine vorübergehende, sondern auch eine immer mehr zurückgehende Bedeutung. Das AuslG als modernes Gesetz sollte aber nur diejenigen Ausländerkreise erfassen, die weiterhin von aktuellem Interesse sind. In § 46 wird nur festgestellt, daß die Vorschriften über die Asylberechtigten, und zwar die §§ 28—45, sich nicht auf heimatlose Ausländer beziehen. Damit ist das HAG weiterhin uneingeschränkt anwendbar. Bestimmungen des AuslG, insbesondere die §§ 11 und 14, finden jedoch auch für heimatlose Ausländer Anwendung. Hier ist eine Ergänzung der Vorschriften, insbesondere des § 23 Abs. 4 HAG, für den deutschen Rechtsbereich getroffen worden (vgl. § 11 Anm. 7).

Die Fragen der Behandlung heimatloser Ausländer sind von der Rechtsprechung abschließend geklärt worden; sie sollen hier skizziert werden.

2. *Erwerb der Rechtsstellung*

a) Heimatloser Ausländer ist nach § 1 HAG ein fremder Staatsangehöriger oder Staatenloser, der

a) nachweist, daß er der Obhut der internationalen Organisation untersteht, die von den Vereinten Nationen mit der Betreuung verschleppter Personen und Flüchtlinge beauftragt ist,
b) nicht Deutscher nach Art. 116 GG ist,
c) am 30. 6. 1950 seinen Aufenthalt im Geltungsbereich des Grundgesetzes oder in Berlin (West) hatte oder die Rechtsstellung eines heimatlosen Ausländers auf Grund der Bestimmungen des § 2 Abs. 3 HAG erwirbt.

Ausländer, die diese *Voraussetzungen* erfüllen, haben als heimatlose Ausländer eine Rechtsstellung, die der der deutschen Staatsangehörigen ähnlich ist (vgl. *BVerwG* I C 121.57 U. v. 20. 3. 1958). Dies geht auch unmittelbar aus dem HAG hervor, und zwar aus den §§ 12 bis 20. Heimatlose Ausländer sind hinsichtlich ihrer öffentlichen Berechtigungen deutschen Staatsangehörigen gleichgestellt.

b) Der heimatlose Ausländer erwirbt seine Rechtsstellung nicht auf Grund einer Anerkennung, sondern *kraft Gesetzes*. Die AE wird ihm dahingehend erteilt, daß er zum Aufenthalt in der BRD berechtigt ist (vgl. § 2 Anm. 2 c).

Die Feststellung der hierfür zuständigen Ausländerbehörden, daß ein Ausländer heimatloser Ausländer ist, hat keine Rechtskraft im materiellen Sinne. Eine materielle Rechtskraft im Sinne einer Unabänderlichkeit gibt es nicht, vielmehr sind Verwaltungsakte grundsätzlich widerruflich. Bei der Feststellung der HA-Eigenschaft handelt es sich nicht um einen rechtsbegründenden, sondern um einen deklaratorischen Verwaltungsakt, d. h. um einen solchen, der einen schon bestehenden Zustand nur nach außen hin festlegt. Derartige deklaratorische Verwaltungsakte müssen mit den zugrundeliegenden Tatsachen oder dem betreffenden Rechtsverhältnis, das sie beurkunden sollen, übereinstimmen. Die Feststellung kann dann widerrufen werden, wenn sie fehlerhaft ist, d. h. hinsichtlich ihrer gesetzlichen und tatsächlichen Voraussetzungen dem geltenden Recht widerspricht (*VG Berlin* I A 36.56 U. v. 4. 5. 1956). Ein Irrtum kann durch Streichung des Vermerks über den berechtigten Aufenthalt jederzeit nach den Grundsätzen des Widerrufs eines Verwaltungsaktes berücksichtigt werden. Denn Erwerb und Verlust dieser privilegierten Rechtsstellung vollzieht sich nicht durch Verwaltungsakt, sondern kraft Gesetzes (*VG Berlin* I A 55.57 U. v. 23. 8. 1957).

3. Nachträglicher Erwerb

a) Die Rechtsstellung des heimatlosen Ausländers behält auch derjenige Ausländer, der bei Inkrafttreten des Gesetzes (27. 4. 1951) ausgewandert war, sich aber bei Vorhandensein der übrigen Voraussetzungen am Stichtage des § 1, nämlich am 30. 6. 1950, in Deutschland aufhielt (vgl. *BVerwG* I C 121.57 U. v. 20. 3. 1958). Auch diejenigen Ausländer, die bereits in der Umsiedlung begriffen waren, sind heimatlose Ausländer geworden, wenn sie sich am 30. 6. 1950 in der BRD aufgehalten haben.

Das gleiche gilt für diejenigen Personen, die sich nach dem 1. 6. 1948 zunächst im Bundesgebiet befanden, dann aber mit Hilfe der IRO ausgewandert sind. Sind deren Auswanderungspläne gescheitert und haben sie innerhalb einer Frist von 2 Jahren nach ihrer Ausreise ihren Wohnsitz oder dauernden Aufenthalt *rechtmäßig in das Bundesgebiet zurückverlegt* (§ 2 Abs. 3 HAG), sind sie heimatlose Ausländer. Die Rechtmäßigkeit der Wohnsitzrückverlegung ist nicht nur nach dem Zeitpunkt der Einreise zu beurteilen, sondern nach dem Zeitpunkt der jeweiligen Beurteilung.

Ein Ausländer mit den übrigen Voraussetzungen der heimatlosen Ausländereigenschaft kann bei der Rückkehr illegal eingereist sein. Seine Aufenthaltnahme und Wohnsitzbegründung kann aber nachträglich rechtmäßig werden, wenn ihm eine AE erteilt wird (*BVerwGE* 7, 231). Eine solche Rechtmäßigkeit besteht aber nicht, wenn eine kurzfristige oder ausdrücklich nur für Zwecke der Auswanderung bestimmte AE erteilt wird. Bei dieser Auslegung des § 2 HAG ist die Vorschrift des § 26 HAG in den Hintergrund getreten.

b) Der Begriff des *gewöhnlichen Aufenthalts* ist nicht dem Wohnsitzbegriff des § 7 BGB gleichzusetzen. Der gewöhnliche Aufenthalt ist nicht mehr als der Ort, an dem man sich gewöhnlich aufhält (*BVerwG* I C 121.57 U. v. 20. 3. 1958). Unter gewöhnlichem Aufenthalt im Sinne des § 2 HAG ist ein rein tatsächliches Verhältnis zu verstehen, zu dessen Beginn es im Gegensatz zu der Wohnsitzbegründung eines rechtsgeschäftlichen Willens nicht bedarf. Der gewöhnliche Aufenthalt steht im Gegensatz zu einem außergewöhnlichen Aufenthalt und ist an dem Ort, den eine Person zum tatsächlichen Mittelpunkt ihrer Lebensverhältnisse gemacht hat, mag sie auch tatsächliche oder rechtliche Beziehungen zu einem anderen Wohnsitz aufrechterhalten (*VG Berlin* I A 56.56 U. v. 4. 5. 1956).

4. Erweiterung des Personenkreises

Heimatloser Ausländer kann auch ein Ausländer sein, der auf *deutscher Seite* am 2. Weltkrieg teilgenommen hat. Dieser ist zwar nicht von der IRO betreut worden und konnte auch nicht von ihr betreut werden. Die Satzung der IRO (Heft I Dokumente, herausgegeben von der Forschungsstelle für Völkerrecht und ausländisches öffentliches Recht der Universität Hamburg, S. 10 ff.) schließt diese Personen aus, die auf deutscher Seite am Weltkrieg teilgenommen haben. Das geht bereits aus der Präambel sowie aus den Art. 1 (Aufgabengebiet) und 2 (Aufgaben und Befugnisse) und dem Anhang I Teil II Ziff. 2 b hervor. Zu diesem Kreis gehören diejenigen Personen, denen nachgewiesen werden kann, daß sie seit Beginn des 2. Weltkrieges freiwillig die feindlichen Streitkräfte bei der Tätigkeit gegen die Vereinten Nationen unterstützt haben. Diese Personen sind jedoch Flüchtlinge im Sinne der GenfKon. und gehören auf Grund des Rundschreibens des BMI v. 27. 3. 1953 (GMBl. 1953, 313) zu denjenigen Ausländern, die aus Gründen der Billigkeit in den Genuß der Rechtsstellung eines heimatlosen Ausländers gelangen sollen. Der Gesetzgeber des HAG hat bedacht, daß die enge Fassung des § 1 Abs. 1 HAG, die sich darauf beschränkt, Entscheidungen der IRO als verbindlich anzusehen, und die damit einseitig auf die politische Situation unmittelbar nach dem Kriegsende abgestellt ist (vgl. Ziff. I 1 und 5 des Rdschr. des BMI), teilweise zu unbilligen Härten führen muß. § 1 Abs. 2 HAG sieht daher ausdrücklich eine Erweiterung des Personenkreises des Abs. 1 durch Rechtsverordnung vor, die von der Bundesregierung mit Zustimmung des Bundesrates erlassen werden kann, jedoch bisher nicht erlassen worden ist. Auch wenn eine Erweiterung des in Frage kommenden Personenkreises nur durch Rechtsverordnung erfolgen konnte, ist der BMI nicht gehindert, bereits vor Erlaß der Rechtsverordnung einheitlich und gleichmäßig weitere Personenkreise in den Genuß des HAG gelangen zu lassen. Denn es gibt keinen allgemeinen Rechtsgrundsatz, der es verbietet, Vergünstigungen, die einer Rechtsverordnung vorbehalten sind, schon vor deren Erlaß durch Verwaltungsanordnung zu gewähren (vgl. *VG Berlin* I A 8.62 U. v. 31. 5. 1963).

Nach dem Rdschr. des BMI sollten auch solche Personen in den Genuß der Rechtsstellung eines heimatlosen Ausländers kommen, die unter der Obhut der IRO gestanden haben würden, wenn dabei der Flüchtlingsbegriff der GenfKon. zugrunde gelegt worden wäre. Das bedeutet, daß auch diejenigen Ausländer in den Genuß der Rechtsstellung kommen, die als Flüchtling nicht die Betreuung der IRO in Anspruch genommen haben.

5. Verlust der Rechtsstellung

a) Die Rechtsstellung des heimatlosen Ausländers geht nach § 2 Abs. 3 HAG verloren, wenn der Ausländer *auswandert* und nicht innerhalb von 2 Jahren nach der Ausreise aus dem Geltungsbereich des Grundgesetzes rechtmäßig seinen Wohnsitz oder dauernden Aufenthalt hierher zurückverlegt. Für die Frage der Aufenthaltnahme sind in erster Linie die tatsächlichen Verhältnisse maßgebend, doch sind dabei subjektive Momente in gewissem Umfange zu berücksichtigen (§ 2 Abs. 1 und 2 HAG). Diese Bestimmungen sprechen von der Aufenthaltnahme und von der Verlegung des Aufenthaltes. Sie stellen u. a. auf die Absicht des betreffenden Ausländers ab. Die tatsächlichen Verhältnisse werden ihre zutreffende rechtliche Würdigung manchmal auch erst unter Berücksichtigung dessen erhalten können, was der Ausländer beabsichtigt (*BVerwG* I C 115.63 U. v. 21. 7. 1964).

b) Der heimatlose Ausländer verliert seine besondere Rechtsstellung durch eine *Ausweisung*. Durch das Verbot, sich in der BRD aufzuhalten, hält er sich nicht mehr rechtmäßig im Sinne des § 11 Abs. 2 in der BRD auf. Eine Abschiebung darf jedoch nur unter Berücksichtigung des § 14 durchgeführt werden.

c) Die Rechtsstellung eines heimatlosen Ausländers geht wieder verloren, wenn der Ausländer sich *des Schutzes seines Heimatstaates* bedient. Er kann dann nicht mehr als heimatlos bezeichnet werden (*BVerwG* I B 117.56 Beschl. v. 2. 9. 1957). Hierzu gehört derjenige, der auf Antrag einen Heimatpaß beschafft hat oder seine Staatsangehörigkeit hat feststellen lassen in der Absicht, sich wieder des Schutzes seines Heimatstaates zu bedienen. Er verliert aber nicht schon dadurch seine Rechtsstellung, daß er bei seiner ehemaligen Heimatvertretung vorspricht und sich nach den Rückkehrmöglichkeiten erkundigt. Ebenso verliert er die Rechtsstellung nicht, wenn ein derartiger Antrag abgelehnt wird. Daraus geht vielmehr hervor, daß er den Schutz seines Heimatstaates nicht in Anspruch nehmen kann. Die Grundsätze des Art. I C GenfKon. finden auch auf heimatlose Ausländer, die als vorweggenommene ausländische Flüchtlinge nach der GenfKon. zu gelten haben, Anwendung (vgl. § 28 Anm. 14).

6. Genfer Reiseausweis

Heimatlose Ausländer erhalten den Genfer Reiseausweis. Für sie finden die Bestimmungen des Art. 28 GenfKon. Anwendung.

§ 47

Straftaten

(1) Mit Gefängnis bis zu einem Jahr und mit Geldstrafe oder mit einer dieser Strafen wird ein Ausländer bestraft, der

1. in den Geltungsbereich dieses Gesetzes einreist, ohne den erforderlichen Paß, Paßersatz (§ 3) oder eine erforderliche Aufenthaltserlaubnis (§ 5 Abs. 2 oder 3) zu besitzen,
2. sich im Geltungsbereich dieses Gesetzes aufhält, ohne den erforderlichen Paß, Paßersatz (§ 3) oder eine erforderliche Aufenthaltserlaubnis (§ 5 Abs. 1), Aufenthaltsberechtigung (§ 8) oder Duldung (§ 17 Abs. 1) zu besitzen,
3. sich den erkennungsdienstlichen Maßnahmen zur Feststellung der Person oder der Staatsangehörigkeit (§ 3 Abs. 1 Satz 3) entzieht,
4. eine Zuwiderhandlung gegen eine auf Grund des § 6 Abs. 2 erlassene vollziehbare Verfügung beharrlich wiederholt,
5. Bedingungen, Auflagen oder Beschränkungen der Aufenthaltserlaubnis (§ 7 Abs. 1, 3 und 4), der Befreiung (§ 7 Abs. 5), der Duldung (§ 17 Abs. 1) oder Auflagen der Aufenthaltsberechtigung (§ 8 Abs. 2) oder einer Anordnung der Ausländerbehörde über Reiseweg und Aufenthaltsort (§ 15 Abs. 2 Satz 2) zuwiderhandelt,
6. unrichtige oder unvollständige Angaben macht oder benutzt, um für sich oder einen anderen Urkunden für die Einreise oder den Aufenthalt im Geltungsbereich dieses Gesetzes zu beschaffen, oder der eine so beschaffte Urkunde wissentlich zur Täuschung im Rechtsverkehr gebraucht.

(2) Der Versuch ist in den Fällen des Absatzes 1 Nr. 5 strafbar.

(3) Handelt der Täter in den Fällen des Absatzes 1 Nr. 2 oder 5 fahrlässig, so ist die Strafe Geldstrafe oder Gefängnis bis zu einem Jahr.

(4) Artikel 31 Abs. 1 des Abkommens über die Rechtsstellung der Flüchtlinge bleibt unberührt.

Eine strafbare Handlung und eine Ordnungswidrigkeit liegen nach § 47 Abs. 4 und § 48 Abs. 5 nicht vor, wenn ein Flüchtling aus einem Verfolgungsland in die BRD einreist oder sich hier aufhält und dadurch einen Straftatbestand erfüllen oder eine Ordnungswidrigkeit begehen würde. Die Strafbarkeit ist jedoch nur dann ausgeschlossen, wenn der Flüchtling sich unverzüglich bei den in § 38 genannten Behörden meldet und stichhaltige Gründe für seine unerlaubte Einreise oder seinen unerlaubten Aufenthalt anführen kann.

§ 48

Ordnungswidrigkeiten

(1) Ordnungswidrig handelt ein Ausländer, der

1. unbefugt die Grenze des Geltungsbereichs dieses Gesetzes außerhalb der zugelassenen Grenzübergänge oder der festgesetzten Verkehrsstunden überschreitet,

2. sich einer Paß- oder Ausweisnachschau entzieht,
3. den öffentlich bekanntgemachten Anordnungen zur Überwachung des Grenzverkehrs zuwiderhandelt,
4. den Auflagen zuwiderhandelt, die ihm bei der Einreise erteilt worden sind,
5. einer auf Grund des § 6 Abs. 2 erlassenen vollziehbaren Verfügung zuwiderhandelt oder
6. vorsätzlich oder fahrlässig seinen Aufenthalt nicht unverzüglich anzeigt (§ 21 Abs. 1).

(2) Ordnungswidrig handelt auch ein Ausländer, der bei der Einreise in den Geltungsbereich dieses Gesetzes den erforderlichen Paß, Paßersatz (§ 3) oder eine erforderliche Aufenthaltserlaubnis (§ 5 Abs. 2 oder 3)
1. vorsätzlich oder fahrlässig nicht mit sich führt oder
2. nicht auf Verlangen eines zuständigen Beamten zur Prüfung aushändigt.

(3) Ordnungswidrig handelt ferner, wer vorsätzlich oder fahrlässig
1. als Deutscher, der zugleich eine fremde Staatsangehörigkeit besitzt, oder
2. als gesetzlicher Vertreter eines deutschen minderjährigen Kindes, das zugleich eine fremde Staatsangehörigkeit besitzt,

die fremde Staatsangehörigkeit der zuständigen Behörde nicht anzeigt.

(4) Die Ordnungswidrigkeit kann, wenn sie vorsätzlich begangen ist, mit einer Geldbuße bis zu 5000 Deutsche Mark, wenn sie fahrlässig begangen ist, mit einer Geldbuße bis zu 2000 Deutsche Mark geahndet werden.

(5) Artikel 31 Abs. 1 des Abkommens über die Rechtsstellung der Flüchtlinge bleibt unberührt.

(6) Verwaltungsbehörde im Sinne des Gesetzes über Ordnungswidrigkeiten ist der Bundesminister des Innern oder die von ihm durch Rechtsverordnung bestimmte Verwaltungsbehörde, soweit dieses Gesetz von Bundesbehörden ausgeführt wird.

Das Verfahren wird nach dem Gesetz über Ordnungswidrigkeiten vom 25. 3. 1952 (BGBl. I S. 177) durchgeführt. Danach sind folgende Reaktionen der Behörde im Ordnungswidrigkeitenverfahren vorgesehen:

a) *Einstellung* des Verfahrens, wenn die Ordnungswidrigkeit unter Berücksichtigung aller Umstände ohne Bedeutung ist (§ 7 Abs. 3 OWiG).
b) *Gebührenpflichtige Verwarnung* in den Fällen von geringer Bedeutung (§ 8 Abs. 1 OWiG).
c) Geldbuße durch *Unterwerfungsverhandlung* (§ 67 OWiG).
d) Geldbuße durch *Bußgeldbescheid* (§§ 48 ff. OWiG).

Für die Durchführung der Unterwerfungsverhandlung (§ 67 Abs. 3 OWiG) und für die Unterzeichnung des Bußgeldbescheides ist nur der Leiter der Verwaltungsbehörde, sein allgemein bestellter Vertreter oder ein Verwaltungsangehöriger mit Befähigung zum Richteramt oder zum höheren Verwaltungsdienst befugt. Diese Voraussetzung wird aber in einem neuen Gesetz über Ordnungswidrigkeiten entfallen.

Der allgemein für Geldbußen festgelegte Höchstbetrag von 1000,— DM (§ 5 OWiG) ist erheblich überschritten worden. Auch eine fahrlässige Begehung kann mit einer Geldbuße geahndet werden, dagegen nicht der Versuch, weil dies nicht ausdrücklich im AuslG bestimmt ist (vgl. § 9 OWiG).

Wegen der unrechtmäßigen Einreise von ausländischen Flüchtlingen vgl. Anm. zu § 47.

§ 49

Besondere Befreiungen

(1) Dieses Gesetz findet keine Anwendung auf Ausländer,

1. die nicht der deutschen Gerichtsbarkeit unterliegen,

2. die als Konsuln im Geltungsbereich dieses Gesetzes tätig sind oder

3. für die in zwischenstaatlichen Vereinbarungen die Anwendung dieses Gesetzes ausgeschlossen ist.

(2) Keiner Aufenthaltserlaubnis bedürfen Ausländer, die als

1. Geschäftspersonal einer konsularischen Vertretung im Geltungsbereich dieses Gesetzes tätig sind,

2. Familienmitglieder von Konsuln oder des Geschäftspersonals einer konsularischen oder diplomatischen Vertretung mit ihnen in häuslicher Gemeinschaft leben
oder

3. Bedienstete von Konsuln oder des Geschäftspersonals einer konsularischen Vertretung mit ihnen in häuslicher Gemeinschaft leben oder in den Diensträumen der konsularischen Vertretung wohnen,

wenn Gegenseitigkeit besteht und die Vertretung diese Personen der für den Sitz der Vertretung zuständigen Ausländerbehörde benennt.

Das Gesetz unterscheidet zwei Personenkreise, die besondere Befreiungen genießen:

a) In Abs. 1 sind diejenigen Personen aufgeführt, die alle Vorrechte und Befreiungen auf Grund der *Exterritorialität* genießen. Es sind solche, die der deutschen Gerichtsbarkeit (§§ 18 und 19 des Gerichtsverfassungsgesetzes in der Fassung der Bekanntmachung vom 20. 9. 1950, BGBl. I S. 513) nicht unterliegen. Dieser Personenkreis unterliegt auch nicht dem Paßzwang und der allgemeinen Meldepflicht. Keine Bestimmung des AuslG findet auf ihn Anwendung.

b) In Abs. 2 sind diejenigen Personen genannt, die zwar nicht exterritorial sind, aber *besondere Befreiungen* in Anspruch nehmen können. Auf sie findet zwar das AuslG Anwendung, sie bedürfen aber keiner AE. Diese Befreiung tritt nur dann ein, wenn Gegenseitigkeit mit dem anderen Staat besteht und die Vertretung dieses Staates die betreffenden Personen der zuständigen Ausländerbehörde benennt. Wenn keine Gegenseitigkeit besteht, tritt auch keine Befreiung von dem Erfordernis der AE ein, ebenso wenn die Vertretung diese Personen nicht benennt. Zu dem Personenkreis des Abs. 2 gehören auch die Honorar- und die Wahlkonsuln, die im übrigen meist deutsche Staatsangehörige sind; sie sind als solche nicht dem AuslG unterworfen. Wegen der besonderen Stellung genießen sie aber besondere Vorrechte. Werden die Personen, die zu § 49 Abs. 2 gehören, der zuständigen Ausländerbehörde benannt, sind sie auch vom Paßzwang und von den Meldevorschriften befreit.

Im § 49 sind die Personen nicht genannt, die sich als Stationierungsstreitkräfte in der BRD befinden. Auch sie gehören zu den Personen, die von der AE befreit sind.

Über die exterritorialen und die anderen bevollmächtigten Personen und über das Verhalten gegenüber diesem Personenkreis ist das Rundschreiben des BMI vom 5. 3. 1958 maßgebend, das im GMBl. 1958, 118 veröffentlicht ist.

§ 50

Einschränkung von Grundrechten

(1) Die Grundrechte der körperlichen Unversehrtheit (Artikel 2 Abs. 2 Satz 1 des Grundgesetzes), der Freiheit der Person (Artikel 2 Abs. 2 Satz 2 des Grundgesetzes) werden nach Maßgabe dieses Gesetzes eingeschränkt.

(2) Das Verfahren bei Freiheitsentziehungen (§§ 16 und 18) richtet sich nach dem Gesetz über das gerichtliche Verfahren bei Freiheitsentziehungen vom 29. Juni 1956 (Bundesgesetzbl. I S. 509), zuletzt geändert durch das Familienrechtsänderungsgesetz vom 11. August 1961 (Bundesgesetzbl. I S. 1221).

Die Benennung der Grundrechte, die eingeschränkt werden, beruht auf Art. 19 Abs. 1 S. 2 GG. Im Hinblick auf § 6 ist bedeutsam, daß das Recht der freien Meinungsäußerung (Art. 5 GG) nicht eingeschränkt worden ist.

§ 51

Allgemeine Verwaltungsvorschriften

Der Bundesminister des Innern erläßt mit Zustimmung des Bundesrates allgemeine Verwaltungsvorschriften zu diesem Gesetz und den auf Grund dieses Gesetzes erlassenen Rechtsverordnungen.

§ 52

Aufenthaltsverbote nach der Ausländerpolizeiverordnung

Aufenthaltsverbote nach der Ausländerpolizeiverordnung gelten als Ausweisungen.

§ 53

Berlin-Klausel

Dieses Gesetz gilt nach Maßgabe des § 13 Abs. 1 des Dritten Überleitungsgesetzes vom 4. Januar 1962 (Bundesgesetzbl. I S. 1) auch im Land Berlin. Rechtsverordnungen, die auf Grund dieses Gesetzes erlassen werden, gelten im Land Berlin nach § 14 des Dritten Überleitungsgesetzes.

Hinter dem Begriff „Berlin-Klausel", wie er in der Überschrift gebraucht wird, steht die staatsrechtliche Stellung Berlins. Gemeint sind hier die drei Westsektoren Berlins, die meist mit Berlin (West) bezeichnet werden.

Berlin ist ein Land der Bundesrepublik (BVerfG in NJW 1957, 1273). In Berlin ist aber durch den Deutschlandvertrag (BGBl. II 1955, 305) das Besatzungsregime nicht beendet worden. Die drei Alliierten üben in der Alliierten Kommandatura Berlin die oberste Gewalt über Berlin aus. Die damaligen Militärgouverneure haben Vorbehalte zu Art. 23 GG geltend gemacht. Danach darf Berlin nicht vom Bund regiert werden. Regierungsorgane wie der Bundestag, der Bundesrat, die Bundesregierung oder einzelne Bundesminister (außerdem das Bundesverfassungsgericht) können nicht unmittelbar Gesetze, Verordnungen oder Anweisungen mit verbindlicher Wirkung für Berlin erlassen.

Durch die Übernahme des Bundesgesetzes über die Einbeziehung des Landes Berlin in das Finanzsystem des Bundes (Drittes Überleitungsgesetz) vom 4. 1. 1952 (BGBl. I S. 1, insbes. die §§ 12 bis 15) hat sich Berlin verpflichtet — ohne daß die Alliierten hiergegen Bedenken erhoben haben —, alle Bundesgesetze und das Bundesrecht, dessen Geltung in Berlin vom Bundesgesetzgeber vorgesehen ist, zu übernehmen. (Vgl. *Kreutzer* in DÖV 1956, 225; *Sendler* in JR 1958, 81 und 1958, 127). Dementsprechend mußte das AuslG, zu dessen Übernahme Berlin durch die Berlin-Klausel verpflichtet war, erst durch das gesetzgebende Organ Berlins übernommen werden. Die Übernahme erfolgte durch Gesetz vom 2. 7. 1965 (GVBl. 1965, 834).

Die Alliierte Kommandantur hatte mit der BK/L (65) 36 vom 28. 6. 1965 gegen die Übernahme des AuslG keine Bedenken erhoben. Sie hat aber angeordnet, daß die Anwendung dieses Gesetzes in keiner Weise die Anordnungen der Alliierten beeinträchtigen dürfe, soweit diese Bestimmungen in Berlin vor Übernahme des Gesetzes in Kraft waren. Sie hat darauf hingewiesen, daß die Bestimmungen des § 6 AuslG in Berlin unter Berücksichtigung der besonderen Lage der Stadt angewandt werden müssen, daß keine Bestimmung des Gesetzestextes eine Beeinträchtigung des Status von Berlin zur Folge haben darf und daß die alliierten Vorbehalte gegenüber dem Art. 23 GG fortbestehen. Die Alliierte Kommandatura Berlin hat angeboten, eine Neuordnung nach Besprechungen mit dem Senat von Berlin vorzunehmen und dabei in Aussicht gestellt, gewisse Bestimmungen ihrer Anordnungen nicht mehr aufrechtzuerhalten, wenn sie nicht mehr erforderlich sind.

Entsprechend der Rechtslage Berlins und der alliierten obersten Gewalt ist auch bei der Anwendung von Einzelweisungen gemäß § 25 und § 42 vorgesehen, daß diese nicht unmittelbar gelten, sondern von dem Senat von Berlin für das Land Berlin übernommen oder ihnen ausdrücklich zugestimmt werden muß. Der Senat darf eine Zustimmung zu einer Weisung nach § 25 nicht geben, bevor er mit der Alliierten Kommandatura Besprechungen hierüber geführt hat.

§ 54

Stadtstaaten-Klausel

Die Senate der Länder Berlin, Bremen und Hamburg werden ermächtigt, die Vorschriften dieses Gesetzes über die Zuständigkeit von Behörden (§ 20 Abs. 3) dem besonderen Verwaltungsaufbau ihrer Länder anzupassen.

§ 55

Inkrafttreten

(1) Dieses Gesetz tritt vorbehaltlich des Satzes 2 am 1. Oktober 1965 in Kraft. § 2 Abs. 3 und 4, § 3 Abs. 2, § 5 Abs. 2, § 20 Abs. 1 Satz 3, § 24 Abs. 1, § 26 Abs. 2, § 29 Abs. 3 und § 48 Abs. 6 sowie die Ermächtigungen in § 17 Abs. 2, § 20 Abs. 3 zweiter Halbsatz und § 27 treten am Tage nach der Verkündung des Gesetzes in Kraft.

(2) Das Gesetz über das Paß-, Ausländerpolizei- und das Meldewesen sowie über das Ausweiswesen vom 11. Mai 1937 (Reichsgesetzbl. I S. 589), die Ausländerpolizeiverordnung vom 22. August 1938 (Reichsgesetzbl. I S. 1053) und die Verordnung über die Anerkennung und die Verteilung von ausländischen Flüchtlingen (Asylverordnung) vom 6. Januar 1953 (Bundesgesetzbl. I S. 3) werden aufgehoben. Das Gesetz über das Paßwesen vom 4. März 1952 (Bundesgesetzbl. I S. 290), zuletzt geändert am 30. August 1960 (Bundesgesetzbl. I S. 721), ist auf Ausländer nicht mehr anzuwenden. § 14 Abs. 1 Satz 2 findet auf heimatlose Ausländer mit der Maßgabe Anwendung, daß die Tatbestände des Artikels 33 Abs. 2 des Abkommens über die Rechtsstellung der Flüchtlinge nach Inkrafttreten dieses Gesetzes eingetreten sind.

(3) Abweichende Bestimmungen in völkerrechtlichen Verträgen bleiben unberührt.

(4) Bis zum Erlaß neuer Vorschriften gelten die Verordnung über Reiseausweise als Paßersatz und über die Befreiung vom Paß- und Sichtvermerkszwang (Paßverordnung) in der Fassung vom 15. Februar 1964 (Bundesgesetzbl. I S. 126), die Verordnung über Gebühren für die Ausfertigung von Pässen, sonstigen Reisepapieren und Sichtvermerken (Paßgebührenverordnung) in der Fassung vom 15. Februar 1964 (Bundesgesetzbl. I S. 130) für Ausländer weiter.

VI. Ausländerrechtliche Gesetze, Verordnungen und Anweisungen

1. Allgemeine Verwaltungsvorschrift zur Ausländerpolizeiverordnung und zur Verordnung Nr. 15 des Rats der Europäischen Wirtschaftsgemeinschaft über die ersten Maßnahmen zur Herstellung der Freizügigkeit der Arbeitnehmer innerhalb der Gemeinschaft

Vom 17. Juli 1962 (GMBl. 1962, 263)

Nach Artikel 84 Abs. 2 des Grundgesetzes wird mit Zustimmung des Bundesrats folgende Allgemeine Verwaltungsvorschrift erlassen:

Am 1. September 1961 ist die Verordnung Nr. 15 des Rates der Europäischen Wirtschaftsgemeinschaft über die ersten Maßnahmen zur Herstellung der Freizügigkeit der Arbeitnehmer innerhalb der Gemeinschaft vom 16. August 1961 (Bundesgesetzbl. II S. 1610) in Kraft getreten. Zu dieser Verordnung hat der Rat der Europäischen Wirtschaftsgemeinschaft die Richtlinie betr. die Verwaltungsverfahren und -praktiken für Aufnahme, Beschäftigung und Aufenthalt der Arbeitnehmer eines Mitgliedstaates und ihrer Familienangehörigen in den anderen Mitgliedstaaten der Gemeinschaft vom 16. August 1961 (Bundesanzeiger Nr. 11 vom 17. Januar 1962) erlassen. Die Richtlinie verpflichtet die Mitgliedstaaten, erste Maßnahmen zur Herstellung der Freizügigkeit der Arbeitnehmer zu treffen.

Zur Erfüllung dieser Verpflichtung ist bei Anwendung der Ausländerpolizeiverordnung vom 22. August 1938 (Reichsgesetzbl. I S. 1053) wie folgt zu verfahren:

1. Personenkreis

Diese Verwaltungsvorschrift ist anwendbar auf

a) Arbeitnehmer, die Staatsangehörige der Mitgliedstaaten der Europäischen Wirtschaftsgemeinschaft oder der Staaten sind, deren auswärtige Beziehungen ein Mitgliedstaat der Europäischen Wirtschaftsgemeinschaft wahrnimmt (Monaco und San Marino); ausgenommen sind Saison- und Grenzarbeitnehmer;

b) die Ehegatten der Arbeitnehmer;

c) die noch nicht 21 Jahre alten Kinder der Arbeitnehmer.

2. Aufenthaltserlaubnis für Arbeitnehmer

(1) Den unter Nummer 1 Buchstabe a genannten Arbeitnehmern ist vorbehaltlich der Einschränkungen nach Nummer 4 die Aufenthaltserlaubnis für das Bundesgebiet einschließlich Berlin zu erteilen und bei Ablauf ihrer Gültigkeitsdauer zu erneuern, wenn

a) eine Zusicherung der Arbeitserlaubnis
(Nummer 9 Buchstabe c des Runderlasses des Präsidenten der Bundesanstalt für Arbeitsvermittlung und Arbeitslosenversicherung vom 9. Februar 1960 — I a 6 5751 — Dienstblatt der Bundesanstalt für Arbeitsvermittlung und Arbeitslosenversicherung S. 209 —),

b) eine vorläufige Arbeitserlaubnis
(§ 8 der Neunten Verordnung zur Durchführung des AVAVG vom 20. November 1959 — Bundesgesetzbl. I S. 689 —) oder

c) eine Arbeitserlaubnis (§ 43 AVAVG)
nachgewiesen ist.

(2) Wird die Arbeitserlaubnis für eine kürzere Zeit als ein Jahr erteilt oder zugesichert, ist die Aufenthaltserlaubnis entsprechend zu befristen. Im übrigen bleibt die Bemessung der Gültigkeitsdauer der Aufenthaltserlaubnis dem pflichtmäßigen Ermessen der Ausländerbehörde überlassen (§ 3 Abs. 2 Ausländerpolizeiverordnung, Nummern 11 und 12 der Dienstanweisung zur Ausländerpolizeiverordnung).

3. Aufenthaltserlaubnis für Familienangehörige

(1) Ehefrauen und Kindern unter 21 Jahren (Nummer 1 Buchstabe b und Buchstabe c) der Arbeitnehmer, denen die Aufenthaltserlaubnis nach Nummer 2 erteilt wird, ist vorbehaltlich der Einschränkungen nach Nummer 4 die Aufenthaltserlaubnis zu erteilen, wenn der Arbeitnehmer über eine normalen Anforderungen entsprechende Wohnung für seine Familie verfügt und seine Familienangehörigen hierin aufnimmt. Die Aufenthaltserlaubnis für die Familienangehörigen ist auf denselben Zeitraum zu befristen wie für den Arbeitnehmer.

(2) Bei anderen Familienangehörigen, denen der Arbeitnehmer ganz oder überwiegend Unterhalt gewährt und mit denen er in häuslicher Gemeinschaft lebt, wird das pflichtmäßige Ermessen der Ausländerbehörde bei der Entscheidung über die Aufenthaltserlaubnis nicht eingeschränkt. Jedoch ist in diesen Fällen unter Berücksichtigung der Familieneinheit wohlwollend zu prüfen, ob die Aufenthaltserlaubnis erteilt werden kann, wenn der Arbeitnehmer über eine normalen Anforderungen entsprechende Wohnung auch für diese Familienangehörigen verfügt und sie hierin aufnimmt.

4. Einschränkungen der Aufenthaltserlaubnis und Aufenthaltsverbot

(1) Die Aufenthaltserlaubnis darf nur versagt, räumlich beschränkt sowie mit Bedingungen oder Auflagen versehen werden, wenn hierfür Gründe der

öffentlichen Sicherheit oder Ordnung oder der öffentlichen Gesundheit vorliegen. Auch ein Aufenthaltsverbot darf nur aus diesen Gründen erlassen werden. Bei Entscheidungen über den Aufenthalt ist stets zu prüfen, ob solche Gründe vorliegen.

(2) Die Einschränkungen aus Gründen der öffentlichen Sicherheit oder Ordnung im Sinne dieser Vorschriften sind nicht an die engeren Voraussetzungen für ein Einschreiten der Behörde zur Aufrechterhaltung der öffentlichen Sicherheit und Ordnung im deutschen Ordnungs-(Polizei-)Recht geknüpft. Der Begriff der öffentlichen Sicherheit und Ordnung nach diesen Vorschriften ist wie in den anderen Mitgliedstaaten der Europäischen Wirtschaftsgemeinschaft in dem weiten Sinne aufzufassen, in dem er im allgemeinen in den kontinentalen Ländern verstanden wird (siehe Abschnitt III Buchstabe a des Protokolls des Europäischen Niederlassungsabkommens vom 13. Dezember 1955 — Bundesgesetzbl. II 1959 S. 1013).

Danach fallen zumindest alle als Gründe für ein Aufenthaltsverbot besonders hervorgehobenen Tatbestände des § 5 Abs. 1 Buchstaben a—i der Ausländerpolizeiverordnung unter diesen weiten Begriff der öffentlichen Sicherheit oder Ordnung. Eine Einschränkung nach Absatz 1 setzt keine konkrete Störung oder Gefährdung der öffentlichen Sicherheit oder Ordnung voraus. Liegen vielmehr Gründe der öffentlichen Sicherheit oder Ordnung in diesem weiten Sinne vor, bleibt das deutsche Ausländerrecht unberührt, wird also entgegen Nummer 2 und Nummer 3 das Ermessen der Ausländerbehörden nicht gebunden.

(3) Gründe der öffentlichen Sicherheit oder Ordnung dürfen nicht zur Verfolgung wirtschaftlicher einschließlich arbeitsmarktpolitischer Ziele verwandt werden.

(4) Inwieweit ausländerrechtliche Maßnahmen gegen die in Nummer 1 genannten Ausländer aus Gründen der öffentlichen Gesundheit gerechtfertigt sind, insbesondere welche Krankheiten die Verweigerung des Aufenthalts solcher Ausländer rechtfertigen, wird durch besondere Vorschriften geregelt, die entsprechend den Richtlinien des Rates der Europäischen Wirtschaftsgemeinschaft nach Artikel 47 der Verordnung Nr. 15 des Rates der Europäischen Wirtschaftsgemeinschaft ergehen.

5. Ausweise und Form der Aufenthaltserlaubnis

(1) Die in Nummer 1 genannten Ausländer benötigen für den Grenzübertritt und den Aufenthalt im Bundesgebiet einen Paß oder einen vom Heimatstaat ausgestellten Personalausweis. Sie bedürfen keines Sichtvermerks (Artikel 1 der Verordnung zur Änderung der Paßverordnung vom 19. Dezember 1961 — Bundesgesetzbl. I S. 2012 —).

(2) Den Ausländern, die sich nicht durch einen Paß, sondern durch einen vom Heimatstaat ausgestellten Personalausweis ausweisen, wird die Aufent-

haltserlaubnis auf einem besonderen Blatt erteilt. Hierzu ist das Formblatt zu verwenden, das für die Erteilung der Aufenthaltserlaubnis an Personen, die vom Paßzwang befreit sind, vorgesehen ist (vgl. Rundschreiben des Bundesminister des Innern vom 31. Januar 1958 — I B 3 — 13 304 B — 512 IV/57 — Gemeinsames Ministerialblatt S. 72 —). Die Bestimmung über den Ausschluß einer unselbständigen Tätigkeit in dem Formblatt ist zu streichen.

6. Inkrafttreten

Diese Allgemeine Verwaltungsvorschrift tritt am 20. Juli 1962 in Kraft.

2. Richtlinie des Rats

vom 25. Februar 1964

zur Aufhebung der Reise- und Aufenthaltsbeschränkungen für Staatsangehörige der Mitgliedstaaten innerhalb der Gemeinschaft auf dem Gebiet der Niederlassung und des Dienstleistungsverkehrs

Amtsblatt der Europäischen Gemeinschaften 1964 S. 845/64

Der Rat der Europäischen Wirtschaftsgemeinschaft ... hat folgende Richtlinie erlassen:

Artikel 1

(1) Die Mitgliedstaaten heben nach Maßgabe dieser Richtlinie die Reise- und Aufenthaltsbeschränkungen auf:

a) für Staatsangehörige eines Mitgliedstaats, die sich in einem anderen Mitgliedstaat niedergelassen haben oder niederlassen wollen, um eine selbständige Tätigkeit auszuüben, oder die dort Dienstleistungen erbringen wollen;

b) für Staatsangehörige der Mitgliedstaaten, die sich als Empfänger einer Dienstleistung in einen anderen Mitgliedstaat begeben wollen;

c) ohne Rücksicht auf die Staatsangehörigkeit für den Ehegatten und die noch nicht 21 Jahre alten Kinder dieser Staatsangehörigen;

d) ohne Rücksicht auf die Staatsangehörigkeit für Verwandte in aufsteigender und absteigender Linie, denen diese Staatsangehörigkeit und ihre Ehegatten vollen Unterhalt gewähren.

(2) Die Mitgliedstaaten prüfen wohlwollend die Behandlung aller übrigen Familienangehörigen, denen die in Absatz (1) Buchstaben a) und b) genannten Personen vollen Unterhalt gewähren und mit denen sie in häuslicher Gemeinschaft leben.

Artikel 2

(1) Die Mitgliedstaaten gestatten den in Artikel 1 genannten Personen bei Vorlage eines gültigen Personalausweises oder Reisepasses die Einreise in ihr Hoheitsgebiet.

(2) Für die Einreise darf weder ein Sichtvermerk noch ein gleichwertiger Nachweis verlangt werden; hiervon ausgenommen sind die in Artikel 1 Absatz (1) Buchstaben c) und d) genannten Personen, die nicht die Staatsangehörigkeit eines Mitgliedstaats besitzen. Die Mitgliedstaaten werden bemüht sein, den genannten Personen zur Erlangung der erforderlichen Sichtvermerke alle Erleichterungen zu gewähren.

Artikel 3

(1) Jeder Mitgliedstaat gewährt den Staatsangehörigen der anderen Mitgliedstaaten, die sich in seinem Hoheitsgebiet niederlassen, um dort eine selbständige Tätigkeit auszuüben, ein Recht auf unbefristeten Aufenthalt, wenn die Beschränkungen für die betreffende Tätigkeit auf Grund des Vertrages aufgehoben worden sind.

Zum Nachweis dieses Rechts wird eine im folgenden Aufenthaltserlaubnis genannte Bescheinigung erteilt. Die Aufenthaltserlaubnis ist mindestens fünf Jahre gültig und wird ohne weiteres verlängert.

Staatsangehörige eines Mitgliedstaats, die in den vorstehenden Absätzen nicht erfaßt sind, aber in dem Hoheitsgebiet eines anderen Mitgliedstaats nach dessen Rechtsvorschriften eine Tätigkeit ausüben dürfen, erhalten eine Aufenthaltserlaubnis, die zumindest für die Dauer der Genehmigung zur Ausübung der Tätigkeit gilt.

(2) Für Leistungserbringer und Leistungsempfänger entspricht das Aufenthaltsrecht der Dauer der Leistung.

Übersteigt diese Dauer drei Monate, so stellt der Mitgliedstaat, in dem die Leistung erbracht wird, zum Nachweis dieses Rechts eine Aufenthaltserlaubnis aus.

Beträgt diese Dauer drei Monate oder weniger, so genügt der Personalausweis oder Reisepaß, mit dem der Betroffene in das Hoheitsgebiet eingereist ist, für seinen Aufenthalt. Der Mitgliedstaat kann allerdings von dem Betroffenen verlangen, daß er seine Anwesenheit im Hoheitsgebiet anzeigt.

(3) Das Aufenthaltsrecht für Familienangehörige richtet sich nach dem des Staatsangehörigen, von dem sie ihre Rechte ableiten.

Artikel 4

Vorbehaltlich individueller Maßnahmen aus Gründen der öffentlichen Ordnung und Sicherheit erstreckt sich das Aufenthaltsrecht auf das gesamte Hoheitsgebiet des Mitgliedstaats.

Artikel 5

Der Mitgliedstaat kann für die Erteilung der Aufenthaltserlaubnis nur verlangen, daß der Antragsteller nachstehende Unterlagen vorlegt:

a) den Ausweis oder Reisepaß, mit dem der Antragsteller in das Hoheitsgebiet eingereist ist;

b) den Nachweis, daß er zu einer der in Artikel 3 genannten Personengruppen gehört.

Artikel 6

(1) Die Mitgliedstaaten erteilen und verlängern entsprechend ihren Rechtsvorschriften ihren in Artikel 1 genannten Staatsangehörigen einen Personalausweis oder einen Reisepaß, der insbesondere ihre Staatsangehörigkeit angibt und ihnen die freie Aus- und Wiedereinreise gestattet.

(2) Der Reisepaß muß zumindest für alle Mitgliedstaaten und die unmittelbar zwischen ihnen liegenden Durchreiseländer gelten. Ist die Ausreise nur mit dem Reisepaß statthaft, so muß dieser mindestens für fünf Jahre gültig sein.

Artikel 7

Die Erteilung und Verlängerung einer Aufenthaltserlaubnis, eines Reisepasses oder eines Personalausweises auf Grund dieser Richtlinie erfolgen unentgeltlich oder gegen Entrichtung eines Betrages, der die Verwaltungskosten nicht übersteigen darf. Dies gilt auch für Urkunden und Bescheinigungen, die für die Erteilung oder Verlängerung dieser Ausweise und Genehmigungen notwendig sind.

Artikel 8

Die Mitgliedstaaten können nur aus Gründen der öffentlichen Ordnung, Sicherheit oder Gesundheit von den Bestimmungen dieser Richtlinie abweichen.

Artikel 9

Die Mitgliedstaaten treffen die erforderlichen Maßnahmen, um dieser Richtlinie binnen sechs Monaten nach ihrer Bekanntgabe nachzukommen, und setzen die Kommission hiervon unverzüglich in Kenntnis.

Artikel 10

Diese Richtlinie ist an die Mitgliedstaaten gerichtet.

3. Richtlinie des Rats

vom 25. Februar 1964

zur Koordinierung der Sondervorschriften für die Einreise und den Aufenthalt von Ausländern, soweit sie aus Gründen der öffentlichen Ordnung, Sicherheit und Gesundheit gerechtfertigt sind

Amtsblatt der Europäischen Gemeinschaften 1964 S. 850

Der Rat der Europäischen Wirtschaftsgemeinschaft . . . hat folgende Richtlinie erlassen:

Artikel 1

(1) Diese Richtlinie gilt für Staatsangehörige eines Mitgliedstaats, die sich in einem anderen Mitgliedstaat der Gemeinschaft aufhalten oder sich dorthin begeben, um eine selbständige oder unselbständige Erwerbstätigkeit auszuüben oder um Dienstleistungen entgegenzunehmen.

(2) Diese Bestimmungen gelten auch für den Ehegatten und die Familienmitglieder, welche die Bedingungen der auf Grund des Vertrages auf diesem Gebiet erlassenen Verordnungen und Richtlinien erfüllen.

Artikel 2

(1) Diese Richtlinie betrifft die Vorschriften für die Einreise, die Erteilung oder Verlängerung der Aufenthaltserlaubnis oder die Entfernung aus dem Hoheitsgebiet, welche die Mitgliedstaaten aus Gründen der öffentlichen Ordnung, Sicherheit oder Gesundheit erlassen.

(2) Diese Gründe dürfen nicht für wirtschaftliche Zwecke geltend gemacht werden.

Artikel 3

(1) Bei Maßnahmen der öffentlichen Ordnung oder Sicherheit darf ausschließlich das persönliche Verhalten der in Betracht kommenden Einzelpersonen ausschlaggebend sein.

(2) Strafrechtliche Verurteilungen allein können ohne weiteres diese Maßnahmen nicht begründen.

(3) Wird der Personalausweis oder Reisepaß, der die Einreise in das Aufnahmeland und die Erteilung der Aufenthaltserlaubnis ermöglicht hat, ungültig, so rechtfertigt dies keine Entfernung aus dem Hoheitsgebiet.

(4) Der Staat, der den Personalausweis oder Reisepaß ausgestellt hat, läßt den Inhaber dieses Personalausweises oder Reisepasses ohne besondere Formalitäten wieder einreisen, selbst wenn der Personalausweis oder Reisepaß ungültig geworden ist oder die Staatsangehörigkeit des Inhabers bestritten wird.

Artikel 4

(1) Als Krankheiten oder Gebrechen, die eine Verweigerung der Einreise oder der ersten Aufenthaltserlaubnis rechtfertigen, gelten nur diejenigen, die im Anhang aufgeführt sind.

(2) Das Auftreten von Krankheiten oder Gebrechen nach der Erteilung der ersten Aufenthaltserlaubnis kann die Verweigerung einer Verlängerung der Aufenthaltserlaubnis oder die Entfernung aus dem Hoheitsgebiet nicht rechtfertigen.

(3) Die Mitgliedstaaten dürfen keine neuen Bestimmungen und Maßnahmen einführen, die einschränkender sind als diejenigen, welche bei Bekanntgabe dieser Richtlinie gelten.

Artikel 5

(1) Die Entscheidung über Erteilung oder Verweigerung der ersten Aufenthaltserlaubnis muß binnen kürzester Frist, spätestens jedoch innerhalb von sechs Monaten nach der Antragstellung getroffen werden.

Der Betroffene darf sich bis zur Entscheidung über die Erteilung oder die Verweigerung der Aufenthaltserlaubnis vorläufig im Hoheitsgebiet aufhalten.

(2) Das Aufnahmeland kann, wenn es dies für unerläßlich hält, den Herkunfts-Mitgliedstaat und gegebenenfalls die anderen Mitgliedstaaten um Auskünfte über das Vorleben des Antragstellers in strafrechtlicher Hinsicht ersuchen. Die Anfragen dürfen keinen systematischen Charakter haben.

Der befragte Mitgliedstaat muß seine Antwort innerhalb von zwei Monaten erteilen.

Artikel 6

Dem Betroffenen sind die Gründe der öffentlichen Ordnung, Sicherheit oder Gesundheit, die der ihn betreffenden Entscheidung zugrunde liegen, bekanntzugeben, es sei denn, daß Gründe der Sicherheit des Staates dieser Bekanntgabe entgegenstehen.

Artikel 7

Die Entscheidung über die Verweigerung oder Nichtverlängerung einer Aufenthaltserlaubnis oder über eine Entfernung aus dem Hoheitsgebiet wird dem Betroffenen amtlich mitgeteilt. Dabei ist anzugeben, innerhalb welcher Frist er das Hoheitsgebiet zu verlassen hat. Außer in dringenden Fällen darf diese Frist, wenn der Betroffene noch keine Aufenthaltsgenehmigung erhalten hat, nicht weniger als fünfzehn Tage, in allen anderen Fällen nicht weniger als einen Monat betragen.

Artikel 8

Der Betroffene muß gegen die Entscheidung, durch welche die Einreise, die Erteilung oder Verlängerung der Aufenthaltserlaubnis verweigert wird, oder gegen die Entscheidung über die Entfernung aus dem Hoheitsgebiet die Rechtsbehelfe einlegen können, die Inländern gegenüber Verwaltungsakten zustehen.

Artikel 9

(1) Sofern keine Rechtsmittel gegeben sind oder die Rechtsmittel nur die Gesetzmäßigkeit der Entscheidung betreffen oder keine aufschiebende Wirkung haben, trifft die Verwaltungsbehörde die Entscheidung über die Verweigerung der Verlängerung der Aufenthaltserlaubnis oder über die Entfernung eines Inhabers einer Aufenthaltserlaubnis aus dem Hoheitsgebiet außer in dringenden Fällen erst nach Erhalt der Stellungnahme einer zuständigen Stelle des Aufnahmelandes, vor der sich der Betroffene entsprechend den innerstaatlichen Rechtsvorschriften verteidigen, unterstützen oder vertreten lassen kann.

Diese Stelle muß eine andere sein als diejenige, welche für die Entscheidung über die Verlängerung der Aufenthaltserlaubnis oder über die Entfernung aus dem Hoheitsgebiet zuständig ist.

(2) Die Entscheidungen über die Verweigerung der ersten Aufenthaltserlaubnis sowie die Entscheidung über die Entfernung aus dem Hoheitsgebiet vor Erteilung einer solchen Erlaubnis werden der Stelle, deren vorherige Stellungnahme in Absatz (1) vorgesehen ist, auf Antrag des Betroffenen zur Prüfung vorgelegt. Dieser ist dann berechtigt, persönlich seine Verteidigung wahrzunehmen, außer wenn Gründe der Sicherheit des Staates dem entgegenstehen.

Artikel 10

(1) Die Mitgliedstaaten treffen die erforderlichen Maßnahmen, um dieser Richtlinie binnen sechs Monaten nach ihrer Bekanntgabe nachzukommen, und setzen die Kommission hiervon unverzüglich in Kenntnis.

(2) Die Mitgliedstaaten tragen dafür Sorge, daß der Kommission der wichtigsten innerstaatlichen Rechtsvorschriften übermittelt wird, die sie auf dem unter dieser Richtlinie fallenden Gebiet erlassen.

Artikel 11

Diese Richtlinie ist an die Mitgliedstaaten gerichtet.

4. Verordnung Nr. 38/64/EWG des Rats

vom 25. März 1964

über die Freizügigkeit der Arbeitnehmer innerhalb der Gemeinschaft

Amtsblatt der Europäischen Gemeinschaften 1964 S. 965

(auszugsweise)

Der Rat der Europäischen Wirtschaftsgemeinschaft . . . hat folgende Verordnung erlassen:

Erster Teil

Die Arbeitnehmer und ihre Familienangehörigen

Titel I

Die Arbeitnehmer

Kapitel 1

Beschäftigung der Arbeitnehmer

4. EWG-Verordnung Nr. 38/64/EWG

Artikel 1

(1) Jeder Staatsangehörige eines Mitgliedsstaats ist berechtigt, nach Maßgabe dieser Verordnung im Hoheitsgebiet eines anderen Mitgliedstaats eine dem zuständigen Arbeitsamt als offene Stelle bekanntgegebene Beschäftigung im Lohn- oder Gehaltsverhältnis auszuüben.

Der somit zur Ausübung einer Beschäftigung im Lohn- oder Gehaltsverhältnis im Hoheitsgebiet eines Mitgliedstaats zugelassene Arbeitnehmer kann vorbehaltlich der Anwendung des Artikels 2 in jedem Gebiet oder jedem Beruf jedes neue Stellenangebot annehmen.

(2) Jeder im Lohn- oder Gehaltsverhältnis beschäftigte Arbeitnehmer, der Staatsangehöriger eines Mitgliedstaats ist und im Hoheitsgebiet eines Mitgliedstaats wohnt, ist, wenn sein Arbeitgeber im Hoheitsgebiet eines anderen Mitgliedstaats gemäß den dort geltenden Rechtsvorschriften oder gemäß einer vom Rat nach Artikel 63 Absatz (2) des Vertrages erlassenen Richtlinie Dienstleistungen erbringt, nach Maßgabe dieser Verordnung berechtigt, eine Tätigkeit für seinen Arbeitgeber auszuüben, auch wenn er diesen nicht begleitet.

Artikel 2

(1) Jeder Mitgliedstaat kann die Anwendung des Artikels 1 wegen eines Überangebots an Arbeitskräften in einem bestimmten Gebiet oder einem bestimmten Beruf in diesem Gebiet oder diesem Beruf wie folgt aussetzen:

a) jeweils zu Beginn eines Vierteljahres,

b) ausnahmsweise im Laufe eines Vierteljahres, wenn das Gleichgewicht auf dem Arbeitsmarkt ernstlich gefährdet ist.

(2) Der betreffende Mitgliedstaat ist verpflichtet, eine solche Maßnahme gemäß Artikel 26 Absatz (2) unter Angabe der sie rechtfertigenden Gründe der Kommission mitzuteilen. Der Beratende Ausschuß nach Artikel 39 wird von dieser Mitteilung unterrichtet.

(3) Hat sich binnen zwei Wochen nach Bekanntgabe einer offenen Stelle kein geeigneter Bewerber auf dem regulären Arbeitsmarkt des betreffenden Mitgliedstaats gefunden, so ist die Arbeitsgenehmigung auf jeden Fall jedem Bewerber zu erteilen, der die Staatsangehörigkeit eines Mitgliedstaats besitzt, dem genannten Arbeitsmarkt jedoch nicht angehört.

Artikel 3

(1) Maßnahmen nach Artikel 2 Absatz (1) finden keine Anwendung auf Grenzarbeitnehmer.

Als „Grenzarbeitnehmer" gilt ein Arbeitnehmer, der im Hoheitsgebiet eines Mitgliedstaats beschäftigt ist, seinen Wohnort jedoch im Hoheitsgebiet eines anderen Mitgliedstaats hat und in der Regel jeden Tag oder mindestens einmal in der Woche dorthin zurückkehrt

(2) Wenn bei Inkrafttreten dieser Verordnung zwischen zwei Mitgliedstaaten Grenzzonen bestehen, so gilt der betreffende Arbeitnehmer nur dann die in der Regel auf beiden Seiten der gemeinsamen Grenze 20 km breit ist.
als Grenzarbeitnehmer, wenn er in einer Grenzzone wohnt und beschäftigt ist,

Stellen zwei Mitgliedstaaten nach Inkrafttreten dieser Verordnung im gegenseitigen Einvernehmen einen Antrag auf Schaffung solcher Zonen von grundsätzlich 20 km Breite, so werden diese Zonen durch eine Verordnung der Kommission festgelegt. Dasselbe gilt, wenn zwei benachbarte Mitgliedstaaten im gegenseitigen Einvernehmen später einen entsprechenden Antrag auf Verbreiterung der Grenzzonen stellen.

(3) Die Kommission legt mit Zustimmung der betreffenden Mitgliedstaaten im Wege einer Verordnung die Liste der Gemeinden fest, die zu diesen Zonen gehören.

Artikel 4

(1) Maßnahmen nach Artikel 2 Absatz (1) finden keine Anwendung auf Arbeitnehmer nach Artikel 1 Absatz (2),

a) wenn diese Arbeitnehmer zum Fachpersonal gehören oder Vertrauensposten bekleiden,

b) wenn sie unter eine vom Rat nach Artikel 63 Absatz (2) des Vertrages erlassene Richtlinie fallen,

c) sofern diese Arbeitnehmer nicht zu einer der unter den Buchstaben a) und b) genannten Arbeitnehmergruppe gehören: wenn die Dauer der Dienstleistung einen Monat nicht überschreitet.

Für die Anwendung des Buchstaben a) gelten die Bestimmungen des Anhangs 1.

(2) Sind diese Arbeitnehmer jedoch darstellende Künstler oder Musiker, so können die Maßnahmen nach Artikel 2 Absatz (1) auf sie angewandt werden, wenn ihre Vergütung unter den in Anhang 2 angegebenen Beträgen liegt.

Artikel 5

(1) Maßnahmen nach Artikel 2 Absatz (1) finden keine Anwendung auf Arbeitnehmer, für die ein auf ihren Namen lautendes Stellenangebot vorliegt, wenn dieses Stellenangebot besondere Merkmale aufweist, die sich ergeben aus:

a) beruflichen Gründen, die die Spezialisierung, den Vertrauenscharakter der angebotenen Stelle oder frühere berufliche Bindungen betreffen;

b) verwandtschaftlichen Bindungen zwischen dem Arbeitgeber und dem angeforderten Arbeitnehmer oder zwischen dem angeforderten Arbeitnehmer und einem Arbeitnehmer, der seit mindestens einem Jahr ordnungsgemäß in dem Unternehmen beschäftigt ist;

c) der Tatsache, daß es sich um das für den Betrieb eines Unternehmens notwendige Führungspersonal handelt, das ein Arbeitgeber bei der teilweisen oder völligen Verlegung seines Betriebes in ein anderes Land mitbringt.

Für die Anwendung der Buchstaben a) und b) gelten die Bestimmungen des Anhangs 1. Für die Anwendung des Buchstaben a) auf Arbeitnehmer, die darstellende Künstler oder Musiker sind, gelten die Bestimmungen des Anhangs 2.

(2) Die in Absatz (1) genannten Arbeitnehmer erhalten die Arbeitsgenehmigung, es sei denn, daß die Beteiligten den Antrag mit einem Scheinangebot oder Scheinvertrag begründet haben.

Artikel 6

(1) Maßnahmen nach Artikel 2 Absatz (1) finden im Hoheitsgebiet eines Mitgliedstaats keine Anwendung auf:

a) Arbeitnehmer, die während eines Jahres eine ordnungsgemäße Beschäftigung im Hoheitsgebiet dieses Mitgliedstaats ausgeübt haben und ihre Tätigkeit in demselben Beruf fortsetzen wollen;

b) Arbeitnehmer, die im Hoheitsgebiet dieses Mitgliedstaats entweder 2 Jahre lang oder 27 Monate lang im Laufe von 3 aufeinanderfolgenden Jahren oder als Saisonarbeitnehmer 20 Monate lang im Laufe von 3 aufeinanderfolgenden Jahren eine ordnungsgemäße Beschäftigung ausgeübt haben, und zwar ungeachtet des Berufs oder des Gebietes, in dem die Betreffenden ihre Tätigkeit fortsetzen wollen.

(2) Auf Arbeitnehmer, die nach Erwerb der in Absatz (1) Buchstabe b) vorgesehenen Rechte jede Tätigkeit im Lohn- oder Gehaltsverhältnis im Hoheitsgebiet eines Mitgliedstaats eingestellt haben, dürfen Maßnahmen nach Artikel 2 Absatz (1) nicht angewandt werden, wenn diese Arbeitnehmer binnen 2 Jahren nach Beendigung dieser Tätigkeit ein Stellenangebot im Hoheitsgebiet dieses Mitgliedstaats annehmen wollen. Diese Frist wird um die Zeit verlängert, die die Betreffenden gegebenenfalls zur Ableistung eines Wehrdienstes aufgewendet haben.

(3) Die Absätze (1) und (2) gelten für die Arbeitnehmer ungeachtet ihres Wohnorts.

(4) Bei der Anwendung dieses Artikels werden die vor dem 1. September 1961 abgeleisteten Zeiten ordnungsgemäßer Beschäftigung zur Hälfte und die nach dem 1. September 1961 abgeleisteten Zeiten in vollem Umfang angerechnet.

(5) Dieser Artikel gilt nicht für Arbeitnehmer nach Artikel 1 Absatz (2).

Artikel 7

(1) Bei Anwendung des Artikels 6 Absatz (1) gelten Unterbrechungen bis zu insgesamt 40 Tagen im Jahr sowie Jahresurlaub und Abwesenheit

wegen Krankheit, Mutterschaft, Arbeitsunfall oder Berufskrankheit als Zeiten ordnungsgemäßer Beschäftigung.

(2) Die Zeiten einer vom zuständigen Arbeitsamt ordnungsgemäß festgestellten unfreiwilligen Arbeitslosigkeit sowie Unterbrechungen wegen längerer Krankheit oder Ableistung eines Wehrdienstes gelten nicht als Zeiten ordnungsgemäßer Beschäftigung; sie beeinträchtigen jedoch nicht die Anrechnung der zuvor abgeleisteten oder nach Absatz (1) anerkannten Beschäftigungszeit, wenn der Arbeitnehmer seine Tätigkeit wieder aufnimmt

a) bei Arbeitslosigkeit, sobald ihm im Einklang mit den innerstaatlichen Rechtsvorschriften eine Beschäftigung angeboten worden ist,

b) innerhalb eines Zeitraums von höchstens 30 Tagen nach Beendigung der Krankheit oder des Wehrdienstes.

Die Zeiten gelten jedoch bis zu 40 Tagen als Zeiten ordnungsgemäßer Beschäftigung, soweit diese 40 Tage nicht bereits durch Unterbrechungen nach Absatz (1) in Anspruch genommen worden sind.

(3) Bei Anwendung der Absätze (1) und (2) auf Saisonarbeitnehmer

a) werden nur der Jahresurlaub und die Abwesenheit wegen Krankheit, Mutterschaft, Arbeitsunfall oder Berufskrankheit sowie die Zeiten unfreiwilliger Arbeitslosigkeit und Unterbrechungen wegen längerer Krankheit angerechnet;

b) ist die Einhaltung der in Absatz (2) Buchstabe b) für längere Krankheit vorgesehenen Frist von 30 Tagen keine Voraussetzung für die Anrechnung der zuvor abgeleisteten Beschäftigungszeit, wenn der Arbeitsvertrag des betreffenden Arbeitnehmers inzwischen abgelaufen ist.

Kapitel 2

Gleichbehandlung

Artikel 8

Jeder Mitgliedstaat stellt vorbehaltlich der Anwendung des Artikels 2 sicher, daß seine Staatsangehörigen und die Staatsangehörigen der anderen Mitgliedstaaten die gleichen Möglichkeiten haben, sich um offene Stellen in seinem Hoheitsgebiet zu bewerben.

Artikel 9

(1) Ein Arbeitnehmer, der Staatsangehöriger eines Mitgliedstaats ist, darf auf Grund seiner Staatsangehörigkeit im Hoheitsgebiet der anderen Mitgliedstaaten nicht anders behandelt werden als die inländischen Arbeitnehmer. Hinsichtlich der Beschäftigungs- und Arbeitsbedingungen, insbesondere hinsichtlich Entlohnung und Kündigung, genießt er den gleichen Schutz und die gleiche Behandlung wie die inländischen Arbeitnehmer; für die Arbeitnehmer

nach Artikel 1 Absatz (2) gilt diese Regel, sofern für das Arbeitsverhältnis das Recht des Mitgliedstaats gilt, in dessen Hoheitsgebiet die Dienstleistung erbracht wird.

(2) Der Arbeitnehmer nach Artikel 1 Absatz (1) hat auch Anspruch auf gleiche Behandlung hinsichtlich der Zugehörigkeit zu Gewerkschaften und hinsichtlich des Wahlrechts und der Wählbarkeit zu den betrieblichen Vertretungsorganen der Arbeitnehmer.

Zur Inanspruchnahme der Wählbarkeit muß der Arbeitnehmer 3 Jahre im Hoheitsgebiet des betreffenden Mitgliedstaats in demselben Betrieb beschäftigt gewesen sein. Er muß die gleichen Voraussetzungen erfüllen, wie die inländischen Arbeitnehmer, jedoch nicht solche, die mit der Staatsangehörigkeit verknüpft sind. Die Regelungen, die in den Mitgliedstaaten für Arbeitnehmer, die Staatsangehörige anderer Mitgliedstaaten sind, eine günstigere Behandlung vorsehen, werden beibehalten.

(3) Alle Bestimmungen in Tarif- oder Einzelarbeitsverträgen oder sonstigen Tarifregelungen betreffend Beschäftigung, Entlohnung und sonstige Arbeitsbedingungen sind von Rechts wegen nichtig, soweit sie für Arbeitnehmer, die Staatsangehörige anderer Mitgliedstaaten sind, diskriminierende Bedingungen vorsehen oder zulassen.

Artikel 10

Arbeitnehmer, die die Staatsangehörigkeit eines Mitgliedstaats besitzen und im Hoheitsgebiet eines anderen Mitgliedstaats ordnungsgemäß beschäftigt sind, genießen hinsichtlich der Erlangung einer Wohnung die gleichen Rechte und Vergünstigungen wie die inländischen Arbeitnehmer.

Artikel 11

(1) Die Arbeitsämter eines Mitgliedstaats gewähren bei der Stellenvermittlung folgenden Personen die gleiche Hilfe wie den eigenen Staatsangehörigen:

a) Staatsangehörigen anderer Mitgliedstaaten, die sich ordnungsgemäß im Hoheitsgebiet des betreffenden Staates aufhalten und die Bedingungen für die Erteilung oder Verlängerung einer Arbeitserlaubnis erfüllen;

b) Grenzarbeitnehmern;

c) Saisonarbeitnehmern, wenn diese bei Ablauf ihres Arbeitsvertrags eine Saisonbeschäftigung oder eine andere Beschäftigung im Lohn- oder Gehaltsverhältnis ausüben wollen.

(2) Die Arbeitsämter eines Mitgliedstaats gewähren den Staatsangehörigen anderer Mitgliedstaaten, die nicht im Hoheitsgebiet dieses Mitgliedstaats wohnen, bei der Stellenvermittlung jede erdenkliche Hilfe.

Artikel 12

Arbeitnehmer, die die Staatsangehörigkeit eines Mitgliedstaats besitzen und im Hoheitsgebiet eines anderen Mitgliedstaats ordnungsgemäß beschäftigt sind, können Berufsschulen und Umschulungseinrichtungen mit dem gleichen Recht und unter den gleichen Bedingungen in Anspruch nehmen wie die inländischen Arbeitnehmer.

Artikel 13

Die Rechts- und Verwaltungsvorschriften, die in einem Mitgliedstaat die Beschäftigung ausländischer Arbeitnehmer zahlen- oder anteilmäßig nach Unternehmen, Wirtschaftszweigen, Gebieten oder im gesamten Hoheitsgebiet dieses Mitgliedstaats beschränken, gelten nicht für Arbeitnehmer, die Staatsangehörige anderer Mitgliedstaaten sind.

Artikel 14

(1) Artikel 13 steht der seitens der Mitgliedstaaten erfolgenden Festsetzung von Saisonarbeitnehmer-Kontingenten für bestimmte, besonders in der Landwirtschaft und im Nahrungsmittelgewerbe zu verrichtende typische Arbeiten nicht entgegen. Die betreffenden Mitgliedstaaten übermitteln der Kommission binnen zwei Monaten nach Inkrafttreten dieser Verordnung ein Verzeichnis dieser Arbeiten.

(2) Als Saisonarbeitnehmer gilt ein Arbeitnehmer im Lohn- oder Gehaltsverhältnis, der sich ungeachtet der Art der Anwerbung in das Hoheitsgebiet eines Mitgliedstaats begibt, um dort für einen oder mehrere Arbeitgeber eine Saisonarbeit zu verrichten, deren Dauer nur dann 8 Monate überschreiten darf, wenn die ihm vertraglich übertragenen Arbeiten auf Grund besonderer Umstände nicht innerhalb dieser Frist beendet sind; er muß sich während der Dauer seiner Beschäftigung im Hoheitsgebiet dieses Mitgliedstaats aufhalten. Unter Saisonarbeit ist eine Beschäftigung zu verstehen, die vom Wechsel der Jahreszeiten bestimmt ist und sich jedes Jahr automatisch wiederholt.

Kapitel 3

Anwerbungsmaßstäbe

Artikel 15

(1) Wird ein Arbeitnehmer, der Staatsangehöriger eines Mitgliedstaats ist, für eine Beschäftigung in einem anderen Mitgliedstaat angeworben, so darf bei ihm wegen seiner Staatsangehörigkeit auf Grund von Rechts- oder Verwaltungsvorschriften und von Tarifverträgen oder anderen Tarifregelungen hinsichtlich des Gesundheitszustandes, des Berufs oder sonstiger Anforderungen kein anderer Maßstab angelegt werden als bei Arbeitnehmern,

die Staatsangehörige des anderen Mitgliedstaats sind und die gleiche Beschäftigung ausüben wollen.

(2) Besitzt ein Arbeitnehmer ein auf seinen Namen lautendes Stellenangebot eines Arbeitgebers aus einem anderen Mitgliedstaat als dem Staat, dessen Staatsangehöriger er ist, so darf er nicht auf seine beruflichen Fähigkeiten hin geprüft werden, es sei denn, daß der Arbeitgeber eine solche Prüfung bei Abgabe des Stellenangebots ausdrücklich verlangt hat.

Artikel 16

Arbeitnehmern eines Mitgliedstaats, die nicht im Hoheitsgebiet des Mitgliedstaats wohnen, in dem sich die offene Stelle befindet, hat der Arbeitgeber in dem für ihn verbindlichen Stellenangebot die wichtigsten, diesem Angebot entsprechenden Beschäftigungsbedingungen mitzuteilen.

Titel II

Die Familienangehörigen der Arbeitnehmer

Artikel 17

(1) Bei dem Arbeitnehmer, der die Staatsangehörigkeit eines Mitgliedstaats besitzt und im Hoheitsgebiet eines anderen Mitgliedstaats ordnungsgemäß beschäftigt ist, dürfen folgende Personen ungeachtet ihrer Staatsangehörigkeit Wohnung nehmen:

a) sein Ehegatte sowie die noch nicht 21 Jahre alten Kinder;

b) seine und seines Ehegatten Verwandte in aufsteigender und absteigender Linie, denen der Arbeitnehmer Unterhalt gewährt.

(2) Die Mitgliedstaaten begünstigen den Zuzug anderer Familienangehöriger, denen der in Absatz (1) genannte Arbeitnehmer Unterhalt gewährt und die mit ihm in häuslicher Gemeinschaft leben.

(3) Voraussetzung für die Anwendung der Absätze (1) und (2) ist, daß der Arbeitnehmer für seine Familie über eine Wohnung verfügt, die in dem Gebiet, in dem er beschäftigt ist, den für die inländischen Arbeitnehmer geltenden normalen Anforderungen entspricht.

Artikel 18

(1) Sind der Ehegatte und die Kinder eines Arbeitnehmers, der die Staatsangehörikeit eines Mitgliedstaats besitzt und im Hoheitsgebiet eines anderen Mitgliedstaats ordnungsgemäß beschäftigt ist, dort gemäß Artikel 17 Absatz (1) zugezogen, so haben sie ungeachtet ihrer Staatsangehörigkeit das Recht, im Hoheitsgebiet des anderen Mitgliedstaats eine Beschäftigung im Lohn- oder Gehaltsverhältnis auszuüben. Dieses Recht darf nur insoweit eingeschränkt werden, als die Maßnahmen nach Artikel 2 Absatz (1) auf

den Arbeitnehmer selbst Anwendung finden; eine Einschränkung ist nicht möglich, wenn der Arbeitnehmer berechtigt ist, seine Beschäftigung auf Grund von Artikel 6 Absatz (1) Buchstabe a) fortzusetzen.

(2) Übt ein Staatsangehöriger eines Mitgliedstaats im Hoheitsgebiet eines anderen Mitgliedstaats, in dem er seit mehr als zwei Jahren ordnungsgemäß wohnt, eine selbständige Tätigkeit aus, so erhalten außer ihm auch sein Ehegatte und seine Kinder, die noch nicht 21 Jahre alt sind oder denen er Unterhalt gewährt, ungeachtet ihrer Staatsangehörigkeit die Genehmigung, im gesamten Hoheitsgebiet dieses Mitgliedstaats irgendeinen Beruf im Lohn- oder Gehaltsverhältnis auszuüben.

Artikel 19

Der Ehegatte eines Staatsangehörigen eines Mitgliedstaats, der die Staatsangehörigkeit eines anderen Mitgliedstaats besitzt, erhält ohne weiteres die Genehmigung, im gesamten Hoheitsgebiet des ersten Mitgliedstaats irgendeinen Beruf im Lohn- oder Gehaltsverhältnis unter den gleichen Bedingungen auszuüben wie die Staatsangehörigen dieses Staates.

Artikel 20

Der Ehegatte und die Kinder eines Staatsangehörigen eines Mitgliedstaats, der im Hoheitsgebiet eines anderen Mitgliedstaats einen Familienbetrieb betreibt, bedürfen keiner Genehmigung, um eine Beschäftigung in diesem Betrieb auszuüben.

Artikel 21

Die Kinder eines Staatsangehörigen eines Mitgliedstaats, der im Hoheitsgebiet eines anderen Mitgliedstaats ordnungsgemäß beschäftigt ist oder beschäftigt gewesen ist, können, wenn sie im Hoheitsgebiet dieses Mitgliedstaats ordnungsgemäß wohnen, unter den gleichen Bedingungen wie die Staatsangehörigen dieses Mitgliedstaats am allgemeinen Unterricht sowie an der Lehrlings- und Berufsausbildung teilnehmen.

Die Mitgliedstaaten fördern die Bemühungen, durch die diesen Kindern ermöglicht werden soll, unter den besten Voraussetzungen am Unterricht teilzunehmen.

Titel III

Die Arbeitserlaubnis

Artikel 22

(1) Jeder, der nach den Bestimmungen der Titel I und II berechtigt ist, im Hoheitsgebiet eines anderen Mitgliedstaats eine Beschäftigung im Lohn- oder Gehaltsverhältnis auszuüben, erhält zu diesem Zweck eine vom Beschäftigungsland erteilte Arbeitserlaubnis, in der dieses Recht bescheinigt wird.

(2) Die Arbeitserlaubnis

a) gilt vorbehaltlich etwaiger Beschränkungen, die nach Artikel 2 gerechtfertigt sind, für das gesamte Hoheitsgebiet des Mitgliedstaats, der sie erteilt hat;

b) darf außer im ersten Jahr oder im Falle einer Erteilung an Arbeitnehmer nach Artikel 1 Absatz (2) nicht auf einen bestimmten Arbeitgeber beschränkt werden;

c) ist mindestens ein Jahr gültig; während des ersten Jahres kann die Gültigkeitsdauer jedoch beschränkt werden, um der Dauer des Arbeitsvertrags oder der bindenden Zusage, auf Grund deren die Arbeitserlaubnis erteilt wird, angepaßt zu werden;

d) kann für Arbeitnehmer nach Artikel 1 Absatz (2) auf die vorgesehene Dauer ihrer Beschäftigung beschränkt werden;

e) wird ohne weiteres erteilt und verlängert, falls die Maßnahmen nach Artikel 2 Absatz (1) auf die Arbeitnehmer keine Anwendung finden.

(3) Abweichend von Absatz (2) gilt die einem Grenzarbeitnehmer erteilte Arbeitserlaubnis:

a) für jeden Beruf im Lohn- oder Gehaltsverhältnis;

b) für die gesamte Grenzzone des Beschäftigungslandes, wenn Grenzzonen im Sinne des Artikels 3 Absatz (2) bestehen oder geschaffen wurden;

c) für die Dauer eines Jahres; sie wird ohne weiteres verlängert.

(4) Ein Arbeitnehmer, der die Bedingungen nach Artikel 6 Absatz (1) Buchstabe b), Artikel 18 Absatz (2) oder Artikel 19 erfüllt, erhält eine Dauer-Arbeitserlaubnis, in der ihm das Recht bescheinigt wird, irgendeinen Beruf im Lohn- oder Gehaltsverhältnis unter den gleichen Bedingungen auszuüben wie die inländischen Arbeitnehmer.

Das gleiche gilt für die in Artikel 18 Absatz (1) genannten Familienangehörigen, wenn der Arbeitnehmer, von dem sie ihre Rechte herleiten, zu dem Zeitpunkt, zu dem sie ihren Antrag stellen, die Bedingungen nach Artikel 6 Absatz (1) Buchstabe b) erfüllt.

(5) Die Arbeitserlaubnis darf dem Arbeitnehmer nur von der Behörde entzogen werden, von der sie erteilt worden ist.

Artikel 23

(1) Abweichend von Artikel 22 gilt folgendes:

a) ein Arbeitnehmer nach Artikel 4 Absatz (1) Buchstabe a) benötigt keine Arbeitserlaubnis, wenn die Dauer der Dienstleistung einen Monat nicht überschreitet; überschreitet sie einen Monat, so wird die Arbeitserlaubnis für die Dauer der Dienstleistung ohne weiteres erteilt;

b) ein Arbeitnehmer nach Artikel 4 Absatz (1) Buchstabe b) benötigt keine Arbeitserlaubnis, wenn die Dauer der Dienstleistung drei Monate nicht überschreitet; überschreitet sie drei Monate, so wird die Arbeitserlaubnis für die Dauer der Dienstleistung ohne weiteres erteilt;

c) ein Arbeitnehmer nach Artikel 4 Absatz (1) Buchstabe c) benötigt keine Arbeitserlaubnis, wenn die Dauer der Dienstleistung einen Monat nicht überschreitet;

d) ein Arbeitnehmer nach Artikel 1 Absatz (2), der den Beruf eines darstellenden Künstlers oder Musikers ausübt, erhält die Arbeitserlaubnis für die Dauer der Dienstleistung ohne weiteres, wenn seine Vergütung mindestens die Höhe der in Anhang 2 angegebenen Beträge erreicht;

e) für Saisonarbeitnehmer kann der Mitgliedstaat, in dessen Hoheitsgebiet diese Arbeitnehmer ihre Tätigkeit ausüben sollen, statt der Arbeitserlaubnis den Arbeitsvertrag gelten lassen, wenn dieser mit einem Zustimmungsvermerk der Arbeitsverwaltung oder einer amtlichen Arbeiteranwerbungskommission dieses Mitgliedstaats versehen ist. In diesem Fall berechtigt der Arbeitsvertrag den Inhaber, seine Beschäftigung als Saisonarbeitnehmer im gesamten Hoheitsgebiet des betreffenden Mitgliedstaats auszuüben; ein weiteres Dokument darf nicht verlangt werden.

(2) Ein Arbeitnehmer, der nach dieser Verordnung berechtigt ist, eine Beschäftigung auszuüben, kann seine Tätigkeit aufnehmen, sobald der Antrag auf Erteilung der Arbeitserlaubnis beim zuständigen Arbeitsamt gestellt ist.

Handelt es sich um einen Arbeitnehmer nach Artikel 4 Absatz (1) Buchstaben a) und c), so hat der Arbeitgeber dem zuständigen Arbeitsamt vor Beginn der Dienstleistung deren voraussichtliche Dauer anzugeben.

pp.

Vierter Teil
Schlußbestimmungen

pp.

Artikel 58

Diese Verordnung gilt für die Hoheitsgebiete der Mitgliedstaaten und unbeschadet der Artikel 17 und 18 für deren Staatsangehörige, jedoch vorbehaltlich der Beschlüsse, die der Rat nach Artikel 227 Absatz (2) des Vertrages für die französischen überseeischen Departements gegebenenfalls faßt.

Artikel 59

Mit Inkrafttreten dieser Verordnung werden die Verordnung Nr. 15 des Rats und die Verordnung Nr. 18 der Kommission nicht mehr angewandt.

Artikel 60

Die Kommission unterbreitet dem Rat bis zum 31. Dezember 1967 einen Vorschlag für eine Verordnung zur Erreichung der in den Artikeln 48 und 49 des Vertrages für die Endphase festgelegten Ziele. Diese Verordnung wird bis zum Inkrafttreten der späteren Verordnung weiter angewandt.

Diese Verordnung tritt am 1. Mai 1964 in Kraft.

5. Richtlinie des Rats

vom 25. März 1964

zur Aufhebung der Reise- und Aufenthaltsbeschränkungen für Arbeitnehmer der Mitgliedstaaten und ihrer Familienangehörigen innerhalb der Gemeinschaft

Amtsblatt der Europäischen Gemeinschaften 1964 S. 981

Der Rat der Europäischen Wirtschaftsgemeinschaft ... hat folgende Richtlinie erlassen:

Artikel 1

Die Mitgliedstaaten beseitigen nach Maßgabe dieser Richtlinie die Reise- und Aufenthaltsbeschränkungen für Arbeitnehmer, auf die die Verordnung Nr. 38/64/EWG, im folgenden „Verordnung" genannt, Anwendung findet.

Das gleiche gilt für die Familienangehörigen eines Arbeitnehmers, wenn die Bedingungen des Artikels 17 Absatz (3) der Verordnung erfüllt sind.

Artikel 2

(1) Die Mitgliedstaaten gestatten den in Artikel 1 genannten Arbeitnehmern die Ausreise aus ihrem Hoheitsgebiet, damit sie im Hoheitsgebiet eines anderen Mitgliedstaates nach Maßgabe der Verordnung eine Beschäftigung im Lohn- oder Gehaltsverhältnis ausüben können. Um von diesem Ausreiserecht Gebrauch machen zu können, bedarf es lediglich der Vorlage eines gültigen Personalausweises oder Reisepasses. Die Mitgliedstaaten gestatten diesen Staatsangehörigen auch die Wiedereinreise in deren Heimatland. Die in Artikel 1 genannten Familienangehörigen genießen dieselben Rechte wie der Arbeitnehmer, von dem sie ihre Rechte herleiten.

(2) Die Mitgliedstaaten erteilen und verlängern diesen Staatsangehörigen gemäß ihren Rechtsvorschriften einen Personalausweis oder einen Reisepaß, der insbesondere ihre Staatsangehörigkeit angibt.

(3) Der Reisepaß muß zumindest für alle Mitgliedstaaten und die unmittelbar zwischen den Mitgliedstaaten liegenden Durchreiseländer gelten. Ist die Ausreise nur mit dem Reisepaß statthaft, so muß dieser mindestens fünf Jahre gültig sein.

(4) Die Mitgliedstaaten dürfen von ihren Staatsangehörigen für die Ausreise weder einen Sichtvermerk noch einen gleichwertigen Nachweis verlangen.

Artikel 3

(1) Die Mitgliedstaaten gestatten den in Artikel 1 genannten Arbeitnehmern die Einreise in ihr Hoheitsgebiet zum Zwecke der Ausübung einer Tätigkeit im Lohn- oder Gehaltsverhältnis. Um von diesem Recht Gebrauch machen zu können, bedarf es lediglich der Vorlage eines gültigen Personalausweises oder Reisepasses. Die in Artikel 1 genannten Familienangehörigen genießen dieselben Rechte wie der Arbeitnehmer, von dem sie ihre Rechte herleiten.

(2) Für die Einreise darf weder ein Sichtvermerk noch ein gleichartiger Nachweis verlangt werden; dies gilt jedoch nicht für die Familienangehörigen eines Arbeitnehmers, die nicht die Staatsangehörigkeit eines Mitgliedstaates besitzen. Die Mitgliedstaaten werden bemüht sein, den genannten Personen zur Erlangung der erforderlichen Sichtvermerke alle Erleichterungen zu gewähren.

Artikel 4

(1) Die Mitgliedstaaten gewähren den in Artikel 1 genannten Arbeitnehmern das Aufenthaltsrecht in ihrem Hoheitsgebiet. Die Familienangehörigen besitzen das gleiche Aufenthaltsrecht wie der Arbeitnehmer, von dem sie ihre Rechte herleiten. Zum Nachweis des Aufenthaltsrechts wird eine Bescheinigung — im folgenden „Aufenthaltserlaubnis" genannt — erteilt.

(2) Die Mitgliedstaaten dürfen für die Erteilung der Aufenthaltserlaubnis vom Antragsteller nur die Vorlage nachstehender Unterlagen verlangen:

a) des Ausweises, mit dem der Antragsteller in ihr Hoheitsgebiet eingereist ist;

b) einer mit dem Vermerk der zuständigen Arbeitsverwaltung versehenen Bescheinigung, aus der hervorgeht, daß der Antragsteller innerhalb des Hoheitsgebiets in einem ordnungsgemäßen Beschäftigungsverhältnis steht; diese Bescheinigung ist für die Familienangehörigen erforderlich.

Artikel 5

(1) Die Aufenthaltserlaubnis muß:

a) für das gesamte Hoheitsgebiet des Mitgliedstaates, der sie erteilt hat, gelten;

b) eine Gültigkeitsdauer haben, die mindestens derjenigen der Arbeitserlaubnis entspricht.

(2) Ist eine Dauerarbeitserlaubnis erteilt worden, so hat die Aufenthaltserlaubnis eine Gültigkeitsdauer von mindestens fünf Jahren; sie wird ohne weiteres verlängert.

(3) Die in Artikel 7 der Verordnung genannten Arbeitsunterbrechungen berühren nicht die Gültigkeitsdauer der Aufenthaltserlaubnis.

Artikel 6

(1) Abweichend von Artikel 4 benötigen folgende Personen keine Aufenthaltserlaubnis:

a) Arbeitnehmer, die bis zur Dauer von höchstens drei Monaten eine Tätigkeit im Lohn- oder Gehaltsverhältnis ausüben. Der Ausweis, mit dem der Betreffende in das Hoheitsgebiet eingereist ist, gilt auch für seinen Aufenthalt;

b) Grenzarbeitnehmer;

c) Saisonarbeitnehmer, wenn ihr Arbeitsvertrag gemäß Artikel 23 Absatz (1) Buchstabe e) der Verordnung als Arbeitserlaubnis gilt. Für diese Arbeitnehmer tritt der Arbeitsvertrag auch an die Stelle der Aufenthaltserlaubnis, wenn er mit dem Sichtvermerk eines diplomatischen oder konsularischen Vertreters oder dem Zustimmungsvermerk einer amtlichen Arbeiteranwerbungskommission des Mitgliedstaates versehen ist, in dessen Hoheitsgebiet sich der Arbeitnehmer begibt, um seine Beschäftigung auszuüben.

Der betreffende Vermerk wird von der Ausreise des Arbeitnehmers aus seinem Heimatland auf dem Arbeitsvertrag angebracht. In Sonderfällen kann er auch im Beschäftigungsland von den für die Erteilung zuständigen Behörden angebracht werden.

(2) Ist keine Aufenthaltserlaubnis erforderlich, so können die zuständigen Behörden des Aufnahmelandes vom Arbeitnehmer verlangen, daß er seine Anwesenheit im Hoheitsgebiet anzeigt.

Artikel 7

(1) Die Erteilung und Verlängerung einer Aufenthaltserlaubnis, einer Arbeitserlaubnis, eines Personalausweises und eines Reisepasses für die Personen im Sinne von Artikel 1 erfolgen unentgeltlich oder gegen Entrichtung eines Betrages, der die Verwaltungskosten nicht übersteigen darf. Dies gilt auch für Urkunden und Bescheinigungen, die für die Erteilung oder Verlängerung dieser Ausweise und Genehmigungen notwendig sind.

(2) Die in Artikel 3 Absatz (2) und Artikel 6 Absatz (1) Buchstabe c) genannten Vermerke werden kostenlos erteilt.

(3) Die Mitgliedstaaten treffen alle erforderlichen Maßnahmen, um die Formalitäten und Verfahren für die Beschaffung der in Absatz (1) aufgezählten Unterlagen soweit irgend möglich zu vereinfachen.

Artikel 8

Die Mitgliedstaaten dürfen nur aus Gründen der öffentlichen Ordnung, Sicherheit oder Gesundheit von den Bestimmungen dieser Richtlinie abweichen. Bei Maßnahmen der öffentlichen Ordnung oder Sicherheit darf ausschließlich das persönliche Verhalten der in Betracht kommenden Einzelpersonen ausschlaggebend sein.

Artikel 9

(1) Diese Richtlinie berührt nicht die Bestimmungen des Vertrages über die Gründung der Europäischen Gemeinschaft für Kohle und Stahl betreffend die anerkannten Kohle- und Stahlfacharbeiter, die Bestimmungen des Vertrages zur Gründung der Europäischen Atomgemeinschaft über den Zugang zu qualifizierten Beschäftigungen auf dem Kerngebiet und die Vorschriften zur Durchführung dieser Verträge.

(2) Diese Richtlinie gilt jedoch für die in Absatz (1) genannten Gruppen von Arbeitnehmern sowie ihre Familienangehörigen, soweit deren Rechtsstellung in den in Absatz (1) genannten Verträgen oder Vorschriften nicht geregelt ist.

Artikel 10

Diese Richtlinie berührt nicht die Rechtsvorschriften eines Mitgliedstaates, die für die Arbeitnehmer anderer Mitgliedstaaten und deren Familienangehörige günstiger sind.

Artikel 11

(1) Die Mitgliedstaaten treffen die erforderlichen Maßnahmen, um dieser Richtlinie binnen sechs Monaten nach ihrer Bekanntgabe nachzukommen, und setzen die Kommission hiervon unverzüglich in Kenntnis.

(2) Sie geben der Kommission die an den Rechts- und Verwaltungsvorschriften vorgenommenen Änderungen bekannt, durch die die Formalitäten und Verfahren für die Erteilung derjenigen Urkunden und Bescheinigungen vereinfacht werden sollen, die für Ausreise, Einreise, Beschäftigung und Aufenthalt der Arbeitnehmer und ihrer Familienangehörigen noch erforderlich sind.

Artikel 12

Diese Richtlinie tritt an die Stelle der den Mitgliedstaaten am 21. August 1961 bekanntgegebenen Richtlinie des Rats vom 16. August 1961.

Artikel 13

Diese Richtlinie ist an die Mitgliedstaaten gerichtet.

6. Gesetz über das gerichtliche Verfahren bei Freiheitsentziehungen

vom 29. Juni 1956

(BGBl. I S. 599, geändert durch Art. 9 Nr. 20 des Familienrechtsänderungsgesetzes vom 11. 8. 1961, BGBl. I S. 1221)

§ 1

Das gerichtliche Verfahren bei Freiheitsentziehungen, die auf Grund Bundesrechts angeordnet werden, bestimmt sich nach diesem Gesetz, soweit das Bundesrecht das Verfahren nicht abweichend regelt.

§ 2

(1) Freiheitsentziehung ist die Unterbringung einer Person gegen ihren Willen oder im Zustande der Willenlosigkeit in einem Gefängnis, einem Haftraum, einem Arbeitshaus, einer abgeschlossenen Verwahranstalt, einer abgeschlossenen Anstalt der Fürsorge, einer abgeschlossenen Krankenanstalt oder einem abgeschlossenen Teil einer Krankenanstalt.

(2) Steht die unterzubringende Person unter elterlicher Gewalt, Vormundschaft oder wegen Geschäftsunfähigkeit unter Pflegschaft, so ist der Wille desjenigen maßgebend, dem die gesetzliche Vertretung in den persönlichen Angelegenheiten zusteht.

§ 3

Die Freiheitsentziehung kann nur das Amtsgericht auf Antrag der zuständigen Verwaltungsbehörde anordnen. Für das Verfahren gelten die Vorschriften des Reichsgesetzes über die Angelegenheiten der freiwilligen Gerichtsbarkeit, soweit sich aus den folgenden Vorschriften nichts anderes ergibt.

§ 4

(1) Örtlich zuständig ist das Amtsgericht, in dessen Bezirk die Person, der die Freiheit entzogen werden soll, ihren gewöhnlichen Aufenthalt hat; hat sie keinen gewöhnlichen Aufenthalt im Geltungsbereich dieses Gesetzes oder ist der gewöhnliche Aufenthalt nicht feststellbar, so ist das Amtsgericht zuständig, in dessen Bezirk das Bedürfnis für die Freiheitsentziehung entsteht. Befindet sich die Person bereits in Verwahrung einer Anstalt, so ist das Amtsgericht zuständig, in dessen Bezirk die Anstalt liegt.

(2) Für eilige auf Grund dieses Gesetzes zu treffende Anordnungen ist neben dem nach Absatz 1 zuständigen Gericht auch das Gericht einstweilen zuständig, in dessen Bezirk das Bedürfnis der Anordnung entsteht. Das Gericht hat dem nach Absatz 1 zuständigen Gericht die Anordnung mitzuteilen. Mit dem Eingang der Mitteilung geht die Zuständigkeit auf das nach Absatz 1 zuständige Gericht über.

§ 5

(1) Das Gericht hat die Person, der die Freiheit entzogen werden soll, mündlich zu hören. Erscheint sie auf Vorladung nicht, so kann ihre Vorführung angeordnet werden.

(2) Die Anhörung kann unterbleiben, wenn sie nach ärztlichem Gutachten nicht ohne Nachteile für den Gesundheitszustand des Anzuhörenden ausführbar ist oder wenn der Anzuhörende an einer übertragbaren Krankheit im Sinne der *Verordnung zur Bekämpfung übertragbarer Krankheiten vom 1. Dezember 1938 (RGBl. I S. 1721; aufgehoben durch § 85 Bundes-Seuchengesetz v. 18. 7. 1961, BGBl. I S. 1012) leidet.* In diesen Fällen ist dem Anzuhörenden, wenn er keinen gesetzlichen Vertreter in den persönlichen Angelegenheiten hat und auch nicht durch einen Rechtsanwalt vertreten wird, durch das nach § 4 zuständige Gericht ein Pfleger für das Verfahren zu bestellen. Eine einstweilige Anordnung (§ 11) kann bereits ergehen, bevor dem Unterzubringenden ein Pfleger bestellt ist.

(3) Hat die Person, der die Freiheit entzogen werden soll, einen gesetzlichen Vertreter in den persönlichen Angelegenheiten, so ist auch dieser, bei Personen, die unter elterlicher Gewalt stehen, jeder Elternteil zu hören. Ist die Person, der die Freiheit entzogen werden soll, verheiratet, so ist, sofern die Ehegatten nicht dauernd getrennt leben, auch der Ehegatte zu hören. Die Anhörung kann unterbleiben, wenn sie nicht ohne erhebliche Verzögerung oder nicht ohne unverhältnismäßige Kosten möglich ist.

(4) Die Unterbringung in einer abgeschlossenen Krankenanstalt oder einer abgeschlossenen Krankenabteilung darf nur nach Anhörung eines ärztlichen Sachverständigen angeordnet werden. Die Verwaltungsbehörde, die den Antrag auf Unterbringung stellt, soll ihrem Antrag ein ärztliches Gutachten beifügen.

§ 6

(1) Das Gericht entscheidet über die Freiheitsentziehung durch einen mit Gründen versehenen Beschluß.

(2) Die Entscheidung, durch welche die Freiheitsentziehung angeordnet wird, ist bekanntzumachen

a) der Person, der die Freiheit entzogen werden soll;

b) den nach § 5 Abs. 3 Satz 1 und 2 zu hörenden Personen;

c) einer Person, die das Vertrauen des Unterzubringenden genießt, sofern die Entscheidung nicht bereits nach Buchstabe b einem Angehörigen bekanntzumachen ist;

d) der Verwaltungsbehörde, die den Antrag auf Freiheitsentziehung gestellt hat.

(3) Die Entscheidung, durch welche der Antrag der Verwaltungsbehörde

abgelehnt wird, ist der Verwaltungsbehörde und der Person, deren Unterbringung beantragt war, bekanntzumachen.

(4) Ist die Bekanntmachung an die Person, der die Freiheit entzogen werden soll, nach ärztlichem Gutachten nicht ohne Nachteile für ihren Gesundheitszustand ausführbar, so kann sie unterbleiben. Das Gericht entscheidet hierüber durch unanfechtbaren Beschluß. § 5 Abs. 2 Satz 2 gilt entsprechend.

§ 7

(1) Gegen die Entscheidung des Amtsgerichts findet die sofortige Beschwerde statt.

(2) Gegen eine Entscheidung, durch welche die Freiheitsentziehung angeordnet wird, steht die Beschwerde den in § 6 Abs. 2 genannten Beteiligten zu; gegen eine Entscheidung, durch welche der Antrag der Verwaltungsbehörde abgelehnt wird, steht nur dieser die Beschwerde zu.

(3) *(aufgehoben durch Art. 9 Nr. 20 des Familienrechtsänderungsgesetzes)*

(4) Befindet sich die Person, der die Freiheit entzogen werden soll, bereits in Verwahrung einer Anstalt, so kann die weitere Beschwerde auch bei dem Amtsgericht eingelegt werden, in dessen Bezirk die Anstalt liegt.

(5) Im Verfahren über die weitere Beschwerde ist eine Anhörung gemäß § 5 nicht erforderlich.

§ 8

Die eine Freiheitsentziehung anordnende Entscheidung wird erst mit der Rechtskraft wirksam. Das Gericht kann jedoch die sofortige Wirksamkeit der Entscheidung anordnen; § 24 Abs. 3 des Reichsgesetzes über die Angelegenheiten der freiwilligen Gerichtsbarkeit gilt entsprechend. Die Entscheidung wird von der zuständigen Verwaltungsbehörde vollzogen.

§ 9

(1) In der Entscheidung, durch die eine Freiheitsentziehung angeordnet wird, ist eine Frist bis zur Höchstdauer eines Jahres zu bestimmen, vor deren Ablauf über die Fortdauer der Freiheitsentziehung von Amts wegen zu entscheiden ist.

(2) Wird nicht innerhalb der Frist die Fortdauer der Freiheitsentziehung durch richterliche Entscheidung angeordnet, so ist der Untergebrachte freizulassen. Das Gericht ist von der Freilassung zu benachrichtigen.

§ 10

(1) Die Entscheidung, durch die eine Freiheitsentziehung angeordnet wird, ist vor Ablauf der nach § 9 Abs. 1 festgesetzten Frist von Amts wegen aufzuheben, wenn der Grund für die Freiheitsentziehung weggefallen ist.

(2) Anträge der nach § 6 Abs. 2 am Verfahren Beteiligten auf Aufhebung der Freiheitsentziehung sind in jedem Fall zu prüfen und zu bescheiden.

(3) Das Gericht kann den Untergebrachten beurlauben; es soll die Verwaltungsbehörde und den Leiter der Anstalt (§ 2 Abs. 1) vorher hören. Für Beurlaubungen bis zu einer Woche bedarf es keiner Entscheidung des Gerichts. Die Beurlaubung kann von Auflagen abhängig gemacht werden; sie ist jederzeit widerruflich.

§ 11

(1) Ist ein Antrag auf Freiheitsentziehung gestellt, so kann das Gericht eine einstweilige Freiheitsentziehung anordnen, sofern dringende Gründe für die Annahme vorhanden sind, daß die Voraussetzungen für die Unterbringung vorliegen, und über die endgültige Unterbringung nicht rechtzeitig entschieden werden kann. Die einstweilige Freiheitsentziehung darf die Dauer von sechs Wochen nicht überschreiten.

(2) Für die einstweiligen Anordnungen gelten § 5 Abs. 1 bis 3, §§ 6 bis 8, § 9 Abs. 2 und § 10 entsprechend. Die Anhörung der Person, der die Freiheit entzogen werden soll, kann außer im Fall des § 5 Abs. 2 auch bei Gefahr im Verzug unterbleiben; sie muß jedoch unverzüglich nachgeholt werden.

§ 12

Die §§ 3 und 5 bis 11 gelten entsprechend für das Verfahren, in dem über die Fortdauer einer Freiheitsentziehung entschieden wird.

§ 13

(1) Bei jeder nicht auf richterliche Anordnung beruhenden Verwaltungsmaßnahme, die eine Freiheitsentziehung darstellt, hat die zuständige Verwaltungsbehörde die richterliche Entscheidung unverzüglich herbeizuführen. Ist die Freiheitsentziehung nicht bis zum Ablauf des ihr folgenden Tages durch richterliche Entscheidung nach § 6 oder 11 angeordnet, so hat die Freilassung zu erfolgen.

(2) Wird eine Maßnahme der Verwaltungsbehörde im Sinne des Absatzes 1 angefochten, so wird auch hierüber im gerichtlichen Verfahren nach den Vorschriften dieses Gesetzes entschieden.

§ 14

(1) Für die Gerichtskosten gelten, soweit nichts anderes bestimmt ist, die Vorschriften der Kostenordnung. Gebühren werden nur für die in Absatz 2 genannten Entscheidungen und für das Beschwerdeverfahren (Absatz 3) erhoben.

(2) Für die Entscheidung, die eine Freiheitsentziehung (§ 6) oder ihre Fortdauer (§ 12) anordnet oder einen nicht vom Untergebrachten selbst gestellten Antrag, die Freiheitsentziehung aufzuheben (§ 10), zurückweist, wird eine Gebühr von dreißig Deutsche Mark erhoben. Das Gericht kann

jedoch unter Berücksichtigung der wirtschaftlichen Verhältnisse des Zahlungspflichtigen und der Bedeutung und des Umfangs des Verfahrens die Gebühr bis auf fünf Deutsche Mark ermäßigen oder bis auf zweihundert Deutsche Mark erhöhen.

(3) Für das Beschwerdeverfahren wird bei Verwerfung oder Zurückweisung der Beschwerde eine Gebühr von dreißig Deutsche Mark, bei Zurücknahme der Beschwerde eine Gebühr von zehn Deutsche Mark erhoben.

(4) Kostenvorschüsse werden nicht erhoben.

§ 15

(1) Schuldner der Gebühren sind in den Fällen des § 14 Abs. 2 der Untergebrachte und im Rahmen ihrer gesetzlichen Unterhaltspflicht die zu seinem Unterhalt Verpflichteten, in den Fällen des § 14 Abs. 3 der Beschwerdeführer; sie haben, soweit sie gebührenpflichtig sind, auch die baren Auslagen des gerichtlichen Verfahrens zu tragen.

(2) Die Verwaltungsbehörden sind zur Zahlung von Gerichtsgebühren und zur Erstattung der Auslagen des gerichtlichen Verfahrens nicht verpflichtet.

§ 16

(1) Lehnt das Gericht den Antrag der Verwaltungsbehörde auf Freiheitsentziehung ab, so hat es zugleich die Auslagen des Betroffenen, soweit sie zur zweckentsprechenden Rechtsverfolgung notwendig waren, der Gebietskörperschaft, der die Verwaltungsbehörde angehört, aufzuerlegen, wenn das Verfahren ergeben hat, daß ein begründeter Anlaß zur Stellung des Antrages nicht vorlag. Die Höhe der Auslagen wird auf Antrag des Betroffenen durch den Urkundsbeamten der Geschäftsstelle festgesetzt. Für das Verfahren und die Vollstreckung der Entscheidung gelten die Vorschriften der Zivilprozeßordnung entsprechend.

(2) *(aufgehoben durch Gesetz zur Änderung und Ergänzung kostenrechtlicher Vorschriften v. 26. 7. 1957, BGBl. I S. 861).*

§ 17

(1) *§ 20 der Verordnung über die Fürsorgepflicht vom 13. Februar 1924 (RGBl. I S. 100)* tritt im Gebiet des früheren Landes Württemberg-Baden sowie in den Ländern Bayern, Bremen und Hessen wieder in Kraft. *(Verordnung aufgehoben durch BSHG v. 30. 6. 1961, BGBl. I S. 815.)*

(2) Bis zu einer anderweitigen gesetzlichen Regelung gelten § 7 der Ausländerpolizeiverordnung vom 23. August 1938 (RGBl. I S. 1053), *die Verordnung zur Bekämpfung übertragbarer Krankheiten vom 1. Dezember 1938 (RGBl. I S. 1721, aufgehoben) und § 20 der Verordnung über die Fürsorgepflicht (aufgehoben)* als förmliche Gesetze im Sinne des Artikels 104 Abs. 1 des Grundgesetzes.

(3) Das Grundrecht der Freiheit der Person nach Artikel 2 Abs. 2 Satz 2 des Grundgesetzes wird insoweit eingeschränkt.

§ 18

(1) Dieses Gesetz tritt am 1. Juli 1956 in Kraft.

(2) Mit dem Inkrafttreten dieses Gesetzes treten Vorschriften, die das gerichtliche Verfahren bei Freiheitsentziehung regeln, insoweit außer Kraft, als sie die von diesem Gesetz erfaßten Fälle betreffen. Das gilt insbesondere für § 3 der Badischen Landesverordnung über den Aufbau der Verwaltungsgerichtsbarkeit in der Fassung vom 5. September 1951 (Badisches Gesetz- und Verordnungsblatt 1952 S. 14) und für das Badische Landesgesetz zur Bekämpfung übertragbarer Krankheiten vom 9. Januar 1952 (Badisches Gesetz- und Verordnungsblatt S. 17).

§ 19

(1) Die bei dem Inkrafttreten dieses Gesetzes bei den Verwaltungsgerichten anhängigen Verfahren, die eine Freiheitsentziehung im Sinne der §§ 1, 2 Abs. 1 und des § 13 betreffen, gehen in der Lage, in der sie sich befinden, auf die nach diesem Gesetz zuständigen Gerichte über.

(2) Für die Erhebung der Gerichts- und Rechtsanwaltskosten ist das Verfahren vor dem abgebenden Gericht als Teil des Verfahrens vor dem übernehmenden Gericht zu behandeln.

§ 20

Dieses Gesetz gilt nach Maßgabe des § 13 Abs. 1 des Dritten Überleitungsgesetzes vom 4. Januar 1952 (BGBl. I S. 1) auch im Land Berlin.

7. Europäisches Fürsorgeabkommen

vom 11. Dezember 1953

(BGBl. II 1956, 563)
(auszugsweise)

Teil I

Allgemeine Bestimmungen

Artikel 1

Jeder der Vertragschließenden verpflichtet sich, den Staatsangehörigen der anderen Vertragschließenden, die sich in irgendeinem Teil seines Gebietes, auf das dieses Abkommen Anwendung findet, erlaubt aufhalten und nicht über ausreichende Mittel verfügen, in gleicher Weise wie seinen eigenen Staatsangehörigen und unter den gleichen Bedingungen die Leistungen der sozialen und Gesundheitsfürsorge (im folgenden als „Fürsorge“ bezeichnet) zu gewähren, die in der in diesem Teil seines Gebietes geltenden Gesetzgebung vorgesehen sind.

Artikel 2

a) Im Sinne dieses Abkommens haben die Ausdrücke „Fürsorge“, „Staatsangehörige“, „Gebiet“ und „Heimatstaat“ folgende Bedeutung:

(i) Als „Fürsorge“ wird jede Fürsorge bezeichnet, die jeder der Vertragschließenden nach den in dem jeweiligen Teile seines Gebietes geltenden Rechtsvorschriften gewährt und wonach Personen ohne ausreichende Mittel die Mittel für ihren Lebensbedarf sowie die Betreuung erhalten, die ihre Lage erfordert. Ausgenommen sind beitragsfreie Renten und Leistungen zugunsten der Kriegsopfer und der Besatzungsgeschädigten.

(ii) Die Ausdrücke „Staatsangehörige“ und „Gebiet“ eines Vertragschließenden haben die Bedeutung, die dieser Vertragschließende ihnen in einer Erklärung gibt, die an den Generalsekretär des Europarates zu richten ist. Dieser hat sie allen anderen Vertragschließenden bekanntzugeben. Es ist jedoch ausdrücklich festgelegt, daß ehemalige Staatsangehörige eines Staates, die ihre Staatsangehörigkeit verloren haben, ohne daß sie ihnen aberkannt wurde, und die dadurch staatenlos geworden sind, bis zum Erwerb einer neuen Staatsangehörigkeit weiterhin wie Staatsangehörige zu behandeln sind.

(iii) Als „Heimatstaat“ wird der Staat bezeichnet, dessen Staatsangehörigkeit eine Person, auf die sich die Bestimmungen dieses Abkommens beziehen, besitzt.

(b) Die Rechtsvorschriften, die in den Gebieten der Vertragschließenden, auf die dieses Abkommen Anwendung findet, in Kraft sind, sowie die von den Vertragschließenden formulierten Vorbehalte sind in Anhang I und II aufgeführt.

Artikel 3

Der Nachweis der Staatsangehörigkeit richtet sich nach den einschlägigen Bestimmungen der Gesetzgebung des Heimatstaates.

Artikel 4

Die Kosten der Fürsorge für Staatsangehörige eines Vertragschließenden werden von dem Vertragschließenden getragen, der die Fürsorge gewährt.

Artikel 5

Die Vertragschließenden verpflichten sich, sich gegenseitig die nach ihrer Gesetzgebung zulässige Hilfe zu gewähren, um den Ersatz der Fürsorgekosten durch Dritte, die dem Unterstützten gegenüber finanzielle Verpflichtungen haben, oder durch Personen, die dem Beteiligten gegenüber unterhaltspflichtig sind, so weit wie möglich zu erleichtern.

Teil II
Rückschaffung

Artikel 6

(a) Ein Vertragschließender darf einen Staatsangehörigen eines anderen Vertragschließenden, der in seinem Gebiet erlaubt seinen gewöhnlichen Aufenthalt hat, nicht allein aus dem Grunde der Hilfsbedürftigkeit rückschaffen.

(b) Die Vorschriften dieses Abkommens stehen in keiner Weise dem Recht zur Ausweisung aus einem anderen als dem im vorstehenden Absatz erwähnten Grund entgegen.

Artikel 7

(a) Abweichend von den Bestimmungen des Artikels 6 Abs. (a) kann ein Vertragschließender einen Staatsangehörigen eines anderen Vertragschließenden, der in seinem Gebiet seinen gewöhnlichen Aufenthalt hat, allein aus dem in Artikel 6 Abs. (a) erwähnten Grunde rückschaffen, wenn die folgenden Bedingungen erfüllt sind:

(i) Der Beteiligte hat seinen gewöhnlichen Aufenthalt im Gebiet dieses Vertragschließenden, falls er vor Vollendung des 55. Lebensjahres in dieses Gebiet gekommen ist, ununterbrochen seit weniger als fünf Jahren, oder, falls er nach Erreichung dieses Alters in das Gebiet gekommen ist, ununterbrochen seit weniger als zehn Jahren;

(ii) er ist nach seinem Gesundheitszustand transportfähig;

(iii) er hat keine engen Bindungen in dem Land seines gewöhnlichen Aufenthaltes.

(b) Die Vertragschließenden vereinbaren, daß sie nur mit großer Zurückhaltung zur Rückschaffung schreiten und nur dann, wenn Gründe der Menschlichkeit dem nicht entgegenstehen.

(c) In gleichem Geiste sind die Vertragschließenden darüber einig, daß bei der Rückschaffung eines Unterstützten seinem Ehegatten und seinen Kindern jede Möglichkeit gegeben werden soll, ihn zu begleiten.

Artikel 8

(a) Der Vertragschließende, der einen Staatsangehörigen auf Grund der Vorschriften des Artikels 7 rückschafft, hat die Kosten der Rückschaffung bis zur Grenze des Gebietes zu tragen, in das der Staatsangehörige rückgeschafft wird.

(b) Jeder Vertragschließende verpflichtet sich, jeden seiner Staatsangehörigen zu übernehmen, der auf Grund der Vorschriften des Artikels 7 rückgeschafft wird.

(c) Jeder Vertragschließende verpflichtet sich, allen gemäß Artikel 7 rückgeschafften Personen die Durchreise durch sein Gebiet zu gestatten.

Artikel 9

Erkennt der Staat, dessen Staatsangehörigkeit der Unterstützte nach seinen Angaben besitzt, diesen nicht als seinen Staatsangehörigen an, so hat dieser Staat die notwendige Begründung dem Aufenthaltsstaat innerhalb von 30 Tagen oder innerhalb der kürzestmöglichen Frist mitzuteilen.

Artikel 10

(a) Ist die Rückschaffung beschlossen, so sind die diplomatischen oder konsularischen Behörden des Heimatstaates möglichst drei Wochen im voraus von der Rückschaffung ihres Staatsangehörigen in Kenntnis zu setzen.

(b) Die Behörden des Heimatstaates haben hiervon die Behörden des Durchreiselandes oder der Durchreiseländer zu verständigen.

(c) Die Orte für die Übergabe sind durch eine Vereinbarung zwischen den zuständigen Behörden des Aufenthaltsstaates und des Heimatstaates zu bestimmen.

Teil III

Aufenthalt

Artikel 11

(a) Der Aufenthalt eines Ausländers im Gebiet eines der Vertragschließenden gilt solange als erlaubt im Sinne dieses Abkommens, als der Beteiligte im Besitz einer gültigen Aufenthaltserlaubnis oder einer anderen in den Rechtsvorschriften des betreffenden Staates vorgesehenen Erlaubnis ist, auf Grund welcher ihm der Aufenthalt in diesem Gebiet gestattet ist. Die Fürsorge darf nicht deswegen versagt werden, weil die Verlängerung einer solchen Erlaubnis lediglich infolge einer Nachlässigkeit des Beteiligten unterblieben ist.

(b) Der Aufenthalt gilt als nicht erlaubt von dem Tage an, mit dem eine gegen den Beteiligten erlassene Anordnung zum Verlassen des Landes wirksam wird, sofern nicht ihre Durchführung ausgesetzt ist.

Artikel 12

Der Zeitpunkt des Beginns der in Artikel 7 festgelegten Dauer des gewöhnlichen Aufenthaltes wird in jedem Land, vorbehaltlich des Nachweises des Gegenteils, entweder auf Grund des Ergebnisses behördlicher Ermittlungen oder durch die in Anhang III aufgeführten Urkunden oder durch Urkunden, die nach den Rechtsvorschriften des Staates als Nachweis des gewöhnlichen Aufenthaltes anerkannt werden, bestimmt.

Artikel 13

(a) Der ununterbrochene gewöhnliche Aufenthalt wird durch alle im Aufenthaltsland üblichen Beweismittel nachgewiesen, insbesondere durch den Nachweis der beruflichen Tätigkeit oder die Vorlage von Mietquittungen.

(b) (i) Der gewöhnliche Aufenthalt gilt auch bei Abwesenheit von weniger als drei Monaten als ununterbrochen, sofern die Abwesenheit nicht auf Rückschaffung oder Ausweisung beruht.

(ii) Bei Abwesenheit von mindestens sechs Monaten gilt der gewöhnliche Aufenthalt als unterbrochen.

(iii) Bei der Prüfung, ob bei Abwesenheit von mindestens drei und weniger als sechs Monaten der gewöhnliche Aufenthalt als unterbrochen gilt, sind die Absicht des Beteiligten, in das Land des gewöhnlichen Aufenthaltes zurückzukehren, und daß Maß, in dem er seine Bindungen zu diesem Lande während seiner Abwesenheit aufrechterhalten hat, zu berücksichtigen.

(iv) Durch den Dienst auf Schiffen, die im Schiffsregister des Landes des gewöhnlichen Aufenthaltes eingetragen sind, wird der gewöhnliche Aufenthalt nicht unterbrochen. Auf den Dienst auf anderen Schiffen finden die Vorschriften der vorstehenden Nummern (i) bis (iii) entsprechende Anwendung.

Artikel 14

Bei der Berechnung der Dauer des gewöhnlichen Aufenthaltes werden solche Zeiten nicht berücksichtigt, für die der Beteiligte Fürsorgeleistungen aus öffentlichen Mitteln auf Grund der in Anhang I aufgeführten Bestimmungen erhalten hat, ausgenommen ärztliche Behandlung bei akuter Krankheit oder kurzfristige Behandlung.

8. Europäisches Niederlassungsabkommen

vom 13. Dezember 1955

(BGBl. II 1959 S. 997)

In Kraft getreten durch Bekanntmachung v. 30. 7. 1965 (BGBl. II S. 1099)

Kapitel I

Einreise, Aufenthalt und Ausweisung

Artikel 1

Jeder Vertragstaat wird den Staatsangehörigen der anderen Vertragstaaten die Einreise in sein Gebiet zu vorübergehendem Aufenthalt erleichtern und ihnen in seinem Gebiet Freizügigkeit gewähren, sofern nicht Gründe der öffentlichen Ordnung, der Sicherheit, der Volksgesundheit oder der Sittlichkeit entgegenstehen.

Artikel 2

Unter den in Artikel 1 genannten Voraussetzungen wird jeder Vertragstaat in dem Umfang, in dem seine wirtschaftlichen und sozialen Verhältnisse es gestatten, den Staatsangehörigen der anderen Vertragstaaten einen längeren oder dauernden Aufenthalt in seinem Gebiet erleichtern.

Artikel 3

1. Die Staatsangehörigen eines Vertragstaates, die ihren ordnungsmäßigen Aufenthalt im Gebiet eines anderen Vertragstaates haben, dürfen nur ausgewiesen werden, wenn sie die Sicherheit des Staates gefährden oder gegen die öffentliche Ordnung oder die Sittlichkeit verstoßen.

2. Sofern nicht zwingende Gründe der Sicherheit des Staates es erfordern, dürfen die Staatsangehörigen eines Vertragstaates, die seit mehr als zwei Jahren ihren ordnungsmäßigen Aufenthalt im Gebiet eines anderen Vertragstaates haben, nur ausgewiesen werden, wenn ihnen Gelegenheit gegeben worden ist, Gegenvorstellungen zu erheben, ein Rechtsmittel einzulegen und sich zu diesem Zweck von einer Person oder mehreren Personen, die von der zuständigen Behörde besonders bestimmt sind, vertreten lassen.

3. Die Staatsangehörigen eines Vertragstaates, die seit mehr als zehn Jahren ihren ordnungsmäßigen Aufenthalt im Gebiet eines anderen Vertragstaates haben, dürfen nur aus Gründen der Sicherheit des Staates, oder wenn die übrigen in Absatz 1 aufgeführten Gründe besonders schwerwiegend sind, ausgewiesen werden.

Kapitel II
Ausübung der bürgerlichen Rechte

Artikel 4

Die Staatsangehörigen eines Vertragstaates erfahren im Gebiet der anderen Vertragstaaten im Genuß und in der Ausübung sämtlicher bürgerlichen Rechte die gleiche Behandlung wie die eigenen Staatsangehörigen.

Artikel 5

Abweichend von den Bestimmungen des Artikels 4 kann jeder Vertragstaat aus Gründen der Sicherheit des Staates oder der Landesverteidigung den Erwerb, den Besitz oder die Nutzung von Gütern jeder Art seinen eigenen Staatsangehörigen vorbehalten oder die Staatsangehörigen der anderen Vertragstaaten Sonderregelungen, die für Ausländer gelten, unterwerfen.

Artikel 6

1. Abgesehen von den Fällen, die die Sicherheit des Staates oder die Landesverteidigung berühren,

a) übermittelt jeder Vertragstaat, der den Erwerb, den Besitz oder die Nutzung bestimmter Arten von Gütern seinen eigenen Staatsangehörigen vorbehalten oder für Ausländer, einschließlich der Staatsangehörigen der anderen Vertragstaaten, Sonderregelungen unterworfen hat, oder der den Erwerb, den Besitz oder die Nutzung dieser Güter von der Gegenseitigkeit abhängig gemacht hat, dem Genealsekretär des Europarates bei der Unterzeichnung dieses Abkommens ein Verzeichnis dieser Beschränkungen, unter Angabe der Vorschriften des innerstaatlichen Rechts, auf denen diese Beschränkungen beruhen; der Generalsekretär teilt dieses Verzeichnis den anderen Unterzeichnerstaaten mit;

b) darf jeder Vertragstaat, nachdem dieses Abkommen für ihn in Kraft getreten ist, neue Beschränkungen für den Erwerb, den Besitz oder die Nutzung bestimmter Arten von Gütern durch Staatsangehörige der anderen Vertragstaaten nur einführen, wenn er sich aus zwingenden wirtschaftlichen oder sozialen Gründen oder zur Verhinderung des spekulativen Ankaufs lebenswichtiger Versorgungsquellen des Landes hierzu genötigt sieht. In diesem Fall hat er den Generalsekretär über die getroffenen Maßnahmen, die Vorschriften des innerstaatlichen Rechts und die Gründe für diese Maßnahmen vollständig unterrichtet zu halten; der Generalsekretär macht den anderen Vertragstaaten hiervon Mitteilung.

2. Jeder Vertragstaat wird bestrebt sein, zugunsten der Staatsangehörigen der anderen Vertragstaaten sein Verzeichnis der Beschränkungen zu verkleinern. Er unterrichtet von diesen Änderungen den Generalsekretär, der sie den anderen Vertragstaaten mitteilt.

Jeder Vertragstaat wird ferner bestrebt sein, den Staatsangehörigen der anderen Vertragstaaten die nach seinen Rechtsvorschriften zulässigen Ausnahmen von den allgemein für Ausländer geltenden Vorschriften zu gewähren.

Kapitel III
Rechts- und Verwaltungsschutz

Artikel 7

Die Staatsangehörigen eines Vertragstaates genießen im Gebiet der anderen Vertragstaaten unter den gleichen Voraussetzungen wie deren eigene Staatsangehörige uneingeschränkten gesetzlichen oder gerichtlichen Schutz ihrer Person, ihres Vermögens, ihrer Rechte und Interessen. Sie haben daher in gleicher Weise wie die eigenen Staatsangehörigen das Recht auf Inanspruchnahme der zuständigen Gerichts- und Verwaltungsbehörden und auf Beistandsleistung durch jede Person ihrer Wahl, die nach den Gesetzen des Landes hierzu befugt ist.

Artikel 8

1. Die Staatsangehörigen eines Vertragstaates haben im Gebiet der anderen Vertragstaaten unter den gleichen Voraussetzungen wie deren eigene Staatsangehörige Anspruch auf Bewilligung des Armenrechts.

2. Bedürftige Staatsangehörige eines Vertragstaates haben im Gebiet der anderen Vertragstaaten unter den gleichen Voraussetzungen wie deren eigene bedürftige Staatsangehörige Anspruch auf kostenlose Ausstellung von Personenstandsurkunden.

Artikel 9

1. Staatsangehörigen eines Vertragstaates, die ihren Wohnsitz oder gewöhnlichen Aufenthalt im Gebiet eines der anderen Vertragstaaten haben und die vor den Gerichten eines der Vertragstaaten als Kläger oder sonstige Verfahrensbeteiligte auftreten, darf keine Sicherheitsleistung oder Hinterlegung, wie auch immer sie bezeichnet sein mag, deshalb auferlegt werden, weil sie Ausländer sind oder keinen Wohnsitz oder Aufenthalt im Inlande haben.

2. Das gleiche gilt für von Klägern oder sonstigen Verfahrensbeteiligten etwa zu zahlende Gerichtskostenvorschüsse.

3. Kostenentscheidungen gegen einen Kläger oder sonstigen Verfahrensbeteiligten werden auf Antrag, der auf diplomatischem Wege zu stellen ist, im Gebiet jedes anderen Vertragstaates von der zuständigen Behörde kostenlos für vollstreckbar erklärt, wenn der Kläger oder sonstige Verfahrensbeteiligte von Sicherheitsleistung, Hinterlegung oder Zahlung der Kosten entweder nach den Bestimmungen der vorstehenden Absätze oder nach den

innerstaatlichen Rechtsvorschriften des Landes, in dem die Klage erhoben wurde, befreit ist.

Kapitel IV
Ausübung einer Erwerbstätigkeit

Artikel 10

Jeder Vertragstaat wird in seinem Gebiet den Staatsangehörigen der anderen Vertragstaaten gestatten, jede auf Erwerb gerichtete Tätigkeit unter den gleichen Bedingungen wie die eigenen Staatsangehörigen auszuüben, wenn nicht wichtige Gründe wirtschaftlicher oder sozialer Art der Erteilung der Erlaubnis entgegenstehen. Diese Bestimmung gilt, ohne hierauf beschränkt zu sein, für Tätigkeiten in Industrie, Handel, Finanzwesen, Landwirtschaft, Handwerk und freien Berufen, ohne Rücksicht darauf, ob es sich um eine selbständige oder unselbständige Erwerbstätigkeit handelt.

Artikel 11

Die Staatsangehörigen eines Vertragstaates, denen von einem anderen Vertragstaat für eine bestimmte Zeit die Ausübung einer Erwerbstätigkeit gestattet worden ist, dürfen während dieser Zeit keinen Beschränkungen unterworfen werden, die bei Erteilung der Erlaubnis nicht vorgesehen waren, wenn diese Beschränkungen nicht unter entsprechenden Voraussetzungen auf die eigenen Staatsangehörigen Anwendung finden.

Artikel 12

1. Die Staatsangehörigen eines Vertragstaates, die ihren ordnungsmäßigen Aufenthalt im Gebiet eines anderen Vertragstaates haben, sind in gleicher Weise wie dessen eigene Staatsangehörige zur Ausübung jeder Erwerbstätigkeit berechtigt, ohne den Beschränkungen des Artikels 10 zu unterliegen, wenn sie

a) fünf Jahre ununterbrochen eine Erwerbstätigkeit in diesem Gebiet befugt ausgeübt haben oder

b) zehn Jahre ununterbrochen ihren ordnungsmäßigen Aufenthalt in diesem Gebiet gehabt haben oder

c) die Erlaubnis zum dauernden Aufenthalt erhalten haben.

Jeder Vertragstaat kann bei der Unterzeichnung dieses Abkommens oder bei der Hinterlegung der Ratifikationsurkunde erklären, daß er eine oder zwei der vorstehenden Bedingungen nicht annimmt.

2. Jeder Vertragstaat kann ferner in gleicher Weise die in Absatz 1 a vorgesehene Frist bis zu einer Höchstdauer von zehn Jahren verlängern mit der Maßgabe, daß nach den ersten fünf Jahren die Erneuerung der Erlaubnis für die bis zu diesem Zeitpunkt ausgeübte Tätigkeit auf keinen Fall ver-

weigert oder von einem Wechsel dieser Tätigkeit abhängig gemacht werden darf. Jeder Vertragstaat kann ferner erklären, daß er nicht in allen Fällen den Wechsel von unselbständiger zu selbständiger Tätigkeit ohne weiteres zulassen wird.

Artikel 13

Jeder Vertragstaat kann die Ausübung öffentlicher Aufgaben und jeder mit der Sicherheit des Staates oder der Landesverteidigung in Zusammenhang stehenden Tätigkeit den eigenen Staatsangehörigen vorbehalten oder die Ausübung dieser Tätigkeiten durch Ausländer von besonderen Voraussetzungen abhängig machen.

Artikel 14

1. Unbeschadet der Regelung in Artikel 13

a) übermittelt jeder Vertragstaat, der bestimmte Tätigkeiten seinen eigenen Staatsangehörigen vorbehalten oder ihre Ausübung durch Ausländer, einschließlich der Staatsangehörigen der anderen Vertragstaaten, besonders geregelt oder von der Gegenseitigkeit abhängig gemacht hat, bei der Unterzeichnung dieses Abkommens dem Generalsekretär des Europarates ein Verzeichnis dieser Beschränkungen, unter Angabe der innerstaatlichen Rechtsvorschriften, auf denen die Beschränkungen beruhen; der Generalsekretär übermittelt den anderen Unterzeichnerstaaten diese Verzeichnisse;

b) darf jeder Vertragstaat, nachdem dieses Abkommen für ihn in Kraft getreten ist, neue Beschränkungen für die Ausübung einer Erwerbstätigkeit durch Staatsangehörige der anderen Vertragstaaten nur einführen, wenn er sich aus zwingenden Gründen wirtschaftlicher oder sozialer Art hierzu genötigt sieht. In diesem Fall hält er den Generalsekretär über die getroffenen Maßnahmen, die einschlägigen innerstaatlichen Rechtsvorschriften und die Gründe, die zu diesen Maßnahmen geführt haben, vollständig unterrichtet; der Generalsekretär macht den anderen Vertragstaaten hiervon Mitteilung.

2. Jeder Vertragstaat wird bestrebt sein, zugunsten der Staatsangehörigen der anderen Vertragstaaten

das Verzeichnis der Tätigkeiten, die seinen eigenen Staatsangehörigen vorbehalten sind oder deren Ausübung durch Ausländer besonders geregelt oder von der Gegenseitigkeit abhängig gemacht ist, zu verkleinern;

er unterrichtet von dieser Änderung den Generalsekretär, der sie den anderen Parteien mitteilt;

einzelne Ausnahmen von den geltenden Vorschriften in dem Umfang zuzulassen, in dem seine Gesetzgebung es gestattet.

Artikel 15

Die Ausübung einer Tätigkeit im Gebiet eines Vertragstaates, für die von den Staatsangehörigen dieses Vertragstaates ein beruflicher oder fachlicher

Befähigungsnachweis oder die Leistung einer Sicherheit verlangt wird, wird für Staatsangehörige eines der anderen Vertragstaaten von der Leistung der gleichen Sicherheit oder den gleichen oder von der zuständigen staatlichen Behörde als gleichwertig anerkannten Befähigungsnachweisen abhängig gemacht.

Die Staatsangehörigen der Vertragstaaten, die ihren Beruf im Gebiet eines der Vertragstaaten befugt ausüben, können indessen durch einen Fachkollegen in das Gebiet eines der anderen Vertragstaaten zur Unterstützung in einem besonderen Fall gerufen werden.

Artikel 16

Die Staatsangehörigen eines Vertragstaates, die als Handelsreisende für ein Unternehmen tätig sind, dessen Hauptniederlassung sich im Gebiet eines der Vertragstaaten befindet, bedürfen keiner Erlaubnis zur Ausübung ihrer Tätigkeit im Gebiet eines der anderen Vertragstaaten, sofern sie sich dort nicht länger als zwei Monate in jedem Halbjahr aufhalten.

Artikel 17

1. Die Staatsangehörigen eines Vertragstaates dürfen im Gebiet eines der anderen Vertragstaaten hinsichtlich staatlicher Regelungen von Arbeitsentgelt und allgemeinen Arbeitsbedingungen nicht ungünstiger behandelt werden als die eigenen Staatsangehörigen.

2. Die Bestimmungen dieses Kapitels sind nicht so zu verstehen, daß die Vertragstaaten verpflichtet sind, in ihrem Gebiet die Staatsangehörigen eines der anderen Vertragstaaten hinsichtlich der Ausübung einer Erwerbstätigkeit günstiger zu behandeln als ihre eigenen Staatsangehörigen.

Kapitel V

Rechte auf besonderen Gebieten

Artikel 18

Kein Vertragstaat darf den Staatsangehörigen eines der anderen Vertragstaaten untersagen, sich unter den gleichen Voraussetzungen wie die eigenen Staatsangehörigen als Wähler an Wahlen zu Körperschaften oder Organisationen wirtschaftlicher oder berufsständischer Art, wie Handelskammern, Landwirtschaftskammern oder Handwerkskammern, zu beteiligen, wenn sie seit mindestens fünf Jahren in seinem Gebiet befugt eine entsprechende Tätigkeit ausgeübt haben; vorbehalten bleiben die Entscheidungen, die diese Körperschaften oder Organisationen im Rahmen ihrer Zuständigkeit hierüber treffen können.

Artikel 19

Die Staatsangehörigen eines Vertragstaates sind berechtigt, ohne anderen als den für die eigenen Staatsangehörigen geltenden Beschränkungen unterworfen zu sein, im Gebiet jedes anderen Vertragstaates eine Tätigkeit als Schiedsrichter in Schiedsverfahren auszuüben, in denen die Wahl der Schiedsrichter allein den Parteien überlassen ist.

Artikel 20

Die im schulpflichtigen Alter stehenden Staatsangehörigen eines Vertragstaates, die ihren ordnungsmäßigen Aufenthalt im Gebiet eines anderen Vertragstaates haben, werden, soweit die Zulassung zum Schulunterricht zur Zuständigkeit des Staates gehört, in gleicher Weise wie die eigenen Staatsangehörigen zum Volksschul- und höheren Schulunterricht sowie zum Fach- und Berufsschulunterricht zugelassen. Die Erstreckung dieser Bestimmung auf die Gewährung von Stipendien bleibt dem Ermessen eines jeden Vertragstaates vorbehalten. Die Staatsangehörigen im schulpflichtigen Alter, die sich im Gebiet eines anderen Vertragstaates aufhalten, unterliegen der Schulpflicht, wenn nach dem innerstaatlichen Recht dieses Vertragstaates Schulpflicht für die eigenen Staatsangehörigen besteht.

Kapitel VI

Steuerwesen, zivile Dienstpflicht, Enteignung, Verstaatlichung

Artikel 21

1. Die Staatsangehörigen eines Vertragstaates unterliegen, vorbehaltlich der in geltenden oder noch abzuschließenden Abkommen enthaltenen Bestimmungen über Doppelbesteuerung, im Gebiet eines anderen Vertragstaates keinen anderen, höheren oder drückenderen Abgaben, Gebühren, Steuern oder Beiträgen, gleich welcher Art oder Bezeichnung, als sie von den eigenen Staatsangehörigen unter entsprechenden Voraussetzungen erhoben werden; so stehen ihnen insbesondere Nachlaß oder Befreiung von Steuern oder Gebühren und Ermäßigung des Steuergrundbetrages einschließlich der Steuerabzüge für Familienunterhaltskosten zu.

2. Ein Vertragstaat wird von den Staatsangehörigen eines anderen Vertragstaates keine Aufenthaltsgebühren erheben, die nicht auch von den eigenen Staatsangehörigen gefordert werden. Diese Bestimmung steht einer etwaigen Erhebung von Verwaltungsgebühren, wie Gebühren für die Ausstellung der für Ausländer vorgeschriebenen Erlaubnisse und Genehmigungen, nicht entgegen. Diese Gebühren dürfen jedoch nicht höher sein als die hierdurch entstehenden Kosten.

VI. Gesetze, Verordnungen und Anweisungen

Artikel 22

Die Staatsangehörigen eines Vertragstaates dürfen im Gebiet eines anderen Vertragstaates nicht zu zivilen persönlichen Dienstleistungen oder Sachleistungen herangezogen werden, die anders oder drückender sind, als sie unter gleichen Voraussetzungen den eigenen Staatsangehörigen auferlegt werden.

Artikel 23

Die Staatsangehörigen eines Vertragstaates haben, unbeschadet der Bestimmungen des Artikels 1 des Zusatzprotokolls zur Konvention zum Schutze der Menschenrechte und Grundfreiheiten, bei Enteignung oder bei Verstaatlichung ihrer Vermögenswerte durch einen der anderen Vertragstaaten Anspruch auf eine mindestens ebenso günstige Behandlung wie die eigenen Staatsangehörigen.

Kapitel VII
Ständiger Ausschuß

Artikel 24

1. Im Laufe des auf das Inkrafttreten dieses Abkommens folgenden Jahres ist ein Ständiger Ausschuß zu bilden. Der Ausschuß wird Vorschläge zur Verbesserung der Anwendung des Abkommens und, soweit erforderlich, zur praktischen Ausführung oder Ergänzung seiner Bestimmungen machen.

2. Der Ausschuß wird sich bei Meinungsverschiedenheiten über die Auslegung oder die Anwendung der Bestimmungen der Artikel 6 Abs. 1 b und Artikel 14 Abs. 1 b auf Ersuchen eines der beteiligten Vertragstaaten um eine Einigung bemühen.

3. Der Ausschuß wird in regelmäßigen Zeitabständen einen Bericht vorlegen, der alle Angaben über die im Gebiet der Vertragstaaten geltenden Gesetze und sonstigen Rechtsvorschriften für die in diesem Abkommen behandelten Sachgebiete enthält.

4. Jedes Mitglied des Europarates, das dieses Abkommen ratifiziert hat, entsendet einen Vertreter in den Ausschuß. Jedes andere Mitglied des Europarates kann sich durch einen Beobachter vertreten lassen, der an den Sitzungen mit beratender Stimme teilnimmt.

5. Der Ausschuß wird vom Generalsekretär des Europarates einberufen. Er tritt zu seiner ersten Tagung binnen drei Monaten nach seiner Bildung zusammen. Weitere Tagungen werden mindestens alle zwei Jahre abgehalten. Der Ausschuß kann ferner jederzeit einberufen werden, wenn das Ministerkomitee des Europarates es für notwendig hält. Die Zweijahresfrist beginnt mit dem letzten Sitzungstag der vorhergehenden Tagung.

6. Die Stellungnahmen oder Empfehlungen des Ständigen Ausschusses werden dem Ministerkomitee unterbreitet.

7. Der Ständige Ausschuß gibt sich seine Geschäftsordnung selbst.

Kapitel VIII
Allgemeine Bestimmungen

Artikel 25

Die Bestimmungen dieses Abkommens berühren nicht die Bestimmungen der bereits in Kraft befindlichen oder später in Kraft tretenden innerstaatlichen Gesetze, zweiseitige oder mehrseitige Verträge, Abkommen oder Vereinbarungen, durch die Staatsangehörigen eines anderen Vertragstaates oder mehrerer anderer Vertragstaaten eine günstigere Behandlung gewährt wird.

Artikel 26

1. Jedes Mitglied des Europarates kann bei Unterzeichnung dieses Abkommens oder bei Hinterlegung seiner Ratifikationsurkunde Vorbehalte zu einer bestimmten Vorschrift des Abkommens machen, soweit ein in seinem Gebiet zu dieser Zeit geltendes Gesetz mit dieser Vorschrift nicht übereinstimmt. Vorbehalte allgemeiner Art sind nach diesem Artikel nicht zulässig.

2. Jeder Vorbehalt nach diesem Artikel muß kurze Angaben über das in Betracht kommende Gesetz enthalten.

3. Jedes Mitglied des Europarates, das einen Vorbehalt nach diesem Artikel macht, wird den Vorbehalt zurückziehen, sobald die Umstände es gestatten. Vorbehalte werden durch eine Mitteilung an den Generalsekretär des Europarates zurückgezogen; sie werden mit dem Tag des Eingangs der Mitteilung wirksam. Der Generalsekretär wird den Wortlaut der Mitteilung allen Unterzeichnerstaaten übermitteln.

Artikel 27

Ein Vertragstaat, der nach Artikel 26 einen Vorbehalt zu einer bestimmten Vorschrift dieses Abkommens gemacht hat, kann ihre Anwendung durch einen anderen Vertragstaat nur insoweit verlangen, als er selbst die Vorschrift angenommen hat.

Artikel 28

1. Im Falle eines Krieges oder eines anderen öffentlichen Notstandes, der das Leben der Nation bedroht, kann jeder Vertragstaat Maßnahmen ergreifen, die von den mit diesem Abkommen eingegangenen Verpflichtungen abweichen, soweit die Verhältnisse es erforderlich machen, und unter der Voraussetzung, daß diese Maßnahmen nicht zu sonstigen völkerrechtlichen Verpflichtungen in Widerspruch stehen.

2. Jeder Vertragstaat, der von dem Recht Gebrauch macht, von den eingegangenen Verpflichtungen abzuweichen, wird den Generalsekretär des Europarates über die ergriffenen Maßnahmen und die hierfür maßgeblichen Gründe vollständig unterrichtet halten. Er wird den Generalsekretär des Europarates auch über den Tag unterrichten, an dem diese Maßnahmen unwirksam werden und die Bestimmungen des Abkommens wieder uneingeschränkt Anwendung finden.

Kapitel IX
Geltungsbereich des Abkommens

Artikel 29

1. Dieses Abkommen findet auf das Mutterland jedes der Vertragstaaten Anwendung.

2. Jedes Mitglied des Europarates kann bei der Unterzeichnung oder der Ratifizierung dieses Abkommens oder zu einem späteren Zeitpunkt durch eine Mitteilung an den Generalsekretär des Europarates erklären, daß dieses Abkommen auf das Gebiet oder die Gebiete Anwendung findet, die in dieser Erklärung bezeichnet sind und für deren internationale Beziehungen es verantwortlich ist.

3. Jede nach Absatz 2 abgegebene Erklärung kann für jedes in der Erklärung bezeichnete Gebiet unter den Voraussetzungen des Artikels 33 zurückgezogen werden.

4. Der Generalsekretär wird den anderen Mitgliedern des Europarates jede ihm nach Absatz 2 oder 3 zugegangene Erklärung zur Kenntnis bringen.

Artikel 30

1. Staatsangehörige im Sinne dieses Abkommens sind alle natürlichen Personen, die die Staatsangehörigkeit eines der Vertragstaaten besitzen.

2. Keiner der Vertragstaaten ist verpflichtet, die Vergünstigungen dieses Abkommens denjenigen Staatsangehörigen eines anderen Vertragstaates zu gewähren, die ihren gewöhnlichen Aufenthalt in einem Gebiet haben, das nicht zum Mutterland dieses Vertragstaates gehört und auf das dieses Abkommen keine Anwendung findet.

Kapitel X
Beilegung von Streitigkeiten

Artikel 31

1. Streitigkeiten, die zwischen den Vertragstaaten über die Auslegung oder die Anwendung dieses Abkommens entstehen, sind auf Grund beson-

derer Vereinbarung oder auf Antrag einer der Streitparteien dem Internationalen Gerichtshof zu unterbreiten, sofern die Parteien sich nicht über ein anderes Verfahren für eine gütliche Beilegung des Streites einigen.

2. Nach Inkrafttreten des Europäischen Übereinkommens zur friedlichen Beilegung von Streitigkeiten werden die diesem Abkommen beigetretenen Parteien die sie bindenden Bestimmungen des Übereinkommens auf alle auftretenden Streitigkeiten anwenden, die zwischen ihnen bezüglich des vorliegenden Abkommens entstehen.

3. Jede Streitigkeit, auf die ein in Absatz 1 und Absatz 2 vorgesehenes Verfahren Anwendung findet, ist von den beteiligten Parteien umgehend dem Generalsekretär des Europarates zur Kenntnis zu bringen, der die anderen Vertragstaaten unverzüglich unterrichtet.

4. Kommt eine an einer Streitigkeit beteiligte Partei nicht den Verpflichtungen nach, die ihr auf Grund einer Entscheidung des Internationalen Gerichtshofs oder des Spruchs eines Schiedsgerichts obliegen, so kann die andere Partei das Ministerkomitee des Europarates anrufen. Das Ministerkomitee kann, wenn es ihm notwendig erscheint, Empfehlungen im Hinblick auf die Ausführung der Entscheidung oder des Schiedsspruchs mit Zweidrittelmehrheit der stimmberechtigten Vertreter im Ministerkomitee erteilen.

Kapitel XI
Schlußbestimmungen

Artikel 32

Das diesem Abkommen beigefügte Protokoll ist Bestandteil des Abkommens.

Artikel 33

1. Ein Vertragstaat kann dieses Abkommen frühestens nach Ablauf von fünf Jahren, gerechnet vom Tage seines Beitritts zu dem Abkommen, mit einer Frist von sechs Monaten durch eine Mitteilung an den Generalsekretär des Europarates kündigen; der Generalsekretär unterrichtet die anderen Vertragstaaten. Jeder Vertragstaat, der von dieser Kündigungsmöglichkeit keinen Gebrauch macht, bleibt für jeweils weitere zwei Jahre durch das Abkommen gebunden, bis er das Abkommen mit einer Frist von sechs Monaten zum Ablauf einer solchen Zweijahresfrist kündigt.

2. Die Kündigung enthebt den Vertragstaat nicht seiner in dem Abkommen eingegangenen Verpflichtungen für Handlungen, die von ihm vor dem Wirksamwerden der Kündigung vorgenommen worden sind.

3. Ein Vertragstaat, der aus dem Europarat ausscheidet, ist, vorbehaltlich der Bestimmung des Absatzes 2, nicht mehr Partei dieses Abkommens.

Artikel 34

1. Dieses Abkommen wird zur Unterzeichnung durch die Mitglieder des Europarates aufgelegt. Es bedarf der Ratifizierung. Die Ratifikationsurkunden werden bei dem Generalsekretär des Europarates hinterlegt.

2. Dieses Abkommen tritt mit dem Tage der Hinterlegung der fünften Ratifikationsurkunde in Kraft.

3. Für jeden Unterzeichnerstaat, der das Abkommen später ratifiziert, tritt es mit dem Tage der Hinterlegung seiner Ratifikationsurkunde in Kraft.

4. Der Generalsekretär unterrichtet die Mitglieder des Europarates von dem Inkrafttreten des Abkommens, den Namen der Vertragstaaten, die es ratifiziert haben, den Vorbehalten und der Hinterlegung jeder weiteren Ratifikationsurkunde.

Protokoll

Abschnitt I

Zu den Artikeln 1, 2, 3, 5, 6 Abs. 1 b, den Artikeln 10, 13 und 14 Abs. 1 b

a) Jeder Vertragstaat hat das Recht, nach seinen innerstaatlichen Grundsätzen zu beurteilen:

1. die „Gründe der öffentlichen Ordnung, der Sicherheit, der Volksgesundheit oder der Sittlichkeit", die der Einreise der Staatsangehörigen der anderen Vertragstaaten in sein Gebiet etwa entgegenstehen,

2. die sich aus seinen „wirtschaftlichen und sozialen Verhältnissen" ergebenden Gründe, die der Erteilung einer Aufenthaltserlaubnis für einen längeren oder dauernden Aufenthalt oder der Genehmigung zur Ausübung einer Erwerbstätigkeit an die Staatsangehörigen der anderen Vertragstaaten in seinem Gebiet etwa entgegenstehen,

3. die Tatbestände, in denen eine Gefährdung der Sicherheit des Staates oder eine Beeinträchtigung der öffentlichen Ordnung oder der Sittlichkeit zu erblicken ist,

4. die in dem Abkommen im einzelnen bezeichneten Gründe, die einem Vertragstaat das Recht geben, den Erwerb, den Besitz oder die Nutzung bestimmter Arten von Gütern und die Ausübung bestimmter Rechte und Tätigkeiten seinen eigenen Staatsangehörigen vorzubehalten oder Staatsangehörige der anderen Vertragstaaten insoweit von besonderen Voraussetzungen abhängig zu machen.

b) Jeder Vertragstaat hat selbst zu beurteilen, ob die Gründe, die eine Ausweisung rechtfertigen können, „besonders schwerwiegend" sind. Hierbei ist das Verhalten des Betreffenden während der gesamten Dauer seines Aufenthaltes zu berücksichtigen.

c) Von der Möglichkeit, die Rechte von Staatsangehörigen der anderen Vertragstaaten zu beschränken, darf nur aus den in dem Abkommen aufgeführten Gründen Gebrauch gemacht werden, und nur insoweit, als dies mit den von den Vertragstaaten eingegangenen Verpflichtungen vereinbar ist.

Abschnitt II

Zu den Artikeln 1, 2, 3, 10, 11, 12, 13, 14, 15, 16, 17 und 20

a) Die Vorschriften, die die Einreise, den Aufenthalt und die Freizügigkeit der Ausländer sowie die Ausübung einer Erwerbstätigkeit durch Ausländer regeln, werden von dem Abkommen nicht berührt, soweit sie nicht zu den Bestimmungen des Abkommens in Widerspruch stehen.

b) Der Aufenthalt von Staatsangehörigen eines Vertragstaates gilt als ordnungsmäßig in dem Gebiet eines anderen Vertragstaates, wenn den unter a) genannten Vorschriften entsprochen ist.

Abschnitt III

Zu den Artikeln 1, 2 und 3

a) Der Begriff „öffentliche Ordnung“ ist in dem weiten Sinne auszulegen, in dem er im allgemeinen in den kontinentalen Ländern verstanden wird. Ein Vertragstaat kann insbesondere einem Staatsangehörigen eines anderen Vertragstaates die Einreise aus politischen Gründen verweigern oder wenn Grund zu der Annahme besteht, daß er nicht über genügend Mittel für seinen Unterhalt verfügt oder eine Erwerbstätigkeit ohne eine etwa erforderliche Erlaubnis auszuüben beabsichtigt.

b) Die Vertragstaaten verpflichten sich, bei Ausübung der ihnen zustehenden Rechte auf familiäre Bindungen Rücksicht zu nehmen.

c) Das Recht der Ausweisung darf nur in Einzelfällen ausgeübt werden.

Die Vertragstaaten werden von diesem Recht in Anbetracht der besonderen Beziehungen, die zwischen den Mitgliedern des Europarates bestehen, rücksichtsvoll Gebrauch machen. Sie werden insbesondere familiäre Bindungen und der Dauer des Aufenthaltes des Betreffenden in ihrem Gebiet Rechnung tragen.

Abschnitt IV

Zu den Artikeln 8 und 9

Die Bestimmungen der Artikel 8 und 9 des Abkommens berühren nicht die Verpflichtungen, die sich aus dem Haager Abkommen über den Zivilprozeß ergeben.

Abschnitt V

Zu den Artikeln 10, 11, 12, 13, 14, 15, 16 und 17

a) Die Bestimmungen der Artikel 10, 11, 12, 13, 14, 15, 16 und 17 des Abkommens finden unter den in den Artikeln 1 und 2 enthaltenen Voraussetzungen für die Einreise und den Aufenthalt Anwendung.

b) Dem Ehegatten und den unterhaltsberechtigten Kindern von Staatsangehörigen eines Vertragstaates, die die Erlaubnis erhalten haben, ihren sich in dem Gebiet eines anderen Vertragstaates ordnungsmäßig aufhaltenden Angehörigen zu begleiten oder sich mit ihm wieder zu vereinen, wird nach Möglichkeit erlaubt, unter den in diesem Abkommen vorgesehenen Bedingungen ein Arbeitsverhältnis einzugehen.

c) Die Bestimmungen des Artikels 12 des Abkommens finden keine Anwendung auf Staatsangehörige eines Vertragstaates, die sich im Gebiet eines anderen Vertragstaates auf Grund einer Sonderregelung aufhalten oder auf Grund besonderer Regelungen oder Vereinbarungen eine Erwerbstätigkeit ausüben, wie die Mitglieder oder die nicht am Ort eingestellten Bediensteten von diplomatischen und konsularischen Vertretungen, das Personal internationaler Organisationen, Gastarbeitnehmer, Lehrlinge, Studenten, zur Vervollständigung ihrer Berufsausbildung Beschäftigte und die Mitglieder von Schiffs- und Flugzeugbesatzungen.

d) Für die Zwecke des Artikels 16 des Abkommens dürfen die Vertragstaaten den Beruf des Handelsreisenden in ihren innerstaatlichen Gesetzen und sonstigen Rechtsvorschriften nicht dem Wandergewerbe oder Hausierergewerbe gleichstellen.

e) Es besteht Übereinstimmung darüber, daß Artikel 16 nur auf diejenigen Handelsreisenden Anwendung findet, die im Dienst eines Unternehmens stehen, das seinen Sitz außerhalb des Aufnahmelandes hat, und die ausschließlich von diesem Unternehmen entlohnt werden.

f) Die Bestimmungen des Artikels 17 Abs. 1 des Abkommens finden in dem besonderen Fall der Gastarbeitnehmer hinsichtlich ihres Arbeitsentgelts keine Anwendung.

Abschnitt VI

Zu den Artikeln 2, 11, 12, 13, 14, 15, 16, 17 und 25

a) Es besteht Übereinstimmung darüber, daß das Abkommen auf gewerbliche Schutzrechte, die Rechte an Werken der Literatur und Kunst sowie die Rechte an neuen Pflanzenzüchtungen keine Anwendung findet, da diese Gebiete den geltenden oder künftig in Kraft tretenden einschlägigen internationalen Abkommen oder sonstigen internationalen Vereinbarungen vorbehalten bleiben.

b) Diejenigen Parteien des Abkommens, die durch die Beschlüsse des Rats der Organisation für Europäische Wirtschaftliche Zusammenarbeit zur Regelung der Beschäftigung von Staatsangehörigen der Mitgliedstaaten dieser Organisation gebunden sind oder gebunden sein werden, werden im Verhältnis zueinander hinsichtlich der Ausübung unselbständiger Tätigkeit die jeweils für den Arbeitnehmer günstigsten Bestimmungen anwenden. Bei der Anwendung der Bestimmungen der Artikel 2, 10, 11, 12, 13, 14, 15, 16 und 17 des Abkommens und bei der Beurteilung der in den Artikeln 10 und 14 erwähnten wirtschaftlichen und sozialen Gründe werden sie dem Geist und dem Buchstaben der oben genannten Ratsbeschlüsse entsprechen, insoweit diese für die Arbeitnehmer günstiger sind als die Bestimmungen des Abkommens.

Abschnitt VII

Zu Artikel 26 Abs. 1

Die Vertragstaaten werden von ihrem Vorbehaltsrecht nur in dem Umfang Gebrauch machen, in dem nach ihrer Auffassung wesentliche Bestimmungen ihres innerstaatlichen Rechts es erfordern.

Abschnitt VIII

Zu Artikel 29 Abs. 1

a) Dieses Abkommen findet in bezug auf Frankreich auch auf Algerien und die überseeischen Departements Anwendung.

b) Die Bundesrepublik Deutschland kann die Anwendung des Abkommens durch eine an den Generalsekretär des Europarates zu richtende Erklärung auch auf das Land Berlin erstrecken. Der Generalsekretär wird die anderen Vertragstaaten hiervon in Kenntnis setzen.

Zu Artikel 29 Abs. 2

Jedes Mitglied des Europarates, das eine Erklärung nach Artikel 29 Abs. 2 des Abkommens abgibt, wird gleichzeitig dem Generalsekretär des Europarates für alle Gebiete, die in dieser Erklärung genannt sind, die Verzeichnisse der in Artikel 6 Abs. 1 und Artikel 14 Abs. 1 vorgesehenen Beschränkungen sowie alle Erklärungen nach Artikel 12 und alle Vorbehalte nach Artikel 26 des Abkommens zur Kenntnis bringen.

Zu Artikel 30

Der „gewöhnliche Aufenthalt“ bestimmt sich nach den Rechtsvorschriften des Landes, dessen Staatsangehörigkeit der Betreffende besitzt.

Abschnitt IX

Zu Artikel 31 Abs. 1

Vertragstaaten, die dem Statut des Internationalen Gerichtshofs nicht angehören, werden die erforderlichen Maßnahmen treffen, um Zugang zu dem Gerichtshof zu erlangen.

9. Verfassung der Internationalen Flüchtlingsorganisation vom 31. 12. 1946

Bundesblatt der schweizerischen Eidgenossenschaft
Band I 1949 S. 125 ff.

Artikel 1
Auftrag

Der Auftrag der Organisation soll Flüchtlinge und „Displaced Persons" umfassen, in Übereinstimmung mit den Grundsätzen, Definitionen und Bedingungen in Anhang I, der dieser Verfassung beigefügt ist und einen integrierenden Bestandteil bildet.

Artikel 2
Aufgaben und Befugnisse

1. Die Aufgaben der Organisation, die in Übereinstimmung mit den Zielen und Grundsätzen der Satzung der Vereinigten Nationen erfüllt werden sollen, sind: die Heimschaffung, die Identifizierung, Registrierung und Klassifizierung, die Fürsorge und der Beistand, der rechtliche und politische Schutz von Personen, mit denen sich die Organisation nach den Bestimmungen des Anhanges I zu befassen hat, sowie deren Transport, Wiederansiedlung und Neuniederlassung in Ländern, die sie aufnehmen können und wollen. Damit sollen folgende Ziele erreicht werden:

a) Die Personen, die unter den Auftrag der Organisation fallen, zu einer baldigen Rückkehr nach ihrem Ursprungsland oder dem Land ihres früheren ständigen Wohnsitzes zu ermutigen und ihnen dabei auf jede nur mögliche Weise zu helfen, unter Berücksichtigung der Grundsätze der Empfehlung über Flüchtlinge und „Displaced Persons", die von der Generalversammlung der Vereinigten Nationen am 12. Februar 1946 (Anhang III) angenommen wurde, und der Grundsätze der Präambel. Dieses Ziel soll auf jede nur mögliche Weise gefördert werden, besonders durch materielle Hilfe und Lieferung ausreichender Nahrung für drei Monate vom Tage der Abreise vom jetzigen Wohnsitz an, vorausgesetzt, daß das Land, in das sie sich zurückbegeben, infolge feindlicher Besetzung während des Krieges an Mangel leidet, und vorausgesetzt, daß diese Vorräte unter der Aufsicht der Organisation verteilt werden; ferner durch Abgabe der nötigen Kleidung und Transportmittel.

b) Für Personen, deren Heimschaffung nach Ziffer 1 a dieses Artikels nicht durchgeführt wird:

(i) ihre Wiederansiedlung in Ländern zum vorübergehenden Aufenthalt;

(ii) die Emigration, Wiederansiedlung und Neuniederlassung von Einzelpersonen oder Familien in anderen Ländern; und

(iii) soweit es nötig und durchführbar erscheint, je nach den verfügbaren Hilfsquellen und unter Vorbehalt der betreffenden finanziellen Bestimmungen, die Prüfung, Aufstellung oder Durchführung von Plänen für Gruppenwiederansiedlung oder Wiederansiedlung im großen.

c) Was die spanischen Republikaner betrifft, ihnen zu helfen, sich vorübergehend niederzulassen, bis Spanien wieder demokratisch regiert wird.

2. Um ihre Aufgaben erfüllen zu können, kann die Organisation alle notwendigen Maßnahmen treffen und ist zu diesem Zweck berechtigt:

a) private und öffentliche Geldmittel entgegenzunehmen und darüber zu verfügen;

b) sich soweit nötig Baugrund und Gebäude zu verschaffen, sei es pachtweise oder durch Schenkung und (nur unter außergewöhnlichen Umständen) auch kaufsweise; Baugrund und Gebäude selbst zu behalten oder sie zu verpachten, zu verkaufen oder sonstwie darüber zu verfügen;

c) alle weiteren notwendigen Güter zu erwerben, selbst zu behalten und weiterzugeben;

d) Verpflichtungen einzugehen und Verträge zu schließen, vor allem Verträge mit Regierungen oder mit Besetzungs- oder Kontrollbehörden, gemäß denen diese Behörden fortfahren oder sich neu verpflichten, den Schutz und Unterhalt der Flüchtlinge und „Displaced Persons" ganz oder teilweise in den ihnen unterstellten Gebieten unter Aufsicht der Organisation sicherzustellen;

e) mit Regierungen zu verhandeln und Abkommen zu schließen;

f) öffentliche und private Organisationen zu Rate zu ziehen und mit ihnen zusammenzuarbeiten, wann immer es ratsam erscheint, soweit diese Organisationen die gleichen Ziele wie die Internationale Flüchtlingsorganisation verfolgen und die Grundsätze der Vereinigten Nationen achten;

g) den Abschluß bilateraler Abkommen über gegenseitige Hilfe bei der Heimschaffung von „Displaced Persons" zu fördern, in Übereinstimmung mit den in Abschnitt c (ii) der von der Generalversammlung der Vereinigten Nationen am 12. Februar 1946 angenommenen Empfehlung über die Flüchtlingsfrage festgelegten Grundsätzen (Anhang III);

h) nach den Bestimmungen von Artikel 9 der vorliegenden Verfassung Personal anzustellen;

i) jede Maßnahme zu ergreifen, die die Erfüllung der Aufgaben der Organisation erleichtern kann;

j) mit Ländern, die Flüchtlinge und „Displaced Persons" aufnehmen können und wollen, Vereinbarungen zu treffen, um die Gewährleistung ihrer legitimen Rechte und Interessen soweit als notwendig sicherzustellen; und

k) ganz allgemein jede sonstige rechtmäßige Handlung durchzuführen, die für ihre Zwecke geeignet erscheint.

Artikel 3

Beziehungen mit der Organisation der Vereinigten Nationen

Die Beziehungen zwischen der Internationalen Flüchtlingsorganisation und der Organisation der Vereinigten Nationen sollen in einer zwischen beiden Organisationen nach Artikel 57 und 63 der Satzung der Vereinigten Nationen abgeschlossenen Vereinbarung geregelt werden.

Artikel 4

Mitgliedschaft

1. Den Mitgliedern der Vereinigten Nationen steht die Mitgliedschaft der Organisation offen. Auch alle anderen friedliebenden Staaten, die nicht Mitglieder der Vereinigten Nationen sind, können Mitglieder der Organisation werden, und zwar auf Empfehlung des Exekutivkomitees durch einen Beschluß des Generalrates, der mit Zweidrittelsmehrheit der anwesenden und an der Abstimmung teilnehmenden Mitglieder gefaßt wurde, unter Vorbehalt der Bestimmungen der zwischen der Organisation und der Organisation der Vereinigten Nationen abgeschlossenen Vereinbarung, die gemäß Artikel 3 der vorliegenden Verfassung gutgeheißen worden sind.

2. Unter Vorbehalt der Bestimmungen von Ziffer 1 dieses Artikels sind diejenigen Staaten Mitglieder der Organisation, deren gehörig beglaubigte Vertreter diese Verfassung ohne Genehmigungsvorbehalt unterzeichnen, sowie Staaten, die beim Generalsekretär der Vereinigten Nationen ihre Annahmeurkunden hinterlegen, nachdem ihre gehörig beglaubigten Vertreter diese Verfassung unter einem derartigen Vorbehalt unterzeichnet haben.

3. Unter Vorbehalt der Bestimmungen von Ziffer 1 dieses Artikels können jedoch Staaten, deren Vertreter die unter der vorhergehenden Ziffer erwähnte Verfassung nicht unterzeichnet haben oder die innert sechs Monaten nach der Unterzeichnung keine Annahmeurkunde hinterlegt haben, in den folgenden Fällen Mitglieder der Organisation werden:

a) wenn sie sich dazu verpflichten, ihre rückständigen Beiträge gemäß dem festgelegten Schema zu leisten; oder

b) wenn sie der Organisation einen Plan für die Aufnahme von Flüchtlingen oder „Displaced Persons“ als Einwanderer in ihr Gebiet unterbreiten; in diesem Fall sollen die Zahl und die Niederlassungsbedingungen dieser Einwanderer nach Ansicht der Organisation Ausgaben oder Investierungen des betreffenden Staates erfordern, die dem Beitrag an das Budget der Organisation, den er gemäß dem festgelegten Schema zu leisten hätte, gleichkommen oder annähernd gleichkommen.

4. Die Staaten, die bei der Unterzeichnung der Verfassung dem Wunsche Ausdruck geben, von den Bestimmungen von Ziffer 3 b des vorliegenden Artikels Gebrauch zu machen, können innerhalb von drei Monaten den in

dieser Ziffer vorgesehenen Plan unterbreiten, ohne damit die Hinterlegung der Annahmeurkunde in sechs Monaten zu präjudizieren.

5. Mitglieder der Organisation, die in der Ausübung ihrer Rechte und Privilegien als Mitglieder der Vereinigten Nationen eingestellt worden sind, werden auf Ersuchen der letzteren in ihren Rechten und Privilegien in der Organisation eingestellt.

6. Mitglieder, die aus der Organisation der Vereinigten Nationen ausgeschlossen werden, verlieren automatisch die Mitgliedschaft der Organisation.

7. Mit Zustimmung der Generalversammlung der Vereinigten Nationen können Mitglieder der Organisation, die nicht Mitglieder der Vereinigten Nationen sind und beharrlich die Grundsätze der Satzung der Vereinigten Nationen verletzt haben, von den Rechten und Privilegien in der Organisation suspendiert oder vom Generalrat aus der Organisation ausgeschlossen werden.

8. Ein Mitglied der Organisation, das wiederholt die in der vorliegenden Verfassung niedergelegten Grundsätze verletzt hat, kann durch den Generalrat in seinen Rechten und Privilegien in der Organisation eingestellt und, mit Zustimmung der Generalversammlung der Vereinigten Nationen, aus der Organisation ausgeschlossen werden.

9. Jedes Mitglied der Organisation verpflichtet sich, dieser seinen vollen Beistand zu gewähren.

10. Jedes Mitglied kann jederzeit dem Präsidenten des Exekutivkomitees schriftlich seinen Austritt ankünden. Diese Austrittserklärung wird ein Jahr, nachdem sie der Präsident des Exekutivkomitees erhalten hat, rechtswirksam.

Artikel 5
Organe

Die Hauptorgane der Organisation sind: Der Generalrat, das Exekutivkomitee und das Sekretariat.

Artikel 6
Der Generalrat

1. Die oberste Leitung der Organisation ist der Generalrat, in den jedes Mitglied einen Vertreter und die seiner Meinung nach notwendigen Stellvertreter und Ratgeber abordnet. Jedes Mitglied hat im Generalrat eine Stimme.

2. Der Generalrat wird durch das Exekutivkomitee mindestens einmal im Jahre zu einer ordentlichen Tagung einberufen; in den ersten drei Jahren der Tätigkeit der Organisation soll er jedoch mindestens zweimal jährlich in ordentlicher Tagung zusammentreten. Er kann zu einer außerordentlichen

Tagung einberufen werden, wenn es das Exekutivkomitee als notwendig erachtet; der Rat muß vom Generaldirektor zu einer außerordentlichen Tagung einberufen werden, innerhalb dreißig Tagen vom Datum an, an dem dieser entsprechende Begehren von einem Drittel aller Mitglieder des Rates erhalten hat.

3. Bei der Eröffnungssitzung jeder Tagung des Generalrates amtet der Präsident des Exekutivkomitees als Präsident, bis der Generalrat eines seiner Mitglieder zum Präsidenten der Tagung gewählt hat.

4. Der Generalrat wählt dann aus seiner Mitte einen ersten und einen zweiten Vizepräsidenten und die anderen Mitglieder des Bureaus, die er als notwendig erachtet.

Artikel 7

Das Exekutivkomitee

1. Das Exekutivkomitee erfüllt die Aufgaben, die zur Durchführung der Beschlüsse des Generalrates über die zu verfolgenden Ziele notwendig sind; zwischen den Tagungen des Generalrates kann es dringliche Beschlüsse treffen, die es dem Generaldirektor bekanntgibt. Dieser richtet sich nach diesen Beschlüssen und erstattet dem Exekutivkomitee Mitteilung über die Maßnahmen, die er zu ihrer Durchführung getroffen hat. Diese Beschlüsse werden vom Generalrat nochmals überprüft.

2. Das Exekutivkomitee des Generalrates setzt sich aus Vertretern von neun Mitgliedern der Organisation zusammen. Die Mitglieder des Exekutivkomitees werden an einer ordentlichen Tagung durch den Generalrat für zwei Jahre gewählt. Ein Mitglied kann während des Zeitraumes vom Erlöschen seines Mandats bis zur nächsten Tagung des Generalrats, an der eine Wahl stattfindet, sein Amt im Exekutivkomitee weiter ausüben. Ein Mitglied des Exekutivkomitees ist jederzeit wiederwählbar. Sollte ein Sitz im Exekutivkomitee zwischen zwei Sessionen des Generalrates freiwerden, so kann das Exekutivkomitee selbst ein anderes Mitglied bestimmen, das den Sitz bis zur nächsten Tagung des Rates ausfüllt.

3. Das Exekutivkomitee wählt aus seiner Mitte einen Präsidenten und einen Vizepräsidenten, deren Amtsdauer durch den Generalrat festgesetzt wird.

4. Das Exekutivkomitee tritt zusammen:

a) auf Einberufung durch den Präsidenten, gewöhnlich zweimal monatlich,

b) wenn einer der Vertreter eines Mitglieds des Exekutivkomitees die Einberufung einer Sitzung in einem an den Generaldirektor gerichteten Schreiben verlangt; in diesem Falle wird die Sitzung innerhalb von sieben Tagen nach Erhalt des Schreibens durch den Generaldirektor einberufen;

c) wenn der Präsidentenstuhl zu besetzen ist, dann beruft der Generaldirektor eine Sitzung ein, auf deren Tagesordnung die Wahl eines Präsidenten an erster Stelle steht.

5. Um sich an Ort und Stelle über die Lage zu informieren, kann das Exekutivkomitee entweder in corpore oder durch eine Delegation seiner Mitglieder die Lager oder Sammelzentren, die der Kontrolle der Organisation unterstehen, besuchen und dem Generaldirektor die Instruktionen erteilen, die sich aus den Besuchsberichten ergeben.

6. Das Exekutivkomitee empfängt die Berichte des Generaldirektors gemäß Artikel 8, Ziffer 6, der Verfassung; nachdem es davon Kenntnis genommen hat, lädt es den Generaldirektor ein, sie an den Generalrat weiterzuleiten, zusammen mit den vom Exekutivkomitee als nötig erachteten Bemerkungen. Diese Berichte und Bemerkungen werden allen Mitgliedern des Generalrates vor dessen nächster ordentlicher Tagung zugestellt und dann veröffentlicht. Das Exekutivkomitee kann den Generaldirektor ersuchen, alle zusätzlichen Berichte zu unterbreiten, die es als notwendig erachtet.

Artikel 8

Die Verwaltung

1. Der höchste Beamte der Organisation ist der Generaldirektor. Er ist dem Generalrat und dem Exekutivkomitee verantwortlich und er verwaltet und leitet die Organisation in Übereinstimmung mit den Beschlüssen des Generalrates und des Exekutivkomitees. Er erstattet über die Maßnahmen Bericht, die zur Ausführung dieser Beschlüsse ergriffen wurden.

2. Der Generaldirektor wird durch das Exekutivkomitee vorgeschlagen und durch den Generalrat ernannt. Wenn das Exekutivkomitee keinen Kandidaten vorschlägt, den der Generalrat annehmen könnte, so kann dieser eine Persönlichkeit ernennen, die nicht vom Komitee vorgeschlagen wurde. Wird die Stelle des Generaldirektors frei, dann kann das Exekutivkomitee einen stellvertretenden Generaldirektor ernennen, der bis zur Wahl eines Generaldirektors durch den Generalrat alle Aufgaben und Pflichten dieses Postens versieht.

3. Der Generaldirektor übt sein Amt auf Grund eines durch den Präsidenten des Exekutivkomitees für die Organisation unterzeichneten Vertrages aus; dieser Vertrag enthält eine Bestimmung, wonach er auf sechs Monate von beiden Teilen gekündigt werden kann. In Ausnahmefällen ist das Exekutivkomitee berechtigt, durch eine Mehrheit von zwei Dritteln seiner Mitglieder und unter Vorbehalt der Bestätigung durch den Generalrat den Generaldirektor seines Amtes zu entheben, wenn dessen Verhalten nach der Meinung des Exekutivkomitees eine solche Maßnahme rechtfertigt.

4. Das Personal der Organisation wird durch den Generaldirektor nach den vom Generalrat festzusetzenden Vorschriften ernannt.

5. Der Generaldirektor wohnt allen Sitzungen des Generalrates, des Exekutivkomitees und aller anderen Ausschüsse und Unterausschüsse bei oder läßt sich durch einen seiner Mitarbeiter vertreten. Er oder sein Stellvertreter können ohne Stimmrecht diesen Sitzungen beiwohnen.

6 a) Am Ende jedes Semesters bereitet der Generaldirektor einen Bericht über die Tätigkeit der Organisation vor. Jedes Jahr soll der zweite Halbjahresbericht sich mit der Arbeit der Organisation während des ganzen Jahres befassen und vollständige Rechenschaft über ihre Tätigkeit während dieses Zeitabschnitts geben. Diese Berichte werden dem Exekutivkomitee zur Prüfung unterbreitet und dann mit den Bemerkungen des Exekutivkomitees an den Generalrat weitergeleitet, wie es in Artikel 7, Ziffer 6, dieser Verfassung vorgesehen ist.

b) Während jeder außerordentlichen Tagung des Generalrates erstattet der Generaldirektor einen Bericht über die Tätigkeit der Organisation seit der letzten Zusammenkunft.

Artikel 9

Das Personal

1. Bei der Auswahl des Personals und bei der Festsetzung der Anstellungsbedingungen wird in erster Linie auf höchste Leistungsfähigkeit, Sachkenntnis und Zuverlässigkeit des Charakters Wert gelegt, und außerdem sollen die in dieser Verfassung niedergelegten Grundsätze beachtet werden. Gehörige Beachtung soll auch der Auswahl des Personals auf möglichst breiter geographischer Grundlage und der Anstellung einer angemessenen Zahl von Personen aus den Herkunftsländern der „Displaced Persons" geschenkt werden.

2. Die Organisation kann keine Personen anstellen, die nach Teil II des Anhanges I dieser Verfassung — mit Ausnahme von Ziffer 5 — von der Zuständigkeit der Organisation ausgeschlossen sind.

3. Für die Ausübung ihrer Pflichten sollen der Generaldirektor und das Personal keine Weisungen irgendeiner Regierung oder anderer außerhalb der Organisation stehenden Behörden einholen oder entgegennehmen. Sie sollen sich jeder Handlung enthalten, die unvereinbar ist mit ihrer Stellung als internationale, allein der Organisation gegenüber verantwortliche Beamte. Jedes Mitglied der Organisation verpflichtet sich, den ausschließlich internationalen Charakter der Stellung des Generaldirektors und des Personals zu achten und nicht zu versuchen, sie in der Ausübung ihrer Aufgaben zu beeinflussen.

Artikel 10

Finanzen

1. Der Generaldirektor unterbreitet dem Generalrat durch das Exekutivkomitee ein Jahresbudget über die notwendigen Ausgaben für Verwaltung,

Hilfstätigkeit und Wiederansiedlung im großen und von Zeit zu Zeit die notwendigen zusätzlichen Budgets. Das Exekutivkomitee leitet das Budget mit den ihm als angezeigt erscheinenden Bemerkungen an den Generalrat weiter. Nach der endgültigen Annahme des Budgets durch den Generalrat wird der Gesamtbetrag der drei obenerwähnten Rubriken — d. h. „Verwaltung", „Hilfstätigkeit" und „Wiederansiedlung im großen" — unter die Mitglieder nach Rubriken geteilt, in einem Verhältnis, das von Zeit zu Zeit durch Zweidrittelsmehrheit der anwesenden und an der Abstimmung teilnehmenden Mitglieder des Generalrates festgesetzt wird.

2. Auf Grund der Verhandlungen, die auf Ersuchen der Mitglieder zwischen ihnen und der Organisation stattfinden, werden die Beträge in natura oder in der Währung bezahlt, die durch Beschluß des Generalrates festgesetzt wird, wobei solche Währungen in Betracht zu ziehen sind, die man von einem Zeitpunkt zum anderen voraussichtlich braucht, um die Ausgaben zu begleichen, ohne Rücksicht auf die Währung, die für das Budget dient.

3. Jedes Mitglied verpflichtet sich, an die Verwaltungsausgaben der Organisation denjenigen Beitrag zu leisten, der ihm gemäß Ziffern 1 und 2 des vorstehenden Artikels auferlegt wurde.

4. Jedes Mitglied verpflichtet sich, an die Ausgaben für die Hilfstätigkeit — die vorgesehenen Ausgaben für Wiederansiedlung im großen ausgenommen — denjenigen Beitrag zu leisten, der ihm gemäß Ziffern 1 und 2 des vorliegenden Artikels auferlegt wurde, unter Vorbehalt der verfassungsrechtlichen Verfahrensvorschriften dieses Mitgliedes. Die Mitglieder verpflichten sich, freiwillig und unter Vorbehalt ihrer verfassungsrechtlichen Verfahrensvorschriften Beiträge an die Ausgaben für Wiederansiedlung im großen zu leisten.

5. Jedes Mitglied, das innerhalb von drei Monaten nach dem Inkrafttreten dieser Verfassung seinen Beitrag an die Ausgaben der Organisation für das erste Finanzjahr nicht geleistet hat, kann vor Begleichung dieses Beitrags an keinen Abstimmungen im Generalrat und im Exekutivkomitee teilnehmen.

6. Unter Vorbehalt der Bestimmungen von Ziffer 5 des vorstehenden Artikels kann kein Mitglied der Organisation, dessen Beitrag an die Ausgaben der Organisation noch aussteht, sich an einer Abstimmung im Generalrat oder im Exekutivkomitee beteiligen, wenn der rückständige Betrag gleich hoch oder höher ist als der Beitrag, den es für das ganze vorhergehende Jahr zu bezahlen hat.

7. Der Generalrat kann jedoch diesen Mitgliedern die Stimmabgabe gestatten, wenn er sich davon überzeugt hat, daß der Zahlungsverzug auf Umständen beruht, die diese Mitglieder nicht zu vertreten haben.

8. Das Verwaltungsbudget der Organisation wird jedes Jahr der Generalversammlung der Vereinigten Nationen vorgelegt, um es, soweit ihr dies als angezeigt erscheint, zu prüfen und ihre Empfehlungen anzubringen. Die Vereinbarung, durch welche die Organisation gemäß Artikel 3 dieser Verfassung mit der Organisation der Vereinigten Nationen in Verbindung tritt, kann unter anderem die Gutheißung des Verwaltungsbudgets der Organisation durch die Generalversammlung der Vereinigten Nationen vorsehen.

9. Ohne Beeinträchtigung der Bestimmungen über zusätzliche Budgets in Ziffer 1 dieses Artikels gelten die folgenden Ausnahmebestimmungen für das Finanzjahr, in dessen Ablauf diese Verfassung in Kraft tritt:

a) das Budget ist das im Anhang II dieser Verfassung festgesetzte provisorische Budget; und

b) die Höhe der Mitgliederbeiträge entspricht dem in Anhang II dieser Verfassung festgelegten Schema.

Artikel 11

Sitz der Organisation und sonstige Büros

1. Der Sitz der Organisation befindet sich in Paris oder Genf, je nach Beschluß des Generalrates, und alle Zusammenkünfte des Generalrates und des Exekutivkomitees finden an diesem Sitz statt, außer wenn die Mehrheit der Mitglieder des Generalrates oder des Exekutivkomitees an einer früheren Zusammenkunft oder durch Briefwechsel mit dem Generaldirektor beschlossen hat, sich anderswo zu treffen.

2. Das Exekutivkomitee kann alle regionalen und sonstigen Büros sowie jede beliebige Form einer Vertretung schaffen, die es für angebracht hält.

3. Alle Büros und Vertretungen können nur errichtet werden mit Zustimmung der Regierung, der das betreffende Gebiet unterstellt ist.

Artikel 12

Verfahren

1. Der Generalrat stellt seine Verfahrensvorschriften selbst auf, wobei er sich im allgemeinen, wenn es ihm als angezeigt erscheint, an die Verfahrensvorschriften des Wirtschafts- und Sozialrates der Vereinigten Nationen hält und daran die ihm notwendig erscheinenden Änderungen anbringt. Das Exekutivkomitee setzt sein eigenes Verfahren fest, unter Vorbehalt der Beschlüsse, die der Generalrat in dieser Beziehung faßt.

2. Im Generalrat und im Exekutivkomitee werden die Anträge mit einfacher Mehrheit der anwesenden und an der Abstimmung teilnehmenden Mitglieder angenommen, gegenteilige Bestimmungen in der Verfassung und Beschlüsse des Generalrates vorbehalten.

9. Verfassung der IRO

Artikel 13

Rechtliche Stellung, Immunitäten und Vorrechte

1. Die Organisation genießt auf dem Gebiete jedes Mitgliedstaates die für die Durchführung ihrer Aufgaben und die Erreichung ihrer Ziele erforderliche Rechtsfähigkeit.

2. a) Die Organisation genießt auf dem Gebiete jedes Mitgliedstaates die für die Durchführung ihrer Aufgaben und die Erreichung ihrer Ziele erforderlichen Vorrechte und Immunitäten.

b) Die Vertreter der Mitgliedstaaten, die Beamten und Angestellten der Organisation genießen ebenfalls die zur unabhängigen Ausübung ihrer Aufgaben im Dienste der Organisation notwendigen Vorrechte und Immunitäten.

3. Diese Rechtsfähigkeit und diese Vorrechte und Immunitäten werden in einer von der Organisation nach Konsultierung des Generalsekretärs der Vereinigten Nationen vorbereiteten Vereinbarung umschrieben. Diese Vereinbarung, der alle Mitglieder beitreten können, ist für die Organisation und alle beigetretenen Mitglieder rechtsverbindlich.

Artikel 14

Beziehungen zu anderen Organisationen

1. Unter Vorbehalt der Bestimmungen der gemäß Artikel 3 dieser Verfassung mit der Organisation der Vereinigten Nationen abzuschließenden Vereinbarung kann die Internationale Flüchtlingsorganisation mit anderen internationalen Organisationen die ihr nützlich erscheinenden Beziehungen unterhalten.

2. Die Organisation kann ganz oder teilweise die Aufgaben und ganz oder teilweise die Hilfsquellen, Aktiven und Passiven jeder intergouvernementalen Organisation oder Institution übernehmen, deren Ziele und Aufgaben im Rahmen ihrer Tätigkeit liegen. Diese Übernahme kann kraft eines mit den zuständigen Behörden dieser internationalen Organisation oder Institution getroffenen Vereinbarung erfolgen oder kraft der Befugnisse, die der Organisation durch internationale Abkommen oder Vereinbarungen übertragen werden.

Artikel 15

Beziehungen mit den Behörden der Länder, in denen sich die Flüchtlinge und „Displaced Persons“ befinden

Die Beziehungen zwischen der Organisation und den Regierungen oder Verwaltungen der Länder, in denen sich die Flüchtlinge und „Displaced Persons“ aufhalten, sowie die Bedingungen, unter denen die Organisation ihre Tätigkeit in den betreffenden Ländern ausübt, werden gemäß den Bestimmungen dieser Verfassung festgesetzt durch Vereinbarungen, die die Organisation mit diesen Regierungen oder Verwaltungen abschließt.

Artikel 16

Verfassungsänderungen

Der Wortlaut von Abänderungsanträgen zu dieser Verfassung wird mindestens drei Monate vor der Behandlung durch den Generalrat vom Generaldirektor allen Mitgliedern mitgeteilt. Abänderungen treten in Kraft, wenn sie vom Generalrat mit Zweidrittelsmehrheit aller anwesenden und an der Abstimmung teilnehmenden Mitglieder genehmigt und von zwei Dritteln der Mitgliedstaaten gemäß ihren eigenen verfassungsrechtlichen Vorschriften angenommen worden sind, allerdings unter der Bedingung, daß Abänderungen, die den Mitgliedstaaten neue Verpflichtungen auferlegen, für jedes einzelne Mitglied erst in Kraft treten, wenn es diese angenommen hat.

Artikel 17

Auslegung

1. Der englische, chinesische, spanische, französische und russische Text dieser Verfassung sind in gleicher Weise maßgebend.

2. Unter Vorbehalt von Artikel 96 der Satzung der Vereinigten Nationen und von Kapitel II des Statuts des Internationalen Gerichtshofs wird jede Frage oder jede Meinungsverschiedenheit über Auslegung oder Anwendung dieser Verfassung dem Internationalen Gerichtshof unterbreitet, es sei denn, der Generalrat und die am Streitfall beteiligten Parteien einigen sich über eine andere Art der Erledigung.

Artikel 18

Inkrafttreten

1. a) Ein Staat kann dieser Verfassung beitreten:

(i) durch Unterzeichnung ohne Genehmigungsvorbehalt;

(ii) durch Unterzeichnung mit Genehmigungsvorbehalt und darauffolgende Annahme;

(iii) durch Annahme.

b) Die Annahme erfolgt durch Hinterlegung einer amtlichen Urkunde beim Generalsekretär der Vereinigten Nationen.

2. Die vorliegende Verfassung tritt in Kraft, wenn ihr mindestens fünfzehn Staaten beigetreten sind, deren Beiträge an Teil I des Budgets für die Hilfstätigkeit, wie sie in Anhang II der vorliegenden Verfassung festgelegt sind, nicht weniger als fünfundsiebzig Prozent des Gesamtbetrages des genannten Teils I darstellen.

3. Gemäß Artikel 102 der Satzung der Vereinigten Nationen wird der Generalsekretär der Vereinigten Nationen diese Verfassung registrieren, sobald sie von einem Staat ohne Genehmigungsvorbehalt unterzeichnet ist oder sobald die erste Annahmeurkunde hinterlegt wird.

4. Der Generalsekretär der Vereinigten Nationen unterrichtet die an dieser Verfassung beteiligten Staaten vom Datum ihres Inkrafttretens und über die Beitrittsdaten der anderen Staaten.

Zu Urkund dessen
haben die unterzeichneten, hierfür ordnungsmäßig bevollmächtigten Vertreter die vorliegende Verfassung unterzeichnet.

Ausgefertigt in Flushing, Meadow, New York, am fünfzehnten Dezember eintausendneunhundertsechsundvierzig, in einem einzigen Exemplar in englischer, chinesischer, spanischer, französischer und russischer Sprache. Die Urtexte werden in den Archiven der Vereinigten Nationen hinterlegt. Der Generalsekretär der Vereinigten Nationen übermittelt jedem unterzeichneten Staat und, beim Inkrafttreten der Verfassung und bei der Wahl eines Generaldirektors, dem Generaldirektor der Organisation eine beglaubigte Abschrift.

Anhang I

Definitionen

Allgemeine Grundsätze

1. Die folgenden allgemeinen Grundsätze bilden einen integrierenden Bestandteil der in Teil I und II dieses Anhanges enthaltenen Definitionen.

a) Das Hauptziel der Organisation ist, das Problem der Flüchtlinge und bona fide „Displaced Persons" in schneller und positiver und für alle Interessierten gerechter Art zu lösen.

b) Die Hauptaufgabe betreffend die „Displaced Persons" besteht darin, sie zu einer baldigen Rückkehr nach ihrem Ursprungsland zu ermutigen und ihnen dabei mit allen möglichen Mitteln beizustehen. Hierfür gelten die Grundsätze gemäß Absatz c (ii) der am 12. Februar 1946 von der Generalversammlung der Vereinigten Nationen beschlossenen Empfehlung über die Flüchtlingsfrage (Anhang III).

c) Gemäß Beschluß des Wirtschafts- und Sozialrates vom 16. Februar 1946 soll Verrätern, Quislingen und Kriegsverbrechern keinerlei internationale Hilfe gewährt werden, und nichts darf verhindern, daß man sie ausliefert und bestraft.

d) Die Organisation soll dafür sorgen, daß ihre Hilfe nicht ausgenützt wird, um gegen die Regierung irgendeiner der Vereinigten Nationen gerichtete umstürzlerische oder feindliche Tätigkeiten zu begünstigen.

e) Die Organisation soll dafür sorgen, daß ihre Hilfe nicht durch Personen ausgenützt wird, die sich offensichtlich weigern, in ihr Ursprungsland zurückzukehren, weil sie den Müßiggang dem harten Leben, das sie beim Wiederaufbau ihres Landes führen müßten, vorziehen, oder durch Personen, die sich aus rein wirtschaftlichen Gründen in anderen Ländern niederlassen wollen und daher zu den Emigranten zu zählen sind.

f) Andererseits soll die Organisation dafür sorgen, daß keine unterstützungswürdigen Flüchtlinge oder bona fide „Displaced Persons" die Hilfe entbehren müssen, die die Organisation ihnen gewähren kann.

g) Die Organisation wird sich bestreben, ihre Aufgaben zu erfüllen, ohne daß die freundschaftlichen Beziehungen zwischen den Nationen gestört werden. Zu diesem Zwecke wird die Organisation ihre Aufmerksamkeit besonders auf Fälle richten, wo die Wiederansiedlung oder Neuniederlassung von Flüchtlingen oder „Displaced Persons" entweder in einem ihrem Ursprungsland benachbarten Lande oder in irgendwelchen nichtautonomen Ländern vorgesehen werden könnte. Die Organisation wird, neben anderen Faktoren, auch jedem Umstand Rechnung tragen, der im ersten Falle beim Herkunftsland der betreffenden Personen oder, im zweiten Falle, bei der eingeborenen Bevölkerung der nichtautonomen Länder berechtigte Befürchtung oder Unruhe wecken könnte.

2. Um die unparteiische und gerechte Anwendung der obenerwähnten Grundsätze und der nachfolgenden Definitionen sicherzustellen, soll ein besonderes Organ von gerichtsähnlichem Charakter geschaffen und mit entsprechender Verfassung, Verfahrensvorschriften und Kompetenzen ausgestattet werden.

Teil I

Flüchtlinge und „Displaced Persons" im Sinne der am 16. Februar 1946 durch den Wirtschafts- und Sozialrat der Vereinigten Nationen angenommenen Empfehlung:

Abschnitt A

Definition des Begriffes „Flüchtling"

1. Unter Vorbehalt der Bestimmungen von Abschnitt C und D und von Teil II dieses Anhanges bezieht sich der Ausdruck „Flüchtling" auf jede Person, die das Land, dessen Bürgerrecht sie besitzt oder in dem sie ihren festen Wohnsitz hatte, verlassen hat oder die sich außerhalb dieses Landes befindet und die, ob sie nun ihr Bürgerrecht beibehalten hat oder nicht, zu einer der folgenden Kategorien gehört:

a) Opfer des nazistischen oder faschistischen Regimes oder solcher Regime, die an deren Seite am zweiten Weltkrieg teilgenommen haben, ferner Opfer eines Quisling- oder ähnlichen Regimes, das jenen in ihrem Kampf gegen die Vereinigten Nationen beigestanden hat, gleichgültig ob diese Personen ein internationales Flüchtlingsstatut genießen oder nicht;

b) spanische Republikaner und andere Opfer des falangistischen Regimes in Spanien, ob sie ein internationales Flüchtlingsstatut genießen oder nicht;

c) Personen, die wegen ihrer Rasse, Religion, Nationalität oder politischen Gesinnung schon vor dem Beginn des zweiten Weltkrieges als „Flüchtlinge" betrachtet wurden.

2. Unter Vorbehalt der Bestimmungen von Abschnitt C und D und von Teil II dieses Anhanges betreffend den Ausschluß der Kriegsverbrecher, Quislinge und Verräter aus dem Zuständigkeitsbereich der Organisation, bezieht sich der Ausdruck „Flüchtling" auch auf alle Personen, die (mit Ausnahme der „Displaced Persons", wie sie in Abschnitt B dieses Anhanges definiert sind) sich außerhalb des Landes ihrer Nationalität oder ihres früheren festen Wohnsitzes befinden und die infolge der Geschehnisse seit Beginn des zweiten Weltkrieges nicht den Schutz der Regierung desjenigen Landes beanspruchen können oder wollen, dessen Nationalität sie besitzen oder früher besaßen.

3. Unter Vorbehalt der Bestimmungen von Abschnitt D und von Teil II dieses Anhanges bezieht sich der Begriff „Flüchtling" auch auf Personen, die ihren Wohnsitz in Deutschland oder Österreich gehabt haben und als Juden, Ausländer oder Staatenlose Opfer der Naziverfolgungen wurden und durch Gewalt in einem dieser Länder zurückgehalten oder, zur Flucht gezwungen, später durch Feindeshandlung oder durch vom Kriege geschaffene Umstände zurückgeschafft wurden und sich dort noch nicht fest wiederangesiedelt haben.

4. Der Begriff „Flüchtling" bezieht sich auch auf Kinder ohne Begleitung, die Kriegswaisen sind oder deren Eltern verschollen sind und die sich außerhalb ihres Herkunftslandes befinden. Solche sechzehnjährige oder jüngere Kinder erhalten den Vortritt bei der Leistung aller nur möglichen Hilfe und im allgemeinen auch Beistand für die Heimschaffung, sofern ihr Herkunftsland ermittelt werden kann.

Abschnitt B

Definition des Begriffes „Displaced Person"

Der Begriff „Displaced Person" bezieht sich auf jede Person, die infolge von Handlungen der Behörden der in Ziffer 1 a, Abschnitt A, Teil I, dieses Anhanges erwähnten Regimes aus ihrem Herkunfts- oder Wohnsitzland deportiert wurde oder dieses Land verlassen mußte, wie z. B. Personen, die Zwangsarbeit leisten mußten und wegen ihrer Rasse, ihrer Religion oder ihrer politischen Gesinnung deportiert wurden. Mit den „Displaced Persons" befaßt sich die Organisation nur unter Vorbehalt der Bestimmungen von Abschnitt C und D des Teils I und der Bestimmungen von Teil II dieses Anhanges. Haben die Gründe für den Ortswechsel zu bestehen aufgehört, sollen diese Personen gemäß Artikel 2, Ziffer 1 a, dieser Verfassung und unter Vorbehalt der Bestimmungen von Absatz c (ii) und (iii) der Empfehlung der Generalversammlung vom 12. Februar 1946 über die Flüchtlingsfrage (Anhang III) sobald wie möglich heimgeschafft werden.

Abschnitt C

Bedingungen, unter denen die Organisation sich mit „Flüchtlingen" und „Displaced Persons" zu befassen hat

1. Für alle obigen Kategorien mit Ausnahme der in Ziffer 1 b und 3, Abschnitt A, dieses Anhanges erwähnten, befaßt sich die Organisation im Sinne des Beschlusses des Wirtschafts- und Sozialrates vom 16. Februar 1946 mit solchen Personen, die heimgeschafft werden können und bei denen die Hilfe der Organisation für ihre Heimschaffung nötig ist oder die in aller Freiheit und nach gründlicher Kenntnisnahme von der Lage und von den Auskünften der Regierung des Landes, dessen Staatsangehörigkeit sie besitzen oder in dem sie früher ihren ordentlichen Wohnsitz hatten, endgültig mit zufriedenstellenden Gründen erklären, nicht dorthin zurückkehren zu wollen.

a) Als zufriedenstellende Gründe gelten:

(i) Verfolgung oder berechtigte Furcht vor Verfolgung aus Gründen der Rasse, Religion, der Nationalität oder der politischen Gesinnung, vorausgesetzt, daß es sich nicht um eine Gesinnung handelt, die in Widerspruch zu den in der Präambel der Satzung der Vereinigten Nationen niedergelegten Grundsätzen der Vereinigten Nationen steht;

(ii) von der Organisation als „zufriedenstellend" angesehene Einwände politischer Natur, wie dies in Ziffer 8 a[1]) des von der Generalversammlung am 12. Februar 1946 angenommenen Berichtes der Dritten Kommission der Generalversammlung vorgesehen ist;

(iii) im Falle von Personen der unter Ziffer 1 a und 1 c von Abschnitt A erwähnten Kategorien: zwingende familiäre Gründe, die auf frühere Verfolgungen zurückgehen, oder zwingende Invaliditäts- oder Krankheitsgründe.

b) Als „genügende Informationen" werden normalerweise anerkannt:

Informationen über die Bedingungen in den Herkunftsländern der betreffenden Flüchtlinge oder „Displaced Persons", die diesen direkt durch die Vertreter der Regierungen dieser Länder übermittelt wurden; diesen Regierungsvertretern werden alle Erleichterungen gewährt, um die Lager und Sammelzentren der Flüchtlinge und „Displaced Persons" zu besuchen und ihnen diese Information zukommen zu lassen.

2. Was alle die Flüchtlinge betrifft, die unter die Bestimmungen von Ziffer 1 b, Abschnitt A dieses Anhanges fallen, so hat sich die Organisation im Sinne des am 16. Februar 1946 vom Wirtschafts- und Sozialrat der Vereinigten Nationen angenommenen Beschlusses mit diesen Personen so lange zu befassen, bis das falangistische Regime in Spanien ein Ende genommen hat. Sollte dieses Regime durch ein demokratisches abgelöst werden, so müßten diese Personen zur Rechtfertigung ihrer Weigerung nach Spanien zurückzukehren, zufriedenstellende Gründe vorbringen, die den unter Ziffer 1 a dieses Abschnittes aufgeführten entsprechen.

Abschnitt D

Bedingungen, unter denen die Organisation sich nicht mehr mit Flüchtlingen und „Displaced Persons" zu befassen hat

Die Organisation hat sich mit Flüchtlingen und „Displaced Persons" nicht mehr zu befassen:

a) wenn sie in ihr Herkunftsland, dessen Gebiet den Vereinigten Nationen angeschlossen ist, zurückgekehrt sind, es sei denn, daß ihr früherer Wohnsitz, an den sie zurückzukehren wünschen, nicht in diesem Lande liegt; oder

b) wenn sie eine neue Staatsangehörigkeit erworben haben; oder

c) wenn sie sich nach Ansicht der Organisation sonstwie fest niedergelassen haben; oder

d) wenn sie sich ohne triftigen Grund geweigert haben, die Vorschläge der Organisation betreffend ihre Neuniederlassung oder Heimschaffung anzunehmen; oder

e) wenn sie keine ernsthaften Anstrengungen unternehmen, ihren Lebensunterhalt zu verdienen, obwohl sie die Möglichkeit dazu hätten, oder wenn sie die ihnen von der Organisation geleistete Hilfe mißbrauchen.

---

[1]) Ziffer 8 a: „In einer an den Vertreter Belgiens gerichteten Antwort erklärte der Präsident, es verstehe sich, daß die internationale Organisation darüber entscheiden werde, ob die vorgebrachten Gründe „befriedigend" seien oder nicht, und daß solche Einwände selbstverständlich politischer Natur sein könnten."

9. Verfassung der IRO

Teil II

Personen, mit denen die Organisation sich nicht zu befassen hat

1. Kriegsverbrecher, Quislinge und Verräter.

2. Alle anderen Personen, von denen erwiesen ist:

a) daß sie dem Feind bei der Verfolgung der Zivilbevölkerung der Länder, die Mitglieder der Vereinigten Nationen sind, Hilfe geleistet haben; oder

b) daß sie seit Beginn des zweiten Weltkrieges freiwillig den feindlichen Streitkräften bei ihren Operationen gegen die Vereinigten Nationen Hilfe geleistet haben[2]).

3. Verbrecher des gemeinen Rechts, die unter die Bestimmungen der Auslieferungsverträge fallen.

4. Personen, die vom ethnischen Standpunkt aus deutschen Ursprungs sind (deutsche Staatsangehörige oder Angehörige deutscher Minderheiten in anderen Ländern), die:

a) von anderen Ländern nach Deutschland gebracht werden können oder schon gebracht wurden;

b) während des zweiten Weltkrieges aus Deutschland nach anderen Ländern evakuiert wurden;

c) aus Deutschland geflüchtet oder als Flüchtlinge dorthin zurückgekehrt sind oder ihren Wohnsitz verlassen haben, um sich nach Ländern außerhalb Deutschlands zu flüchten und zu vermeiden, in die Hände der Alliierten zu fallen.

5. Personen, die vom Lande, dessen Staatsangehörigkeit sie besitzen, finanziell unterstützt oder geschützt werden, es sei denn, daß dieses Land um internationalen Beistand zu ihren Gunsten ersucht.

6. Personen, die seit der Beendigung der Feindseligkeien des zweiten Weltkrieges:

a) irgendeiner Organisation angehört haben, deren Ziel unter anderem der gewaltsame Sturz der Regierung ihres Herkunftslandes war, sofern dieses den Vereinigten Nationen angehört, oder der gewaltsame Sturz der Regierung eines anderen Mitglieds der Vereinigten Nationen, oder die irgendeiner terroristischen Organisation angehört haben;

b) Führer von Bewegungen geworden sind, die der Regierung ihres Herkunftslandes feindlich gesinnt sind, sofern dieses Mitglied der Vereinigten Nationen ist, oder die an der Spitze von Bewegungen gestanden haben, die den Flüchtlingen anrieten, sich nicht in ihr Herkunftsland zurückzubegeben;

c) im Augenblick, da sie die Organisation um Hilfe angehen, in militärischen oder zivilen Diensten eines ausländischen Staates stehen.

---

[2]) Bloße Fortführung normaler und friedlicher Betätigung ohne die Absicht, dem Feind gegen die Alliierten oder gegen die Zivilbevölkerung feindbesetzter Gebiete Hilfe zu leisten, soll nicht als „freiwillige Hilfeleistung" angesehen werden. Dies gilt auch für Handlungen im Dienste allgemeiner Menschlichkeit, wie Beistand für Verwundete und Sterbende, es sei denn, daß solche dem Feind geleisteten Dienste alliierten Staatsangehörigen verweigert wurden, wo es möglich gewesen wäre, solche Dienste zu leisten.

10. Gesetz über die Rechtsstellung heimatloser Ausländer im Bundesgebiet vom 25. 4. 1951 (BGBl. I S. 269)

Der Bundestag hat das folgende Gesetz beschlossen:

Kapitel I
Allgemeine Vorschriften

§ 1

(1) Heimatloser Ausländer im Sinne dieses Gesetzes ist ein fremder Statasangehöriger oder Staatenloser, der

a) nachweist, daß er der Obhut der Internationalen Organisation untersteht, die von den Vereinten Nationen mit der Betreuung verschleppter Personen und Flüchtlinge beauftragt ist, und

b) nicht Deutscher nach Artikel 116 des Grundgesetzes ist und

c) am 30. Juni 1950 seinen Aufenthalt im Geltungsbereich des Grundgesetzes oder in Berlin (West) hatte oder die Rechtsstellung eines heimatlosen Ausländers auf Grund der Bestimmungen des § 2 Abs. 3 erwirbt.

(2) Die Bundesregierung wird ermächtigt, mit Zustimmung des Bundesrates Rechtsverordnungen zu erlassen, durch die andere ausländische Flüchtlinge zur Vermeidung unbilliger Härten den in Absatz 1 genannten Personen gleichgestellt werden.

(3) Wer seine Staatsangehörigkeit von einem heimatlosen Ausländer oder einer ihm nach Absatz 2 gleichgestellten Person ableitet, steht einem heimatlosen Ausländer im Sinne dieses Gesetzes gleich.

§ 2

(1) Ein heimatloser Ausländer verliert diese Rechtsstellung, wenn er nach dem 30. Juni 1950 eine neue Staatsangehörigkeit erwirbt oder seinen gewöhnlichen Aufenthalt außerhalb des Geltungsbereichs des Grundgesetzes oder von Berlin (West) nimmt.

(2) Hat ein heimatloser Ausländer seinen gewöhnlichen Aufenthalt außerhalb des Geltungsbereichs des Grundgesetzes oder von Berlin (West) genommen, so kann er innerhalb zweier Jahre seit dem Zeitpunkt seiner Ausreise aus dem Geltungsbereich des Grundgesetzes oder aus Berlin (West) seinen gewöhnlichen Aufenthalt in den Geltungsbereich des Grundgesetzes oder nach Berlin (West) zurückverlegen. Mit der Rückkehr erlangt er wieder die Rechtsstellung des heimatlosen Ausländers.

(3) Ein fremder Staatsangehöriger oder Staatenloser, der die Bestimmungen des § 1 Abs. 1 a und b erfüllt, nach dem 1. Juli 1948 seinen gewöhnlichen Aufenthalt im Geltungsbereich des Grundgesetzes oder in Berlin (West)

hatte und ihn danach außerhalb des Geltungsbereichs des Grundgesetzes oder von Berlin (West) verlegt hat, erlangt die Rechtsstellung eines heimatlosen Ausländers, wenn er innerhalb von 2 Jahren seit dem Zeitpunkt seiner Ausreise aus dem Geltungsbereich des Grundgesetzes oder aus Berlin (West) rechtmäßig seinen Wohnsitz oder dauernden Aufenthalt in den Geltungsbereich des Grundgesetzes oder nach Berlin (West) zurückverlegt.

§ 3

(1) Ein heimatloser Ausländer darf wegen seiner Abstammung, seiner Rasse, seiner Sprache, seiner Heimat und Herkunft, seines Glaubens oder wegen seiner Flüchtlingseigenschaft nicht benachteiligt werden.

(2) Die ungestörte Religionsausübung wird gewährleistet.

§ 4

(1) Heimatlose Ausländer sind den im Geltungsbereich des Grundgesetzes oder in Berlin (West) geltenden Gesetzen und Vorschriften einschließlich der zur Aufrechterhaltung der öffentlichen Ordnung ergriffenen Maßnahmen unterworfen.

(2) Sie unterstehen der deutschen Gerichtsbarkeit.

§ 5

Rechte und Vergünstigungen, die allgemein Angehörigen fremder Staaten nur unter der Bedingung der Gegenseitigkeit gewährt werden, sind heimatlosen Ausländern auch dann nicht zu versagen, wenn die Gegenseitigkeit nicht verbürgt ist.

§ 6

Ausnahmemaßnahmen, die sich gegen Angehörige des früheren Heimatstaates eines heimatlosen Ausländers richten, dürfen gegen diesen nicht angewandt werden.

§ 7

In den Fällen, in denen der Erwerb oder die Ausübung eines Rechts von der Dauer des Aufenthalts im Geltungsbereich des Grundgesetzes oder in Berlin (West) abhängig ist, ist die Zeit des Zwangsaufenthaltes einer Person im Falle einer Verschleppung in der Zeit vom 1. September 1939 bis zum 8. Mai 1945 anzurechnen.

Kapitel II

Bürgerliches Recht

§ 8

Hat ein heimatloser Ausländer vor Inkrafttreten dieses Gesetzes nach anderen als den deutschen Vorschriften Rechte erworben, so behält er diese, sofern die Gesetze des Ortes beobachtet sind, an dem das Rechtsgeschäft vorgenommen ist. Dies gilt insbesondere für eine vor Inkrafttreten dieses Gesetzes geschlossene Ehe.

§ 9

Heimatlose Ausländer können unter den gleichen Voraussetzungen wie deutsche Staatsangehörige Eigentum und andere Rechte an Grundstücken und beweglichen Sachen erwerben.

§ 10

Heimatlose Ausländer genießen hinsichtlich des Schutzes literarischer, künstlerischer und wissenschaftlicher Urheber- und Verlagsrechte sowie hinsichtlich gewerblicher Schutzrechte die günstigste Behandlung, die Angehörigen fremder Staaten zusteht.

§ 11

Im Verfahren vor allen deutschen Gerichten sind heimatlose Ausländer den deutschen Staatsangehörigen gleichgestellt. Sie genießen unter den gleichen Bedingungen wie deutsche Staatsangehörige das Armenrecht und sind von den besonderen Pflichten der Angehörigen fremder Staaten und der Staatenlosen zur Sicherheitsleistung befreit.

Kapitel III
Öffentliches Recht

§ 12

Heimatlose Ausländer sind in der Wahl ihres Aufenthaltsortes und in der Freizügigkeit innerhalb des Bundesgebietes den deutschen Staatsangehörigen gleichgestellt.

§ 13

(1) Heimatlose Ausländer sind hinsichtlich des Rechts, sich in Vereinigungen für kulturelle, soziale, Wohlfahrts-, Selbsthilfe- und ähnliche Zwecke zusammenzuschließen, deutschen Staatsangehörigen gleichgestellt. Diese Gleichstellung gilt nicht für die Bildung von Vereinigungen mit politischen Zwecken.

(2) Heimatlose Ausländer haben das Recht, sich in Gewerkschaften zusammenzuschließen oder ihre Aufnahme in deutsche Gewerkschaften zu beantragen.

§ 14

(1) Heimatlose Ausländer haben zu allen öffentlichen Volksschulen, mittleren und höheren Lehranstalten sowie wissenschaftlichen Hochschulen und

Kunsthochschulen unter den gleichen Bedingungen Zugang wie deutsche Staatsangehörige. Sie werden nach Maßgabe des Landesrechts an Gebührenerlaß und an den Mitteln zur Förderung Begabter beteiligt.

(2) Heimatlose Ausländer können Staatsprüfungen unter den gleichen Bedingungen ablegen wie deutsche Staatsangehörige.

(3) Das Recht zur Errichtung von privaten Schulen für heimatlose Ausländer wird nach Maßgabe des Artikels 7 Abs. 4 und 5 des Grundgesetzes gewährleistet.

§ 15

(1) Ausländische Prüfungen heimatloser Ausländer werden im Bundesgebiet anerkannt, wenn sie den entsprechenden inländischen Prüfungen gleichzuachten sind.

(2) Die Entscheidungen darüber, welche ausländischen Prüfungen den inländischen Prüfungen gleichzuachten sind, wird von den Obersten Landesbehörden getroffen.

§ 16

Heimatlose Ausländer, die Prüfungen gemäß § 14 abgelegt haben oder deren ausländische Prüfungen gemäß § 15 anerkannt werden, sind zur Ausübung eines freien Berufes im Bundesgebiet unter den gleichen Bedingungen zuzulassen wie deutsche Staatsangehörige.

§ 17

(1) Heimatlose Ausländer sind in der Ausübung nichtselbständiger Arbeit deutschen Staatsangehörigen gleichgestellt.

(2) Hinsichtlich des Rechts, sich in der Landwirtschaft, Industrie, im Handwerk und im Handel selbständig zu betätigen, sowie Handels- und Industrieunternehmungen, auch in der Form von Gesellschaften, zu gründen, sind heimatlose Ausländer den deutschen Staatsangehörigen gleichgestellt. Das gilt nicht für das Wandergewerbe und den Straßenhandel. Für die Ausübung dieser Gewerbe verbleibt es für heimatlose Ausländer bei der in § 56 d und 42 b Abs. 4 der Gewerbeordnung für Ausländer getroffenen Regelung.

§ 18

Heimatlose Ausländer sind in der Sozialversicherung, der Arbeitslosenversicherung und der Arbeitslosenfürsorge den deutschen Staatsangehörigen gleichgestellt.

§ 19

Heimatlose Ausländer erhalten in der öffentlichen Fürsorge Leistungen in gleicher Höhe wie deutsche Staatsangehörige.

§ 20

Die Erhebung von Steuern, Abgaben und Gebühren richtet sich für heimatlose Ausländer nach den für deutsche Staatsangehörige geltenden Vorschriften.

Kapitel IV
Verwaltungsmaßnahmen

§ 21

Für heimatlose Ausländer gelten die allgemeinen Vorschriften über die Einbürgerung. Bei der Prüfung der Einbürgerungsanträge soll das besondere Schicksal der heimatlosen Ausländer berücksichtigt werden. Bei der Festsetzung der Gebühr für die Einbürgerung soll auf die wirtschaftliche Lage des Antragstellers Rücksicht genommen werden.

§ 22

Einem heimatlosen Ausländer darf die Rückkehr in seine Heimat oder die Auswanderung nicht versagt werden.

§ 23

(1) Heimatlose Ausländer dürfen nur aus Gründen der öffentlichen Sicherheit und Ordnung ausgewiesen werden. Gegen einen Ausweisungsbefehl steht dem Betroffenen der Rechtsweg offen. Wird der Rechtsweg beschritten, so ist der Vollzug der Ausweisung bis zur Rechtskraft der Entscheidung auszusetzen.

(2) Bei der Ausweisung ist dem Betroffenen eine angemessene Frist zu gewähren, in welcher er um Aufnahme in einen anderen Staat nachsuchen kann.

(3) Ein heimatloser Ausländer darf weder an einen Staat ausgeliefert noch in einen Staat ausgewiesen, abgeschoben oder zurückgesandt werden, in dem sein Leben oder seine Freiheit wegen seiner Rasse, seiner Abstammung, seiner Herkunft, seines Glaubens, seiner religiösen oder politischen Anschauungen bedroht ist.

(4) Die Anwendung des Gesetzes Nr. 10 der Alliierten Hohen Kommission vom 27. Oktober 1949 über die Ausweisung unerwünschter Personen wird hierdurch nicht berührt.

Kapitel V
Rechtsschutz

§ 24

(1) Die Bundesregierung wird ermächtigt, mit Zustimmung des Bundesrates Rechtsverordnungen zu erlassen,

a) um heimatlosen Ausländern den Schutz und Beistand zu gewähren, der fremden Staatsangehörigen sonst durch die Auslandsvertretungen ihrer Heimatstaaten geleistet wird und

b) um die Ausstellung von Urkunden zu regeln, die fremden Staatsangehörigen sonst von ihren Heimatbehörden erteilt werden.

(2) Die so ausgestellten Urkunden haben die gleiche Gültigkeit, wie sie entsprechenden, den fremden Staatsangehörigen von ihren Heimatbehörden erteilten Urkunden zukommt.

(3) Für die Ausstellung solcher Urkunden dürfen, vorbehaltlich einer günstigeren Behandlung für minderbemittelte heimatlose Ausländer, keine höheren Gebühren erhoben werden als von deutschen Staatsangehörigen.

Kapitel VI
Schluß- und Übergangsvorschriften

§ 25

Die aus der Durchführung dieses Gesetzes erwachsenden Kosten trägt der Bund nach Maßgabe eines Gesetzes gemäß Artikel 120 des Grundgesetzes.

§ 26

Dieses Gesetz findet keine Anwendung auf Personen, die in Umsiedlung begriffen sind und von der Internationalen Flüchtlings-Organisation (IRO) Fürsorge und Unterhalt erhalten.

§ 27

Die Anwendung dieses Gesetzes auf heimatlose Ausländer, die ihren Wohnsitz oder ständigen Aufenthalt in Berlin (West) haben oder hatten, ist davon abhängig, daß Berlin (West) eine gleichartige gesetzliche Regelung trifft und die Verpflichtungen übernimmt, die nach diesem Gesetz den Ländern obliegen.

§ 28

Dieses Gesetz tritt am Tage nach seiner Verkündung in Kraft.

11. Erlaß des Bundesministers des Innern

vom 27. 3. 1953 (GMBl. 1953 S. 313)

betr. Personenkreis der heimatlosen Ausländer, Aufenthaltsregelung und Ausstellung von amtlichen Ausweisen

Durch die in meinem Rundschreiben vom 7. Juni 1952 Nr. 1566 A — 164/52 wiedergegebene Auffassung des Amtes des Hohen Kommissars der Vereinten Nationen für Flüchtlinge in Bad Godesberg (Hoher Kommissar), daß nach Auflösung der „Internationalen Flüchtlingsorganisation" („IRO") alle nichtdeutschen Flüchtlinge, die sich vor dem 30. 6. 1950 in Deutschland aufgehalten haben, dem Mandat des Hohen Kommissars unterstehen und daher heimatlose Ausländer seien, sind Unklarheiten darüber entstanden, welche Personen unter das Gesetz über die Rechtsstellung heimatloser Ausländer im Bundesgebiet vom 25. 4. 1951 — Bundesgesetzbl. I S. 269 — fallen.

Im Hinblick auf die Entstehungsgeschichte des Gesetzes bitte ich, bei der Beurteilung der Frage, ob Ausländer die Rechtsstellung eines heimatlosen Ausländers im Bundesgebiet erlangt haben, von folgender Rechtslage auszugehen:

I. Personenkreis der heimatlosen Ausländer

1. Das Gesetz über die Rechtsstellung heimatloser Ausländer im Bundesgebiet enthält keine eigene Definition des Begriffs „heimatloser Ausländer". Entsprechend der politischen Situation bei der Entstehung des Gesetzes beschränkte sich der Gesetzgeber darauf, Entscheidungen, die eine Organisation der Vereinten Nationen (VN) über die Anerkennung eines Ausländers als Verschleppte Person oder Flüchtling getroffen hatte, als verbindlich anzusehen. Die Internationale Organisation der VN, der von den Besatzungsmächten die Betreuung der Verschleppten Personen und Flüchtlinge im Bundesgebiet übertragen wurde, war die IRO.

2. Als sich die Tätigkeit der IRO im Jahre 1950 ihrem Ende näherte, teilte diese die im Bundesgebiet befindlichen Flüchtlinge und Verschleppten Personen in zwei Gruppen ein:

Verschleppte Personen und Flüchtlinge, die als in Umsiedlung befindlich weiter von der IRO Fürsorge und Unterhalt erhielten, und

Verschleppte Personen und Flüchtlinge, mit deren dauerndem Verbleib im Bundesgebiet gerechnet werden mußte.

Als „in Umsiedlung befindlich" waren nach Ansicht der Alliierten Hohen Kommission anzusehen „DP, die gerade wieder seßhaft gemacht werden könnten". Mit der Auflösung der IRO am 1. 2. 1952 hat der für die Auswanderung vorgesehene Kreis der Verschleppten Personen und Flüchtlinge spätestens zu bestehen aufgehört. Zum Personenkreis der in Umsiedlung befindlichen Verschleppten Personen und Flüchtlinge gehören hiernach nur diejenigen Verschleppten Personen und Flüchtlinge, die von der IRO tatsächlich zur Auswanderung gebracht worden sind (§ 26 des Gesetzes).

Die Gruppe der Verschleppten Personen und Flüchtlinge, mit deren dauerndem Verbleib im Bundesgebiet gerechnet werden mußte, wurde entsprechend der Note der AHK vom 9. 2. 1950 von den Besatzungsmächten in die deutsche verwaltungsmäßige und finanzielle Obhut übergeben. Die Rechtsstellung dieser Gruppe zu regeln, war Aufgabe des Gesetzes über die Rechtsstellung heimatloser Ausländer im Bundesgebiet. Falls die zu der Gruppe gehörigen Personen, die in § 1 Abs. 1 a des Gesetzes angesprochen werden, die Voraussetzungen des § 1 Abs. 1 b und c des Gesetzes erfüllen, sind sie heimatlose Ausländer.

3. Dadurch, daß der Rechtsschutz für die ausländischen Flüchtlinge, zu denen auch die Verschleppten Personen und Flüchtlinge im Sinne der Satzung der IRO gehörten, auf den Hohen Kommissar übertragen wurde (der übrigens keine Nachfolgeorganisation der IRO ist), hat der in die deutsche Verwaltung übergebene Personenkreis keine Ausweitung erfahren.

4. Andere Verschleppte Personen oder Flüchtlinge als die in die deutsche Verwaltung übernommenen, können die Rechtsstellung eines heimatlosen Ausländers rechtswirksam nur durch Erlaß der für diesen Zweck vorgesehenen Rechtsverordnung nach § 1 Abs. 2 des Gesetzes erlangen.

5. Es läßt sich jedoch nicht verkennen, daß, wie der Beschluß des Generalrats der IRO vom 21. 3. 1950 festgestellt hat, „bestimmte Grundsätze aus der Weltsituation vom Februar des Jahres 1946" in die Satzung der IRO aufgenommen worden sind, die entsprechend der Frontenstellung des 2. Weltkrieges zu einer Einengung des Begriffs der Verschleppten Personen und Flüchtlinge geführt haben. Unter Berücksichtigung dieser politischen Gesichtspunkte will ich schon vor Erlaß einer Rechtsverordnung keine Einwendungen dagegen erheben, daß aus Gründen der Billigkeit auch folgende Personen in den Genuß der Rechtsstellung eines heimatlosen Ausländers gelangen:

Ausländer, die
die Voraussetzungen des § 1 Abs. 1 b und c des Gesetzes erfüllen und als Verschleppte Personen oder Flüchtlinge unter der Obhut der IRO gestanden hätten, wenn diese bei ihren Feststellungen über die Eigenschaft eines Ausländers als Verschleppte Person oder Flüchtling an Stelle ihrer Satzung die Vorschriften und den Flüchtlingsbegriff des „Abkommens über die Rechtsstellung der Flüchtlinge vom 28. 7. 1951" (Abkommen) — vgl. Bundesgesetzbl. I 1953 S. 5 — zugrunde gelegt hätte, mit Ausnahme solcher Personen, die von der Obhut der IRO aus Gründen der Kriminalität ausgeschlossen waren.

II. Nachweis der Eigenschaft eines heimatlosen Ausländers

1. Nach § 1 Abs. 1 a des Gesetzes ist ein Ausländer, der die Rechtsstellung eines heimatlosen Ausländers beansprucht, verpflichtet nachzuweisen, daß er der Obhut der Organisation untersteht, die von der VN mit der Betreuung Verschleppter Personen und Flüchtlinge beauftragt ist. Der Nachweis über die Unterstellung einer Verschleppten Person oder eines Flüchtlings unter das Mandat dieser Organisation ergibt sich in der Regel aus den von der IRO ausgestellten Ausweisen. Bescheinigungen über die Eigenschaft einer Verschleppten Person oder eines Flüchtlings werden nach Auflösung der IRO weder von dem Hohen Kommissar ausgestellt, noch sind andere Organisationen (z. B. PICMME, ICEM oder Vereinigungen ausländischer Flüchtlinge) befugt, sie zu erteilen.

Im Hinblick auf die Verschiedenheit der je nach den Betreuungsstufen von der IRO ausgestellten Ausweise (IRO-Mandate oder Identity Cards) habe ich keine Bedenken dagegen, daß, von offenbar zu Unrecht erlangten Bescheinigungen abgesehen, alle von dieser Organisation während der Zeit ihrer Tätigkeit ausgestellten Bescheinigungen grundsätzlich als ausreichender Nachweis der Betreuung angesehen werden. Im übrigen kann die Betreuung durch die IRO auch durch andere geeignete Nachweise, gegebenenfalls aus den Unterlagen über die Übergabe der Verschleppten Personen und Flüchtlinge, festgestellt werden. Eine Einsichtnahme in die von der ehemaligen IRO geführten Akten ist zurzeit allerdings nicht möglich; sie werden erst im Laufe des Jahres wieder zugänglich gemacht werden. Anfragen über die ehemalige IRO-Betreuung beim Hohen Kommissar sind zwecklos.

2. Bei Verschleppten Personen und Flüchtlingen, die aus Billigkeitsgründen eine gleiche Behandlung wie heimatlose Ausländer erfahren, bitte ich, alle zum Nachweis der Verschleppten- oder Flüchtlingseigenschaft geeigneten Beweismittel zuzulassen.

3. Die nach § 1 Abs. 1 c des Gesetzes erforderliche Feststellung des Aufenthalts im Bundesgebiet oder Berlin (West) am 30. 6. 1950 begegnet häufig Schwierigkeiten, da Verschleppte Personen oder Flüchtlinge überwiegend meldepolizeilich nicht erfaßt wurden oder die IRO-Lagerakten hierüber keine Auskunft geben. Auch aus dem Ausstellungsdatum der IRO-Bescheinigung kann nicht ohne weiteres geschlossen werden, ob der Ausländer am 30. 6. 1950 seinen Aufenthalt im Bundesgebiet oder Berlin (West) gehabt hat. Das gilt insbesondere für Ausweise, die nach dem 30. 6. 1950 im Wege einer Umtauschaktion seitens der IRO ausgestellt worden sind. In diesen Fällen bitte ich, erforderlichenfalls eine Glaubhaftmachung, z. B. durch Bekundung von Personen über Umstände, die auf den Aufenthalt am Stichtag im Bundesgebiet oder Berlin (West) schließen lassen, als ausreichend anzusehen.

III. Freizügigkeit und ausländerpolizeiliche Aufenthaltserlaubnis

Die Vorschrift des § 12 des Gesetzes, nach der heimatlose Ausländer in der Wahl ihres Aufenthaltsortes und in der Freizügigkeit innerhalb des Bundesgebietes den deutschen Staatsangehörigen gleichgestellt sind, hat zu der Annahme Anlaß gegeben, daß diese Personen im Bundesgebiet keiner Aufenthaltserlaubnis nach den Vorschriften der Ausländerpolizeiverordnung vom 22. 8. 1938 (RGBl. I S. 1053) bedürfen. Auf die Unterlassung der Nachprüfung, ob Ausländer heimatlose Ausländer nach § 1 des Gesetzes sind und einer Aufenthaltserlaubnis bedürfen, sind die mir von den Ländern mitgeteilten Schwierigkeiten auf ausländerpolizeilichem und wirtschaftlichem, insbesondere devisenwirtschaftlichem Gebiete weitgehend zurückzuführen.

1. Für die Beurteilung der Frage, ob heimatlose Ausländer eine Aufenthaltserlaubnis nach den Vorschriften der Ausländerpolizeiverordnung benötigen, bedarf es zunächst einer Klarstellung der Begriffe „Freizügigkeit" und „Aufenthaltserlaubnis".

Die Freizügigkeit beinhaltet das aus der Gebietszugehörigkeit entspringende Recht einer Person, innerhalb eines Staatsgebietes Wohnsitz und Aufenthalt frei zu wählen.

Die Aufenthaltserlaubnis beinhaltet die Berechtigung einer Person zum Aufenthalt in einem fremden Staatsgebiet oder — um einen international eingeführten Ausdruck zu verwenden — die „Zulassung zu einem Staatsgebiet". Aufenthaltserlaubnis und Freizügigkeit sind daher selbständige und verschiedene Rechtsgebiete.

Die Auffassung, daß die Freizügigkeit die ausländerpolizeiliche Aufenthaltserlaubnis nicht einschließt, wie dies zutreffend z. B. von den Innenministerien der Länder Baden-Württemberg und Schleswig-Holstein stets vertreten worden ist, wird durch die Entstehungsgeschichte des § 12 des Gesetzes bestätigt. Nach der Begründung des Gesetzes soll § 12 dem Art. 21 des Berichtes des ad hoc-Ausschusses für Staatenlosigkeit und verwandte Probleme, der gemäß Beschluß des Wirtschafts- und Sozialrats der Vereinten Nationen vom 8. 8. 1949 gebildet wurde, entsprechen. Nach diesem Bericht sollen die vertragschließenden Staaten den Flüchtlingen das Recht der Wahl ihres Aufenthaltsortes und die Freizügigkeit innerhalb des Staatsgebietes einräumen, die „sich rechtmäßig in ihrem Staatsgebiet aufhalten", und zwar nach Maßgabe „der Vorschriften, die unter den gleichen Umständen allgemein auf Ausländer angewandt werden". Art. 26 des Abkommens über die Rechtsstellung der Flüchtlinge vom 28. 7. 1951, der aus Art. 21 des Entwurfs des ad hoc-Ausschusses hervorgegangen ist, enthält die gleiche Regelung. Diese Bestimmung, die der Verwaltungspraxis der ausländischen Staaten entspricht, hat bei den Beratungen über das Abkommen die Zustimmung von 25 Nationen gefunden. Es ist daher kein Zweifel möglich, daß nach allgemeiner Auffassung der sachliche Geltungsbereich der Bestimmungen über die Freizügigkeit sich nicht auf die Berechtigung zum Aufenthalt im Staatsgebiet erstrecken sollte. Vorschriften, durch die Ausländern die Gleichstellung oder Gleichbehandlung mit Staatsangehörigen eingeräumt wird, haben im übrigen in Ländern, in denen die Freizügigkeit Ausländern allgemein für das Staatsgebiet gewährt wird — soweit nicht im Einzelfall für bestimmte Teile des Staatsgebietes der Aufenthalt verboten ist — stets nur deklaratorischen Charakter. Der Vorschrift des § 12 kam beim Erlaß des Gesetzes allerdings insofern Bedeutung zu, als hierdurch für die in die deutsche Verwaltung übernommenen Verschleppten Personen und Flüchtlinge die Freizügigkeit wieder eingeführt wurde, die vorher für Verschleppte Personen und Flüchtlinge durch die Vorschriften der Besatzungsbehörden über die Genehmigung für Wohnsitzverlegungen innerhalb des Bundesgebietes beschränkt war.

Mit Recht wird daher auch in der Begründung zu § 12 des Gesetzes ausgeführt, daß heimatlose Ausländer durch die ihnen gewährte Freizügigkeit die Eigenschaft von Ausländern nicht verlieren. Eine Bestätigung erfährt diese Auffassung durch die Vorschrift des § 4 des Gesetzes, nach der heimatlose Ausländer den geltenden Gesetzen und Vorschriften einschließlich den zur Aufrechterhaltung der öffentlichen Sicherheit und Ordnung ergriffenen Maßnahmen unterworfen sind. Der Aufenthalt der heimatlosen Ausländer wird daher, wie bei allen Ausländern, durch die Vorschriften der Ausländerpolizeiverordnung geregelt. Das freie Ermessen der Ausländerpolizeibehörden bei der Erteilung der Aufenthaltserlaubnis ist insofern eingeschränkt, als die Ausländerpolizeibehörde die besondere Aufenthaltserlaubnis nach § 2 der Ausländerpolizeiverordnung nicht versagen kann, wenn die Nachprüfung ergibt, daß der Ausländer kraft Gesetzes die Rechtsstellung eines heimatlosen Ausländers erlangt hat (§ 1 oder § 2 des Gesetzes), es sei denn, daß die Voraussetzungen des § 23 des Gesetzes über die Ausweisung heimatloser Ausländer gegeben sind.

2. Die Entscheidung über die Feststellung, ob heimatlose Ausländer die Rechtsstellung nach dem Gesetz erlangt haben, und die damit zusammenhängende Erteilung der Aufenthaltserlaubnis, ist ausschließlich deutsche Angelegenheit. Es empfiehlt sich, diese Entscheidung in die Zuständigkeit einer Behörde, und zwar der Ausländerpolizeibehörde, zu legen, die hierbei zweckmäßigerweise alle in den Ländern mit heimatlosen Ausländern befaßten Behörden zu beteiligen hat.

3. Hinsichtlich der aufenthalts- und ausweisrechtlichen Behandlung der Angehörigen von Wach- und Arbeitseinheiten der Besatzungsmächte behalte ich mir gesonderte Mitteilung vor.

IV. Ausstattung der heimatlosen Ausländer mit amtlichen Ausweisen

A. Ausweispflicht der heimatlosen Ausländer

1. Nach § 2 des Gesetzes über das Paßwesen vom 4. 3. 1952 (Bundesgesetzbl. I S. 290)[1]) ist jeder Ausländer, der sich im Bundesgebiet aufhält,

verpflichtet, sich durch einen gültigen Paß über seine Person auszuweisen. Durch diese Vorschrift wurde die aus der früheren Rechtslage zu verstehende Bestimmung des § 1 Abs. 2 des Gesetzes über Personalausweise vom 19. 12. 1950 (Bundesgesetzbl. I S. 807)[2]) außer Wirksamkeit gesetzt. Heimatlose Ausländer können sich daher nicht mehr durch Personalausweise rechtswirksam ausweisen.

Ausländern, die nach den Feststellungen der Ausländerpolizeibehörden die Eigenschaft eines heimatlosen Ausländers besitzen und zum Aufenthalt im Bundesgebiet oder Berlin (West) berechtigt sind, bitte ich, da sie stets die Voraussetzungen des Londoner Abkommens vom 15. 10. 1946 erfüllen (Bundesgesetzbl. II 1951 S. 160), Reiseausweise gemäß Ziffer 43 der Allgemeinen Verwaltungsvorschriften zur Ausführung des Paßgesetzes vom 15. 8. 1952 (GMBl. S. 227) durch die Paßbehörden erteilen zu lassen. Die Ausstellung von Fremdenpässen an diese Personen ist unzulässig, es sei denn, daß die Ausstellung der Londoner Reiseausweise aus Gründen des § 7 Abs. 1 a—d des Paßgesetzes (s. nachstehende Ziffer 4) versagt werden muß. Von einer Einbehaltung der von der IRO erteilten Bescheinigung bitte ich abzusehen, falls heimatlose Ausländer diesen Wunsch vorbringen.

2. Da die Londoner Ausweise keine Eintragung über die Staatsangehörigkeit des Inhabers verlangen, erübrigen sich Ermittlungen über die Staatsangehörigkeitsverhältnisse der heimatlosen Ausländer (vgl. auch § 28 der Allgemeinen Verwaltungsvorschriften zur Ausführung des Paßgesetzes).

3. Angehörigen der Baltischen Staaten, die im Besitze von nationalen Pässen der Vertretungen Lettlands, Estlands und Litauens sind, ist die Wahl zu überlassen, ob sie ihrer Ausweispflicht durch Nationalpässe oder Londoner Ausweise mit dem Vermerk über die Rechtsstellung als heimatloser Ausländer genügen wollen. Legen sie nach Belehrung über die Rechtsfolgen ihrer Wahl auf den Gebrauch ihrer Heimatpässe Wert, bitte ich, von der Eintragung des Vermerks über die Rechtsstellung als heimatloser Ausländer abzusehen.

4. Soweit heimatlose Ausländer aus Sicherheitsgründen (Vormerkliste) Reisebeschränkungen unterworfen sind, bitte ich, ihnen Fremdenpässe unter Beschränkung des Geltungsbereichs auf das Inland auszustellen (vgl. § 32 Abs. 2 der Allgemeinen Verwaltungsvorschriften zur Ausführung des Paßgesetzes). Da es diesen Personen nicht zugemutet werden kann, Staatsangehörigkeitsausweise der Länder vorzulegen, die sie wegen politischer Verfolgung verlassen haben, und es schwierig ist, ihre Staatsangehörigkeit durch die deutschen Behörden festzustellen, bitte ich, bei ihnen in der Staatsangehörigkeitsspalte die Bezeichnung „ungeklärt“ einzutragen.

---

[1]) Veröffentlicht im GMBl. Nr. 18/1952 S. 223.
[2]) Veröffentlicht im GMBl. Nr. 19/1950 S. 144.

B. Eintragung eines Vermerks über die Eigenschaft als heimatloser Ausländer und über die Aufenthaltserlaubnis in Londoner Ausweise und Fremdenpässe

1. Da die Aufenthaltserlaubnis nach der Ausländerpolizeiverordnung einem ausländischen Visum insoweit entspricht, als durch dieses neben der Erlaubnis zum Grenzübertritt auch eine Erlaubnis zum Aufenthalt erteilt wird, bestehen keine Bedenken, die Aufenthaltserlaubnis in der ersten freien für Visen vorgesehenen Seite des Londoner Ausweises oder Fremdenpasses zu vermerken. An Stelle der in der Besprechung im Bundesministerium des Innern vom 21. 5. 1952 empfohlenen Eintragung bitte ich, zum Nachweis der Rechtsstellung als heimatloser Ausländer und der Berechtigung zum Aufenthalt im Bundesgebiet sowie zur Erleichterung der Prüfung durch die Behörden (Arbeits-, Finanzämter usw.) nunmehr einheitlich einen Vermerk im Paß oder Paßersatz in Größe 75 x 75 mm mit folgendem Wortlaut einzustempeln:

Aufenthaltserlaubnis

Der Inhaber des Passes — Reiseausweises — ist heimatloser Ausländer nach dem Gesetz über die Rechtsstellung heimatloser Ausländer im Bundesgebiet und zum Aufenthalt im Gebiet der Bundesrepublik Deutschland berechtigt.

Rundstempel — Ort, den .... 195..
Behörde
I. A.

2. Da heimatlose Ausländer, die ihren gewöhnlichen Aufenthalt außerhalb des Bundesgebietes oder Berlin (West) nehmen (z. B. Auswanderer), nach § 2 Abs. 1 des Gesetzes die Rechtsstellung eines heimatlosen Ausländers verlieren, ist der Vermerk in ihrem Paß oder Paßersatzpapier beim Grenzübertritt ungültig zu machen. Ein solcher Aufenthaltswechsel ist stets bei heimatlosen Ausländern anzunehmen, die sich länger als 3 Monate im Auslande aufzuhalten beabsichtigen, es sei denn, daß sie eine Bescheinigung der Melde- oder Ausländerpolizeibehörde über die Beibehaltung ihres gewöhnlichen Aufenthalts im Bundesgebiet vorlegen.

Die mit der Paßnachschau beauftragten Behörden sind mit entsprechender Weisung versehen worden.

3. Bei Ausländern, die ihren gewöhnlichen Aufenthalt nach § 2 Abs. 2 des Gesetzes (die Vorschrift des § 2 Abs. 3 des Gesetzes ist durch Zeitablauf obsolet geworden) in das Bundesgebiet oder nach Berlin (West) zurückverlegen, bitte ich, durch die Ausländerpolizeibehörden feststellen zu lassen, ob der Ausländer vor seiner Ausreise die Eigenschaft eines heimatlosen Ausländers im Sinne des § 1 des Gesetzes besessen hat und ob die Zurückverlegung des Wohnsitzes innerhalb der in § 2 Abs. 2 vorgeschriebenen Zwei-Jahresfrist seit dem Zeitpunkt der Ausreise erfolgt ist. Sind beide Voraus-

setzungen erfüllt, so bitte ich, den Vermerk nach Ziffer 1 erneut in die Pässe oder Paßersatzpapiere eintragen zu lassen. Unberührt bleiben die Vorschriften, nach denen heimatlose Ausländer, die im Besitz eines im Bundesgebiet oder Berlin (West) ausgestellten Londoner Ausweises sind, für die Rückkehr in das Bundesgebiet oder nach Berlin (West) keines Wiedereinreisesichtvermerks bedürfen (Art. 15 des Londoner Abkommens vom 15. 10. 1946 — Bundesgesetzbl. II 1951 S. 160 —).

4. Wegen der Eintragung der Aufenthaltsberechtigung für heimatlose Ausländer, die ihren gewöhnlichen Aufenthalt in Berlin (West) haben, behalte ich mir weitere Mitteilung vor.

C. Gebühren für die Erteilung der Aufenthaltserlaubnis und Ausstellung von Londoner Ausweisen oder Fremdenpässen

Was die für die Erteilung der besonderen Aufenthaltserlaubnis und Ausstellung von Londoner Ausweisen oder Fremdenpässen zu erhebenden Gebühren anlangt, bin ich der Ansicht, daß bei heimatlosen Ausländern Bedürftigkeit im Sinne von § 12 der Ausländerpolizeiverordnung und der Paßgebührenverordnung angenommen werden kann, sofern nicht das Gegenteil bekannt ist. Von diesen Ausnahmefällen abgesehen, werden daher die Gebühren weitgehend zu ermäßigen, in begründeten Fällen auch ganz zu erlassen sein.

V. Bundeseinheitliche Regelung der Ausstellung von Londoner Reiseausweisen und Fremdenpässen für heimatlose Ausländer

1. Im Interesse einer bundeseinheitlichen Regelung und zur Beseitigung der auch von dem Hohen Kommissar der Vereinten Nationen für Flüchtlinge beanstandeten Uneinheitlichkeit der Ausweisausstellung, die sich weitgehend zum Schaden der heimatlosen Ausländer auswirkt, wäre ich dankbar, wenn die Länder nunmehr nach vorstehender Regelung verfahren würden.

2. Soweit in den Ländern heimatlosen Ausländern bislang Fremdenpässe ausgestellt worden sind, bitte ich, diese, sofern nicht die Voraussetzungen des Abschnittes IV A Ziffer 4 vorliegen, von Amts wegen gebührenfrei in Londoner Ausweise umzutauschen. Ebenso bitte ich, von der vorstehenden Regelung abweichende Eintragungen über die Rechtsstellung als heimatloser Ausländer und die Aufenthaltserlaubnis durch den neuen Stempelaufdruck zu ersetzen.

3. Wegen der sich aus dem Abkommen über die Rechtsstellung der Flüchtlinge vom 28. 7. 1951 ergebenden Fragen erfolgt gesonderte Mitteilung, sobald das Abkommen als innerstaatliches Recht in Kraft getreten ist.

Mein vorstehendes Rundschreiben ergeht im Einvernehmen mit dem Auswärtigen Amt und dem Bundesminister für Vertriebene. Es tritt an die Stelle aller früheren Rundschreiben in dieser Angelegenheit.

Das Amt des Hohen Kommissars der Vereinten Nationen für Flüchtlinge in Bad Godesberg hat von dem Inhalt Kenntnis erhalten. Einwendungen sind nicht erhoben worden.

Die Vertretungen der Länder beim Bund haben Abdruck des Rundschreibens erhalten.

Die Veröffentlichung des Rundschreibens erfolgt im Gemeinsamen Ministerialblatt.

12. Abkommen über die Rechtsstellung der Flüchtlinge (Genfer Abkommen)

vom 28. Juli 1951 (BGBl. II 1953 S. 559)

Kapitel I
Allgemeine Bestimmungen

Artikel 1
Definition des Begriffs „Flüchtling"

A.

Im Sinne dieses Abkommens findet der Ausdruck „Flüchtling" auf jede Person Anwendung:

1. Die in Anwendung der Vereinbarungen vom 12. Mai 1926 und 30. Juni 1928 oder in Anwendung der Abkommen vom 28. Oktober 1933 und 10. Februar 1938 und des Protokolls vom 14. September 1939 oder in Anwendung der Verfassung der Internationalen Flüchtlingsorganisation als Flüchtling gilt.

Die von der Internationalen Flüchtlingsorganisation während der Dauer ihrer Tätigkeit getroffenen Entscheidungen darüber, daß jemand nicht als Flüchtling im Sinne ihres Statuts anzusehen ist, stehen dem Umstand nicht entgegen, daß die Flüchtlingseigenschaft Personen zuerkannt wird, die die Voraussetzungen der Ziffer 2 dieses Artikels erfüllen;

2. Die infolge von Ereignissen, die vor dem 1. Januar 1951 eingetreten sind, und aus der begründeten Furcht vor Verfolgung wegen ihrer Rasse, Religion, Nationalität, Zugehörigkeit zu einer bestimmten sozialen Gruppe oder wegen ihrer politischen Überzeugung sich außerhalb des Landes befindet, dessen Staatsangehörigkeit sie besitzt, und den Schutz dieses Landes nicht in Anspruch nehmen kann oder wegen dieser Befürchtungen nicht in Anspruch nehmen will; oder die sich als staatenlose infolge solcher Ereignisse außerhalb des Landes befindet, in welchem sie ihren gewöhnlichen Aufenthalt hatte,

und nicht dorthin zurückkehren kann oder wegen der erwähnten Befürchtungen nicht dorthin zurückkehren will.

Für den Fall, daß eine Person mehr als eine Staatsangehörigkeit hat, bezieht sich der Ausdruck „das Land, dessen Staatsangehörigkeit sie besitzt" auf jedes der Länder, dessen Staatsangehörigkeit diese Person hat. Als des Schutzes des Landes, dessen Staatsangehörigkeit sie hat, beraubt gilt nicht eine Person, die ohne einen stichhaltigen, auf eine begründete Befürchtung gestützten Grund den Schutz eines der Länder nicht in Anspruch genommen hat, deren Staatsangehörigkeit sie besitzt.

B.

1. Im Sinne dieses Abkommens können die im Artikel 1 Abschnitt A enthaltenen Worte „Ereignisse, die vor dem 1. Januar 1951 eingetreten sind" in dem Sinne verstanden werden, daß es sich entweder um

a) „Ereignisse, die vor dem 1. Januar 1951 in Europa eingetreten sind" oder

b) „Ereignisse, die vor dem 1. Januar 1951 in Europa oder anderswo eingetreten sind"

handelt. Jeder vertragschließende Staat wird zugleich mit der Unterzeichnung, der Ratifikation oder dem Beitritt eine Erklärung abgeben, welche Bedeutung er diesem Ausdruck vom Standpunkt der von ihm auf Grund dieses Abkommens übernommenen Verpflichtungen zu geben beabsichtigt.

2. Jeder vertragschließende Staat, der die Formulierung zu a) angenommen hat, kann jederzeit durch eine an den Generalsekretär der Vereinten Nationen gerichtete Notifikation seine Verpflichtungen durch Annahme der Formulierung b) erweitern.

C.

Eine Person, auf die die Bestimmungen des Absatzes A zutreffen, fällt nicht mehr unter dieses Abkommen,

1. wenn sie sich freiwillig erneut dem Schutz des Landes, dessen Staatsangehörigkeit sie besitzt, unterstellt; oder

2. wenn sie nach dem Verlust ihrer Staatsangehörigkeit diese freiwillig wiedererlangt hat; oder

3. wenn sie eine neue Staatsangehörigkeit erworben hat und den Schutz des Landes, dessen Staatsangehörigkeit sie erworben hat, genießt; oder

4. wenn sie freiwillig in das Land, das sie aus Furcht vor Verfolgung verlassen hat oder außerhalb dessen sie sich befindet, zurückgekehrt ist und sich dort niedergelassen hat; oder

5. wenn sie nach Wegfall der Umstände, auf Grund deren sie als Flüchtling anerkannt worden ist, es nicht mehr ablehnen kann, den Schutz des Landes in Anspruch zu nehmen, dessen Staatsangehörigkeit sie besitzt.

Hierbei wird jedoch unterstellt, daß die Bestimmung dieser Ziffer auf keinen Flüchtling im Sinne der Ziffer 1 des Abschnittes A dieses Artikels Anwendung findet, der sich auf zwingende, auf früheren Verfolgungen beruhende Gründe berufen kann, um die Inanspruchnahme des Schutzes des Landes abzulehnen, dessen Staatsangehörigkeit er besitzt;

6. wenn es sich um eine Person handelt, die keine Staatsangehörigkeit besitzt, falls sie nach Wegfall der Umstände, auf Grund deren sie als Flüchtling anerkannt worden ist, in der Lage ist, in das Land zurückzukehren, in dem sie ihren gewöhnlichen Wohnsitz hat.

Dabei wird jedoch unterstellt, daß die Bestimmung dieser Ziffer auf keinen Flüchtling im Sinne der Ziffer 1 des Abschnittes A dieses Artikels Anwendung findet, der sich auf zwingende, auf früheren Verfolgungen beruhende Gründe berufen kann, um die Rückkehr in das Land abzulehnen, in dem er seinen gewöhnlichen Aufenthalt hatte.

D.

Dieses Abkommen findet keine Anwendung auf Personen, die zur Zeit den Schutz oder Beistand einer Organisation oder einer Institution der Vereinten Nationen mit Ausnahme des Hohen Kommissars der Vereinten Nationen für Flüchtlinge genießen.

Ist dieser Schutz oder diese Unterstützung aus irgendeinem Grunde weggefallen, ohne daß das Schicksal dieser Personen endgültig gemäß den hierauf bezüglichen Entschließungen der Generalversammlung der Vereinten Nationen geregelt worden ist, so fallen diese Personen ipso facto unter die Bestimmungen dieses Abkommens.

E.

Dieses Abkommen findet keine Anwendung auf eine Person, die von den zuständigen Behörden des Landes, in dem sie ihren Aufenthalt genommen hat, als eine Person anerkannt wird, welche die Rechte und Pflichten hat, die mit dem Besitz der Staatsangehörigkeit dieses Landes verknüpft sind.

F.

Die Bestimmungen dieses Abkommens finden keine Anwendung auf Personen, in bezug auf die aus schwerwiegenden Gründen die Annahme gerechtfertigt ist,

a) daß sie ein Verbrechen gegen den Frieden, ein Kriegsverbrechen oder ein Verbrechen gegen die Menschlichkeit im Sinne der internationalen Vertragswerke begangen haben, die ausgearbeitet worden sind, um Bestimmungen bezüglich dieser Verbrechen zu treffen;

b) daß sie ein schweres nichtpolitisches Verbrechen außerhalb des Aufnahmelandes begangen haben, bevor sie dort als Flüchtling aufgenommen wurden;

c) daß sie sich Handlungen zuschulden kommen ließen, die den Zielen und Grundsätzen der Vereinten Nationen zuwiderlaufen.

Artikel 2
Allgemeine Verpflichtungen

Jeder Flüchtling hat gegenüber dem Land, in dem er sich befindet, Pflichten, zu denen insbesondere die Verpflichtung gehört, die Gesetze und sonstigen Rechtsvorschriften sowie die zur Aufrechterhaltung der öffentlichen Ordnung getroffenen Maßnahmen zu beachten.

Artikel 3
Verbot unterschiedlicher Behandlung

Die vertragschließenden Staaten werden die Bestimmungen dieses Abkommens auf Flüchtlinge ohne unterschiedliche Behandlung aus Gründen der Rasse, der Religion oder des Herkunftslandes anwenden.

Artikel 4
Religion

Die vertragschließenden Staaten werden den in ihrem Gebiet befindlichen Flüchtlingen in bezug auf die Freiheit der Religionsausübung und die Freiheit des Religionsunterrichts ihrer Kinder eine mindestens ebenso günstige Behandlung wie ihren eigenen Staatsangehörigen gewähren.

Artikel 5
Unabhängig von diesem Abkommen gewährte Rechte

Rechte und Vergünstigungen, die unabhängig von diesem Abkommen den Flüchtlingen gewährt werden, bleiben von den Bestimmungen dieses Abkommens unberührt.

Artikel 6
Der Ausdruck „unter den gleichen Umständen“

Im Sinne dieses Abkommens ist der Ausdrck „unter den gleichen Umständen“ dahingehend zu verstehen, daß die betreffende Person alle Bedingungen erfüllen muß (einschließlich derjenigen, die sich auf die Dauer und die Bedingungen des vorübergehenden oder des dauernden Aufenthalts beziehen), die sie erfüllen müßte, wenn sie nicht Flüchtling wäre, um das in Betracht kommende Recht in Anspruch zu nehmen, mit Ausnahme der Bedingungen, die ihrer Natur nach ein Flüchtling nicht erfüllen kann.

Artikel 7

Befreiung von der Gegenseitigkeit

1. Vorbehaltlich der in diesem Abkommen vorgesehenen günstigeren Bestimmung wird jeder vertragschließende Staat den Flüchtlingen die Behandlung gewähren, die er Ausländern im allgemeinen gewährt.

2. Nach dreijährigem Aufenthalt werden alle Flüchtlinge in dem Gebiet der vertragschließenden Staaten Befreiung von dem Erfordernis der gesetzlichen Gegenseitigkeit genießen.

3. Jeder vertragschließende Staat wird den Flüchtlingen weiterhin die Rechte und Vergünstigungen gewähren, auf die sie auch bei fehlender Gegenseitigkeit beim Inkrafttreten dieses Abkommens für diesen Staat bereits Anspruch hatten.

4. Die vertragschließenden Staaten werden die Möglichkeit wohlwollend in Erwägung ziehen, bei fehlender Gegenseitigkeit den Flüchtlingen Rechte und Vergünstigungen außer denen, auf die sie nach Ziffer 2 und 3 Anspruch haben, sowie Befreiung von dem Erfordernis der Gegenseitigkeit den Flüchtlingen zu gewähren, welche die Bedingungen von Ziffer 2 und 3 nicht erfüllen.

5. Die Bestimmungen der Ziffern 2 und 3 finden nicht nur auf die in den Artikeln 13, 18, 19, 21 und 22 dieses Abkommens genannten Rechte und Vergünstigungen Anwendung, sondern auch auf die in diesem Abkommen nicht vorgesehenen Rechte und Vergünstigungen.

Artikel 8

Befreiung von außergewöhnlichen Maßnahmen

Außergewöhnliche Maßnahmen, die gegen die Person, das Eigentum oder die Interessen der Staatsangehörigen eines bestimmten Staates ergriffen werden können, werden von den vertragschließenden Staaten auf einen Flüchtling, der formell ein Staatsangehöriger dieses Staates ist, allein wegen seiner Staatsangehörigkeit nicht angewendet. Die vertragschließenden Staaten, die nach dem bei ihnen geltenden Recht den in diesem Artikel aufgestellten allgemeinen Grundsatz nicht anwenden können, werden in geeigneten Fällen Befreiungen zugunsten solcher Flüchtlinge gewähren.

Artikel 9

Vorläufige Maßnahmen

Keine der Bestimmungen dieses Abkommens hindert einen vertragschließenden Staat in Kriegszeiten oder bei Vorliegen sonstiger schwerwiegender und außergewöhnlicher Umstände daran, gegen eine bestimmte Person vorläufig die Maßnahmen zu ergreifen, die dieser Staat für seine Sicherheit für erforderlich hält, bis dieser vertragschließende Staat eine Entscheidung darüber getroffen hat, ob diese Person tatsächlich ein Flüchtling ist und die Aufrechterhaltung dieser Maßnahmen im vorliegenden Falle im Interesse der Sicherheit des Staates notwendig ist.

Artikel 10
Fortdauer des Aufenthaltes

1. Ist ein Flüchtling während des zweiten Weltkrieges zwangsverschickt und in das Gebiet eines der Vertragsstaaten verbracht worden und hält er sich dort auf, so wird die Dauer dieses Zwangsaufenthaltes als rechtmäßiger Aufenthalt in diesem Gebiet gelten.

2. Ist ein Flüchtling während des zweiten Weltkrieges aus dem Gebiet eines Vertragsstaates zwangsverschickt worden und vor Inkrafttreten dieses Abkommens dorthin zurückgekehrt, um dort seinen dauernden Aufenthalt zu nehmen, so wird die Zeit vor und nach dieser Zwangsverschickung für alle Zwecke, für die ein ununterbrochener Aufenthalt erforderlich ist, als ein ununterbrochener Aufenthalt gelten.

Artikel 11
Geflüchtete Seeleute

Bei Flüchtlingen, die ordnungsgemäß als Besatzungsangehörige eines Schiffes angeheuert sind, das die Flagge eines Vertragsstaates führt, wird dieser Staat die Möglichkeit wohlwollend in Erwägung ziehen, diesen Flüchtlingen die Genehmigung zur Niederlassung in seinem Gebiet zu erteilen und ihnen Reiseausweise auszustellen oder ihnen vorläufig den Aufenthalt in seinem Gebiete zu gestatten, insbesondere um ihre Niederlassung in einem anderen Lande zu erleichtern.

Kapitel II
Rechtsstellung

Artikel 12
Personalstatut

1. Das Personalstatut jedes Flüchtlings bestimmt sich nach dem Recht des Landes seines Wohnsitzes oder, in Ermangelung eines Wohnsitzes, nach dem Recht seines Aufenthaltslandes.

2. Die von einem Flüchtling vorher erworbenen und sich aus seinem Personalstatut ergebenden Rechte, insbesondere die aus der Eheschließung, werden von jedem vertragschließenden Staat geachtet, gegebenenfalls vorbehaltlich der Formalitäten, die nach dem in diesem Staat geltenden Recht vorgesehen sind. Hierbei wird jedoch unterstellt, daß das betreffende Recht zu demjenigen gehört, das nach den Gesetzen dieses Staates anerkannt wor-

den wäre, wenn die in Betracht kommende Person kein Flüchtling geworden wäre.

Artikel 13

Bewegliches und unbewegliches Eigentum

Die vertragschließenden Staaten werden jedem Flüchtling hinsichtlich des Erwerbs von beweglichem und unbeweglichem Eigentum und sonstiger diesbezüglicher Rechte sowie hinsichtlich von Miet-, Pacht- und sonstigen Verträgen über bewegliches und unbewegliches Eigentum eine möglichst günstige und jedenfalls nicht weniger günstige Behandlung gewähren, als sie Ausländern im allgemeinen unter den gleichen Umständen gewährt wird.

Artikel 14

Urheberrecht und gewerbliche Schutzrechte

Hinsichtlich des Schutzes von gewerblichen Rechten, insbesondere an Erfindungen, Mustern und Modellen, Warenzeichen und Handelsnamen, sowie des Schutzes von Rechten an Werken der Literatur, Kunst und Wissenschaft genießt jeder Flüchtling in dem Land, in dem er seinen gewöhnlichen Aufenthalt hat, den Schutz, der den Staatsangehörigen dieses Landes gewährt wird. Im Gebiete jedes anderen vertragschließenden Staates genießt er den Schutz, der in diesem Gebiet den Staatsangehörigen des Landes gewährt wird, in dem er seinen gewöhnlichen Aufenthalt hat.

Artikel 15

Vereinigungsrecht

Die vertragschließenden Staaten werden den Flüchtlingen, die sich rechtmäßig in ihrem Gebiet aufhalten, hinsichtlich der Vereinigungen, die nicht politischen und nicht Erwerbszwecken dienen, und den Berufsverbänden die günstigste Behandlung wie den Staatsangehörigen eines fremden Landes unter den gleichen Umständen gewähren.

Artikel 16

Zugang zu den Gerichten

1. Jeder Flüchtling hat in dem Gebiet der vertragschließenden Staaten freien und ungehinderten Zugang zu den Gerichten.

2. In dem vertragschließenden Staat, in dem ein Flüchtling seinen gewöhnlichen Aufenthalt hat, genießt er hinsichtlich des Zugangs zu den Gerichten einschließlich des Armenrechts und der Befreiung von der Sicherheitsleistung für Prozeßkosten dieselbe Behandlung wie ein eigener Staatsangehöriger.

3. In den vertragschließenden Staaten, in denen ein Flüchtling nicht seinen gewöhnlichen Aufenthalt hat, genießt er hinsichtlich der in Ziffer 2

erwähnten Angelegenheit dieselbe Behandlung wie ein Staatsangehöriger des Landes, in dem er seinen gewöhnlichen Aufenthalt hat.

Kapitel III
Erwerbstätigkeit

Artikel 17
Nichtselbständige Arbeit

1. Die vertragschließenden Staaten werden hinsichtlich der Ausübung nichtselbständiger Arbeit jedem Flüchtling, der sich rechtmäßig in ihrem Gebiet aufhält, die günstigste Behandlung gewähren, die den Staatsangehörigen eines fremden Landes unter den gleichen Umständen gewährt wird.

2. In keinem Falle werden die einschränkenden Maßnahmen, die für Ausländer oder für die Beschäftigung von Ausländern zum Schutze des eigenen Arbeitsmarktes bestehen, Anwendung auf Flüchtlinge finden, die beim Inkrafttreten dieses Abkommens durch den betreffenden Vertragsstaat bereits davon befreit waren oder eine der folgenden Bedingungen erfüllen:

a) wenn sie sich drei Jahre im Lande aufgehalten haben;

b) wenn sie mit einer Person, die die Staatsangehörigkeit des Aufenthaltslandes besitzt, die Ehe geschlossen haben. Ein Flüchtling kann sich nicht auf die Vergünstigung dieser Bestimmung berufen, wenn er seinen Ehegatten verlassen hat;

c) wenn sie ein oder mehrere Kinder haben, die die Staatsangehörigkeit des Aufenthaltslandes besitzen.

3. Die vertragschließenden Staaten werden hinsichtlich der Ausübung nichtselbständiger Arbeit Maßnahmen wohlwollend in Erwägung ziehen, um alle Flüchtlinge, insbesondere diejenigen, die im Rahmen eines Programmes zur Anwerbung von Arbeitskräften oder eines Einwanderungsplanes in ihr Gebiet gleichzukommen sind, den eigenen Staatsangehörigen rechtlich gleichzustellen.

Artikel 18
Selbständige Tätigkeit

Die vertragschließenden Staaten werden den Flüchtlingen, die sich rechtmäßig in ihrem Gebiet befinden, hinsichtlich der Ausübung einer selbständigen Tätigkeit in Landwirtschaft, Industrie, Handwerk und Handel sowie der Errichtung von Handels- und industriellen Unternehmen eine möglichst günstige und jedenfalls nicht weniger günstige Behandlung gewähren, als sie Ausländern im allgemeinen unter den gleichen Umständen gewährt wird.

Artikel 19
Freie Berufe

1. Jeder vertragschließende Staat wird den Flüchtlingen, die sich rechtmäßig in seinem Gebiet aufhalten, Inhaber von durch die zuständigen Behörden dieses Staates anerkannten Diplomen sind und einen freien Beruf auszuüben wünschen, eine möglichst günstige und jedenfalls nicht weniger günstige Behandlung gewähren, als sie Ausländern im allgemeinen unter den gleichen Umständen gewährt wird.

2. Die vertragschließenden Staaten werden alles in ihrer Macht Stehende tun, um im Einklang mit ihren Gesetzen und Verfassungen die Niederlassung solcher Flüchtlinge in den außerhalb des Mutterlandes gelegenen Gebieten sicherzustellen, für deren internationale Beziehungen sie verantwortlich sind.

Kapitel IV
Wohlfahrt

Artikel 20
Rationierung

Falls ein Rationierungssystem besteht, dem die Bevölkerung insgesamt unterworfen ist und das die allgemeine Verteilung von Erzeugnissen regelt, an denen Mangel herrscht, werden Flüchtlinge wie Staatsangehörige behandelt.

Artikel 21
Wohnungswesen

Hinsichtlich des Wohnungswesens werden die vertragschließenden Staaten insoweit, als diese Angelegenheit durch Gesetze oder sonstige Rechtsvorschriften geregelt ist oder der Überwachung öffentlicher Behörden unterliegt, den sich rechtmäßig in ihrem Gebiet aufhaltenden Flüchtlingen eine möglichst günstige und jedenfalls nicht weniger günstige Behandlung gewähren, als sie Ausländern im allgemeinen unter den gleichen Umständen gewährt wird.

Artikel 22
Öffentliche Erziehung

1. Die vertragschließenden Staaten werden den Flüchtlingen dieselbe Behandlung wie ihren Staatsangehörigen hinsichtlich des Unterrichts in Volksschulen gewähren.

2. Für über die Volksschule hinausgehenden Unterricht, insbesondere die Zulassung zum Studium, die Anerkennung von ausländischen Studienzeugnissen, Diplomen und akademischen Titeln, den Erlaß von Gebühren

und Abgaben und die Zuerkennung von Stipendien, werden die vertragschließenden Staaten eine möglichst günstige und in keinem Falle weniger günstige Behandlung gewähren als sie Ausländern im allgemeinen unter den gleichen Bedingungen gewährt wird.

Artikel 23

Die vertragschließenden Staaten werden den Flüchtlingen, die sich rechtmäßig in ihrem Staatsgebiet aufhalten, auf dem Gebiet der öffentlichen Fürsorge und sonstigen Hilfeleistungen die gleiche Behandlung wie ihren eigenen Staatsangehörigen gewähren.

Artikel 24

Arbeitsrecht und soziale Sicherheit

1. Die vertragschließenden Staaten werden den Flüchtlingen, die sich rechtmäßig in ihrem Gebiet aufhalten, dieselbe Behandlung gewähren wie ihren Staatsangehörigen, wenn es sich um folgende Angelegenheiten handelt:

a) Lohn einschließlich Familienbeihilfen, wenn diese einen Teil des Arbeitsentgelts bilden, Arbeitszeit, Überstunden, bezahlter Urlaub, Einschränkungen der Heimarbeit, Mindestalter für die Beschäftigung, Lehrzeit und Berufsausbildung, Arbeit von Frauen und Jugendlichen und Genuß der durch Tarifverträge gebotenen Vergünstigungen, soweit alle diese Fragen durch das geltende Recht geregelt sind oder in die Zuständigkeit der Verwaltungsbehörden fallen;

b) Soziale Sicherheit (gesetzliche Bestimmungen bezüglich der Arbeitsunfälle, der Berufskrankheiten, der Mutterschaft, der Krankheit, der Arbeitsunfähigkeit, des Alters und des Todes, der Arbeitslosigkeit, des Familienunterhalts sowie jedes anderen Wagnisses, das nach dem im betreffenden Land geltenden Recht durch ein System der sozialen Sicherheit gedeckt wird) vorbehaltlich

(i) geeigneter Abmachungen über die Aufrechterhaltung der erworbenen Rechte und Anwartschaften,

(ii) besondere Bestimmungen, die nach dem im Aufenthaltsland geltenden Recht vorgeschrieben sind und die Leistungen oder Teilleistungen betreffen, die ausschließlich aus öffentlichen Mitteln bestritten werden, sowie Zuwendungen an Personen, die nicht für die Gewährung einer normalen Rente geforderten Bedingungen der Beitragsleistung erfüllen.

2. Das Recht auf Leistung, das durch den Tod eines Flüchtlings infolge eines Arbeitsunfalles oder einer Berufskrankheit entsteht, wird nicht dadurch berührt, daß sich der Berechtigte außerhalb des Gebietes des vertragschließenden Staates aufhält.

3. Die vertragschließenden Staaten werden auf die Flüchtlinge die Vorteile der Abkommen erstrecken, die sie hinsichtlich der Aufrechterhaltung

der erworbenen Rechte und Anwartschaften auf dem Gebiete der sozialen Sicherheit untereinander abgeschlossen haben oder abschließen werden, soweit die Flüchtlinge die Bedingungen erfüllen, die für Staatsangehörige der Unterzeichnerstaaten der in Betracht kommenden Abkommen vorgesehen sind.

4. Die vertragschließenden Staaten werden wohlwollend die Möglichkeit prüfen, die Vorteile ähnlicher Abkommen, die zwischen diesen vertragschließenden Staaten und Nichtvertragsstaaten in Kraft sind oder sein werden, soweit wie möglich auf Flüchtlinge auszudehnen.

Kapitel V
Verwaltungsmaßnahmen

Artikel 25
Verwaltungshilfe

1. Würde die Ausübung eines Rechts durch einen Flüchtling normalerweise die Mitwirkung ausländischer Behörden erfordern, die er nicht in Anspruch nehmen kann, so werden die vertragschließenden Staaten, in deren Gebiet er sich aufhält, dafür sorgen, daß ihm diese Mitwirkung entweder durch ihre eigenen Behörden oder durch eine internationale Behörde zuteil wird.

2. Die in Ziffer 1 bezeichneten Behörden werden Flüchtlingen diejenigen Urkunden und Bescheinigungen ausstellen oder unter ihrer Aufsicht ausstellen lassen, die Ausländern normalerweise von den Behörden ihres Landes oder durch deren Vermittlung ausgestellt werden.

3. Die so ausgestellten Urkunden oder Bescheinigungen werden die amtlichen Schriftstücke ersetzen, die Ausländern von den Behörden ihres Landes oder durch deren Vermittlung ausgestellt werden; sie werden bis zum Beweis des Gegenteils als gültig angesehen.

4. Vorbehaltlich der Ausnahmen, die zugunsten Bedürftiger zuzulassen wären, können für die in diesem Artikel erwähnten Amtshandlungen Gebühren verlangt werden; diese Gebühren sollen jedoch niedrig sein und müssen denen entsprechen, die von eigenen Staatsangehörigen für ähnliche Amtshandlungen erhoben werden.

5. Die Bestimmungen dieses Artikels berühren nicht die Artikel 27 und 28.

Artikel 26
Freizügigkeit

Jeder vertragschließende Staat wird den Flüchtlingen, die sich rechtmäßig in seinem Gebiet befinden, das Recht gewähren, dort ihren Aufenthalt zu wählen und sich frei zu bewegen, vorbehaltlich der Bestimmungen, die allgemein auf Ausländer unter den gleichen Umständen Anwendung finden.

Artikel 27

Personalausweise

Die vertragschließenden Staaten werden jedem Flüchtling, der sich in ihrem Gebiet befindet und keinen gültigen Reiseausweis besitzt, einen Personalausweis ausstellen.

Artikel 28

Reiseausweise

1. Die vertragschließenden Staaten werden den Flüchtlingen, die sich rechtmäßig in ihrem Gebiet aufhalten, Reiseausweise ausstellen, die ihnen Reisen außerhalb dieses Gebietes gestatten, es sei denn, daß zwingende Gründe der öffentlichen Sicherheit oder Ordnung entgegenstehen; die Bestimmungen des Anhanges zu diesem Abkommen werden auf diese Ausweise Anwendung finden. Die vertragschließenden Staaten können einen solchen Reiseausweis jedem anderen Flüchtling ausstellen, der sich in ihrem Gebiet befindet; sie werden ihre Aufmerksamkeit besonders jenen Flüchtlingen zuwenden, die sich in ihrem Gebiet befinden und nicht in der Lage sind, einen Reiseausweis von dem Staat zu erhalten, in dem sie ihren rechtmäßigen Aufenthalt haben.

2. Reiseausweise, die auf Grund früherer internationaler Abkommen von den Unterzeichnerstaaten ausgestellt worden sind, werden von den vertragschließenden Staaten anerkannt und so behandelt werden, als ob sie den Flüchtlingen auf Grund dieses Artikels ausgestellt worden wären.

Artikel 29

Steuerliche Lasten

1. Die vertragschließenden Staaten werden von den Flüchtlingen keine anderen oder höheren Gebühren, Abgaben oder Steuern, gleichviel unter welcher Bezeichnung, erheben, als unter ähnlichen Verhältnissen von ihren eigenen Staatsangehörigen jetzt oder künftig erhoben werden.

2. Die Bestimmungen der vorstehenden Ziffer schließen nicht aus, die Gesetze und sonstigen Rechtsvorschriften über Gebühren für die Ausstellung von Verwaltungsurkunden einschließlich Personalausweisen an Ausländer auf Flüchtlinge anzuwenden.

Artikel 30

Überführen von Vermögenswerten

1. Jeder vertragschließende Staat wird in Übereinstimmung mit den Gesetzen und sonstigen Rechtsvorschriften des Landes den Flüchtlingen gestatten, die Vermögenswerte, die sie in sein Gebiet gebracht haben, in das Gebiet eines anderen Landes zu überführen, in dem sie zwecks Wiederansiedlung aufgenommen worden sind.

2. Jeder vertragschließende Staat wird die Anträge von Flüchtlingen wohlwollend in Erwägung ziehen, die auf die Erlaubnis gerichtet sind, alle anderen Vermögenswerte, die zu ihrer Wiederansiedlung erforderlich sind, in ein anderes Land zu überführen, in dem sie zur Wiederansiedlung aufgenommen worden sind.

Artikel 31

Flüchtlinge, die sich nicht rechtmäßig im Aufnahmeland aufhalten

1. Die vertragschließenden Staaten werden wegen unrechtmäßiger Einreise oder Aufenthalts keine Strafen gegen Flüchtlinge verhängen, die unmittelbar aus einem Gebiet kommen, in dem ihr Leben oder ihre Freiheit im Sinne von Artikel 1 bedroht waren und die ohne Erlaubnis in das Gebiet der vertragschließenden Staaten einreisen oder sich dort aufhalten, vorausgesetzt, daß sie sich unverzüglich bei den Behörden melden und Gründe darlegen, die ihre unrechtmäßige Einreise oder ihren unrechtmäßigen Aufenthalt rechtfertigen.

2. Die vertragschließenden Staaten werden den Flüchtlingen beim Wechsel des Aufenthaltsorts keine Beschränkungen auferlegen, außer denen, die notwendig sind; diese Beschränkungen werden jedoch nur solange Anwendung finden, bis die Rechtsstellung dieser Flüchtlinge im Aufnahmeland geregelt oder es ihnen gelungen ist, in einem anderen Land Aufnahme zu erhalten. Die vertragschließenden Staaten werden diesen Flüchtlingen eine angemessene Frist sowie alle notwendigen Erleichterungen zur Aufnahme in einem anderen Land gewähren.

Artikel 32

Ausweisung

1. Die vertragschließenden Staaten werden einen Flüchtling, der sich rechtmäßig in ihrem Gebiet befindet, nur aus Gründen der öffentlichen Sicherheit oder Ordnung ausweisen.

2. Die Ausweisung eines Flüchtlings darf nur in Ausführung einer Entscheidung erfolgen, die in einem durch gesetzliche Bestimmungen geregelten Verfahren ergangen ist. Soweit nicht zwingende Gründe für die öffentliche Sicherheit entgegenstehen, soll dem Flüchtling gestattet werden, Beweise zu seiner Entlastung beizubringen, ein Rechtsmittel einzulegen und sich zu diesem Zweck vor einer zuständigen Behörde oder vor einer oder mehreren Personen, die von der zuständigen Behörde besonders bestimmt sind, vertreten zu lassen.

3. Die vertragschließenden Staaten werden einem solchen Flüchtling eine angemessene Frist gewähren, um ihm die Möglichkeit zu geben, in einem anderen Lande um rechtmäßige Aufnahme nachzusuchen. Die vertragschließenden Staaten behalten sich vor, während dieser Frist diejenigen

Maßnahmen anzuwenden, die sie zur Aufrechterhaltung der inneren Ordnung für zweckdienlich erachten.

Artikel 33

Verbot der Ausweisung und Zurückweisung

1. Keiner der vertragschließenden Staaten wird einen Flüchtling auf irgendeine Weise über die Grenzen von Gebieten ausweisen oder zurückweisen, in denen sein Leben oder seine Freiheit wegen seiner Rasse, Religion, Staatsangehörigkeit, seiner Zugehörigkeit zu einer bestimmten sozialen Gruppe oder wegen seiner politischen Überzeugung bedroht sein würde.

2. Auf die Vergünstigung dieser Vorschrift kann sich jedoch ein Flüchtling nicht berufen, der aus schwerwiegenden Gründen als eine Gefahr für die Sicherheit des Landes anzusehen ist, in dem er sich befindet, oder der eine Gefahr für die Allgemeinheit dieses Staates bedeutet, weil er wegen eines Verbrechens oder eines besonders schweren Vergehens rechtskräftig verurteilt wurde.

Artikel 34

Einbürgerung

Die vertragschließenden Staaten werden soweit wie möglich die Eingliederung und Einbürgerung der Flüchtlinge erleichtern. Sie werden insbesondere bestrebt sein, Einbürgerungsverfahren zu beschleunigen und die Kosten dieses Verfahrens soweit wie möglich herabzusetzen.

Kapitel VI

Durchführungs- und Übergangsbestimmungen

Artikel 35

Zusammenarbeit der staatlichen Behörden mit den Vereinten Nationen

1. Die vertragschließenden Staaten verpflichten sich zur Zusammenarbeit mit dem Amt des Hohen Kommissars der Vereinten Nationen für Flüchtlinge oder jeder ihm etwa nachfolgenden anderen Stelle der Vereinten Nationen bei der Ausübung seiner Befugnisse, insbesondere zur Erleichterung seiner Aufgabe, die Durchführung der Bestimmungen dieses Abkommens zu überwachen.

2. Um es dem Amt des Hohen Kommissars oder jeder ihm etwa nachfolgenden anderen Stelle der Vereinten Nationen zu ermöglichen, den zuständigen Organen der Vereinten Nationen Berichte vorzulegen, verpflichten sich die vertragschließenden Staaten, ihm in geeigneter Form die erbetenen Auskünfte und statistischen Angaben zu liefern über

a) die Lage der Flüchtlinge,
b) die Durchführung dieses Abkommens
und
c) die Gesetze, Verordnungen und Verwaltungsvorschriften, die in bezug auf Flüchtlinge jetzt oder künftig in Kraft sind.

Artikel 36

Auskünfte über innerstaatliche Rechtsvorschriften

Die vertragschließenden Staaten werden dem Generalsekretär der Vereinten Nationen den Wortlaut der Gesetze und sonstiger Rechtsvorschriften mitteilen, die sie etwa erlassen werden, um die Durchführung dieses Abkommens sicherzustellen.

Artikel 37

Beziehung zu früher geschlossenen Abkommen

Unbeschadet der Bestimmungen seines Artikels 28 Ziffer 2 tritt dieses Abkommen im Verhältnis zwischen den vertragschließenden Staaten an die Stelle der Vereinbarungen vom 5. Juli 1922, 31. Mai 1924, 12. Mai 1926, 30. Juni 1928 und 30. Juli 1935 sowie der Abkommen vom 28. Oktober 1933, 10. Februar 1938, des Protokolls vom 14. September 1939 und der Vereinbarung vom 15. Oktober 1946.

Kapitel VII

Schlußbestimmungen

Artikel 38

Regelung von Streitfällen

Jeder Streitfall zwischen den Parteien dieses Abkommens über dessen Auslegung oder Anwendung, der auf andere Weise nicht beigelegt werden kann, wird auf Antrag einer der an dem Streitfall beteiligten Parteien dem Internationalen Gerichtshof vorgelegt.

Artikel 39

Unterzeichnung, Ratifikation und Beitritt

1. Dieses Abkommen liegt in Genf am 28. Juli 1951 zur Unterzeichnung auf und wird nach diesem Zeitpunkt beim Generalsekretär der Vereinten Nationen hinterlegt. Es liegt vom 28. Juli bis 31. August 1951 im Europäischen Büro der Vereinten Nationen zur Unterzeichnung auf, sodann erneut vom 17. September 1951 bis 31. Dezember 1952 am Sitz der Organisation der Vereinten Nationen.

2. Dieses Abkommen liegt zur Unterzeichnung durch alle Mitgliedstaaten der Organisation der Vereinten Nationen, durch jeden Nicht-Mitgliedstaat, der zur Konferenz der Bevollmächtigten über die Rechtsstellung der Flücht-

linge und Staatenlosen eingeladen war, sowie durch jeden anderen Staat auf, den die Vollversammlung zur Unterzeichnung einlädt. Das Abkommen ist zu ratifizieren; die Ratifikations-Urkunden sind beim Generalsekretär der Vereinten Nationen zu hinterlegen.

3. Die in Ziffer 2 dieses Artikels bezeichneten Staaten können diesem Abkommen vom 28. Juli 1951 an beitreten. Der Beitritt erfolgt durch Hinterlegung einer Beitrittsurkunde beim Generalsekretär der Vereinten Nationen.

Artikel 40

Klausel zur Anwendung auf andere Gebiete

1. Jeder Staat kann im Zeitpunkt der Unterzeichnung, der Ratifikation oder des Beitritts erklären, daß sich die Geltung dieses Abkommens auf alle oder mehrere oder eins der Gebiete erstreckt, die er in den internationalen Beziehungen vertritt. Eine solche Erklärung wird zu dem Zeitpunkt wirksam, an dem dieses Abkommen für den betreffenden Staat in Kraft tritt.

2. Eine Ausdehnung des Geltungsbereichs zu einem späteren Zeitpunkt erfolgt durch eine an den Generalsekretär der Vereinten Nationen zu richtende Mitteilung und wird am neunzigsten Tage nach dem Zeitpunkt wirksam, zu dem der Generalsekretär der Vereinten Nationen die Mitteilung erhalten hat, oder zu dem Zeitpunkt, an dem dieses Abkommen für den betreffenden Staat in Kraft tritt, wenn dieser letztgenannte Zeitpunkt später liegt.

3. Bei Gebieten, für die dieses Abkommen im Zeitpunkt der Unterzeichnung, Ratifikation oder des Beitritts nicht gilt, wird jeder beteiligte Staat die Möglichkeit prüfen, sobald wie möglich alle erforderlichen Maßnahmen zu ergreifen, um den Geltungsbereich dieses Abkommens auf diese Gebiete auszudehnen, gegebenenfalls unter dem Vorbehalt der Zustimmung der Regierungen dieser Gebiete, wenn eine solche aus verfassungsmäßigen Gründen erforderlich ist.

Artikel 41

Klausel für Bundesstaaten

Im Falle eines Bundes- oder Nichteinheitsstaates werden nachstehende Bestimmungen Anwendung finden:

a) Soweit es sich um die Artikel dieses Abkommens handelt, für die der Bund die Gesetzgebung hat, werden die Verpflichtungen der Bundesregierung dieselben sein wie diejenigen der Unterzeichnerstaaten, die keine Bundesstaaten sind.

b) Soweit es sich um die Artikel dieses Abkommens handelt, für die die einzelnen Länder, Provinzen oder Kantone, die auf Grund der Bundesverfassung zur Ergreifung gesetzgeberischer Maßnahmen nicht verpflichtet sind, die Gesetzgebung haben, wird die Bundesregierung sobald wie möglich diese Artikel den zuständigen Stellen der Länder, Provinzen oder Kantone befürwortend zur Kenntnis bringen.

c) Ein Bundesstaat als Unterzeichner dieses Abkommens wird auf das ihm durch den Generalsekretär der Vereinten Nationen übermittelte Ersuchen eines anderen vertragschließenden Staates hinsichtlich einzelner Bestimmungen des Abkommens eine Darstellung der geltenden Gesetzgebung und ihrer Anwendung innerhalb des Bundes und seiner Glieder übermitteln, aus der hervorgeht, inwieweit diese Bestimmungen durch Gesetzgebung oder sonstige Maßnahmen wirksam geworden sind.

Artikel 42

Vorbehalte

1. Im Zeitpunkt der Unterzeichnung, der Ratifikation oder des Beitritts kann jeder Staat zu den Artikeln des Abkommens, mit Ausnahme der Artikel 1, 3, 4, 16 (1), 33, 36 bis 46 einschließlich, Vorbehalte machen.

2. Jeder vertragschließende Staat, der gemäß Ziffer 1 dieses Artikels einen Vorbehalt gemacht hat, kann ihn jederzeit durch eine diesbezügliche, an den Generalsekretär der Vereinten Nationen zu richtende Mitteilung zurücknehmen.

Artikel 43

Inkrafttreten

1. Dieses Abkommen tritt am neunzigsten Tage nach dem Zeitpunkt der Hinterlegung der sechsten Ratifikations- oder Beitrittsurkunde in Kraft.

2. Für jeden der Staaten, die das Abkommen nach Hinterlegung der sechsten Ratifikations- oder Beitrittsurkunde ratifizieren oder ihm beitreten, tritt es am neunzigsten Tage nach dem Zeitpunkt der Hinterlegung der Ratifikations- oder Beitrittsurkunde dieses Staates in Kraft.

Artikel 44

Kündigung

1. Jeder vertragschließende Staat kann das Abkommen jederzeit durch eine an den Generalsekretär der Vereinten Nationen zu richtende Mitteilung kündigen.

2. Die Kündigung wird für den betreffenden Staat ein Jahr nach dem Zeitpunkt wirksam, an dem sie beim Generalsekretär der Vereinten Nationen eingegangen ist.

3. Jeder Staat, der eine Erklärung oder Mitteilung gemäß Artikel 40 gegeben hat, kann jederzeit später dem Generalsekretär der Vereinten Nationen mitteilen, daß das Abkommen auf in der Mitteilung bezeichnetes Gebiet nicht mehr Anwendung findet. Das Abkommen findet sodann ein Jahr nach dem Zeitpunkt, an dem diese Mitteilung beim Generalsekretär

eingegangen ist, auf das in Betracht kommende Gebiet keine Anwendung mehr.

Artikel 45

Revision

1. Jeder vertragschließende Staat kann jederzeit mittels einer an den Generalsekretär der Vereinten Nationen zu richtenden Mitteilung die Revision dieses Abkommens beantragen.

2. Die Vollversammlung der Vereinten Nationen empfiehlt die Maßnahmen, die gegebenenfalls in bezug auf diesen Antrag zu ergreifen sind.

Anhang

§ 1

1. Der im Artikel 28 dieses Abkommens vorgesehene Reiseausweis hat dem anliegenden Muster zu entsprechen.

2. Der Ausweis ist in mindestens zwei Sprachen abzufassen, von denen eine englisch oder französisch ist.

§ 2

Vorbehaltlich der Bestimmungen des Ausstellungslandes können die Kinder auf dem Ausweis eines der Elternteile, oder unter besonderen Umständen, eines anderen erwachsenen Flüchtlings aufgeführt werden.

§ 3

Die für die Ausstellung des Ausweises zu erhebenden Gebühren dürfen den für die Ausstellung von nationalen Pässen geltenden Mindestsatz nicht überschreiten.

§ 4

Soweit es sich nicht um besondere oder Ausnahmefälle handelt, wird der Ausweis für die größtmögliche Anzahl von Ländern ausgestellt.

§ 5

Die Geltungsdauer des Ausweises beträgt je nach Wahl der ausstellenden Behörde ein oder zwei Jahre.

§ 6

1. Zur Erneuerung oder Verlängerung der Geltungsdauer des Ausweises ist die ausstellende Behörde zuständig, solange der Inhaber sich rechtmäßig nicht in einem anderen Gebiet niedergelassen hat und rechtmäßig im Gebiet der genannten Behörde wohnhaft ist. Zur Ausstellung eines neuen Ausweises ist unter den gleichen Voraussetzungen die Behörde zuständig, die den früheren Ausweis ausgestellt hat.

2. Diplomatische oder konsularische Vertreter, die zu diesem Zweck besonders ermächtigt sind, haben das Recht, die Geltungsdauer der von ihren Regierungen ausgestellten Reiseausweise für eine Zeitdauer, die sechs Monate nicht überschreiten darf, zu verlängern.

3. Die vertragschließenden Staaten werden die Möglichkeit der Erneuerung oder Verlängerung der Geltungsdauer der Reiseausweise oder der Ausstellung neuer wohlwollend prüfen, wenn es sich um Flüchtlinge handelt, die sich nicht mehr rechtmäßig in ihrem Gebiet aufhalten und nicht in der Lage sind, von dem Lande, in dem sie rechtmäßig wohnhaft sind, einen Reiseausweis zu erhalten.

§ 7

Die vertragschließenden Staaten werden die Gültigkeit der im Einklang mit den Bestimmungen des Artikels 28 dieses Abkommens ausgestellten Ausweise anerkennen.

§ 8

Die zuständigen Behörden des Landes, in welches der Flüchtling sich zu begeben wünscht, werden, wenn sie zu seinem Aufenthalt bereit sind und ein Sichtvermerk erforderlich ist, einen Sichtvermerk auf seinem Ausweis anbringen.

§ 9

1. Die vertragschließenden Staaten verpflichten sich, den Flüchtlingen, die den Sichtvermerk ihres endgültigen Bestimmungsgebietes erhalten haben, Durchreisesichtvermerke zu erteilen.

2. Die Erteilung dieses Sichtvermerks darf nur aus Gründen verweigert werden, die jedem Ausländer gegenüber zur Verweigerung eines Sichtvermerks berechtigen würden.

§ 10

Die Gebühren für die Erteilung von Ausreise-, Einreise- oder Durchreisesichtvermerken dürfen den für ausländische Pässe geltenden Mindestsatz nicht überschreiten.

§ 11

Wechselt ein Flüchtling seinen Wohnort oder läßt er sich rechtmäßig im Gebiet eines anderen vertragschließenden Staates nieder, so geht gemäß Artikel 28 die Verantwortung für die Ausstellung eines neuen Ausweises auf die zuständige Behörde desjenigen Gebietes über, bei welcher der Flüchtling seinen Antrag zu stellen berechtigt ist.

§ 12

Die Behörde, die einen neuen Ausweis ausstellt, hat den alten Ausweis einzuziehen und an das Land zurückzusenden, das ihn ausgestellt hat, wenn in dem alten Ausweis ausdrücklich bestimmt ist, daß er an das Ausstellungsland zurückzusenden ist; im anderen Falle wird die Behörde, die den neuen Ausweis ausstellt, den alten einziehen und ihn vernichten.

§ 13

1. Jeder der vertragschließenden Staaten verpflichtet sich, dem Inhaber eines Reiseausweises, der ihm vom Staat gemäß Artikel 28 dieses Abkommens ausgestellt wurde, die Rückkehr in sein Gebiet zu einem beliebigen Zeitpunkt während der Geltungsdauer des Ausweises zu gestatten.

2. Vorbehaltlich der Bestimmungen der vorstehenden Ziffer kann ein vertragschließender Staat verlangen, daß sich der Inhaber dieses Ausweises allen Formalitäten unterwirft, die für aus- oder einreisende Personen jeweils vorgeschrieben sind.

3. Die vertragschließenden Staaten behalten sich das Recht vor, in Ausnahmefällen oder in Fällen, in denen die Aufenthaltsgenehmigung des Flüchtlings für eine ausdrücklich bestimmte Zeitdauer gültig ist, zum Zeitpunkt der Ausstellung des Ausweises den Zeitabschnitt zu beschränken, während dessen der Flüchtling zurückkehren darf; diese Zeit darf jedoch nicht weniger als drei Monate betragen.

§ 14

Unter alleinigem Vorbehalt der Bestimmungen des § 13 berühren die Bestimmungen des Anhangs in keiner Weise die Gesetze und Vorschriften, die in den Gebieten der vertragschließenden Staaten die Voraussetzungen für die Aufnahme, Durchreise, den Aufenthalt, die Niederlassung und Ausreise regeln.

§ 15

Die Ausstellung des Ausweises und die darin angebrachten Vermerke bestimmen und berühren nicht die Rechtsstellung des Inhabers, insbesondere nicht seine Staatsangehörigkeit.

§ 16

Die Ausstellung des Ausweises gibt dem Inhaber keinen Anspruch auf den Schutz der diplomatischen und konsularischen Vertreter des Ausstellungslandes und verleiht diesen Vertretern kein Schutzrecht.

13. Europäisches Übereinkommen über die Aufhebung des Sichtvermerkszwangs für Flüchtlinge

vom 20. April 1959 (BGBl. II 1961 S. 1097)

Artikel 1

(1) Flüchtlinge, die rechtmäßig ihren gewöhnlichen Aufenthalt im Hoheitsgebiet einer der Vertragsparteien haben, sind auf Grund dieses Übereinkommens und vorbehaltlich der Gegenseitigkeit bei der Einreise in das Hoheitsgebiet anderer Vertragsparteien und bei der Ausreise aus diesem Gebiet über alle Grenzen vom Sichtvermerkszwang befreit, sofern

(a) sie im Besitz eines gültigen Reiseausweises nach dem Abkommen über die Rechtsstellung der Flüchtlinge vom 28. Juli 1951 oder dem Abkommen betreffend die Ausstellung eines Reiseausweises an Flüchtlinge vom 15. Oktober 1946 sind, der von den Behörden der Vertragspartei, in deren Hoheitsgebiet sie rechtmäßig ihren gewöhnlichen Aufenthalt haben, ausgestellt ist;

(b) ihr Aufenthalt nicht länger als drei Monate dauert.

(2) Für jeden Aufenthalt von längerer Dauer als drei Monaten oder für jede Einreise in das Hoheitsgebiet einer anderen Vertragspartei in der Ab-

sicht, dort eine Erwerbstätigkeit auszuüben, kann ein Sichtvermerk gefordert werden.

Artikel 2

Der Ausdruck „Hoheitsgebiet" einer Vertragspartei hat bezüglich dieses Übereinkommens die Bedeutung, die diese Vertragspartei ihm in einer an den Generalsekretär des Europarates gerichteten Erklärung gilt.

Artikel 3

Soweit eine Vertragspartei oder mehrere Vertragsparteien es für erforderlich halten, darf die Grenze nur an zugelassenen Grenzübergangsstellen überschritten werden.

Artikel 4

(1) Die Bestimmungen dieses Übereinkommens lassen die Rechts- und Verwaltungsvorschriften über den Aufenthalt von Ausländern im Hoheitsgebiet jeder der Vertragsparteien unberührt.

(2) Jede Vertragspartei behält sich das Recht vor, Personen, die sie für unerwünscht hält, die Einreise oder den Aufenthalt in ihrem Hoheitsgebiet zu untersagen.

Artikel 5

Die Flüchtlinge, die sich auf Grund der Bestimmungen dieses Übereinkommens in das Hoheitsgebiet einer Vertragspartei begeben haben, werden jederzeit wieder in das Hoheitsgebiet der Vertragspartei übernommen, deren Behörden ihnen einen Reiseausweis ausgestellt haben, und zwar auf einfaches Ersuchen der ersteren Vertragspartei, es sei denn, daß diese Vertragspartei den Betreffenden die Niederlassung in ihrem Hoheitsgebiet gestattet hat.

Artikel 6

Dieses Übereinkommen berührt nicht die Bestimmungen des geltenden oder zukünftigen innerstaatlichen Rechts der zwei- oder mehrseitigen Verträge, Abkommen oder Übereinkommen, auf Grund derer für Flüchtlinge, die rechtmäßig ihren gewöhnlichen Aufenthalt im Gebiet einer Vertragspartei haben, günstigere Bedingungen für den Grenzübertritt anzuwenden sind.

Artikel 7

(1) Jede Vertragspartei behält sich vor, dieses Übereinkommen, mit Ausnahme der Bestimmungen des Artikels 5, aus Gründen der öffentlichen Ordnung, der öffentlichen Sicherheit oder der Volksgesundheit gegenüber allen oder bestimmten anderen Vertragsparteien nicht sofort anzuwenden oder seine Anwendung zeitweise zu unterbrechen. Diese Maßnahme ist unverzüglich dem Generalsekretär des Europarates mitzuteilen. Das gilt auch für die Wiederaufhebung einer solchen Maßnahme.

(2) Jede Vertragspartei, die sich einer der im vorstehenden Absatz vorgesehenen Möglichkeiten bedient, kann die Anwendung dieses Übereinkommens durch eine andere Vertragspartei nur verlangen, soweit sie es selbst dieser Vertragspartei gegenüber anwendet.

Artikel 8

Dieses Übereinkommen wird zur Unterzeichnung durch die Mitglieder des Europarates aufgelegt; sie können Vertragsparteien werden durch

a) Unterzeichnung ohne Vorbehalt der Ratifikation oder

b) Unterzeichnung unter Vorbehalt der Ratifikation mit nachfolgender Ratifikation.

Die Ratifikationsurkunden werden bei dem Generalsekretär des Europarates hinterlegt.

Artikel 9

(1) Dieses Übereinkommen tritt einen Monat nach dem Tage in Kraft, an dem drei Mitglieder des Rates das Übereinkommen nach Artikel 8 ohne Vorbehalt der Ratifikation unterzeichnet oder es ratifiziert haben.

(2) Für jedes Mitglied, das das Übereinkommen später ohne Vorbehalt der Ratifikation unterzeichnet oder es ratifiziert, tritt es einen Monat nach dem Tage der Unterzeichnung oder der Hinterlegung der Ratifikationsurkunde in Kraft.

Artikel 10

Nach Inkrafttreten dieses Übereinkommens kann das Ministerkomitee des Europarates durch einstimmigen Beschluß jede Regierung, die zwar nicht Mitglied des Europarates, aber Vertragspartei des Abkommens über die Rechtsstellung der Flüchtlinge vom 28. Juli 1951 oder des Abkommens betreffend die Ausstellung eines Reiseausweises an Flüchtlinge vom 15. Oktober 1946 ist, auffordern, diesem Übereinkommen beizutreten. Der Beitritt wird einen Monat nach dem Tage der Hinterlegung der Beitrittserklärung bei dem Generalsekretär des Europarates wirksam.

Artikel 11

Der Generalsekretär des Europarates teilt den Mitgliedern des Rates und den beigetretenen Staaten mit:

(a) alle Unterzeichnungen mit den etwaigen Ratifikationsvorbehalten, die Hinterlegung jeder Ratifikationsurkunde und den Tag des Inkrafttretens dieses Übereinkommens;

(b) die Hinterlegung jeder Beitrittserklärung gemäß Artikel 10;

(c) jede in Anwendung der Artikel 2, 7 und 12 eingehende Mitteilung oder Erklärung und den Zeitpunkt, in dem sie wirksam wird.

Artikel 12

Jede Vertragspartei kann für sich selbst die Anwendbarkeit dieses Übereinkommens durch eine an den Generalsekretär des Europarates zu richtende Mitteilung unter Einhaltung einer dreimonatigen Kündigungsfrist beenden.

14. Allgemeine Erklärung der Menschenrechte der Vereinten Nationen vom 10. Dezember 1948

DIE GENERALVERSAMMLUNG

verkündet die vorliegende allgemeine Erklärung der Menschenrechte als das von allen Völkern und Nationen zu erreichende Ideal, damit jeder einzelne und alle Organe der Gesellschaft sich diese Erklärung stets gegenwärtig halten und sich bemühen, durch Unterricht und Erziehung die Achtung dieser Rechte und Freiheiten zu fördern und durch fortschreitende Maßnahmen im nationalen und internationalen Bereiche ihre allgemeine Anerkennung und Verwirklichung bei der Bevölkerung sowohl der Mitgliedstaaten wie der ihrer Oberhoheit unterstehenden Gebiete zu gewährleisten.

Artikel 1

Alle Menschen sind frei und gleich an Würde und Rechten geboren. Sie sind mit Vernunft und Gewissen begabt und sollen einander im Geiste der Brüderlichkeit begegnen.

Artikel 2

Jeder Mensch hat Anspruch auf die in dieser Erklärung verkündeten Rechte und Freiheiten ohne irgendeine Unterscheidung, wie etwa nach Rasse, Farbe, Geschlecht, Sprache, Religion, politischer oder sonstiger Überzeugung, nationaler oder sozialer Herkunft, nach Eigentum, Geburt oder sonstigen Umständen.

Weiters darf keine Unterscheidung gemacht werden auf Grund der politischen, rechtlichen oder internationalen Stellung des Landes oder Gebietes, dem eine Person angehört, ohne Rücksicht darauf, ob es unabhängig ist, unter Treuhandschaft steht, keine Selbstregierung besitzt oder irgendeiner anderen Beschränkung seiner Souveränität unterworfen ist.

Artikel 3

Jeder Mensch hat das Recht auf Leben, Freiheit und Sicherheit der Person.

Artikel 4

Niemand darf in Sklaverei oder Leibeigenschaft gehalten werden; Sklaverei und Sklavenhandel sind in allen ihren Formen verboten.

Artikel 5

Niemand darf der Folter oder grausamer, unmenschlicher oder erniedrigender Behandlung oder Strafe unterworfen werden.

Artikel 6

Jeder Mensch hat überall Anspruch auf Anerkennung als Rechtsperson.

Artikel 7

Alle Menschen sind vor dem Gesetze gleich und haben ohne Unterschied Anspruch auf gleichen Schutz durch das Gesetz. Alle haben Anspruch auf gleichen Schutz gegen jede unterschiedliche Behandlung, welche die vorliegende Erklärung verletzen würde, und gegen jede Aufreizung zu einer derartigen unterschiedlichen Behandlung.

Artikel 8

Jeder Mensch hat Anspruch auf wirksamen Rechtsschutz vor den zuständigen innerstaatlichen Gerichten gegen alle Handlungen, die seine ihm nach der Verfassung oder nach dem Gesetz zustehenden Grundrechte verletzen.

Artikel 9

Niemand darf willkürlich festgenommen, in Haft gehalten oder des Landes verwiesen werden.

Artikel 10

Jeder Mensch hat in voller Gleichberechtigung Anspruch auf ein der Billigkeit entsprechendes und öffentliches Verfahren vor einem unabhängigen und unparteiischen Gericht, das über seine Rechte und Verpflichtungen oder über irgendeine gegen ihn erhobene strafrechtliche Beschuldigung zu entscheiden hat.

Artikel 11

(1) Jeder Mensch, der einer strafbaren Handlung beschuldigt wird, ist so lange als unschuldig anzusehen, bis seine Schuld in einem öffentlichen Verfahren, in dem alle für seine Verteidigung nötigen Voraussetzungen gewährleistet waren, gemäß dem Gesetz nachgewiesen ist.

(2) Niemand kann wegen einer Handlung oder Unterlassung verurteilt werden, die im Zeitpunkt, da sie erfolgte, auf Grund des nationalen oder internationalen Rechtes nicht strafbar war. Desgleichen kann keine schwerere Strafe verhängt werden als die, welche im Zeitpunkt der Begehung der strafbaren Handlung anwendbar war.

Artikel 12

Niemand darf willkürlichen Eingriffen in sein Privatleben, seine Familie, sein Heim oder seinen Briefwechsel noch Angriffen auf seine Ehre und seinen

Ruf ausgesetzt werden. Jeder Mensch hat Anspruch auf rechtlichen Schutz gegen derartige Eingriffe oder Anschläge.

Artikel 13

(1) Jeder Mensch hat das Recht auf Freizügigkeit und freie Wahl seines Wohnsitzes innerhalb eines Staates.

(2) Jeder Mensch hat das Recht, jedes Land, einschließlich seines eigenen, zu verlassen sowie in sein Land zurückzukehren.

Artikel 14

(1) Jeder Mensch hat das Recht, in anderen Ländern vor Verfolgung Asyl zu suchen und zu genießen.

(2) Dieses Recht kann jedoch im Falle einer Verfolgung wegen nichtpolitischer Verbrechen oder wegen Handlungen, die gegen die Ziele und Grundsätze der Vereinten Nationen verstoßen, nicht in Anspruch genommen werden.

Artikel 15

(1) Jeder Mensch hat Anspruch auf eine Staatsangehörigkeit.

(2) Niemandem darf seine Staatsangehörigkeit willkürlich entzogen noch ihm das Recht versagt werden, seine Staatsangehörigkeit zu wechseln.

Artikel 16

(1) Heiratsfähige Männer und Frauen haben ohne Beschränkung durch Rasse, Staatsbürgerschaft oder Religion das Recht, eine Ehe zu schließen und eine Familie zu gründen. Sie haben bei der Eheschließung, während der Ehe und bei deren Auflösung gleiche Rechte.

(2) Die Ehe darf nur auf Grund der freien und vollen Willenseinigung der zukünftigen Ehegatten geschlossen werden.

(3) Die Familie ist die natürliche und grundlegende Einheit der Gesellschaft und hat Anspruch auf Schutz durch Gesellschaft und Staat.

Artikel 17

(1) Jeder Mensch hat allein oder in Gemeinschaft mit anderen Recht auf Eigentum.

(2) Niemand darf willkürlich seines Eigentums beraubt werden.

Artikel 18

Jeder Mensch hat Anspruch auf Gedanken-, Gewissens- und Religionsfreiheit; dieses Recht umfaßt die Freiheit, seine Religion oder seine Überzeugung zu wechseln, sowie die Freiheit, seine Religion oder seine Überzeugung allein oder in Gemeinschaft mit anderen, in der Öffentlichkeit oder privat, durch Lehre, Ausübung, Gottesdienst und Vollziehung von Riten zu bekunden.

Artikel 19

Jeder Mensch hat das Recht auf freie Meinungsäußerung; dieses Recht umfaßt die Freiheit, Meinungen unangefochten anzuhängen und Informationen und Ideen mit allen Verständigungsmitteln ohne Rücksicht auf Grenzen zu suchen, zu empfangen und zu verbreiten.

Artikel 20

(1) Jeder Mensch hat das Recht auf Versammlungs- und Vereinigungsfreiheit zu friedlichen Zwecken.

(2) Niemand darf gezwungen werden, einer Vereinigung anzugehören.

Artikel 21

(1) Jeder Mensch hat das Recht, an der Leitung der öffentlichen Angelegenheiten seines Landes unmittelbar oder durch frei gewählte Vertreter teilzunehmen.

(2) Jeder Mensch hat unter gleichen Bedingungen das Recht auf Zulassung zu öffentlichen Ämtern in seinem Lande.

(3) Der Wille des Volkes bildet die Grundlage für die Autorität der öffentlichen Gewalt; dieser Wille muß durch periodische und unverfälschte Wahlen mit allgemeinem und gleichem Wahlrecht bei geheimer Stimmabgabe oder in einem gleichwertigen freien Wahlverfahren zum Ausdruck kommen.

Artikel 22

Jeder Mensch hat als Mitglied der Gesellschaft Recht auf soziale Sicherheit; er hat Anspruch darauf, durch innerstaatliche Maßnahmen und internationale Zusammenarbeit unter Berücksichtigung der Organisation und der Hilfsmittel jedes Staates in den Genuß der für seine Würde und die freie Entwicklung seiner Persönlichkeit unentbehrlichen wirtschaftlichen, sozialen und kulturellen Rechte zu gelangen.

Artikel 23

(1) Jeder Mensch hat das Recht auf Arbeit, auf freie Berufswahl, auf angemessene und befriedigende Arbeitsbedingungen sowie auf Schutz gegen Arbeitslosigkeit.

(2) Alle Menschen haben ohne jede unterschiedliche Behandlung das Recht auf gleichen Lohn für gleiche Arbeit.

(3) Jeder Mensch, der arbeitet, hat das Recht auf angemessene und befriedigende Entlohnung, die ihm und seiner Familie eine der menschlichen

Würde entsprechende Existenz sichert und die, wenn nötig, durch andere soziale Schutzmaßnahmen zu ergänzen ist.

(4) Jeder Mensch hat das Recht, zum Schutze seiner Interessen Berufsvereinigungen zu bilden und solchen beizutreten.

Artikel 24

Jeder Mensch hat Anspruch auf Erholung und Freizeit sowie auf eine vernünftige Begrenzung der Arbeitszeit und auf periodischen, bezahlten Urlaub.

Artikel 25

(1) Jeder Mensch hat Anspruch auf eine Lebenshaltung, die seine und seiner Familie Gesundheit und Wohlbefinden, einschließlich Nahrung, Kleidung, Wohnung, ärztlicher Betreuung und der notwendigen Leistungen der sozialen Fürsorge, gewährleistet; er hat das Recht auf Sicherheit im Falle von Arbeitslosigkeit, Krankheit, Invalidität, Verwitwung, Alter oder von anderweitigem Verlust seiner Unterhaltsmittel durch unverschuldete Umstände.

(2) Mutter und Kind haben Anspruch auf besondere Hilfe und Unterstützung. Alle Kinder, eheliche und uneheliche, genießen den gleichen sozialen Schutz.

Artikel 26

(1) Jeder Mensch hat das Recht auf Bildung. Der Unterricht muß wenigstens in den Elementar- und Grundschulen unentgeltlich sein. Der Elementarunterricht ist obligatorisch. Fachlicher und beruflicher Unterricht soll allgemein zugänglich sein; die höheren Studien sollen allen nach Maßgabe ihrer Fähigkeiten und Leistungen in gleicher Weise offen stehen.

(2) Die Ausbildung soll die volle Entfaltung der menschlichen Persönlichkeit und die Stärkung der Achtung der Menschenrechte und Grundfreiheiten zum Ziele haben. Sie soll Verständnis, Duldsamkeit und Freundschaft zwischen allen Nationen und allen rassischen oder religiösen Gruppen fördern und die Tätigkeit der Vereinten Nationen zur Aufrechterhaltung des Friedens begünstigen.

(3) In erster Linie haben die Eltern das Recht, die Art der ihren Kindern zuteil werdenden Bildung zu bestimmen.

Artikel 27

(1) Jeder Mensch hat das Recht, am kulturellen Leben der Gemeinschaft frei teilzunehmen, sich der Künste zu erfreuen und am wissenschaftlichen Fortschritt und dessen Wohltaten teilzuhaben.

(2) Jeder Mensch hat das Recht auf Schutz der moralischen und materiellen Interessen, die sich aus jeder wissenschaftlichen, literarischen oder künstlerischen Produktion ergeben, deren Urheber er ist.

Artikel 28

Jeder Mensch hat Anspruch auf eine soziale und internationale Ordnung, in welcher die in der vorliegenden Erklärung angeführten Rechte und Freiheiten voll verwirklicht werden können.

Artikel 29

(1) Jeder Mensch hat Pflichten gegenüber der Gemeinschaft, in der allein die freie und volle Entwicklung seiner Persönlichkeit möglich ist.

(2) Jeder Mensch ist in Ausübung seiner Rechte und Freiheiten nur den Beschränkungen unterworfen, die das Gesetz ausschließlich zu dem Zwecke vorsieht, um die Anerkennung und Achtung der Rechte und Freiheiten der anderen zu gewährleisten und den gerechten Anforderungen der Moral, der öffentlichen Ordnung und der allgemeinen Wohlfahrt in einer demokratischen Gesellschaft zu genügen.

(3) Rechte und Freiheiten dürfen in keinem Fall im Widerspruch zu den Zielen und Grundsätzen der Vereinten Nationen ausgeübt werden.

Artikel 30

Keine Bestimmung der vorliegenden Erklärung darf so ausgelegt werden, daß sich daraus für einen Staat, eine Gruppe oder eine Person irgendein Recht ergibt, eine Tätigkeit auszuüben oder eine Handlung zu setzen, welche auf die Vernichtung der in dieser Erklärung angeführten Rechte und Freiheiten abzielen.

15. Konvention zum Schutze der Menschenrechte und Grundfreiheiten

vom 4. 11. 1950

BGBl. II 1952 S. 685

pp.

Artikel 1

Die Hohen Vertragschließenden Teile sichern allen ihrer Herrschaftsgewalt unterstehenden Personen die in Abschnitt I dieser Konvention niedergelegten Rechte und Freiheiten zu.

Abschnitt I

Artikel 2

(1) Das Recht jedes Menschen auf das Leben wird gesetzlich geschützt. Abgesehen von der Vollstreckung eines Todesurteils, das von einem Gericht im Falle eines mit der Todesstrafe bedrohten Verbrechens ausgesprochen worden ist, darf eine absichtliche Tötung nicht vorgenommen werden.

(2) Die Tötung wird nicht als Verletzung dieses Artikels betrachtet, wenn sie sich aus einer unbedingt erforderlichen Gewaltanwendung ergibt:

a) um die Verteidigung eines Menschen gegenüber rechtswidriger Gewaltanwendung sicherzustellen;

b) um eine ordnungsgemäße Festnahme durchzuführen oder das Entkommen einer ordnungsgemäß festgehaltenen Person zu verhindern;

c) um im Rahmen der Gesetze einen Aufruhr oder einen Aufstand zu unterdrücken.

Artikel 3

Niemand darf der Folter oder unmenschlicher oder erniedrigender Strafe oder Behandlung unterworfen werden.

Artikel 4

(1) Niemand darf in Sklaverei oder Leibeigenschaft gehalten werden.

(2) Niemand darf gezwungen werden, Zwangs- oder Pflichtarbeit zu verrichten.

(3) Als „Zwangs- oder Pflichtarbeit" im Sinne dieses Artikels gilt nicht:

a) jede Arbeit, die normalerweise von einer Person verlangt wird, die unter den von Artikel 5 der vorliegenden Konvention vorgesehenen Bedingungen in Haft gehalten oder bedingt freigelassen worden ist;

b) jede Dienstleistung militärischen Charakters, oder im Falle der Verweigerung aus Gewissensgründen in Ländern, wo diese als berechtigt anerkannt ist, eine sonstige anstelle der militärischen Dienstpflicht tretende Dienstleistung;

c) jede Dienstleistung im Falle von Notständen und Katastrophen, die das Leben oder das Wohl der Gemeinschaft bedrohen;

d) jede Arbeit oder Dienstleistung, die zu den normalen Bürgerpflichten gehört.

Artikel 5

(1) Jeder Mensch hat ein Recht auf Freiheit und Sicherheit. Die Freiheit darf einem Menschen nur in den folgenden Fällen und nur auf dem gesetzlich vorgeschriebenen Wege entzogen werden:

a) wenn er rechtmäßig nach Verurteilung durch ein zuständiges Gericht in Haft gehalten wird;

b) wenn er rechtmäßig festgenommen worden ist oder in Haft gehalten wird wegen Nichtbefolgung eines rechtmäßigen Gerichtsbeschlusses oder zur Erzwingung der Erfüllung einer durch das Gesetz vorgeschriebenen Verpflichtung;

c) wenn er rechtmäßig festgenommen worden ist oder in Haft gehalten wird zum Zwecke seiner Vorführung vor die zuständige Gerichtsbehörde, sofern hinreichender Verdacht dafür besteht, daß der Betreffende eine strafbare Handlung begangen hat, oder begründeter Anlaß zu der Annahme besteht, daß es notwendig ist, den Betreffenden an der Begehung einer strafbaren Handlung oder an der Flucht nach Begehung einer solchen zu verhindern;

d) wenn es sich um die rechtmäßige Haft eines Minderjährigen handelt, die zum Zwecke überwachter Erziehung angeordnet ist, oder um die rechtmäßige Haft eines solchen, die zwecks Vorführung vor die zuständige Behörde verhängt ist;

e) wenn er sich in rechtmäßiger Haft befindet, weil er eine Gefahrenquelle für die Ausbreitung ansteckender Krankheiten bildet, oder weil er geisteskrank, Alkoholiker, rauschgiftsüchtig oder Landstreicher ist;

f) wenn er rechtmäßig festgenommen worden ist oder in Haft gehalten wird, weil er daran gehindert werden soll, unberechtigt in das Staatsgebiet einzudringen oder weil er von einem gegen ihn schwebenden Ausweisungs- oder Auslieferungsverfahren betroffen ist.

(2) Jeder Festgenommene muß unverzüglich und in einer ihm verständlichen Sprache über die Gründe seiner Festnahme und über die gegen ihn erhobenen Beschuldigungen unterrichtet werden.

(3) Jede nach der Vorschrift des Absatzes 1 (c) dieses Artikels festgenommene oder in Haft gehaltene Person muß unverzüglich einem Richter oder einem anderen, gesetzlich zur Ausübung richterlicher Funktionen ermächtigten Beamten vorgeführt werden. Er hat Anspruch auf Aburteilung innerhalb einer angemessenen Frist oder auf Haftentlassung während des Verfahrens. Die Freilassung kann von der Leistung einer Sicherheit für das Erscheinen vor Gericht abhängig gemacht werden.

(4) Jeder, der seiner Freiheit durch Festnahme oder Haft beraubt ist, hat das Recht, ein Verfahren zu beantragen, in dem von einem Gericht unverzüglich über die Rechtmäßigkeit der Haft entschieden wird und im Falle der Widerrechtlichkeit seine Entlassung angeordnet wird.

(5) Jeder, der entgegen den Bestimmungen dieses Artikels von Festnahme oder Haft betroffen worden ist, hat Anspruch auf Schadenersatz.

Artikel 6

(1) Jedermann hat Anspruch darauf, daß seine Sache in billiger Weise öffentlich und innerhalb einer angemessenen Frist gehört wird, und zwar von einem unabhängigen und unparteiischen, auf Gesetz beruhenden Gericht, das über zivilrechtliche Ansprüche und Verpflichtungen oder über die Stichhaltigkeit der gegen ihn erhobenen strafrechtlichen Anklage zu entscheiden hat. Das Urteil muß öffentlich verkündet werden, jedoch kann die Presse und die Öffentlichkeit während der gesamten Verhandlung oder eines Teiles

derselben im Interesse der Sittlichkeit, der öffentlichen Ordnung oder der nationalen Sicherheit in einem demokratischen Staat ausgeschlossen werden, oder wenn die Interessen von Jugendlichen oder der Schutz des Privatlebens der Prozeßparteien es verlangen oder, und zwar unter besonderen Umständen, wenn die öffentliche Verhandlung die Interessen der Gerechtigkeit beeinträchtigen würde, in diesem Falle jedoch nur in dem nach Auffassung des Gerichts erforderlichen Umfang.

(2) Bis zum gesetzlichen Nachweis seiner Schuld wird vermutet, daß der wegen einer strafbaren Handlung Angeklagte unschuldig ist.

(3) Jeder Angeklagte hat mindestens (englischer Text) insbesondere (französischer Text) die folgenden Rechte:

a) unverzüglich in einer für ihn verständlichen Sprache in allen Einzelheiten über die Art und den Grund der gegen ihn erhobenen Beschuldigung in Kenntnis gesetzt zu werden;

b) über ausreichende Zeit und Gelegenheit zur Vorbereitung seiner Verteidigung zu verfügen;

c) sich selbst zu verteidigen oder den Beistand eines Verteidigers seiner Wahl zu erhalten und, falls er nicht über die Mittel zur Bezahlung eines Verteidigers verfügt, unentgeltlich den Beistand eines Pflichtverteidigers zu erhalten, wenn dies im Interesse der Rechtspflege erforderlich ist;

d) Fragen an die Belastungszeugen zu stellen oder stellen zu lassen und die Ladung und Vernehmung der Entlastungszeugen unter denselben Bedingungen wie die der Belastungszeugen zu erwirken;

e) die unentgeltliche Beiziehung eines Dolmetschers zu verlangen, wenn er (der Angeklagte) die Verhandlungssprache des Gerichts nicht versteht oder sich nicht darin ausdrücken kann.

Artikel 7

(1) Niemand kann wegen einer Handlung oder Unterlassung verurteilt werden, die zur Zeit ihrer Begehung nach inländischem oder internationalem Recht nicht strafbar war. Ebenso darf keine höhere Strafe als die im Zeitpunkt der Begehung der strafbaren Handlung angedrohte Strafe verhängt werden.

(2) Durch diesen Artikel darf die Verurteilung oder Bestrafung einer Person nicht ausgeschlossen werden, die sich einer Handlung oder Unterlassung schuldig gemacht hat, welche im Zeitpunkt ihrer Begehung nach den allgemeinen von den zivilisierten Völkern anerkannten Rechtsgrundsätzen strafbar war.

Artikel 8

(1) Jedermann hat Anspruch auf Achtung seines Privat- und Familienlebens, seiner Wohnung und seines Briefverkehrs.

(2) Der Eingriff einer öffentlichen Behörde in die Ausübung dieses Rechts ist nur statthaft, insoweit dieser Eingriff gesetzlich vorgesehen ist und eine Maßnahme darstellt, die in einer demokratischen Gesellschaft für die nationale Sicherheit, die öffentliche Ruhe und Ordnung, das wirtschaftliche Wohl des Landes, die Verteidigung der Ordnung und zur Verhinderung von strafbaren Handlungen, zum Schutze der Gesundheit und der Moral oder zum Schutz der Rechte und Freiheiten anderer notwendig ist.

Artikel 9

(1) Jedermann hat Anspruch auf Gedanken-, Gewissens- und Religionsfreiheit; dieses Recht umfaßt die Freiheit des Einzelnen zum Wechsel der Religion oder der Weltanschauung sowie die Freiheit, seine Religion oder Weltanschauung einzeln oder in Gemeinschaft mit anderen öffentlich oder privat, durch Gottesdienst, Unterricht, durch die Ausübung und Betrachtung religiöser Gebräuche auszuüben.

(2) Die Religions- und Bekenntnisfreiheit darf nicht Gegenstand anderer als vom Gesetz vorgesehener Beschränkungen sein, die in einer demokratischen Gesellschaft notwendige Maßnahmen im Interesse der öffentlichen Sicherheit, der öffentlichen Ordnung, Gesundheit und Moral oder für den Schutz der Rechte und Freiheiten anderer sind.

Artikel 10

(1) Jeder hat Anspruch auf freie Meinungsäußerung. Dieses Recht schließt die Freiheit der Meinung und die Freiheit zum Empfang und zur Mitteilung von Nachrichten oder Ideen ohne Eingriffe öffentlicher Behörden und ohne Rücksicht auf Landesgrenzen ein. Dieser Artikel schließt nicht aus, daß die Staaten Rundfunk-, Lichtspiel- oder Fernsehunternehmen einem Genehmigungsverfahren unterwerfen.

(2) Da die Ausübung dieser Freiheiten Pflichten und Verantwortung mit sich bringt, kann sie bestimmten, vom Gesetz vorgesehenen Formvorschriften, Bedingungen, Einschränkungen oder Strafdrohungen unterworfen werden, wie sie vom Gesetz vorgeschrieben und in einer demokratischen Gesellschaft im Interesse der nationalen Sicherheit, der territorialen Unversehrtheit oder der öffentlichen Sicherheit, der Aufrechterhaltung der Ordnung und der Verbrechensverhütung, des Schutzes der Gesundheit und der Moral, des Schutzes des guten Rufes oder der Rechte anderer, um die Verbreitung von vertraulichen Nachrichten zu verhindern oder das Ansehen und die Unparteilichkeit der Rechtsprechung zu gewährleisten, unentbehrlich sind.

Artikel 11

(1) Alle Menschen haben das Recht, sich friedlich zu versammeln und sich frei mit anderen zusammenzuschließen, einschließlich des Rechts, zum Schutze ihrer Interessen Gewerkschaften zu bilden und diesen beizutreten.

(2) Die Ausübung dieser Rechte darf keinen anderen Einschränkungen unterworfen werden als den vom Gesetz vorgesehenen, die in einer demokratischen Gesellschaft im Interesse der äußeren und inneren Sicherheit, zur Aufrechterhaltung der Ordnung und zur Verbrechensverhütung, zum Schutze der Gesundheit und der Moral oder zum Schutze der Rechte und Freiheiten anderer notwendig sind. Dieser Artikel verbietet nicht, daß die Ausübung dieser Rechte für Mitglieder der Streitkräfte, der Polizei oder der Staatsverwaltung gesetzlichen Einschränkungen unterworfen wird.

Artikel 12

Mit Erreichung des Heiratsalters haben Männer und Frauen das Recht, eine Ehe einzugehen und eine Familie nach den nationalen Gesetzen, die die Ausübung dieses Rechts regeln, zu gründen.

Artikel 13

Sind die in der vorliegenden Konvention festgelegten Rechte und Freiheiten verletzt worden, so hat der Verletzte das Recht, eine wirksame Beschwerde bei einer nationalen Instanz einzulegen, selbst wenn die Verletzung von Personen begangen worden ist, die in amtlicher Eigenschaft gehandelt haben.

Artikel 14

Der Genuß der in der vorliegenden Konvention festgelegten Rechte und Freiheiten muß ohne Unterschied des Geschlechts, der Rasse, Hautfarbe, Sprache, Religion, politischen oder sonstigen Anschauungen, nationaler oder sozialer Herkunft, Zugehörigkeit zu einer nationalen Minderheit, des Vermögens, der Geburt oder des sonstigen Status gewährleistet werden.

Artikel 15

(1) Im Falle eines Krieges oder eines anderen öffentlichen Notstandes, der das Leben der Nation bedroht, kann jeder der Hohen Vertragschließenden Teile Maßnahmen ergreifen, welche die in dieser Konvention vorgesehenen Verpflichtungen in dem Umfang, den die Lage unbedingt erfordert, und unter der Bedingung außer Kraft setzen, daß diese Maßnahmen nicht in Widerspruch zu den sonstigen völkerrechtlichen Verpflichtungen stehen.

(2) Die vorstehende Bestimmung gestattet kein Außerkraftsetzen des Artikels 2 außer bei Todesfällen, die auf rechtmäßige Kriegshandlungen zurückzuführen sind, oder der Artikel 3, 4 (Absatz 1) und 7.

(3) Jeder Hohe Vertragschließende Teil, der dieses Recht der Außerkraftsetzung ausübt, hat den Generalsekretär des Europarates eingehend über die getroffenen Maßnahmen und deren Gründe zu unterrichten. Er muß den Generalsekretär des Europarats auch über den Zeitpunkt in Kenntnis setzen,

in dem diese Maßnahmen außer Kraft getreten sind und die Vorschriften der Konvention wieder volle Anwendung finden.

Artikel 16

Keine der Bestimmungen der Artikel 10, 11 und 14 darf so ausgelegt werden, daß sie den Hohen Vertragschließenden Parteien verbietet, die politische Tätigkeit von Ausländern Beschränkungen zu unterwerfen.

Artikel 17

Keine Bestimmung dieser Konvention darf dahin ausgelegt werden, daß sie für einen Staat, eine Gruppe oder eine Person das Recht begründet, eine Tätigkeit auszuüben oder eine Handlung zu begehen, die auf die Abschaffung der in der vorliegenden Konvention festgelegten Rechte und Freiheiten oder auf weitergehende Beschränkungen dieser Rechte und Freiheiten, als in der Konvention vorgesehen, hinzielt.

Artikel 18

Die nach der vorliegenden Konvention gestatteten Einschränkungen dieser Rechte und Freiheiten dürfen nicht für andere Zwecke als die vorgesehenen angewandt werden.

Abschnitt II

Artikel 19

Um die Einhaltung der Verpflichtungen, welche die Hohen Vertragschließenden Teile in dieser Konvention übernommen haben, sicherzustellen, werden errichtet:

a) eine Europäische Kommission für Menschenrechte, im folgenden „Kommission" genannt;

b) ein Europäischer Gerichtshof für Menschenrechte, im folgenden „Gerichtshof" genannt.

Abschnitt III

Europäische Kommission für Menschenrechte

pp.

Abschnitt IV

Europäischer Gerichtshof für Menschenrechte

pp.

Abschnitt V

Abschließende Bestimmungen

pp.

16. Verordnung zur Durchführung des Ausländergesetzes (DVAuslG)

Vom 10. September 1965 (BGBl. I S. 1341)
Sammlung des Bundesrechts, Bundesgesetzbl. III 2600-1-1[1])

Auf Grund des § 2 Abs. 3 und 4, des § 3 Abs. 2, des § 5 Abs. 2, des § 20 Abs. 1 Satz 3, des § 26 Abs. 2 und des § 48 Abs. 6 des Ausländergesetzes vom 28. April 1965 (Bundesgesetzbl. I S. 353) wird mit Zustimmung des Bundesrates verordnet:

§ 1
Befreiung vom Erfordernis der Aufenthaltserlaubnis

(1) Keiner Aufenthaltserlaubnis bedürfen

1. ausländische Inhaber von Ausweisen für den kleinen Grenzverkehr und den Touristenverkehr, wenn der Aufenthalt sich auf den Geltungsbereich des Ausweises beschränkt;
2. ausländische Abgeordnete der Beratenden Versammlung des Europarates und ausländische Mitglieder der Versammlung der Europäischen Gemeinschaften (Europäisches Parlament);
3. ausländisches Fluglinienpersonal mit Lizenz oder Besatzungsausweis (Crew Member Certificate — Anlage des Anhangs 9 in der jeweils geltenden Fassung zum Abkommen über die Internationale Zivilluftfahrt vom 7. Dezember 1944), wenn es sich nur auf dem Flughafen, auf dem das Luftfahrzeug seinen Flug beendet hat, oder innerhalb der dem Flughafen zunächst gelegenen Stadt aufhält und in demselben Luftfahrzeug oder in dem nächsten flugplanmäßigen Luftfahrzeug seiner Gesellschaft wieder abfliegt;
4. ausländische Fluggäste mit durchgehendem Flugausweis und ausländisches Flugpersonal im Flugdurchgangsverkehr vom Ausland über deutsche Flughäfen nach dem Ausland, wenn sie im Gebiet des Geltungsbereichs des Ausländergesetzes nicht öfter als einmal zwischenlanden und den Transitbereich des Flughafens nicht verlassen oder im Zuge ihrer Durchreise lediglich zu einem anderen in der Nähe gelegenen Flughafen überwechseln;
5. ausländische Fluggäste mit durchgehendem Flugausweis, die im Flugdurchgangsverkehr vom Ausland über deutsche Flughäfen nach dem Ausland reisen, wenn sie Inhaber von Passierscheinen sind und sich nur bis zum Abflug des nächsten flugplanmäßigen Luftfahrzeugs zur Übernachtung in der dem Flughafen zunächst gelegenen Stadt aufhalten;

[1]) Betrifft Bundesgesetzbl. III 210-2-1.

6. ausländische Besatzungsmitglieder und ausländische Fahrgäste auf Schiffen der See- oder Küstenschiffahrt im Durchgangsverkehr vom Ausland über deutsche Häfen nach dem Ausland, wenn sie das Schiff nicht verlassen;
7. ausländische Besatzungsmitglieder eines in der See- oder Küstenschiffahrt oder in der Rhein-Seeschiffahrt verkehrenden Schiffes und ausländische Fahrgäste eines solchen Schiffes, wenn sie Inhaber von Landgangsausweisen sind und sich nur während der Liegezeit des Schiffes in dem Gebiet des angelaufenen deutschen Hafenortes aufhalten;
8. ausländische Lotsen der See- und Küstenschiffahrt in Ausübung ihres Berufes, die sich durch amtliche Papiere oder durch ihr Lotsenschild über ihre Person und ihre Lotseneigenschaft ausweisen;
9. in der Rheinschiffahrt tätige Ausländer, die Inhaber eines ausländischen Passes oder eines von einer Behörde eines ausländischen Staates ausgestellten Reiseausweises der Flüchtlinge nach dem Londoner Abkommen betreffend Reiseausweise für Flüchtlinge vom 15. Oktober 1946 (Bundesgesetzbl. 1951 II S. 160) oder dem Abkommen über die Rechtsstellung der Flüchtlinge vom 28. Juli 1951 (Bundesgesetzbl. 1953 II S. 559) sind, in denen die Eigenschaft als Rheinschiffer bescheinigt ist, wenn sie sich lediglich in Ausübung oder im Zusammenhang mit ihrer Tätigkeit und nicht länger als einen Monat im Geltungsbereich des Ausländergesetzes aufhalten; für einen Aufenthalt, der nicht der Ausübung der Tätigkeit dient, gilt die Befreiung nur, wenn der Aufenthalt sich auf das Gebiet des Liegehafens und der ihm zunächst gelegenen Stadt beschränkt;
10. Ausländer, die bei Unglücks- oder Katastrophenfällen Hilfe leisten oder in Anspruch nehmen wollen.

(2) Staatsangehörige der in der Anlage zu dieser Verordnung aufgeführten Staaten, die Inhaber von Nationalpässen sind, bedürfen keiner Aufenthaltserlaubnis, wenn sie

1. sich nicht länger als drei Monate im Geltungsbereich des Ausländergesetzes aufhalten und keine Erwerbstätigkeit ausüben wollen;
2. sich im Dienst eines nicht im Geltungsbereich des Ausländergesetzes ansässigen Arbeitgebers zu einer ihrer Natur nach vorübergehenden Dienstleistung als Arbeitnehmer im Geltungsbereich des Ausländergesetzes aufhalten, sofern die Dauer des Aufenthalts zwei Monate nicht übersteigt. Die Befreiung gilt nicht für Ausländer, die im Geltungsbereich des Ausländergesetzes ein Reisegewerbe (§ 55 der Gewerbeordnung) ausüben wollen;
3. unter Beibehaltung ihres gewöhnlichen Aufenthalts im Ausland im Geltungsbereich des Ausländergesetzes in Vorträgen oder Darbietungen

künstlerischen, wissenschaftlichen oder sportlichen Charakters tätig werden sollen, sofern die Dauer des Aufenthalts zwei Monate nicht übersteigt;

4. Inhaber von Seefahrtbüchern sind, die von Behörden der Bundesrepublik Deutschland ausgestellt worden sind, sofern sie sich lediglich in Ausübung oder im Zusammenhang mit ihrer Tätigkeit als Besatzungsmitglied eines Schiffes im Geltungsbereich des Ausländergesetzes aufhalten.

(3) Die Befreiungen nach Absatz 2 gelten auch für Inhaber von Ausweisen, die auf Grund des Londoner Abkommens betreffend Reiseausweise für Flüchtlinge vom 15. Oktober 1946 oder des Abkommens über die Rechtsstellung der Flüchtlinge vom 28. Juli 1951 von Behörden eines der in der Anlage zu dieser Verordnung aufgeführten Staaten ausgestellt sind, wenn die Ausweise eine Rückkehrberechtigung enthalten und die Einreise spätestens vier Monate vor Ablauf der Rückkehrberechtigung erfolgt.

(4) Keiner Aufenthaltserlaubnis bedürfen

1. Staatsangehörige der Mitgliedstaaten der Europäischen Wirtschaftsgemeinschaft, die im Geltungsbereich des Ausländergesetzes eine Erwerbstätigkeit ausüben wollen, wenn die Dauer des Aufenthalts drei Monate nicht übersteigt;
2. Ehegatten und noch nicht 21 Jahre alte Kinder der in Nummer 1 genannten Personen sowie Verwandte in auf- und absteigender Linie der in Nummer 1 genannten Personen oder ihrer Ehegatten, sofern die in Nummer 1 genannten Personen ihnen Unterhalt gewähren und über Wohnungen für ihre Familien verfügen, die den am Aufenthaltsort für Deutsche geltenden normalen Anforderungen entsprechen, und die Dauer des Aufenthalts drei Monate nicht übersteigt;
3. Staatsangehörige der Mitgliedstaaten der Europäischen Wirtschaftsgemeinschaft, die als Arbeitnehmer im Geltungsbereich des Ausländergesetzes beschäftigt sind, ihren Wohnort jedoch im Hoheitsgebiet eines anderen Mitgliedstaates der Europäischen Wirtschaftsgemeinschaft haben und in der Regel jeden Tag oder mindestens einmal in der Woche dorthin zurückkehren (Grenzarbeitnehmer).

§ 2

Aufenthaltsanzeige

(1) Ausländer, die nach § 1 Abs. 1 Nr. 9, § 1 Abs. 2 Nr. 3 oder 4 oder § 1 Abs. 4 Nr. 1 oder 2 keiner Aufenthaltserlaubnis bedürfen, haben der Ausländerbehörde unverzüglich nach der Einreise ihren Aufenthalt anzuzeigen.

(2) In den Fällen des § 1 Abs. 1 Nr. 9 und § 1 Abs. 2 Nr. 4 ist die Aufenthaltsanzeige bei der Ausländerbehörde des ersten Anlegehafens im Geltungsbereich des Ausländergesetzes zu erstatten. Aufenthaltsanzeigen können in

diesen Fällen auch von den mit der Paßnachschau beauftragten Behörden entgegengenommen werden; sie sind der in Satz 1 bestimmten Behörde zuzuleiten.

§ 3

Befreiung vom Paßzwang

Vom Paßzwang sind befreit

1. Ausländer, die auf Grund zwischenstaatlicher Vereinbarungen die Vorrechte und die Immunitäten genießen, die den Leitern oder Mitgliedern diplomatischer Missionen zustehen;
2. Angehörige der im Geltungsbereich des Ausländergesetzes zugelassenen konsularischen Vertretungen einschließlich ihrer Familienangehörigen, soweit diese Personen Staatsangehörige des Entsendestaates sind;
3. ausländische Fluggäste mit durchgehendem Flugausweis und ausländisches Flugpersonal im Flugdurchgangsverkehr vom Ausland über deutsche Flughäfen nach dem Ausland, wenn sie im Gebiet des Geltungsbereichs des Ausländergesetzes nicht öfter als einmal zwischenlanden und den Transitbereich des Flughafens nicht verlassen oder im Zuge ihrer Durchreise lediglich zu einem anderen in der Nähe gelegenen Flughafen überwechseln;
4. ausländische Besatzungsmitglieder und ausländische Reisende auf Schiffen der See- oder Küstenschiffahrt im Durchgangsverkehr vom Ausland über deutsche Häfen nach dem Ausland, wenn sie das Schiff nicht verlassen;
5. ausländische Lotsen der See- und Küstenschiffahrt in Ausübung ihres Berufes, die sich durch amtliche Papiere oder durch ihr Lotsenschild über ihre Person und ihre Lotseneigenschaft ausweisen;
6. Ausländer mit ständigem Aufenthalt in den Zollanschlußgebieten Mittelberg und Jungholz, wenn sie durch einen amtlichen Lichtbildausweis ihren ständigen Aufenthalt in diesen Zollanschlußgebieten nachweisen;
7. Ausländer, die auf Grund zwischenstaatlicher Vereinbarungen vom Paßzwang befreit sind;
8. Ausländer, die bei Unglücks- oder Katastrophenfällen Hilfe leisten oder in Anspruch nehmen wollen.

§ 4

Paßersatz

(1) Als Paßersatz werden zugelassen

1. Sammellisten;
2. Kinderausweise für ausländische Kinder unter 10 Jahren ohne Lichtbild und für Kinder über 10 bis 16 Jahre mit Lichtbild;

3. Seefahrtbücher;
4. amtliche Personalausweise für Staatsangehörige der Mitgliedstaaten der Europäischen Wirtschaftsgemeinschaft und für deren Ehegatten und noch nicht 21 Jahre alten Kinder sowie für Verwandte in auf- und absteigender Linie von Staatsangehörigen der Mitgliedstaaten der Europäischen Wirtschaftsgemeinschaft oder ihrer Ehegatten, auch wenn die Ehegatten, Kinder oder Verwandten nicht Staatsangehörige eines Mitgliedstaates der Europäischen Wirtschaftsgemeinschaft sind;
5. amtliche Personalausweise für Staatsangehörige der nicht zur Europäischen Wirtschaftsgemeinschaft gehörenden Mitgliedstaaten der Organisation für Wirtschaftliche Zusammenarbeit und Entwicklung (OECD), wenn der Bundesminister des Innern festgestellt und bekanntgemacht hat, daß die Ausweise als ausreichend anerkannt werden. Die Vorschrift gilt nicht für Personen, die beabsichtigen, im Geltungsbereich des Ausländergesetzes eine Erwerbstätigkeit auszuüben.
6. Ausweise für den kleinen Grenzverkehr und den Touristenverkehr;
7. Ausweise, die auf Grund zwischenstaatlicher Vereinbarungen zum Grenzübertritt berechtigen;
8. Reiseausweise für Flüchtlinge
   ausgestellt
   a) auf Grund der Vereinbarungen vom 5. Juli 1922, 21. Mai 1924, 12. Mai 1926, 30. Juni 1928 und 30. Juli 1935 oder auf Grund des Abkommens vom 28. Oktober 1933;
   b) auf Grund des Londoner Abkommens betreffend Reiseausweise für Flüchtlinge vom 15. Oktober 1946;
   c) auf Grund des Abkommens über die Rechtsstellung der Flüchtlinge vom 28. Juli 1951;
9. von Behörden ausländischer Staaten ausgestellte Reiseausweise für Staatenlose oder für Personen mit ungeklärter Staatsangehörigkeit;
10. Durchlaßscheine (Laissez-passers) der Vereinten Nationen;
11. Ausweise für Abgeordnete der Beratenden Versammlung des Europarates und Ausweise für Mitglieder der Versammlung der Europäischen Gemeinschaften (Europäisches Parlament);
12. Lizenzen und Besatzungsausweise (Crew Member Certificates — Anlage des Anhangs 9 in der jeweils geltenden Fassung zum Abkommen über die Internationale Zivilluftfahrt vom 17. Dezember 1944) für Fluglinienpersonal, soweit sich der Inhaber nur auf dem Flughafen, auf dem das Luftfahrzeug seinen Flug beendet hat oder innerhalb der dem Flughafen zunächst gelegenen Stadt aufhält und in demselben Luftfahrzeug

oder in dem nächsten flugplanmäßigen Luftfahrzeug seiner Gesellschaft wieder abfliegt;

13. Passierscheine für ausländische Fluggäste mit durchgehendem Flugausweis, die im Flugdurchgangsverkehr vom Ausland über deutsche Flughäfen nach dem Ausland reisen, soweit sich der Inhaber nur bis zum Abflug des nächsten flugplanmäßigen Luftfahrzeuges zur Übernachtung in der dem Flughafen zunächst gelegenen Stadt aufhält; die Passierscheine gelten nur in Verbindung mit einem Lichtbildausweis, aus dem die Personalien und die Staatsangehörigkeit des Inhabers hervorgehen.

14. Landgangsausweise für ausländische Besatzungsmitglieder eines in der See- oder Küstenschiffahrt oder in der Rhein-Seeschiffahrt verkehrenden Schiffes und für ausländische Fahrgäste eines solchen Schiffes, soweit der Inhaber sich nur während der Liegezeit des Schiffes in dem Gebiet des angelaufenen deutschen Hafenortes aufhält; die Landgangsausweise gelten nur in Verbindung mit einem Lichtbildausweis, aus dem die Personalien und die Staatsangehörigkeit des Inhabers hervorgehen;

15. Ausweise für Binnenschiffer und deren Familienangehörige für die Flußschiffahrt auf der Donau und der Elbe;

16. für Staatsangehörige der Vereinigten Staaten von Amerika ausgestellte Identitäts- und Registrierungskarten und -bescheinigungen (Cards / Certificates of Identity and Registration) für den Aufenthalt im Geltungsbereich des Ausländergesetzes;

17. von den mit der Paßnachschau beauftragten Behörden der Bundesrepublik Deutschland ausgestellte „Reiseausweise als Paßersatz".

(2) Die Zulassung als Paßersatz nach Absatz 1 ist auf den sich aus den Ausweisen oder aus besonderen Bestimmungen ergebenden Geltungsbereich beschränkt.

(3) Ausländische Ausweise nach Absatz 1 Nr. 3, die von Behörden eines ausländischen Staates für Angehörige anderer ausländischer Staaten, für Staatenlose oder für Personen mit ungeklärter Staatsangehörigkeit ausgestellt sind, sowie ausländische Ausweise nach Absatz 1 Nr. 9 und 15 werden als Paßersatz nur zugelassen, wenn sie einen Vermerk enthalten, daß der Inhaber zur Rückkehr in den Staat berechtigt ist, dessen Behörde den Ausweis ausgestellt hat.

(4) Die Zulassung als Paßersatz nach Absatz 1 Nr. 1 bis 3 entfällt, wenn der Bundesminister des Innern im Einvernehmen mit dem Bundesminister des Auswärtigen feststellt, daß der Staat, dessen Behörden die Ausweise ausgestellt haben, die Gegenseitigkeit nicht gewährleistet.

(5) Die Ausstellung der Ausweise nach Absatz 1 Nr. 13, 14 und 17 wird den mit der Paßnachschau beauftragten Behörden übertragen.

§ 5

Aufenthaltserlaubnis als Sichtvermerk

(1) Die Aufenthaltserlaubnis ist vor der Einreise in der Form des Sichtvermerks einzuholen von

1. Ausländern, die im Geltungsbereich des Ausländergesetzes eine Erwerbstätigkeit ausüben wollen;
2. Staatsangehörigen eines Staates, der in der Anlage zu dieser Verordnung nicht aufgeführt ist;
3. Staatenlosen;
4. Inhabern von Reiseausweisen nach dem Londoner Abkommen betreffend Reiseausweise für Flüchtlinge vom 15. Oktober 1946 oder dem Abkommen über die Rechtsstellung der Flüchtlinge vom 28. Juli 1951,
   a) die von einer deutschen Behörde ausgestellt sind, wenn die Rückkehrberechtigung abgelaufen ist,
   b) die von Behörden eines der in der Anlage zu dieser Verordnung nicht aufgeführten Staaten ausgestellt sind, oder
   c) die von Behörden eines der in der Anlage zu dieser Verordnung aufgeführten Staaten ausgestellt sind, wenn die Einreise weniger als vier Monate vor Ablauf der Gültigkeitsdauer der in den Reiseausweisen eingetragenen Rückkehrberechtigung erfolgen soll.

(2) Absatz 1 gilt nicht, soweit in zwischenstaatlichen Vereinbarungen eine abweichende Regelung getroffen ist. Ist in zwischenstaatlichen Vereinbarungen eine Befreiung vom Sichtvermerkszwang bestimmt, so gilt diese vom Inkrafttreten des Ausländergesetzes an als Befreiung von dem Erfordernis, die Aufenthaltserlaubnis vor der Einreise in der Form des Sichtvermerks einzuholen.

(3) Absatz 1 Nr. 1 gilt nicht für Staatsangehörige der Mitgliedstaaten der Europäischen Wirtschaftsgemeinschaft.

(4) Absatz 1 Nr. 1 gilt auch nicht für Ausländer, die Inhaber einer Legitimationskarte sind, die von einer im Ausland tätigen Stelle der Bundesanstalt für Arbeitsvermittlung und Arbeitslosenversicherung ausgestellt ist.

(5) Die Erteilung einer Aufenthaltserlaubnis vor der Einreise in der Form des Sichtvermerks bedarf der vorherigen Zustimmung der für den vorgesehenen Aufenthaltsort zuständigen Ausländerbehörde

1. in den Fällen des Absatzes 1 Nr. 1 und 3, oder
2. wenn der Ausländer beabsichtigt, sich länger als einen Monat im Geltungsbereich des Ausländergesetzes aufzuhalten.

(6) Ist eine in der Form des Sichtvermerks erteilte befristete Aufenthaltserlaubnis mit der auflösenden Bedingung versehen, daß sie mit der Aus-

reise aus dem Geltungsbereich des Ausländergesetzes erlischt, so darf sie nur im Benehmen mit dem Bundesminister des Innern verlängert werden.

§ 6

Verwaltungsbehörden im Sinne des Gesetzes über Ordnungswidrigkeiten

Bei Ordnungswidrigkeiten nach § 48 Abs. 1 Nr. 1 bis 4 und § 48 Abs. 2 des Ausländergesetzes sind die Grenzschutzämter Verwaltungsbehörden im Sinne des Gesetzes über Ordnungswidrigkeiten.

§ 7

Berlin-Klausel

Diese Rechtsverordnung gilt nach § 14 des Dritten Überleitungsgesetzes vom 4. Januar 1952 (Bundesgesetzbl. I S. 1) in Verbindung mit § 53 des Ausländergesetzes auch im Land Berlin.

§ 8

Inkrafttreten

(1) Diese Verordnung tritt am 1. Oktober 1965 in Kraft.

(2) Vom gleichen Tage an ist die Verordnung über Reiseausweise als Paßersatz und über die Befreiung vom Paß- und Sichtvermerkszwang (Paßverordnung)[2]) in der Fassung vom 15. Februar 1964 (Bundesgesetzbl. I S. 125) auf Ausländer nicht mehr anzuwenden.

Anlage

zu § 1 Abs. 2 und 3, § 5 Abs. 1 Nr. 2 und Nr. 4 Buchst. b und c

Afghanistan
Argentinien
Äthiopien
Australien
  sowie Kokos-Inseln, Nauru, Neuguinea, Norfolk-Insel, Weihnachts-Insel, Papua
Belgien
Birma
Bolivien
Brasilien
Burundi
Ceylon
Chile
Costa Rica
Dahome
Dänemark
Dominikanische Republik
Ecuador
Elfenbeinküste
El Salvador
Finnland
Frankreich
  sowie Andorra, Französisch-Guayana, Französisch-Polynesien, Französische Somaliküste, Guadeloupe, Martinique, Neukaledonien, Réunion, St. Pierre und Miquelon, Komoren
Gabun
Ghana
Griechenland
Guinea
Honduras
Indien
  sowie Sikkim
Indonesien
Iran
Irland
Island
Israel
Italien
  sowie San Marino
Jamaika
Japan

[2]) Bundesgesetzbl. III 210-2-1.

Kamerun
Kanada
Kenia
Kolumbien
Kongo (Brazzaville)
Laos
Liberia
Libyen
Luxemburg
Madagaskar
Malawi
Malaysia
Marokko
Mexiko
Monaco
Nepal
Neuseeland
sowie Cook-Inseln, Niue, West-Samoa, Tokelau-Inseln
Niederlande
sowie Niederländische Antillen
Niger
Nigeria
Norwegen
Obervolta
Österreich
Pakistan
Panama
Paraguay
Peru
Philippinen
Portugal
sowie Angola, Azoren, Kapverdische Inseln, Macau, Madeira, Mosambik, Portugiesisch-Guinea, Portugiesisch-Timor, Sao-Tomé und Principe
Rwanda
Sambia
Schweden
Schweiz und Liechtenstein
Sierra Leone
Somalia
Spanien
sowie Kanarische Inseln, Balearen, Ceuta, Melilla, Spanisch-Guinea, Spanisch-Nordafrika, Spanisch-Westafrika
Südafrika
sowie Südwest-Afrika
Tansania
Thailand
Togo
Trinidad und Tobago
Tschad
Tunesien
Türkei
Uganda
Uruguay
Venezuela
Vereinigte Staaten von Amerika
sowie Bonin-Inseln, Guam, Amerikanische Jungfern-Inseln, Panamakanal-Zone, Puerto Rico, Samoa, Riukiu-Inseln
Vereinigtes Königreich Großbritannien und Nordirland
sowie Kanal-Inseln und Insel Man
Zentralafrikanische Republik
Zypern

17. Gebührenverordnung zum Ausländergesetz (GebVAuslG)

Vom 10. September 1965
(BGBl. I S. 1346)
Sammlung des Bundesrechts, Bundesgesetzbl. III 2600-1-9[1])

Auf Grund des § 24 Abs. 1 des Ausländergesetzes vom 28. April 1965 (Bundesgesetzbl. I S. 353) wird mit Zustimmung des Bundesrates verordnet:

§ 1

Gebühren für Fremdenpässe und Paßersatzpapiere

(1) An Gebühren sind zu erheben

1. für die Ausstellung

[1]) Betrifft Bundesgesetzbl. III 210-2-2.

a)	eines Fremdenpasses (§ 4 des Ausländergesetzes)	6,00 DM
b)	eines Kinderausweises an Stelle eines Fremdenpasses für ausländische Kinder	2,00 DM
c)	eines Ausweises für den kleinen Grenzverkehr oder den Touristenverkehr (§ 4 Abs. 1 Nr. 6 der Verordnung zur Durchführung des Ausländergesetzes vom 10. September 1965 — Bundesgesetzbl. I S. 1341 —)	
	mit einer Gültigkeitsdauer bis zu drei Monaten	1,50 DM
	mit einer Gültigkeitsdauer von mehr als drei Monaten	3,00 DM
d)	eines Reiseausweises für Flüchtlinge (§ 4 Abs. 1 Nr. 8 der Verordnung zur Durchführung des Ausländergesetzes)	6,00 DM
e)	eines Passierscheines für ausländische Fluggäste (§ 4 Abs. 1 Nr. 13 der Verordnung zur Durchführung des Ausländergesetzes)	2,00 DM
f)	eines Landgangsausweises für ausländische Fahrgäste eines in der See- oder Küstenschiffahrt oder in der Rhein-Seeschiffahrt verkehrenden Schiffes (§ 4 Abs. 1 Nr. 14 der Verordnung zur Durchführung des Ausländergesetzes)	2,00 DM
g)	eines Ausweises für Donauschiffer und deren Familienangehörige (§ 4 Abs. 1 Nr. 15 der Verordnung zur Durchführung des Ausländergesetzes)	4,00 DM
h)	eines Reiseausweises als Paßersatz (§ 4 Abs. 1 Nr. 17 der Verordnung zur Durchführung des Ausländergesetzes)	1,50 DM
2.	für die Verlängerung, Änderung oder Umschreibung eines Fremdenpasses oder eines anderen unter Nummer 1 genannten Ausweises	2,00 DM

(2) Gebühren sind nicht zu erheben

1. für die Änderung eines Fremdenpasses oder eines anderen unter Absatz 1 Nr. 1 genannten Ausweises, wenn die Änderung von Amts wegen eingetragen wird;
2. für die Eintragung eines Vermerks über die Eheschließung in den für eine Frau ausgestellten Fremdenpaß oder Reiseausweis für Flüchtlinge;
3. für die Verlängerung eines Kinderausweises nach Absatz 1 Nr. 1 Buchstabe b.

§ 2
Gebühren für die Aufenthaltserlaubnis

(1) An Gebühren sind zu erheben

1. für die Erteilung einer Aufenthaltserlaubnis (§ 5 des Ausländergesetzes)	
a) für einen Aufenthalt bis zu drei Monaten	10,00 DM
b) für einen Aufenthalt von länger als drei Monaten bis zu einem Jahr	15,00 DM
c) für einen Aufenthalt von länger als einem Jahr	25,00 DM
d) für einen unbefristeten Aufenthalt	30,00 DM
2. für die Erteilung einer Aufenthaltserlaubnis als Ausnahmesichtvermerk (§ 20 Abs. 4 Satz 2 des Ausländergesetzes)	15,00 DM
3. für die Erteilung einer Aufenthaltserlaubnis als Aufenthaltsberechtigung (§ 8 des Ausländergesetzes)	50,00 DM
4. für die Verlängerung einer Aufenthaltserlaubnis die entsprechenden Gebührensätze nach Nummer 1 Buchstaben a bis c.	

(2) Für die Erteilung einer Aufenthaltserlaubnis an Inhaber von Donauschifferausweisen (§ 4 Abs. 1 Nr. 15 der Verordnung zur Durchführung des Ausländergesetzes) sind keine Gebühren zu erheben.

§ 3
Gebührenzuschläge im Ausland

(1) Der Bundesminister des Auswärtigen kann, um Kaufkraftunterschiede auszugleichen, auf Gebühren, die von den deutschen Auslandsvertretungen für Amtshandlungen nach dieser Verordnung erhoben werden, einen Zuschlag bis zu höchstens 200 vom Hundert festsetzen.

(2) Die deutschen Auslandsvertretungen können, falls der Empfangsstaat von Deutschen für die Erlaubnis zur Einreise und zum Aufenthalt höhere als die in § 2 Abs. 1 Nr. 1 festgesetzten Gebühren erhebt, die entsprechende Gebühr in Deutscher Mark erheben.

§ 4
Zwischenstaatliche Vereinbarungen

Zwischenstaatliche Vereinbarungen über die Bemessung von Gebühren werden durch diese Verordnung nicht berührt.

§ 5

Ermäßigung und Erlaß von Gebühren

Die Gebühr kann ermäßigt oder erlassen werden, wenn es der Wahrung kultureller, volkswirtschaftlicher oder sonstiger erheblicher Belange dient, oder wenn der Gebührenpflichtige bedürftig ist.

§ 6

Bare Auslagen

Bare Auslagen, die das übliche Maß behördlicher Unkosten übersteigen, sind von dem Ausländer zu erstatten, soweit sie erforderlich oder von ihm veranlaßt sind.

§ 7

Berlin-Klausel

Diese Verordnung gilt nach § 14 des Dritten Überleitungsgesetzes vom 4. Januar 1952 (Bundesgesetzblatt I S. 1) in Verbindung mit § 53 des Ausländergesetzes auch im Land Berlin.

§ 8

Inkrafttreten

(1) Diese Verordnung tritt am 1. Oktober 1965 in Kraft.

(2) Vom gleichen Tage an ist die Verordnung über Gebühren für die Ausfertigung von Pässen, sonstigen Reisepapieren und Sichtvermerken (Paßgebührenverordnung) in der Fassung der Bekanntmachung vom 15. Februar 1964[2]) (Bundesgesetzbl. I S. 129) auf Ausländer nicht mehr anzuwenden.

---

[2]) Bundesgesetzbl. III 210-2-2.

VII. Sachverzeichnis

(Die Zahlen verweisen auf die Seiten)

Kolibri 360 GmbH
Ferdinand-Jühlke-Straße 7
99095 Erfurt, Deutschland
produktsicherheit@kolibri360.de